NCS 4U

개념편
수리

0부터 시작하는 NCS 수리 기초

Contents

01 정수와 유리수 ··· 33
02 정수와 유리수의 분류 ··· 34
   개념 다지기 ··· 36
03 수직선과 절댓값 ··· 37
04 수의 대소관계 ··· 39
   개념 다지기 ··· 40
05 유리수의 덧셈 ··· 41
06 유리수의 뺄셈 ··· 43
   개념 다지기 ··· 45
07 덧셈, 뺄셈의 혼합계산 ··· 46
   개념 다지기 ··· 47
08 유리수의 곱셈 ··· 48
09 유리수의 나눗셈 ··· 50
   개념 다지기 ··· 52
10 곱셈과 나눗셈의 혼합계산 ··· 53
11 유리수의 혼합계산 ··· 54
   개념 다지기 ··· 55
12 단위환산 ··· 56
   개념 다지기 ··· 61
소단원 종합 학습(1) ··· 62
소단원 종합 학습(2) ··· 66

13 소수와 합성수 ··· 70
14 거듭제곱 ··· 71
   개념 다지기 ··· 72
15 소인수분해 ··· 73
16 소인수분해를 이용하여 약수 구하기 ··· 74
   개념 다지기 ··· 75
17 공약수와 최대공약수 ··· 76
18 최대공약수 구하기 ··· 78
   개념 다지기 ··· 79

19 공배수와 최소공배수 ··· 80
20 최소공배수 구하기 ··· 81
   개념 다지기 ··· 82
21 몫과 나머지에 관한 공배수 문제 ··· 83
22 몫과 나머지에 관한 공약수 문제 ··· 84
소단원 종합 학습(1) ··· 86
소단원 종합 학습(2) ··· 90

23 지수법칙(1) ··· 94
24 지수법칙(2) ··· 96
25 지수법칙의 확장 ··· 97
   개념 다지기 ··· 98
26 지수법칙의 활용 ··· 99
27 단항식의 곱셈 ··· 101
28 단항식의 나눗셈 ··· 103
29 단항식의 곱셈과 나눗셈의 혼합계산 ··· 105
   개념 다지기 ··· 106
소단원 종합 학습 ··· 107

30 다항식의 곱셈 ··· 110
31 곱셈 공식(합의 제곱, 차의 제곱) ··· 113
32 곱셈 공식(합, 차의 곱) ··· 115
   개념 다지기 ··· 116
33 두 일차식의 곱 ··· 117
   개념 다지기 ··· 119
34 공통부분이 있는 식의 전개 ··· 120
35 곱셈공식을 이용한 수의 계산 ··· 121
   개념 다지기 ··· 122
36 분모의 유리화 ··· 123
   개념 다지기 ··· 124
소단원 종합 학습 ··· 125

37 인수분해의 뜻 ················· 128	53 일차방정식의 풀이 ················· 179
38 완전제곱식을 이용한 인수분해 ········ 131	54 괄호가 있는 일차방정식의 풀이 ······· 181
개념 다지기 ················· 134	개념 다지기 ················· 182
39 인수분해 공식 $a^2-b^2=(a+b)(a-b)$ ······ 135	55 복잡한 일차방정식의 풀이 ··········· 183
40 x^2의 계수가 1인 이차식의 인수분해 ······ 137	56 여러 가지 일차방정식 ··············· 185
개념 다지기 ················· 140	개념 다지기 ················· 186
41 x^2의 계수가 1이 아닌 이차식의 인수분해 · 141	57 일차방정식의 활용 ················· 187
개념 다지기 ················· 142	개념 다지기 ················· 189
42 치환을 이용한 인수분해 ············· 143	58 거리, 속력, 시간에 관한 문제 ········· 190
43 복잡한 식의 인수분해 ··············· 144	59 농도, 일에 관한 문제 ··············· 191
44 인수분해를 이용한 수의 계산 ········· 146	개념 다지기 ················· 193
개념 다지기 ················· 148	소단원 종합 학습(1) ················· 194
소단원 종합 학습(1) ················· 149	소단원 종합 학습(2) ················· 198
소단원 종합 학습(2) ················· 152	
	60 가감법 ························· 202
45 제곱근의 곱셈과 나눗셈 ············· 155	61 대입법 ························· 204
46 근호가 있는 식의 변형 ············· 156	개념 다지기 ················· 205
개념 다지기 ················· 158	62 복잡한 연립방정식의 풀이 ··········· 206
47 분모의 유리화 ··················· 159	개념 다지기 ················· 207
개념 다지기 ················· 160	소단원 종합 학습 ··················· 208
48 제곱근의 덧셈과 뺄셈 ··············· 161	
49 근호가 있는 복잡한 식의 계산 ········· 162	63 연립방정식의 활용 ················· 211
개념 다지기 ················· 163	개념 다지기 ················· 217
50 제곱근의 근삿값 ··················· 164	64 시간, 속력, 거리에 관한 문제 ········· 218
개념 다지기 ················· 166	65 농도에 관한 문제 ················· 220
소단원 종합 학습(1) ················· 167	개념 다지기 ················· 221
소단원 종합 학습(2) ················· 170	소단원 종합 학습 ··················· 222
51 방정식과 항등식 ··················· 173	66 사건과 경우의 수 ················· 226
52 등식의 성질 ····················· 176	67 합의 법칙 ······················· 227
개념 다지기 ················· 178	

Contents

68 곱의 법칙 ··· 228
    개념 다지기 ·· 229
69 일렬로 세우는 경우의 수 ······················ 230
70 일렬로 세울 때, 이웃하여 서는 경우의 수 231
    개념 다지기 ·· 232
71 정수를 만드는 경우의 수 ······················ 233
    개념 다지기 ·· 234
72 대표 뽑기(1) ·· 235
73 대표 뽑기(2) ·· 236
    개념 다지기 ·· 237
소단원 종합 학습 ·· 238

74 확률의 뜻 ·· 241
75 확률의 성질 ·· 243
76 여사건의 확률 ·· 244
    개념 다지기 ·· 245
77 확률의 덧셈 ·· 246
    개념 다지기 ·· 247
78 확률의 곱셈 ·· 248
    개념 다지기 ·· 249
79 연속하여 뽑는 경우의 확률 ················ 250
    개념 다지기 ·· 251
소단원 종합 학습 ·· 252

80 등차수열의 일반항 ································ 256
81 등비수열의 일반항 ································ 259
82 원리합계의 계산 ···································· 261
    개념 다지기 ·· 262

83 줄기와 잎그림 ·· 263
    개념 다지기 ·· 265
84 도수분포표 ·· 267
    개념 다지기 ·· 270
85 히스토그램 ·· 271
86 도수분포다각형 ······································ 272
    개념 다지기 ·· 274
87 도수분포에서의 평균 ···························· 275
    개념 다지기 ·· 276
88 히스토그램과 도수분포다각형에서의 평균 277
    개념 다지기 ·· 279
89 상대도수 ·· 280
    개념 다지기 ·· 281
90 상대도수의 그래프 ································ 282
91 두 상대도수의 그래프의 비교 ············ 283
    개념 다지기 ·· 284
소단원 종합 학습 ·· 285

92 대푯값 ·· 291
    개념 다지기 ·· 293
93 중앙값과 최빈값 ···································· 294
    개념 다지기 ·· 295
94 산포도 ·· 296
    개념 다지기 ·· 298
95 분산과 표준편차 ···································· 299
    개념 다지기 ·· 300
96 도수분포표에서의 분산과 표준편차 ·· 301
    개념 다지기 ·· 302
소단원 종합 학습 ·· 303

1. 수리능력이란?

업무 상황에서 요구되는 사칙연산과 기초적인 통계를 이해하고, 도표 또는 자료(데이터)의 의미를 파악하거나, 도표 또는 자료(데이터)를 이용해서 합리적이고 객관적인 결과를 효과적으로 제시하는 능력을 의미한다.

2. 수리능력의 4가지 구성요소

1) 기초연산 능력
업무상황에서 필요한 기초적인 사칙연산과 계산방법을 이해하고 활용하는 능력

2) 기초통계 능력(기술통계)
업무상황에서 평균, 합계, 빈도와 같은 기초적인 자료의 정리 요약 등을 실행하고 자료(데이터)의 특성과 경향성을 파악하는 능력

3) 도표분석 능력(추리통계)
도표(그림, 표, 그래프 등)의 의미를 파악하고 필요한 정보를 해석하는 능력

4) 도표작성 능력
도표(그림, 표, 그래프 등)를 이용하여 도표를 효과적으로 제시하는 능력

3. 수리능력이 중요한 이유

1) 수학적 사고를 통한 문제해결
업무 중에 일어나는 다양한 문제를 해결할 때, 수학적 사고를 적용하면 문제를 분류하고 해법을 찾는 일이 쉬워진다.

2) 직업세계의 변화에 적응
수리능력은 논리적으로 단계적인 학습을 통해 향상되므로 앞으로 수십 년에 걸친 직업세계의 변화에 적응하기 위해서는 지금부터 꾸준히 수리능력을 길러야 한다.

3) 실용적 가치의 구현
실용성은 개인이나 직업에 따라 다를지라도 수리능력의 향상을 통해서 일상적으로 필요한 지식 기능이라도 단순히 형식적인 테두리에서만 머무는 것이 아니라 수량적인 사고를 할 수 있는 아이디어나 개념을 도출해 낼 수 있다.

머리말

NCS(국가직무능력표준)에서 수리능력이란?

수리능력은 직장생활을 하면서 반드시 필요한 역량이다. NCS에 뜻하는 수리능력은 우리가 중·고등학교 때 학습했던 수학과는 거리가 있다. 하지만 대부분의 취준생은 수리영역하면 학창시절에 공부했던 수열, 미분, 적분, 벡터 등이 떠올라 두려움만 가지고 시작조차 하지 못하는 경우를 많이 보았다. 이런 이유로 특성화고, 마이스터고등학교 출신들은 NCS를 통해 공공기업에 지원조차 하지 않는 실정이다. NCS의 수리영역은 기초연산능력, 기초통계능력, 도표분석능력, 도표작성능력으로 직장에서 꼭 필요한 사칙연산, 평균, 합계 등을 이용한 통계, 타인이 작성한 도표이해, 내가 전달하고 싶은 내용을 도표로 작성하는 정도로 극히 학습범위가 적다는 것이다.

이 책은 NCS를 학습하기 위해 학창시절 때 학습했던 부분 중 수리능력에 필요한 기초를 개념부터 실전까지 개념편과 실전편으로 구성하여 NCS를 준비하는 모든 이에게 랜턴 역할을 하기 바라며 www.ncs4u.kr에 동영상을 통한 학습으로 취준생 모두에게 좋은 결실을 맺기를 바랍니다.

이 두 권의 책으로 모든 것을 담는다는 것은 어려운 일이지만 최대한 기초부터 실제 시험에 대비할 수 있는 바탕을 만들기 위해 최선을 다했습니다. 나름대로 최선을 다했지만 취준생 입장에서는 만족스럽지 못한 부분도 있으리라 생각합니다. 아무쪼록 이 책으로 여러분이 겪는 수리능력학습에 도움이 되길 바랍니다.

1 수리능력의 필요성

◆ **수리능력이 필요한 이유**

수리능력이란 직장생활에서 요구되는 사칙연산과 기초적인 통계를 이해하고, 도표의 의미를 파악하거나 도표를 이용해서 결과를 효과적으로 제시하는 능력을 의미하며 업무를 수행 하는데 있어서 필수적인 능력이다. 흥미가 없고 이해하기 어려움이 있을 수 있지만, 기초 직업능력으로서 모든 직업인들이 공통적으로 지녀야 할 수리능력을 의미하는 것이기 때문에 높은 수준을 요구하는 것은 아니며, 기초직업능력으로서 수리능력의 중요성을 인식하고 학습하여야 한다.

사례 [회사에서 본 신입사원의 모습]

> 우리나라의 대표적 기업 중 하나인 L사는 몇 해 전부터 신입사원들을 대상으로 기초학력 Test를 실시하고 있다. L사에서는 전문계 고등학교 졸업생의 경우 상위 50% 이내의 학생들을 신입사원으로 채용하고 있다. 그러나 L사에서는 기초학력 Test 결과 초등학교 수준의 계산문제를 풀지 못하는 인원도 상당수이고, 1분 30초를 90초가 아닌 130초로 입력해 대규모 불량을 발생시킨 사례도 있어 어려움을 호소하고 있다. L사의 인사관계 담당자는 기초학력이 매우 부족하여 회사에서 일하는 데 기본적으로 필요한 사항을 충족하고 있는 인재는 점차 희소해지고 있다는 어려움을 토로하고 있다. 이에 따라 기초학력 중에서도 수리능력에 대한 재교육을 실시하는 데 막대한 비용이 들며, 업무상 error가 매우 빈번하게 발생하고 있다.

[L사에서 실제로 실시하고 있는 기초학력 Test 중에서 수리능력과 관련된 일부 문제를 발췌]

◎ 다음을 계산하여라.	◎ 아래 도량형에 맞게 빈칸을 채우시오.
(1) $1 + \frac{2}{3} =$	(6) 온도(섭씨)를 측정하는 단위는?
(2) $3271 - 697 =$	(7) $1\,kg = (\quad)g$
(3) $3.5 \times 15 =$	(8) $1\,cm = (\quad)mm$
(4) $150 \div 6 =$	(9) $1\,kl = (\quad)l$
(5) $(-11) + (+17) =$	(10) $1\,l = (\quad)cc$
	(11) 1분 = ( )초
	(12) 1시간 = ( )분

[수리능력이 부족하여 어려움을 겪게 되는 대표적인 경우]
· 업무상 계산을 수행하는 과정에서 잘못된 답을 제시한 경우(연산)
· 업무상 원재료를 구입하는 과정에서 단위환산을 잘못하여 손해를 입힌경우(연산)
· 조직의 예산을 잘못 작성한 경우(연산)
· 업무수행 경비를 잘못 제시한 경우(연산)
· 다른 상품과 가격비교를 올바르게 하지 못한 경우(연산)
· 년간 상품 판매실적물 올바르지 못하게 제시한 경우(통계)
· 업무비용을 다른 조직과 올바르게 비교하지 못한 경우(통계)
· 상품판매를 위한 지역조사를 올바르게 실시하지 못한 경우(홍계)
· 판매 전략을 잘못 수립하여 시장 관리를 못한 경우(통계)
· 마케팅 분석을 잘 못 한 경우(통계)
· 업무수행과정에서 도표로 주어진 자료를 올바르게 해석하지 못한 경우(도표분석)

◈ 수리능력의 의미

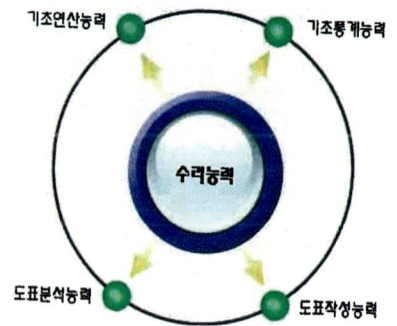

직업기초능력의 한 분야인 수리능력이란 '업무 상황에서 요구되는 사칙연산과 기초적인 통계를 이해하고, 도표 또는 자료(데이터)를 정리, 요약하여 의미를 파악하거나 도표를 이용해서 합리적인 의사결정을 위한 객관적인 판단근거로 제시하는 능력'을 의미한다. 특히 직업인으로서 업무를 효과적으로 수행하기 위해서는 다단계의 복잡한 연산을 수행하고 다양한 도표를 만들고, 내용을 종합할 수 있는 능력이 매우 중요하다는 측면에서 수리능력의 함양은 필수적이다.

이러한 수리능력은 위 그림과 같이 크게 ① 기초연산능력, ② 기초통계능력, ③ 도표분석능력, ④ 도표작성능력 등으로 구성된다.

하위 능력	정의
기초연산	기초적인 사칙연산과 계산을 하는 능력
기초통계	기초 수준의 백분율, 평균, 확률의 의미를 이해하는 능력
도표분석	도표(그림, 표, 그래프 등)가 갖는 의미를 해석하는 능력
도표작성	필요한 도표(그림, 표, 그래프 등)을 작성하는 능력

◈ 수리능력이 일상생활 혹은 업무 수행과정에서 중요한 이유

1. 수학적 사고를 통한 문제해결
업무 중에 일어나는 다양한 문제를 해결할 때 수학적 사고를 적용하면 문제를 분류하고 해법을 찾는 일이 쉬워진다. 즉 수학 원리를 활용하면 어려운 문제들에 대한 지구력과 내성이 생겨 업무의 문제 해결이 더욱 쉽고 편해질 수 있다.

2. 직업세계 변화에 적응
수리능력은 논리적이고 단계적인 학습을 통해 향상되기 때문에 어느 과정의 앞 단계에서 제대로 학습을 하지 못했다면 다음 단계를 학습하는 것이 매우 어렵다. 앞으로 수십 년에 걸친 직업세계의 변화에 적응하기 위해서는 지금부터 수리능력을 가져야 한다.

3. 실용적 가치의 구현
수리능력의 향상을 통해 일상생활 혹은 업무수행에 필요한 수학적 지식이나 기능을 습득할 수 있다. 물론, 실용성은 생활수준의 발전에 따라 다양한 성격을 지니게 되며 내용도 복잡하게 된다. 실용성은 개인이나 직업에 따라 다를지라도 수리능력의 향상을 통해서 일상적으로 필요한 지식, 기능이라도 단순히 형식적인 테두리에서 머무는 것이 아니라 수량적인 사고를 할 수 있는 아이디어나 개념을 도출해 낼 수 있다.

◈ 수리능력의 학습 내용과 목표

구분		학습내용	학습목표
수리능력		· 수리능력의 중요성 · 기초연산능력의 요구되는 상황 · 통계의 의미 · 도표분석 및 작성의 필요성 · 단위환산방법	직장생활에서 요구되는 사칙연산과 기초적인 통계를 이해하고, 도표의 의미를 파악하거나 도표를 이용하여 결과를 효과적으로 제시하는 능력을 기를 수 있음
하위 능력	기초연산능력	· 효과적인 연산수행방법 · 효과적인 검산법	직장생활에서 필요한 기초적인 사칙연산과 계산방법을 이해하고 활용하는 능력을 기를 수 있음
	기초통계능력	· 통계의 종류 · 통계기법의 종류 · 통계자료의 해석방법	직장생활에서 평균, 합계 빈도와 같은 기초적인 통계기법을 활용하여 자료의 특성과 경향성을 파악하는 능력을 기를 수 있음
	도표분석능력	· 도표의 종류 · 도표의 종류별 특징 · 효과적인 도표분석방법	직장생활에서 도표(그림, 표, 그래프)의 의미를 파악하고 필요한 정보를 해석하는 능력을 기를 수 있음
	도표작성능력	· 도표작성의 절차 · 도표작성시 유의사항 · 도표작성의 실제	직장생활에서 도표를 이용하여 결과를 효과적으로 제시하는 능력을 기를 수 있음

◆ 작업기초능력평가 문제구성(수리능력)

하위능력	정의(내용) - 기초적인 사칙연산과 계산을 하는 능력	출제 중요도
기초연산	【기초연산능력】 ① 사칙연산(사칙, 검산, 기초연산) ② 수의 계산(교환, 결합, 분배) ③ 단위 환산(길이, 넓이, 부피, 무게, 시간, 할푼리) ④ 수와 식(약수, 소수, 합성수, 공약수, 서로소, 소인수분해, 지수법칙, 곱셈공식, 인수분해) ⑤ 제곱근(제곱근, 유리화) 【응용수리능력】 ① 방·부등식의 활용(거리, 속도, 일, 농도, 나이, 금액, 원리합계, 날짜, 시차, 요일, 시계, 톱니바퀴, 부등식의 성질) ② 경우의 수와 확률(경우의 수, 순열, 조합, 확률) 【수추리능력】 ① 수 추리(등차, 등비, 계차, 피보나치, 군수열, 배열수열, 3개 숫자 관계) ② 문자 추리(한글자음, 한글모음, 알파벳)	상
기초통계	① 통계(간단한 사회집단, 자연집단의 상황) ② 통계치(빈도의 분포, 평균, 백분율) ③ 통계의 계산(범위, 평균, 분산, 표준편차) ④ 비율(증감율, 할인율, 농도)	중상
도표분석	① 선(절선)그래프(연도별 매출액추아, 분포의 상관관계) ② 막대그래프 ③ 원그래프 ④ 점그래프 ⑤ 층별그래프 ⑥ 레이더차트(거미줄그래프)	상
도표작성	그림, 표, 그래프의 작성능력	하

◆ 수리능력의 역량부족으로 실제 있었던 사례

1. 업무 수행 경비를 계산할 때, 곱셈을 잘못하여 실제 경비보다 적게 청구한 사례
   ● 출장인원 수×경비

2. 단위 환산을 잘못하여 너무 많이 구매
   ● 원단구입 때, 5000cm을 500m로 구매하여 구매하고자 하는 양보다 10배를 구매

사 례 단위를 착각하면 어떤 일이 일어날까?

1999년 4월15일, 대한항공 화물기가 중국 상하이 홍차오국제공항 인근 아파트 공사현장에서 추락했다. 상하이 홍차오 국제공항을 떠나 김포 국제공항으로 돌아오려던 대한항공 6316편은 이륙한 지 6분여 만에 추락한 것이다. 블랙박스 감정과 사고조사 위원회의 조사결과 추락원인은 미터(m)를 피트(ft)로 착각한 것이 원인이었다. 관제탑의 "900m(약 2900ft)로 고도를 높이라"는 지시를 조종사들이 '900ft(약 275m)'로 잘못 알아듣고, 높여야 할 고도를 낮췄기 때문이다. 당시 사고로 탑승자 3명 전원과 공사장 인부 등 8명이 숨지고, 공사 중이던 아파트 건물 4동이 파괴되는 등 큰 피해가 발생했다.

같은 해 우주에서도 비슷한 비극이 일어났다. 1999년 9월 무인 화성 기후탐사선(MCO)가 화성 궤도에서 폭발한 것이다. 당시 사고는 MCO 제작사인 미국의 록히드마틴이 탐사선의 점화 데이터를 야드(yd)로 작성했지만 미항공우주국(NASA)의 제트추진연구소(JPL)는 이를 m로 착각해 발생한 것으로 밝혀졌다.

이 때문에 NASA가 MCO를 예정보다 100km나 낮은 궤도로 진입시켰고, MCO는 화성 대기와 마찰을 일으키면서 폭발했다. 이 사고로 NASA는 1억2500만 달러(한화 1300억 원)를 날렸고, 이후 NASA는 단위를 m로 통일했다.

자료: 아시아경제(2018. 2. 20일자)
http://view.asiae.co.kr/news/view.htm?idxno=2018021916443926991

사전확인

다음은 모든 직업인에게 공통적으로 요구되는 수리능력 수준을 스스로 알아볼 수 있는 체크리스트이다. 본인의 평소 행동을 잘 생각해 보고, 행동과 일치하는 것에 체크해 보자.

■ 체크리스트

문항	그렇지 않은 편이다	그저 그렇다	그런 편이다
1. 나는 수리능력의 중요성을 설명할 수 있다.	1	2	3
2. 나는 업무를 수행함에 있어서 수리능력이 활용되는 경우를 설명할 수 있다.	1	2	3
3. 나는 업무수행 과정에서 기본적인 통계를 활용할 수 있다.	1	2	3
4. 나는 업무수행 과정에서 도표를 읽고 해석할 수 있다.	1	2	3
5. 나는 업무수행에 필요한 수의 개념, 단위 및 체제 등을 설명할 수 있다.	1	2	3
6. 나는 사칙연산을 활용하여 업무수행에 필요한 계산을 수행할 수 있다.	1	2	3
7. 나는 검산방법을 활용하여 연산결과의 오류를 확인할 수 있다.	1	2	3
8. 나는 업무수행에 활용되는 기초적인 통계방법을 설명할 수 있다.	1	2	3
9. 나는 업무수행과정에서 기본적인 통계자료를 읽고 해석할 수 있다.	1	2	3
10. 나는 통계방법을 활용하여 업무수행에 필요한 자료를 제시할 수 있다.	1	2	3
11. 나는 도표의 종류별 장단점을 설명할 수 있다.	1	2	3
12. 나는 제시된 도표로부터 필요한 정보를 획득할 수 있다.	1	2	3
13. 나는 제시된 도표를 비교·분석하여 업무에 적용할 수 있다.	1	2	3
14. 나는 효과적인 도표작성 절차를 설명할 수 있다.	1	2	3
15. 나는 도표를 활용하여 핵심내용을 강조할 수 있다.	1	2	3
16. 나는 도표의 종류에 따른 효과적인 제시방법을 설명할 수 있다.	1	2	3

■ 확인방법

체크리스트의 문항별로 자신이 체크한 결과를 아래 표에 적어 보자.

문항	수준	개수	학습모듈	Page
1~4번	그렇지 않은 편이다	( )개	B-1 수리능력	11~24
	그저 그렇다	( )개		
	그런 편이다	( )개		
5~7번	그렇지 않은 편이다	( )개	B-2-가 기초연산능력	25~35
	그저 그렇다	( )개		
	그런 편이다	( )개		
8~10번	그렇지 않은 편이다	( )개	B-2-나 기초통계능력	37~52
	그저 그렇다	( )개		
	그런 편이다	( )개		
11~13번	그렇지 않은 편이다	( )개	B-2-다 도표분석능력	53~71
	그저 그렇다	( )개		
	그런 편이다	( )개		
14~16번	그렇지 않은 편이다	( )개	B-2-라 도표작성능력	73~91
	그저 그렇다	( )개		
	그런 편이다	( )개		

■ 확인결과

확인방법에 따라 자신의 수준을 진단한 후, 한 문항이라도 '그렇지 않은 편이다'가 나오면 그 부분이 부족한 것으로, 제시된 학습내용과 페이지를 참조하여 해당하는 학습내용을 학습해보자.

2 기초연산능력

◆ **사칙연산이란?**
수 또는 식은 "얼마만큼인가"를 나타내는 "양"을 표현하는 도구이다. 사칙연산이란 이러한 수 또는 식에 관한 덧셈(+), 뺄셈(-), 곱셈(×), 나눗셈(÷) 등 네 종류의 계산법으로 사칙계산이라고도 한다. 보통 사칙연산은 일정한 원리(규칙 또는 방법)에 따라 계산한다.

◆ **업무수행 중 기초연산능력이 요구되는 상황**
우리는 업무수행에 필요한 기초적인 사칙연산과 계산방법을 이해하고 있어야 한다. 즉 덧셈, 뺄셈, 곱셈, 나눗셈 등과 같은 간단한 사칙연산에서부터 다단계의 복잡한 사칙연산까지 수행할 수 있어야 하며, 연산결과의 오류까지도 수정할 수 있는 능력이 필요하다. 업무수행 과정에서 연산능력이 요구되는 대표적인 상황으로는 다음과 같다.

① 업무상 계산을 수행하고 결과를 정리하는 경우
② 조직의 예산안을 작성하는 경우
③ 업무비용을 측정하는 경우
④ 업무수행 경비를 제시해야 하는 경우
⑤ 고객과 소비자의 정보를 조사하고 결과를 종합하는 경우
⑥ 다른 상품과 가격 비교를 하는 경우 등

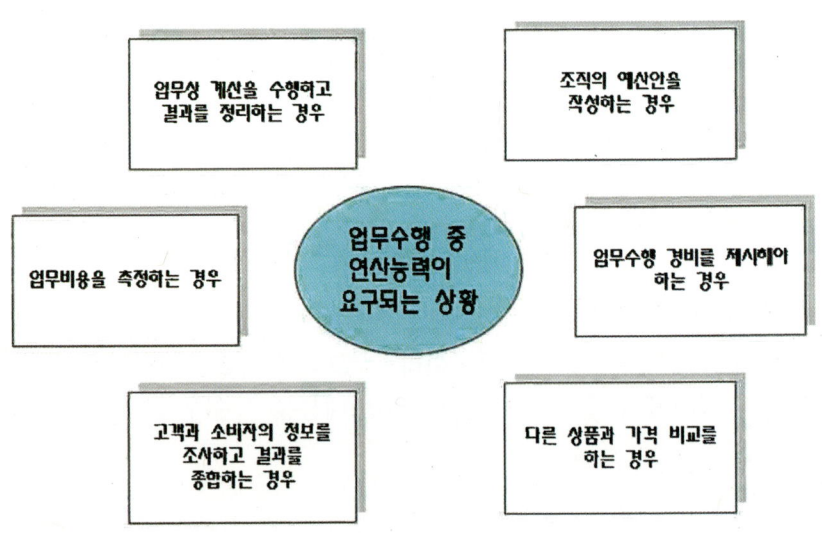

[구거법(九去法)]
9를 버린다는 의미인데, 9를 버리고 남은 수로 계산하는 것이다. 9로 나누어서 나머지만 생각하는 방법으로서 569342를 9로 나누면 몫이 63260이고 나머지는 2이다. 그러나 이렇게 나누는 일 자체가 복잡하고 시간이 걸린다. 그래서 각 자리 수를 모두 더한다. 즉, 5+6+9+3+4+2=29이고 이 수의 각 자리 수를 또 더하면 2+9=11, 다시 더하면 1+1=2가 된다. 이 방법도 귀찮으면 처음부터 합해서 9가 되면 버리는 방법이 있다. 즉, 569342에서 천의 자릿수 9는 버리고 6과 3을 더하면 9가 되므로 버리고 5와 4도 더하면 9가 되므로 이것도 버리고, 그러면 남는 수는 2뿐이다. 어떤 방법을 사용하든 569342의 경우 검산 수 2가 나온다. 이러한 검산 수를 가지고 사칙연산을 하여 처음 계산한 결과와 맞는지를 확인하는 것이다.

"평균에 함정이 있다"

평균은 자료의 전체적인 상태를 나타내는 좋은 방법이다. 하지만 평균만으로는 전체를 나타낼 수 없는 경우가 많다. 평균에는 함정이 있다. 다음 이야기를 한 번 읽어 보고, 생각해 보자.

어떤 부족이 다른 부족을 공격하기 위해 병사들을 이끌고 적진으로 향했다. 그런데 적진 바로 앞에 큰 강이 있었고, 강을 건너야 공격을 할 수 있었다.
부족의 우두머리는 병사들을 이끄는 장군에게 강의 평균 수심이 얼마냐고 물었다. 장군은 140cm라고 대답했다. 부족의 우두머리는 즉시 강을 건널 것을 명령했다. 병사들의 키는 모두 165cm 이상이었기 때문이다. 그런데 병사들은 그만 모두 강물에 빠져 버렸다. 강의 한 가운데의 수심은 병사들의 키보다 훨씬 깊었기 때문이다. 강을 건너는 데는 평균 수심이 아닌 가장 깊은 곳의 수심이 문제가 되었기 때문이다.

★ 평균 구하는 방법
(평균)=(자료 전체의 합)÷(자료의 개수)
$= \dfrac{(\text{자료 전체의 합})}{(\text{자료의 개수})}$

3 기초통계능력

◈ **통계란 무엇인가?**

통계란 어떤 현상의 상태를 양으로 반영하는 숫자이며, 특히 사회집단의 상황을 숫자로 표현한 것이다. 근래에는 통계적 방법의 급속한 진보와 보급에 따라 자연적인 현상이나 추상적인 수치의 집단도 포함해서 일체의 집단적 현상을 숫자로 나타낸 것을 통계라고 한다.

따라서 통계학이란 불확실한 상황에서 현명한 의사결정을 하기 위한 이론과 방법을 다루는 분야이며 주로 자료의 수집, 분류, 분석, 그리고 해석의 체계를 갖는다. 통계분석은 '모르는 값'을 '아는 값(의미가 있는 값)'으로 바꾸어 가는 과정이라 할 수 있다.

◈ **통계의 의미**

통계는 사회에 실재하는 고유의 사실과 연관되면서 단일개체가 아닌 사회적 집단에 관한 숫자 자료를 가리킨다. 예를 들면, 어떤 사람의 재산, 한라산의 높이, 어떤 개체에 관한 수적 기술 등이 고유의 사실과 연관되고 사회현상으로 보이는 것일지라도 단일개체에 대한 숫자 자료일 때에는 통계라고 하지 않는다. 즉 어떤 일정집단에 대한 숫자 자료, 같은 종류의 사례(개체)를 모은 집단에 대한 숫자가 통계이다.

우리가 알고자 하는 대상(분석대상)에 대하여 가장 정확한 정보를 얻는 방법은 분석대상을 모두 조사하는 것(전수조사)이다. 그러나 이는 엄청난 시간과 비용이 들기 때문에 잘 사용하지 않는다. 그래서 전체(모집단)를 잘 대표하는 일부분(표본)을 뽑고 표본을 조사, 분석하여 전체(모집단)의 특성을 유추하는 표본조사를 사용한다.

대형마트에 가면 시식코너가 있는데 여기서는 판매를 희망하는 제품 중에서 일부를 소비자가 맛을 볼 수 있도록 하고 있다. 판매를 원하는 전체 제품은 모집단이고 시식을 위해 제공되는 일부 제품은 표본이라 할 수 있다. 이때 시식용 제품의 맛이 전체 제품의 맛을 나타내므로 시식용 제품의 선택은 매우 중요하다.

조사에서의 통계는 통계집단의 구성(단위, 표지, 특정한 시점 또는 시간과 장소, 범위의 규정)에 바탕을 두고 파악된다. 따라서 통계집단의 요소들인 단위, 표지, 때, 장소의 구체적 개념이나 정의를 어떻게 정하는가는 매우 중요하다. 또한, 통계는 현실의 일정한 사회관계를 바탕으로, 조사자와 피조사자 사이에서 질문·응답이 행해지는 통계조사라는 특수한 과정을 거쳐 이루어지는데, 거기에는 상호협조와 이해에 따르는 대항관계가 작용한다. 또한 통계의 이용에 앞서 통계가 무엇을 어떤 정의나 개념규정에 기초해 숫자로서 파악하고 있는가, 그 통계조사는 어떤 조사목적으로, 구체적으로 무엇을 조사하고, 무엇을 통계로서 표시하는가를 검토하는 일은 매우 중요하다.

통계에 사용되는 자료는 집중화 경향, 분산도, 비대칭도를 기준으로 파악된다. 집중화 경향은 자료들이 어느 위치에 집중되어 있는가를 나타내는 것으로 평균, 중앙값, 최빈값 등으로 나타낸다. 분산도는 자료들이 어느 정도 흩어져 있는가를 나타내는 것으로 (범위, 표준편차, 분산 등으로 나타낸다. 비대칭도는 자료들이 대칭에서 얼마나 벗어나 있는지를 나타내는 것으로 왜도, 첨도 등으로 나타낸다.

◈ **통계의 기능**

통계의 기능은 다음과 같이 크게 4가지로 생각해 볼 수 있다. 첫째, 많은 수량적 자료를 처리 가능하고 쉽게 이해할 수 있는 형태로 축소시킨다. 둘째, 표본을 통해 연구대상 집단의 특성을 유추한다. 셋째, 의사결정의 보조수단이 된다. 넷째, 관찰 가능한 자료를 통해 논리적으로 어떠한 결론을 추출검증한다.

4 도표분석능력

◆ 도표의 종류

도표는 크게 목적별-용도별·형상별로 구분할 수 있는데, 실제로는 목적과 용도와 형상을 여러 가지로 조합하여 하나의 도표를 작성하게 된다. 특히 도표는 관리나 문제해결의 과정에서 다양하게 활용되며, 활용되는 국면에 따라 도표의 종류를 달리할 필요가 있다. 다음은 다양한 도표의 종류를 목적별-용도별·형상별로 분류하여 제시한 것이다. 직업인으로서 업무수행을 원활하게 하기 위해서는 다양한 도표의 종류를 암기할 필요는 없지만, 각각의 도표를 활용하여야 하는 경우에 대해서는 숙지하고 있을 필요가 있다.

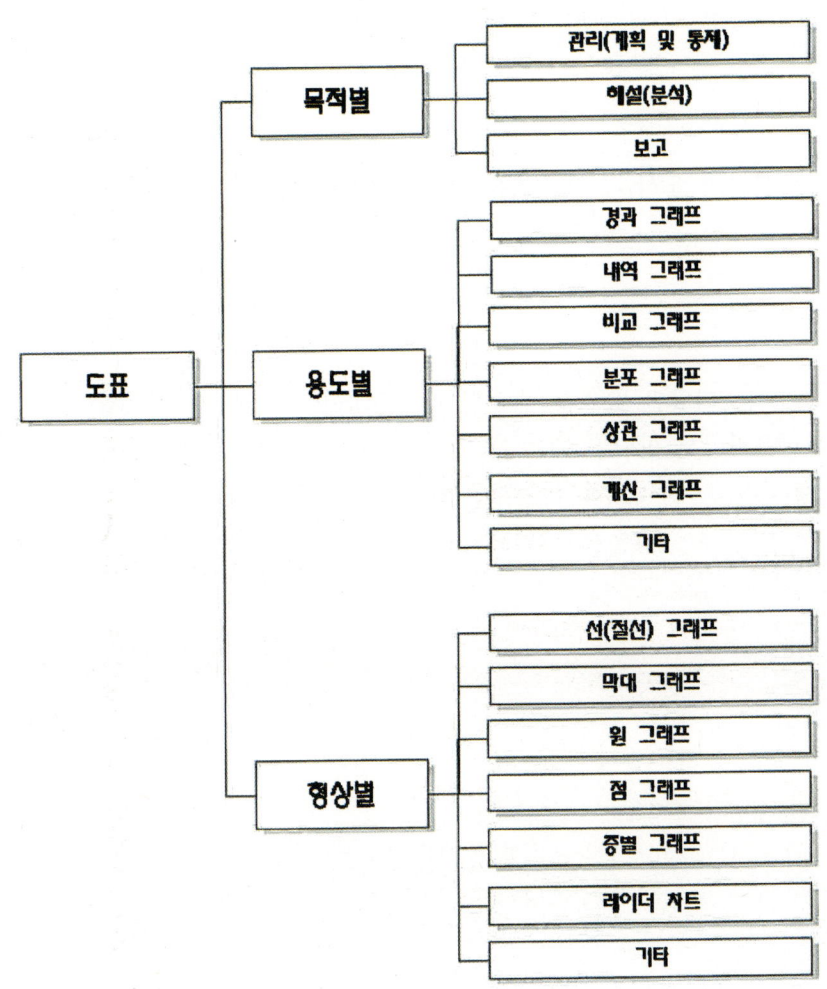

1. 선(절선) 그래프
선(절선) 그래프의 가장 기본적인 활용은 시간적 추이(시계열 변화)를 표시하는 데 적합하다.
- 연도별 매출액 추이 변화 등

2. 막대그래프
막대그래프는 비교하고자 하는 수량을 막대 길이로 표시하고, 그 길이를 비교하여 각 수량간의 대소관계를 나타내고자 할 때 가장 기본적으로 활용할 수 있는 그래프이다.
- 영업소별 매출액, 성적별 인원분포 등

3. 원그래프
원그래프는 일반적으로 내역이나 내용의 구성비를 분할하여 나타내고자 할 때 활용할 수 있는 그래프이다.
- 제품별 매출액 구성비 등

4. 점그래프
점그래프는 지역분포를 비롯하여 도시, 지방, 기업, 상품 등의 평가나 위치, 성격을 표시하는 데 활용할 수 있는 그래프이다.
- 광고비율과 이익률의 관계 등

5. 방사형 그래프
레이더 차트(거미줄 그래프)는 다양한 요소를 비교할 때, 경과를 나타낼 때 활용할 수 있는 그래프이다. 레이더 차트 또는 거미줄 그래프라고도 한다.
- 매출액의 계절변동 등

5 도표작성능력

◆ 도표의 작성절차

1. 어떠한 도표로 작성할 것인지를 결정
업무수행 과정에서 도표를 작성할 때에는 우선 주어진 자료를 면밀히 검토하여 어떠한 도표를 활용하여 작성할 것인지를 결정한다. 도표는 목적이나 상황에 따라 올바르게 활용할 때 실효를 거둘 수 있으므로 어떠한 도표를 활용할 것인지를 결정하는 일이 선행되어야 한다.

2. 가로축과 세로축에 나타낼 것을 결정
주어진 자료를 활용하여 가로축과 세로축에 무엇을 나타낼 것인지를 결정하여야 한다. 일반적으로 가로축에는 명칭구분(연, 월, 장소 등), 세로축에는 수량(금액, 매출액 등)을 나타내며 축의 모양은 I자형이 일반적이다.

3. 가로축과 세로축의 눈금의 크기를 결정
주어진 자료를 가장 잘 표현할 수 있도록 가로축과 세로축의 눈금의 크기를 결정하여야 한다. 한 눈금의 크기가 너무 크거나 작으면 자료의 변화를 잘 표현할 수 없으므로 자료를 가장 잘 표현할 수 있도록 한 눈금의 크기를 정하는 것이 바람직하다.

4. 자료를 가로축과 세로축이 만나는 곳에 표시
자료 각각을 결정된 축에 표시한다. 이 때 가로축과 세로축이 만나는 곳에 정확히 표시하여야 정확한 그래프를 작성할 수 있으므로 주의하여야 한다.

5. 표시된 점에 따라 도표 작성
표시된 점들을 활용하여 실제로 도표를 작성한다. 선 그래프라면 표시된 점들을 선분으로 이어 도표를 작성하며, 막대그래프라면 표시된 점들을 활용하여 막대를 그려 도표를 작성하게 된다.

6. 도표의 제목 및 단위 표시
도표를 작성한 후에는 도표의 상단 혹은 하단에 제목과 함께 단위를 표기한다.

6 도표의 종류별 활용

◆ 도표의 목적
★ 도표란 선, 그림, 원 등으로 그려서 내용을 시각적으로 표현하는 것을 의미하며, 직업인들이 도표를 작성함으로써 얻을 수 있는 이 점으로는
① 보고 및 설명이 용이함
② 상황분석을 할 수 있음
③ 관리목적에의 활용

★ 도표를 그릴 때의 주의점
· 보기 쉽게 깨끗이 그린다.
· 하나의 도표에 여러 가지 내용을 넣지 않는다.
· 특별히 순서가 정해 있지 않는 것은 큰 것부터, 왼쪽에서 오른쪽으로, 또는 위에서 아래로 그린다.
· 눈금을 잡기에 따라 크게 보이거나 작게 보이니 주의한다.
· 밑에 있는 수치를 생략할 경우에는 잘못 이해하는 경우가 생기니 주의한다.
· 컴퓨터에 의한 전산 그래프를 최대한 이용한다.

◆ 도표의 종류별 활용
직업인으로서 업무에 활용할 수 있는 도표의 종류는 매우 다양하다. 이 중 대표적인 것으로는 선(절선) 그래프, 막대그래프, 원그래프, 점그래프, 방사형 그래프(레이더 차트, 거미줄그래프) 등이 있다. 이들 각각에 대한 특징을 살펴보면 다음과 같다.

◆ 선(절선) 그래프
선(절선) 그래프란 시간의 경과에 따른 수량의 변화를 절선의 기울기로 나타내는 그래프이다. 주로 경과·비교·분포(도수곡선 그래프)를 비롯하여 상관관계 등을 나타낼 때(상관선 그래프·회귀선) 쓴다.

아래의 그래프는 매출액의 추이를 나타낸 선 그래프, 즉 절선 그래프이다. 이것은 선 그래프에서 가장 기본적인 것으로 시간적 추이(시계열 변화)를 표시하는 데 적합하다. 아래의 그래프는 25년간의 상품별 매출액의 추이를 나타내고 있다. 한 표에 너무 많은 선이 들어가면 복잡하여 알아보기 어렵다.

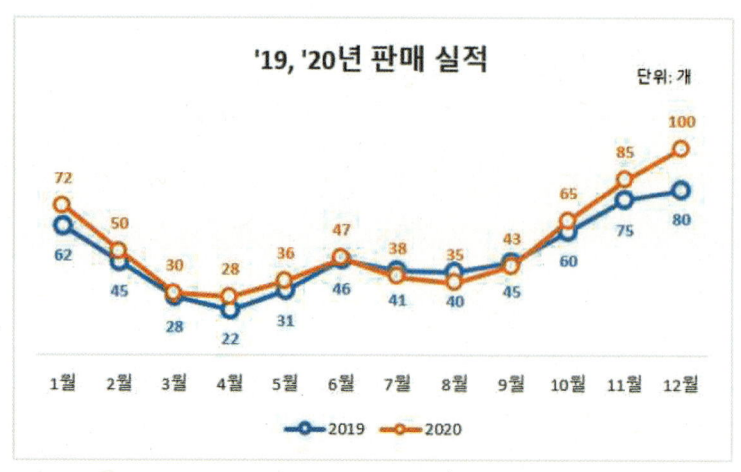

◆ 막대그래프

막대그래프는 봉그래프라고도 한다. 비교하고자 하는 수량을 막대 길이로 표시하고 그 길이를 비교하여 각 수량 간의 대소 관계를 나타내는 것이다. 가장 간단한 형태이며, 선 그래프와 같이 각종 그래프의 기본을 이룬다. 막대그래프는 내역·비교·경과·도수 등을 표시하는 용도로 쓰인다.

◆ 원그래프

원그래프는 일반적으로 내역이나 내용의 구성비를 원을 분할하여 나타낸다. 아래와 같은 파이 그래프도 원그래프의 일종이다. 동심원을 두 개 그림으로써 투시점에서의 매출액 크기와 구성비를 비교해 볼 수도 있다. 단, 원그래프를 정교하게 작성할 때 까다로운 것은 수치를 각도로 환산하여야 한다는 점이다.

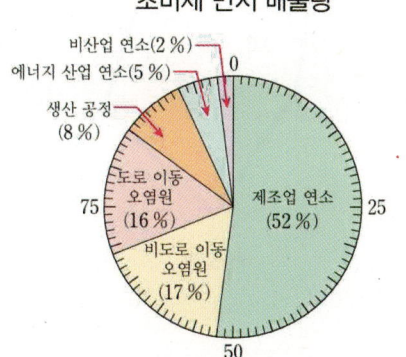

(출처: 행정 간행물, 환경부, 2016.)

◆ 점그래프

점그래프는 종축과 횡축에 2요소를 두고, 보고자 하는 것이 어떤 위치에 있는가를 알고자 할 때 쓴다. 아래의 점그래프는 각 지역에서 광고비율과 이익률의 관계가 어떻게 되어 있는가를 표시한 것이다. 그래프에서 그어진 세로선과 가로선은 각기 이익률의 평균치, 광고비율의 평균치를 나타낸다.

아래의 그래프를 보면 상주, 청주, 충주에서는 광고비는 높으나 이익률이 낮다. 반면 천안, 부천, 인천 등은 광고비율이 낮으나 이익률은 높음을 알 수 있다. 점그래프는 이와 같이 지역분포를 비롯하여 도시, 지방, 기업, 상품 등의 평가나 위치, 성격을 표시하는 데 이용된다.

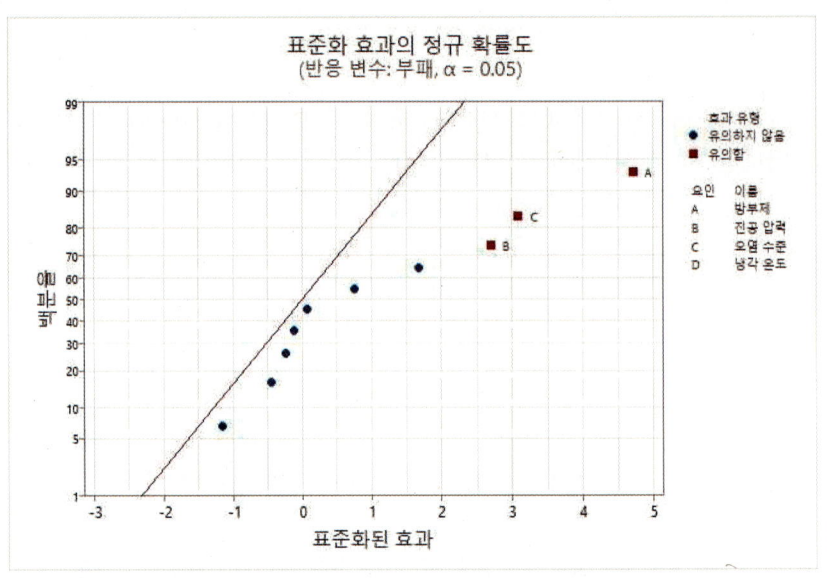

◈ 방사형 그래프(레이더 차트, 거미줄 그래프)
방사형 그래프는 원 그래프의 일종으로 레이터 차트, 거미줄 그래프라고도 한다. 비교하는 수량을 직경, 또는 반경으로 나누어 원의 중심에서의 거리에 따라 각 수량의 관계를 나타내는 그래프이다. 방사형 그래프는 대표적으로 비교하거나 경과를 나타내는 용도로 활용된다.

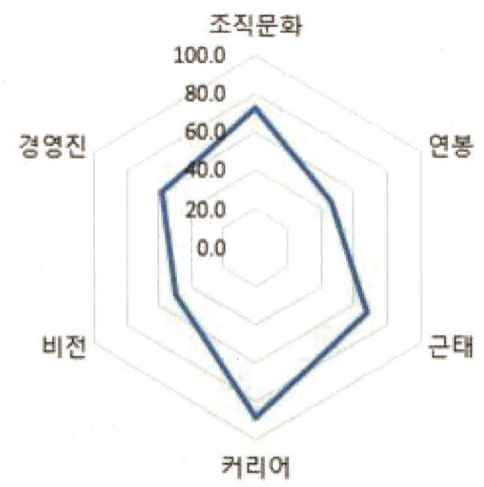

★ 자료정리
① 막대그래프
수량의 많고 적음을 한눈에 비교하기에 편리

[그리는 방법]
• 가로와 세로 눈금에 나타낼 것을 정한다.
• 세로 눈금 한 칸의 크기와 눈금수를 정한다.
• 조사한 수에 알맞게 막대를 그린다.
• 그래프에 알맞은 제목을 붙이면 완성!

● 항빈이가 한달 동안 운동한 결과

운동	줄넘기	수영	걷기	배드민턴	달리기	계
날수(일)	8	5	6	4	7	30

[자료의 수량을 막대로 나타내면]

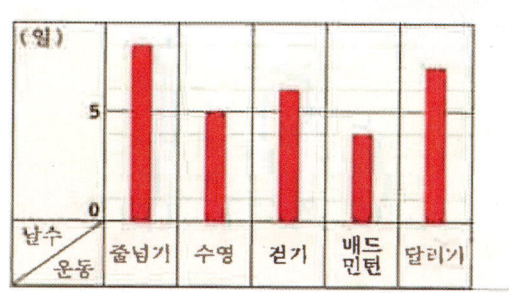

② 꺾은선그래프
변화하는 양을 나타내는데 편리

● 항빈이가 넘은 줄넘기 최고 기록

날짜	1주	2주	3주	4주	5주
횟수(번)	16	22	30	46	40

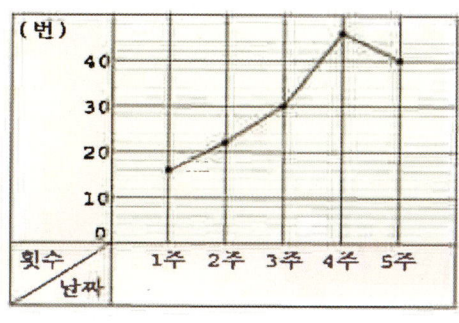

⇒ 막대그래프와 꺾은선그래프는 어떻게 다를까?
막대그래프는 각각의 크기를 비교할 때 편리하고, 꺾은선그래프는 시간에 따라 연속적으로 변화하는 모양을 나타내는 데 편리함.

③ 비율그래프(원그래프, 띠그래프)
전체에 대한 각 항목의 비율을 한 눈에 알수있음

[그리는 방법]
· 표를 보고, 각 항목이 차지하는 백분율을 구한다. (이때 백분율의 합계가 100%인지 꼭 확인한다.)
· 각 항목들이 차지하는 백분율의 크기만큼 선을 그어 원을 나눈다.
· 나눈 원의 각 부분에 각 항목의 이름을 쓴 다음, (   ) 안에 백분율을 쓴다.
· 원그래프를 그릴 때에는 백분율의 크기가 큰 순서대로 나타낸다.

• 원그래프의 이름을 붙이면 완성!

● 입후보자별 득표 수

입후보자	진주	성민	효중	선아	계
득표 수(표)	360	180	420	240	1200

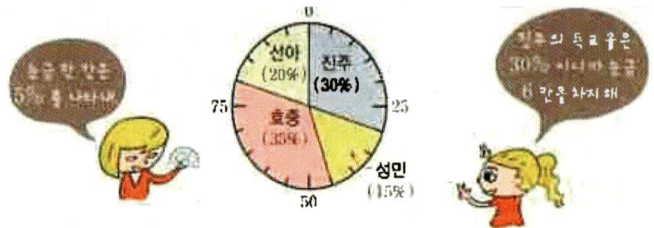

[항목별 백분율 구하는 방법]

$$(\text{항목별 백분율}) = \frac{(\text{후보자별 득표 수})}{\text{전체 득표 수}} \times 100$$

진주: $\frac{360}{1200} \times 100 = 30(\%)$

성민: $\frac{180}{1200} \times 100 = 15(\%)$

효중: $\frac{420}{1200} \times 100 = 35(\%)$

선이: $\frac{240}{1200} \times 100 = 20(\%)$

➡ (백분율의 합) = 30 + 15 + 35 + 20 = 100(%)

★ 민영이네 모둠의 수학 점수의 평균을 구해 봐.

민영이네 모둠의 수학 점수

이름	민영	현수	종빈	영현
점수(점)	92	88	84	96

★ 희경이네 모둠의 평균 몸무게는 37kg이야. 희경이의 몸무게는 얼마일까?

희경이네 모둠의 몸무게

이름	희경	재영	민수	현규
몸무게(kg)	?	38	40	34

실제로 도표를 읽고 해석하는 일은 쉽지 않은 경우가 많으며, 잘못 해석하여 곤란을 겪은 경우도 많다. 특히 효과적으로 도표를 해석하기 위해서는 사전에 많은 연습이 필요하다.

◆ 도표 해석상의 유의사항

1. 요구되는 지식의 수준
도표의 해석은 특별한 지식을 요구하지 않는 경우가 대부분이다. 그러나 지식의 수준에는 차이가 있어 어떤 사람에게는 상식이 어떤 사람에게는 지식일 수 있다. 따라서 직업인으로서 자신의 업무와 관련된 기본적인 지식의 습득을 통하여 특별한 지식을 일반지식 즉, 상식화할 필요가 있다.

2. 도표에 제시된 자료의 의미에 대한 정확한 숙지
주어진 도표를 무심코 해석하다 보면 자료가 지니고 있는 진정한 의미를 확대하여 해석할 수도 있다. 예컨대 K사의 지원자 수가 많았다는 것이 반드시 K사의 근로자 수가 많다는 것을 의미하지 않는데 양자를 같은 것으로 오인할 수 있다.

3. 도표로부터 알 수 있는 것과 없는 것의 구별
주어진 도표로부터 알 수 있는 것과 알 수 없는 것을 완벽하게 구별할 필요가 있다. 즉 주어진 도표로부터 의미를 확대하여 해석하여서는 곤란하며, 주어진 도표를 토대로 자신의 주장을 충분히 추론할 수 있는 보편타당한 근거를 제시해야 한다.

4. 총량의 증가와 비율증가의 구분
비율이 같다고 하더라도 총량에 있어서는 많은 차이가 있을 수 있다. 또한 비율에 차이가 있다고 하더라도 총량이 표시되어 있지 않은 경우 비율차이를 근거로 절대적 양의 크기를 평가할 수 없기 때문에 이에 대한 세심한 검토가 요구된다.

5. 백분위수와 사분위수의 이해
백분위수는 크기순으로 배열한 자료를 100등분 하는 수의 값을 의미한다. 예컨대 제p백분위수란 자료를 크기순으로 배열하였을 때 p%의 관찰값이 그 값보다 작거나 같고, $(100-p)$%의 관찰값이 그 값보다 크거나 같게 되는 값을 말한다. 한편, 사분위수란 자료를 4등분한 것으로 제1사분위수는 제25백분위수, 제2사분위수는 제50백분위수(중앙치), 제3사분위수는 제75백분위수에 해당한다.

◆ 엑셀프로그램을 활용한 그래프 그리기

그래프를 그리기 위해서는 우선 자료를 입력하여야 한다. 이를 위해서는 변수의 성격을 이해할 필요가 있다. 아래의 그림에서 A1에 입력한 "구분"은 A열을 대표하는 명칭으로 그래프를 그릴 때 X축의 데이터값으로 사용된다. B1과 C1에 입력한 "명수"와 "퍼센트"는 그래프에서 Y축의 데이터값으로 사용된다. 따라서 아래의 자료로 그래프를 그리면 X축값은 하나이지만 Y축값은 두 개가 된다.

[자료의 입력]

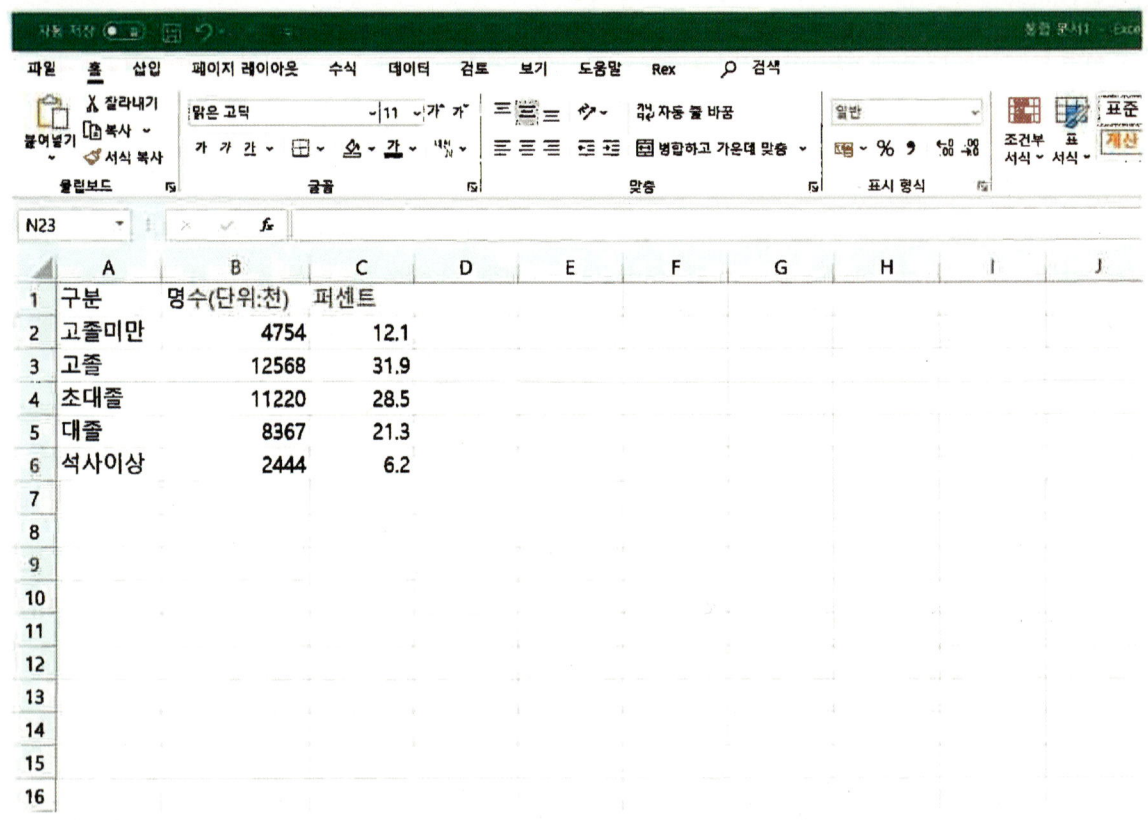

이제 그래프를 실제로 그리기 위해서 풀다운메뉴의 [삽입]을 선택한다. 아래의 그림과 같이 여러 유형의 그래프에 대한 아이콘이 나타나므로 원하는 것을 클릭하거나 왼쪽 하단의 전그래프를 그리고자 하는 차트삽입 아이콘(아래 그림에서 굵은 원형)을 눌러 차트삽입 메뉴에서 원하는 그래프의 종류를 선택한다.

[삽입-차트 선택]

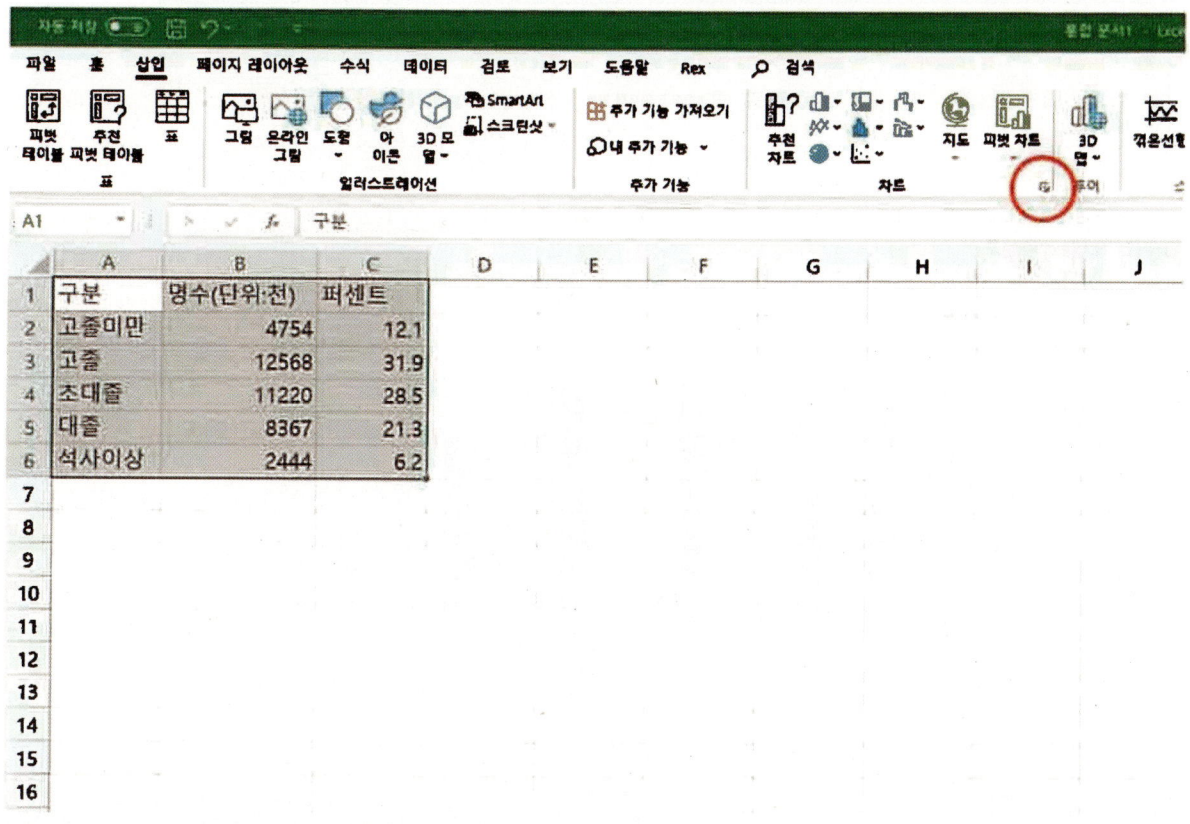

[그래프의 종류 선택하고 그리기]

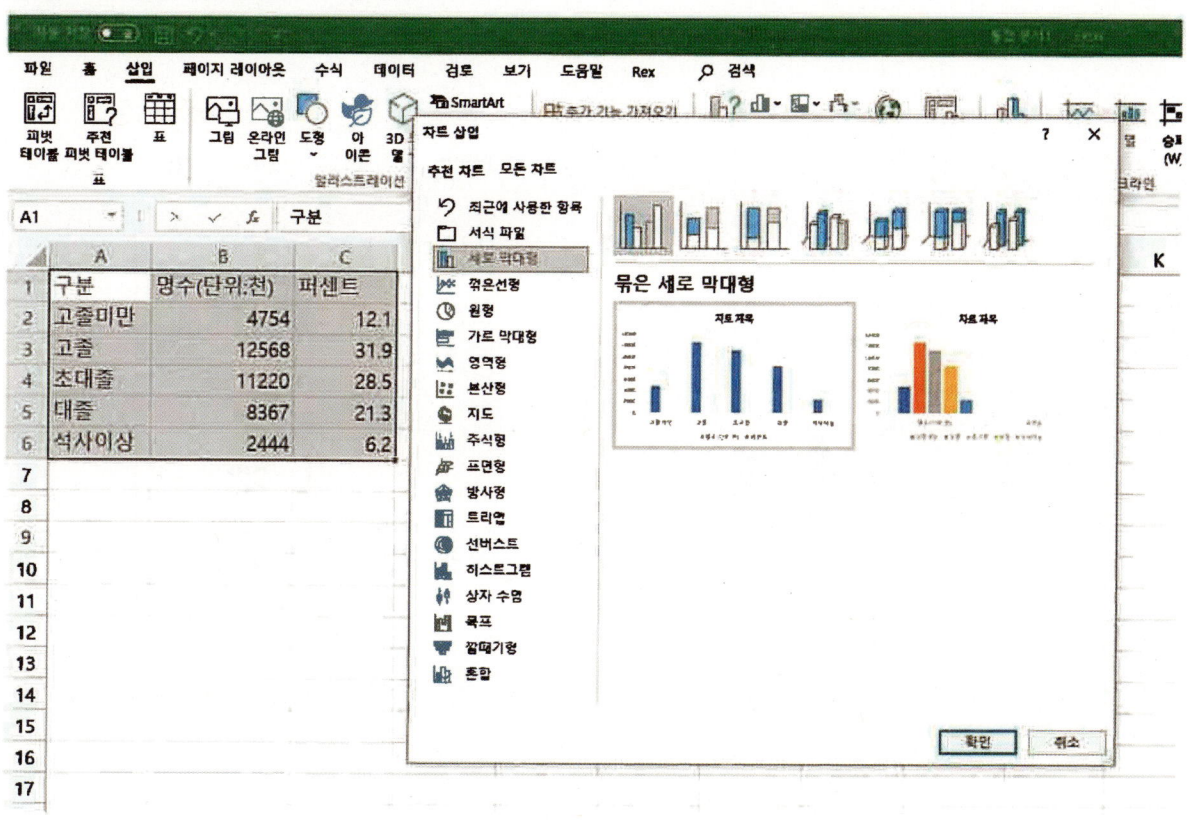

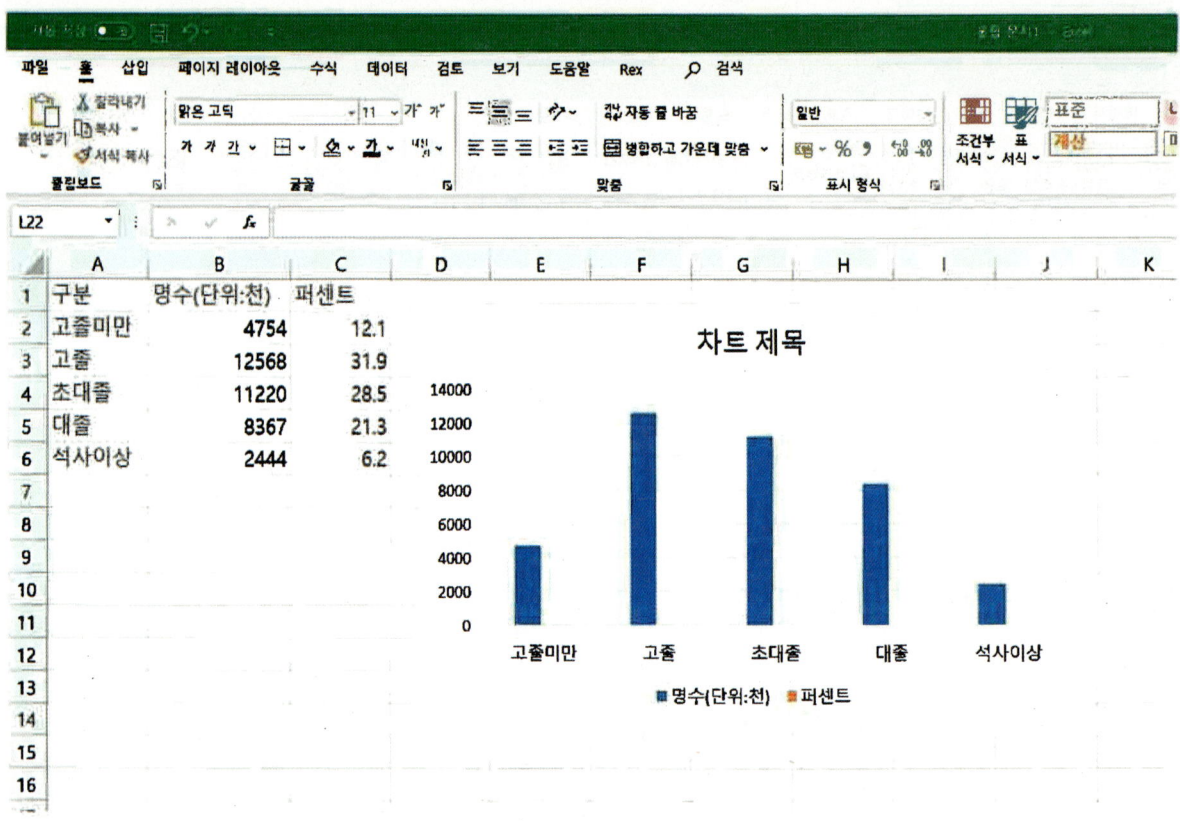

[데이터의 범위와 계열 수정]

그래프가 그려진 뒤 X축이나 Y축의 축값을 수정하려고 할 때는 그래프에서 원하는 축의 축값을 더블클릭하거나 축값에 마우스를 위치시키고 마우스의 오른쪽버튼을 누른 후 축서식을 누르면 아래 그림과 같이 창이 나타난다.

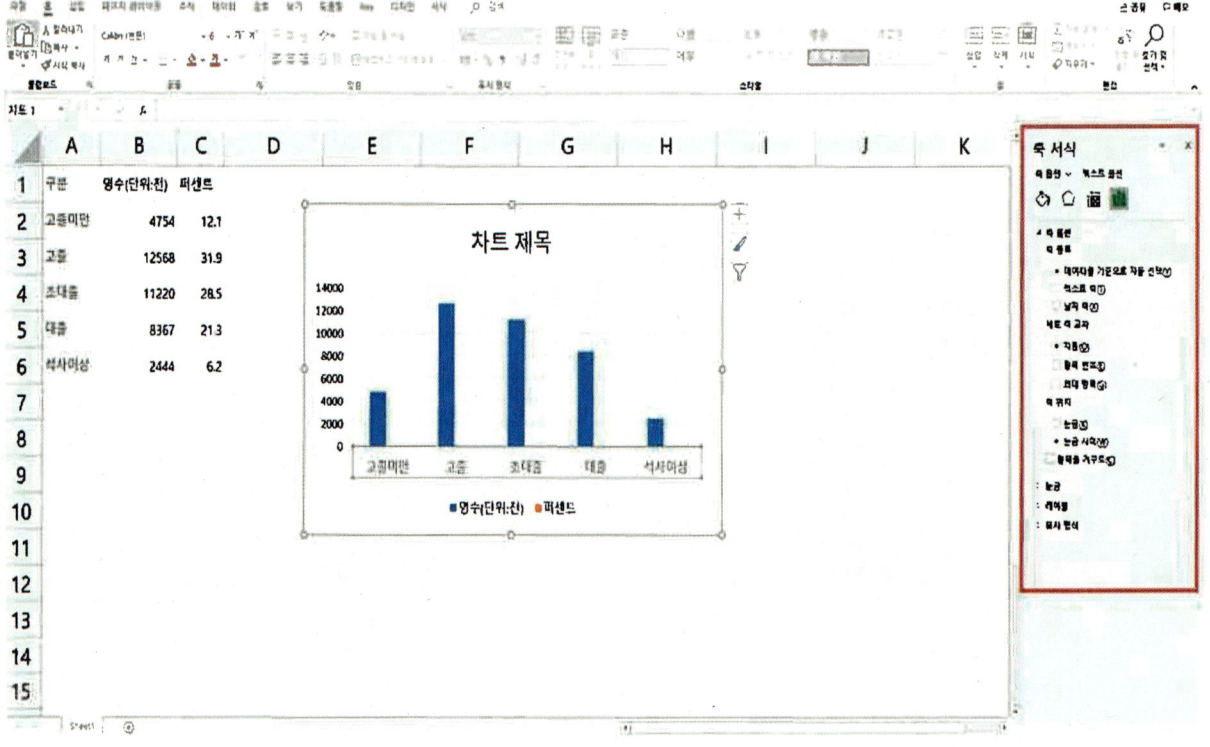

[범례 수정]

그래프에 있는 범례를 수정할 때는 범례를 클릭하면 아래 그림과 같이 범례 서식이 나타난다. 범례 위치는 드래그를 이용해 원하는 위치로 변경할 수 있다.

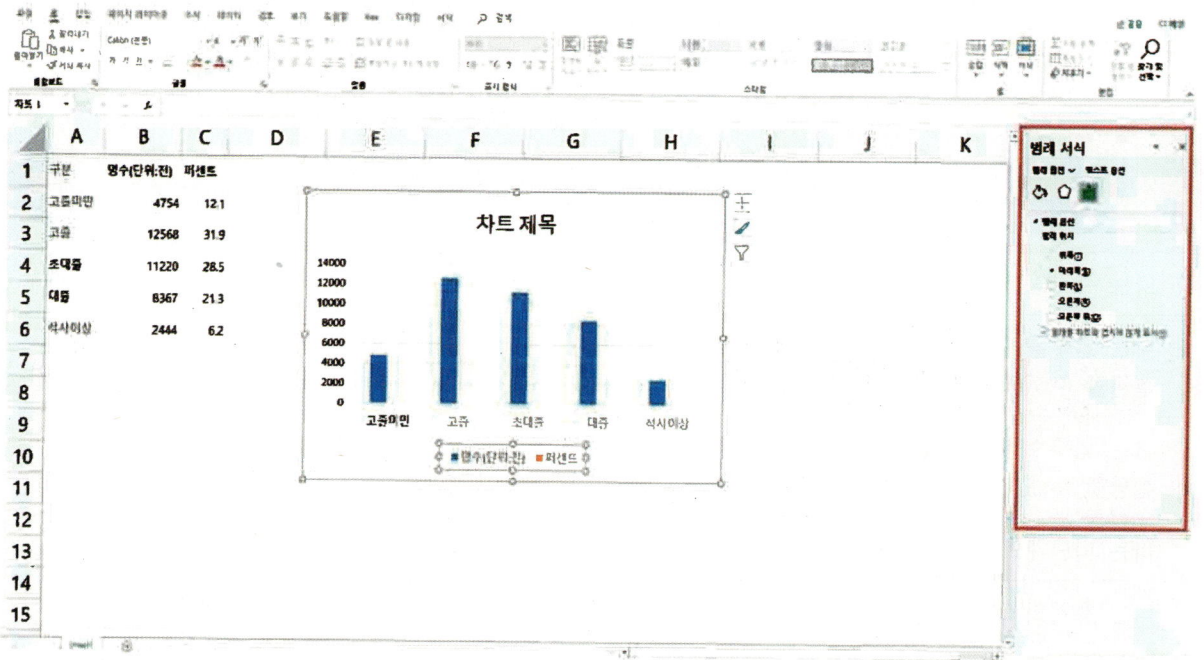

[제목색 수정]

제목을 수정할 때는 차트 제목을 클릭하여 원하는 제목을 입력한다. 그래프의 색을 변경할 때는 변경하고자 하는 막대를 클릭 후 두 번째 붓 모양의 탭을 클릭하여 색을 변경한다.

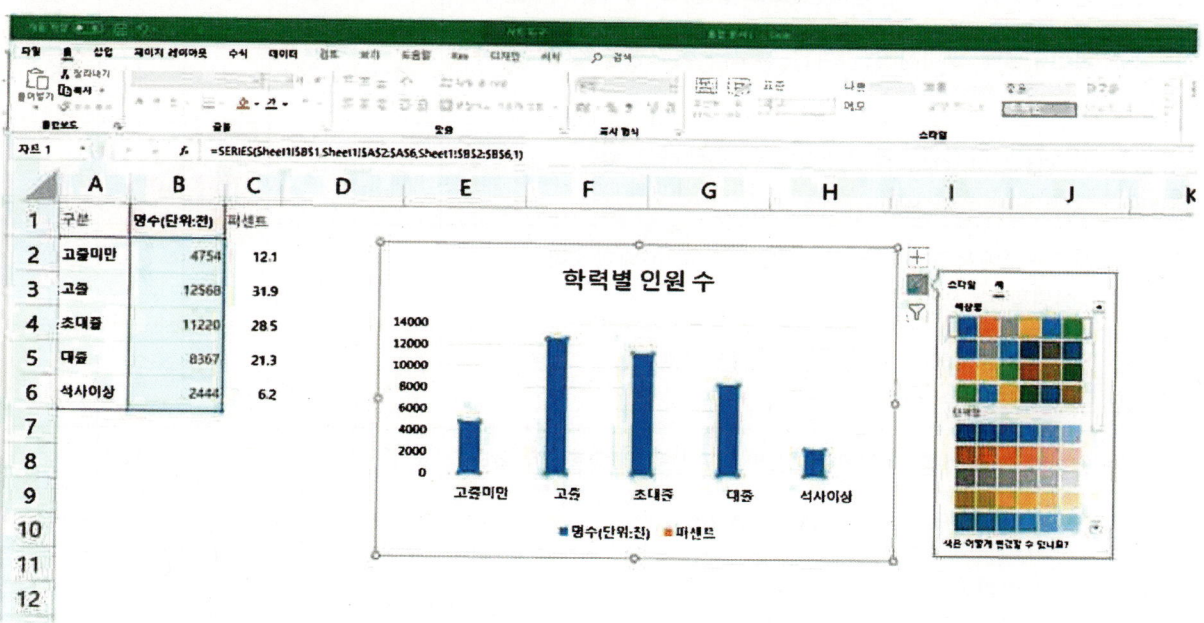

사후확인

■ **체크리스트**

직업기초능력으로서 수리능력을 학습한 것을 토대로 다음 표를 이용하여 자신의 수준에 해당되는 칸에 체크해 보자.

	문항	매우 미흡	미흡	보통	우수	매우 우수
수리능력	1. 나는 수리능력의 중요성을 설명할 수 있다.	1	2	3	4	5
	2. 나는 업무를 수행함에 있어서 수리능력이 활용되는 경우를 설명할 수 있다.	1	2	3	4	5
	3. 나는 업무수행과정에서 기초적인 연산이 요구되는 상황을 설명할 수 있다.	1	2	3	4	5
	4. 나는 다단계의 복잡한 사칙연산을 수행할 수 있다.	1	2	3	4	5
	5. 나는 통계의 의미를 설명할 수 있다.	1	2	3	4	5
	6. 나는 업무에 활용되는 기본적인 통계치를 설명할 수 있다.	1	2	3	4	5
	7. 나는 도표작성의 목적을 설명할 수 있다.	1	2	3	4	5
	8. 나는 업무수행과정에서 활용되는 도표를 읽고 해석할 수 있다.	1	2	3	4	5
기초연산 능력	1. 나는 연산수행에 있어서 논리적인 사고의 중요성을 설명 할 수 있다.	1	2	3	4	5
	2. 나는 기초적인 사칙연산과 계산방법을 이해하고 활용할 수 있다.	1	2	3	4	5
	3. 나는 사칙연산에서의 교환법칙, 결합법칙 및 분배법칙이 무엇인지 설명할 수 있다.	1	2	3	4	5
	4. 나는 업무수행과정에서 발생하는 다양한 문제상황을 기본적인 연산을 통해 해결할 수 있다.	1	2	3	4	5
	5. 나는 연산수행 결과를 검산하는 것의 중요성을 설명할 수 있다.	1	2	3	4	5
	6. 나는 검산방법의 발달과정을 설명할 수 있다.	1	2	3	4	5
	7. 나는 역연산방법이 무엇인지 설명할 수 있다.	1	2	3	4	5
	8. 나는 구거법이 무엇인지 설명할 수 있다.	1	2	3	4	5

	문항	매우 미흡	미흡	보통	우수	매우 우수
기초통계 능력	1. 나는 통계의 본질과 일반적인 기능을 설명할 수 있다.	1	2	3	4	5
	2. 나는 업무수행과정에서 통계를 활용하는 경우를 설명할 수 있다.	1	2	3	4	5
	3. 나는 범위와 평균이 무엇인지 설명할 수 있다.	1	2	3	4	5
	4. 나는 분산과 표준편차가 무엇인지 설명할 수 있다.	1	2	3	4	5
	5. 나는 기본적인 통계치들을 직접 구할 수 있다.	1	2	3	4	5
	6. 나는 제시된 통계치들의 의미를 설명할 수 있다.	1	2	3	4	5
	7. 나는 다섯숫자요약의 의미를 설명할 수 있다.	1	2	3	4	5
	8. 나는 평균값과 중앙값의 차이를 설명할 수 있다.	1	2	3	4	5
도표분석 능력	1. 나는 도표의 목적 및 용도에 따른 종류에는 무엇이 있는지 설명할 수 있다.	1	2	3	4	5
	2. 나는 도표의 형상별 종류에는 무엇이 있는지 설명할 수 있다.	1	2	3	4	5
	3. 나는 도표의 종류별 활용에 대해서 설명할 수 있다	1	2	3	4	5
	4. 나는 도표의 종류별 특징에 대해서 설명할 수 있다.	1	2	3	4	5
	5. 나는 도표의 종류별로 장단점을 설명할 수 있다.	1	2	3	4	5
	6. 나는 업무수행과정에서 어떠한 도표가 필요한지 설명할 수 있다.	1	2	3	4	5
	7. 나는 다양한 도표를 읽고 해석할 수 있다.	1	2	3	4	5
	8. 나는 도표 해석상의 유의사항을 설명할 수 있다.	1	2	3	4	5
도표작성 능력	1. 나는 도표의 일반적인 작성절차를 설명할 수 있다.	1	2	3	4	5
	2. 나는 도표를 일반적인 절차에 따라 작성할 수 있다.	1	2	3	4	5
	3. 나는 선 그래프와 막대그래프 작성 시 유의하여야 할 사항에 대해서 설명할 수 있다.	1	2	3	4	5
	4. 나는 원그래프 작성 시 유의하여야 할 사항에 대해서 설명할 수 있다.	1	2	3	4	5
	5. 나는 같은 자료로 도표를 작성하였을지라도 다른 결론을 내리게 되는 경우에 대해서 설명할 수 있다.	1	2	3	4	5
	6. 나는 엑셀프로그램을 활용한 도표작성의 중요성을 설명할 수 있다.	1	2	3	4	5
	7. 나는 엑셀프로그램을 활용한 도표작성의 절차를 설명할 수 있다.	1	2	3	4	5
	8. 나는 업무수행과정에서 엑셀프로그램을 활용하여 필요한 도표를 작성할 수 있다.	1	2	3	4	5

■ 확인방법

체크리스트의 문항별로 자신이 체크한 결과를 아래 표에 적어 보자.

문항	수준		총점	총점 / 문항 수	Page
수리능력	1점 × (	)개		총점 / 8 = ( )	
	2점 × (	)개			
	3점 × (	)개			
	4점 × (	)개			
	5점 × (	)개			
기초연산능력	1점 × (	)개		총점 / 8 = ( )	
	2점 × (	)개			
	3점 × (	)개			
	4점 × (	)개			
	5점 × (	)개			
기초통계능력	1점 × (	)개		총점 / 8 = ( )	
	2점 × (	)개			
	3점 × (	)개			
	4점 × (	)개			
	5점 × (	)개			
도표분석능력	1점 × (	)개		총점 / 8 = ( )	
	2점 × (	)개			
	3점 × (	)개			
	4점 × (	)개			
	5점 × (	)개			
도표작성능력	1점 × (	)개		총점 / 8 = ( )	
	2점 × (	)개			
	3점 × (	)개			
	4점 × (	)개			
	5점 × (	)개			

■ 확인결과

모둠별 평균 점수: [3점 이상: 우수]
                [3점 미만: 부족]

확인결과가 '부족'인 학습자는 해당 학습모듈의 페이지를 참조하여 다시 학습하십시오.

01 정수와 유리수

(1) 양(+), 음(−)의 부호 사용

이익과 손해, 지상과 지하는 서로 반대의 성질을 가졌으므로 기준점을 0으로 나타내면 기준점보다 위라고 생각하는 이익, 지상, 영상(온도) 등의 수나 문자는 (+)부호를 사용하여 나타내고 손해, 지하, 영하(온도) 등의 수나 문자는 (−) 부호를 사용하여 나타낸다.

① 양수 : 0보다 큰 수
양의 부호 +(플러스)를 붙여서 나타낸다. 수직선에서 0을 기준으로 하여 오른쪽에 있는 수

② 음수 : 0보다 작은 수
음의 부호 −(마이너스)를 붙여서 나타낸다. 수직선에서 0을 기준으로 하여 왼쪽에 있는 수

 **양수**
수직선에서 0을 기준으로 오른쪽에 있는 수

 음수
수직선에서 0을 기준으로 왼쪽에 있는 수

 **영 (0)**
0은 양수도 음수도 아니다.

예제 1 양, 음의 부호

다음을 양, 음의 부호를 써서 나타내시오.
(1) 이익 4000원을 +4000원으로 나타낼 때, 손해 3000원
(2) 지상 12층을 +12층으로 나타낼 때, 지하 3층
(3) 2시간 전을 −2시간으로 나타낼 때, 7시간 후

유제 1 다음 수를 +, −의 부호를 써서 나타내시오.
(1) 0℃ 보다 12℃ 높은 온도
(2) 0℃ 보다 6℃ 낮은 온도
(3) 0보다 9 큰 수
(4) 0보다 9 작은 수

예제 2 양수와 음수

다음 수를 +, − 부호를 써서 나타내시오.
(1) 0보다 3 큰 수
(2) 0보다 5 작은 수
(3) 0보다 $\frac{1}{2}$ 큰 수
(4) 0보다 $\frac{1}{3}$ 작은 수

유제 2-1 보기의 수 중 0보다 작은 수는 몇 개인가?

$$-\frac{1}{2}, 0, \frac{1}{2}, -\frac{1}{10}, 1.8, -0.1$$

유제 2-2 다음 수직선 위의 점 A, B, C, D에 대응되는 수를 말하시오.

02 정수와 유리수의 분류

(1) 정수

양의 정수, 0 , 음의 정수를 통틀어 정수라고 한다.
① 양의 정수 : 자연수에 양의 부호를 붙인 수 예 $+1, +2, +3, \cdots$
② 영(0) : 양의 정수도 아니고 음의 정수도 아니다.
③ 음의 정수 : 자연수에 음의 부호($-$)를 붙인 수 예 $-1, -2, -3, \cdots$

(2) 자연수

숫자를 셀 때 사용하는 기본적인 수 예 $1, 2, 3, 4, \cdots$

$$(유리수) = \frac{(정수)}{(0이\ 아닌\ 정수)}$$

(3) 유리수

분모, 분자가 정수인 분수로 나타낼 수 있는 수(단, 분모는 0이 아님)
① 양의 유리수(양수) : 분자, 분모가 자연수인 분수로 나타낼 수 있는 수
② 영(0)
③ 음의 유리수(음수) : 양의 유리수에 음의 부호($-$)를 붙인 수
  예 $-\dfrac{1}{2}, -\dfrac{4}{3}, -\dfrac{9}{4}, \cdots$
④ 유리수의 분류

$$\text{유리수} \begin{cases} \text{정수} \begin{cases} \text{양의 정수(자연수)}: +1, +2, +3, \cdots \\ 0 \\ \text{음의 정수}: -1, -2, -3, \cdots \end{cases} \\ \text{정수가 아닌 유리수}: +\dfrac{1}{2}, -\dfrac{4}{3}, -3.5, +1.7, \cdots \end{cases}$$

예제 1 정수

다음에서 양의 정수와 음의 정수를 찾으시오.

$$+3, \ -1, \ -5, \ 0, \ +7, \ 8$$

(1) 양의 정수
(2) 음의 정수

유제 1 다음 보기 중 정수의 개수는?

$$(-2)^2, \ 0.3, \ -\dfrac{1}{5}, \ -\dfrac{3}{4}, \ 7, \ -\dfrac{8}{2}, \ 0$$

$(유리수) = \dfrac{(정수)}{(0이\ 아닌\ 정수)}$

정수와 유리수의 관계

(1) 유리수
- 정수
  - 양의 정수(자연수)
  - 영(0)
  - 음의 정수
- 정수가 아닌 유리수

예제 2 유리수

다음 중에서 정수가 <u>아닌</u> 유리수를 모두 고르시오.

$$-5,\ -\dfrac{7}{3},\ 0,\ -\dfrac{6}{3},\ -2,\ +\dfrac{3}{2},\ +\dfrac{7}{3},\ +\dfrac{9}{3}$$

유제 2 다음 중에서 정수가 <u>아닌</u> 유리수를 모두 고르시오.

$$-3,\ -\dfrac{4}{2},\ -\dfrac{7}{3},\ 0,\ +\dfrac{1}{4},\ +\dfrac{7}{4},\ +\dfrac{8}{4}$$

예제 3 유리수의 뜻

다음 중 옳지 <u>않은</u> 것은?

① 모든 정수는 유리수이다.
② -6은 정수이다.
③ 0과 1 사이에 유리수가 존재한다.
④ 유리수는 양의 유리수, 0, 음의 유리수로 나뉜다.
⑤ 분자, 분모가 모두 정수인 분수로 나타낼 수 있는 수를 유리수라고 한다.

유제 3 다음 중 옳은 것에는 O표, 틀린 것에는 X표를 하시오.

(1) 정수는 양의 정수와 음의 정수로 나뉜다. ( )
(2) 서로 다른 유리수 사이에는 무수히 많은 유리수가 존재한다. ( )
(3) 0은 양의 정수도 음의 정수도 아니다. ( )
(4) 음의 정수 중 가장 큰 수는 -1이다. ( )
(5) 서로 다른 두 정수 사이에는 또 다른 정수가 반드시 있다. ( )
(6) 유리수는 양의 유리수와 음의 유리수로 되어 있다. ( )
(7) 수직선 위에서 음의 정수는 항상 원점보다 왼쪽에 있다. ( )
(8) 수직선 위에서는 항상 오른쪽에 있는 수가 왼쪽에 있는 수보다 크다. ( )

STEP 1 개념 다지기

01 다음을 부호 +, -를 사용하여 나타내시오.

(1) 0°C보다 18°C높은 온도
(2) 0°C보다 6°C낮은 온도
(3) 손해 4500원
(4) 이익 73000원
(5) 해발 2744 m
(6) 해저 150 m

02 다음 보기의 수들을 보고 물음에 답하시오.

$$-5, \ -3.5, \ -\frac{9}{3}, \ -\frac{1}{4}, \ 0, \ +\frac{2}{3}, \ +1, \ +\frac{6}{3}, \ +5, \ +6.5$$

(1) 양의 정수는 어느 것인가?
(2) 음의 정수는 어느 것인가?
(3) 양의 정수도 음의 정수도 아닌 정수는 어느 것인가?
(4) 정수가 아닌 유리수는 어느 것인가?

03 다음 네 점 A, B, C, D에 대응되는 수를 구하시오.

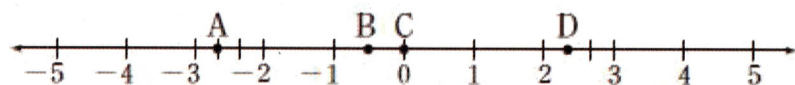

04 수직선 위에서 -8과 4로부터 같은 거리에 있는 점에 대응하는 수를 구하시오.

05 다음 설명 중 옳은 것은?

① 유리수는 양의 유리수와 음의 유리수로 나뉜다.
② 가장 작은 정수는 0이다.
③ 자연수가 아닌 정수는 음의 정수이다.
④ 가장 큰 음의 정수는 -1이다.
⑤ 음의 정수와 양의 정수를 통틀어 정수라고 한다.

03 수직선과 절댓값

정답과 해설 3쪽

(1) 수직선
한 직선 위에 기준점을 0을 원점으로 하고 오른쪽에 양수를 왼쪽에 음수를 대응시켜 만든 직선

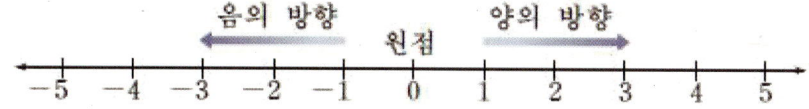

① 모든 유리수는 수직선 위의 점으로 나타낼 수 있다.
② 0을 기준으로 양수는 오른쪽에, 음수는 왼쪽에 나타낸다.

(2) 절댓값
수직선에서 어떤 수를 나타내는 점과 원점 사이의 거리를 말한다.

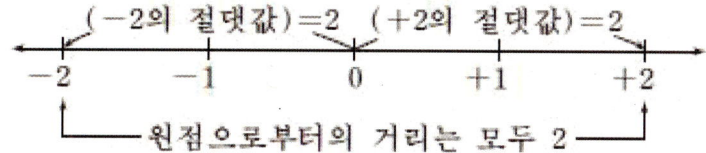

수직선 / 절댓값

(1)
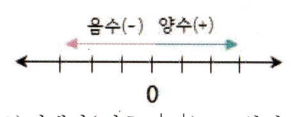

(2) 절댓값(기호 | |) : 원점에서부터 그 수를 나타내는 점 까지의 거리

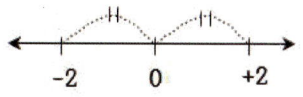

-2의 절댓값($=|-2|$) : 2
$+2$의 절댓값($=|+2|$) : 2

예제 1 수직선

다음 수를 수직선 위에 나타내시오.

(1) -3 (2) $+\dfrac{3}{4}$ (3) 3.5 (4) $-\dfrac{3}{2}$

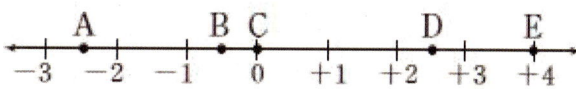

유제 1-1 다음 수를 수직선 위의 점 A, B, C, D, E 가 나타내는 수로 옳지 <u>않은</u> 것은?

① $A\left(-\dfrac{5}{2}\right)$ ② $B\left(-\dfrac{1}{2}\right)$ ③ $C(0)$
④ $D\left(+\dfrac{7}{2}\right)$ ⑤ $E(+4)$

유제 1-2 다음 수를 수직선 위에 나타내시오.

(1) -2.5 (2) $\dfrac{5}{2}$ (3) $\dfrac{4}{3}$ (4) $-\dfrac{4}{3}$

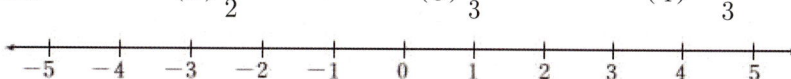

예제 2 절댓값

다음 수의 절댓값을 구하시오.

(1) $+5$ (2) -8 (3) 0

(4) $-\dfrac{6}{7}$ (5) $+\dfrac{4}{5}$ (6) -3.5

유제 2-1 다음 수의 절댓값을 구하시오.

(1) $+6$ (2) -15

(3) -4.7 (4) $-\dfrac{2}{3}$

유제 2-2 절댓값이 $\dfrac{3}{2}$ 인 수를 아래 수직선에 나타내시오.

예제 3 유리수의 대소관계

> **유리수의 대소 관계**
> (1) 음수 < 0 < 양수
> (2) 양수는 절댓값이 클수록 크다.
> (3) 음수는 절댓값이 클수록 작다.

다음 물음에 답하시오.

(1) $-3, 8, -4, 0, -6, +1, -9, +5$를 절댓값이 작은 것부터 차례로 써라.

(2) 절댓값이 5가 되는 수 x를 구하시오.

(3) $-\dfrac{1}{5}, 0, \dfrac{1}{4}, -\dfrac{1}{2}, \dfrac{1}{3}$을 큰 것부터 차례로 써라.

유제 3 다음 물음에 답하시오.

(1) $-\dfrac{2}{7}, +\dfrac{8}{7}, 0, -\dfrac{4}{7}, +1\dfrac{2}{7}$을 작은 것부터 써라.

(2) $-\dfrac{1}{2}, -\dfrac{1}{4}, +\dfrac{1}{3}, 0, 1$을 절댓값이 큰 것부터 차례로 써라.

(3) 절댓값이 3이 되는 수 x를 구하시오.

04 수의 대소관계

정답과 해설 3쪽

(1) 수직선 위에서 수는 오른쪽으로 갈수록 더 크다.
   즉 수직선 위에 두 수 중에는 왼쪽보다 오른쪽에 있는 수가 더 크다.
(2) 양수는 0보다 크고 음수는 0보다 작다.
   음수(−) < 0 < 양수(+)
(3) 양수끼리는 절댓값이 큰 수가 더 크다.
(4) 음수끼리는 절댓값이 작은 수가 더 크다.
(5) 부등호의 사용
   ① $a > b$: a는 b보다 크다. (초과)
   ② $a < b$: a는 b보다 작다. (미만)
   ③ $a \geq b$: a는 b보다 크거나 같다. (작지 않다, 이상이다)
   ④ $a \leq b$: a는 b보다 작거나 같다. (크지 않다, 이하이다)

💡 수의 대소 관계
(1) (음수) < 0 < (양수)
(2) 두 양수에서 절댓값이 큰 수가 크다.
(3) 두 음수에서 절댓값이 작은 수가 크다.

💡 부등호의 사용
(1) $x > 3$: x는 3보다 크다.(초과)
(2) $x < 1$: x는 1보다 작다.(미만)
(3) $x \geq 3$: x는 3보다 크거나 같다. (이상)
(4) $x \leq -1$: x는 -1보다 작거나 같다. (이하)

예제 1 두 수의 대소 관계

다음 두 수의 대소 관계를 부등호로 나타내시오.

(1) $-\dfrac{1}{3}$ ☐ 0   (2) -3 ☐ -4

(3) $\dfrac{1}{4}$ ☐ 0   (4) $-\dfrac{2}{3}$ ☐ $\dfrac{1}{2}$

유제 1 다음 두 수의 대소 관계를 부등호로 나타내시오.

(1) $\dfrac{2}{3}$ ☐ $\dfrac{1}{2}$ (2) $-\dfrac{1}{2}$ ☐ -2

(3) 2 ☐ (-3의 절댓값)   (4) $-\dfrac{3}{4}$ ☐ $-\dfrac{5}{4}$

예제 2 여러 수의 대소관계

다음 수들을 작은 수부터 차례로 나열하시오.

$$+2,\quad -0.5,\quad -\dfrac{2}{3},\quad 0,\quad +\dfrac{7}{3}$$

유제 2 다음 수들을 작은 수부터 차례로 나열하시오.

$$-1,\quad 4,\quad -4,\quad 0.1,\quad \dfrac{2}{3},\quad 0,\quad -\dfrac{1}{3}$$

STEP 1 개념 다지기

01 다음 중 부등호의 사용이 틀린 것은?

① $-6 < 5$ ② $-2 < 0$ ③ $\dfrac{1}{3} > \dfrac{1}{4}$

④ $(-3$의 절댓값$) < 2$ ⑤ $-\dfrac{1}{2} < \dfrac{1}{3}$

02 다음 수의 절댓값을 구하시오.

(1) -5 (2) 0

(3) $+4.9$ (4) $-2\dfrac{1}{3}$

03 다음 수를 구하시오.

(1) 절댓값이 6인 수

(2) 절댓값이 $\dfrac{1}{2}$인 수

(3) 절댓값이 3보다 작은 정수

(4) 원점으로부터 거리가 6인 수

04 다음을 부등호를 써서 나타내시오.

(1) a는 -5보다 작거나 같다.

(2) x는 -3이상 2 미만이다.

(3) x는 $-\dfrac{1}{3}$보다 크고 5보다 크지 않다.

(4) x는 -1보다 크거나 같고 1보다 작다.

05 다음 수들을 작은 수부터 차례로 나열하시오.

$$-\dfrac{1}{3},\quad +2,\quad 0,\quad \dfrac{8}{3},\quad -0.3,\quad -1,\quad \dfrac{3}{2}$$

05 유리수의 덧셈

(1) 유리수의 덧셈

① 부호가 같은 두 수의 합 : 두 수의 절댓값의 합에 공통인 부호를 붙인다.

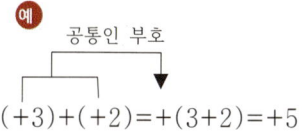

$(+3)+(+2)=+(3+2)=+5 \qquad (-3)+(-2)=-(3+2)=-5$

② 부호가 다른 두 수의 합 : 두 수의 절댓값의 차에 절댓값이 큰 수의 부호를 붙인다.

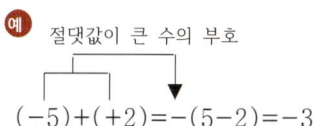 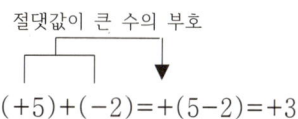

$(-5)+(+2)=-(5-2)=-3 \qquad (+5)+(-2)=+(5-2)=+3$

(2) 덧셈에 대한 계산법칙

세 수 a, b, c에 대하여

① 덧셈에 대한 교환법칙 : $a+b=b+a$

② 덧셈에 대한 결합법칙 : $(a+b)+c=a+(b+c)$

정수, 유리수의 덧셈

(1) 같은 부호끼리의 합
각각의 절댓값의 합에 두 수의 공통인 부호를 붙인다.

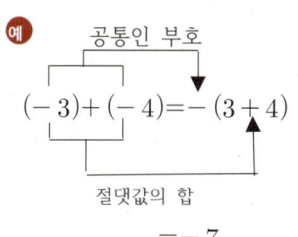

(2) 서로 다른 부호끼리의 합
두 수의 절댓값의 차에 절댓값이 큰 수의 부호를 붙인다.

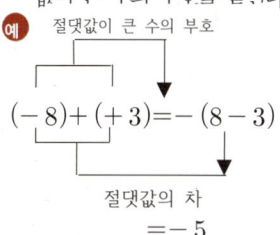

예제 1 정수의 덧셈

다음을 계산하시오.

(1) $(+10)+(+3)$ (2) $(-11)+(+8)$

(3) $(-5)+(+10)$ (4) $(+6)+(-16)$

(5) $(-15)+(+9)$ (6) $(-4)+(-8)$

유제 1-1 다음을 계산하시오.

(1) $(+4)+(+7)$ (2) $(+7)+(-15)$

(3) $(-12)+(+3)$ (4) $(-25)+(-7)$

유제 1-2 다음 ( )안의 수 만큼씩 더하여 □ 안의 수가 될 때, $a+b+c$의 값을 구하시오.

$$-2 \xrightarrow{(+3)} \boxed{a} \xrightarrow{(-4)} \boxed{b} \xrightarrow{(+5)} \boxed{c} \xrightarrow{(-6)} -4$$

유리수의 덧셈

(1) 부호가 같은 두 수
두 수의 절댓값의 합에 공통인 부호를 붙인다.

$\left(+\dfrac{1}{4}\right)+\left(+\dfrac{2}{4}\right)=+\dfrac{3}{4}$

$\left(-\dfrac{1}{4}\right)+\left(-\dfrac{2}{4}\right)=-\dfrac{3}{4}$

(2) 부호가 다른 두 수
두 수의 절댓값의 차에 절댓값이 큰 수의 부호를 붙인다.

$\left(+\dfrac{1}{4}\right)+\left(-\dfrac{2}{4}\right)$
$=-\left(\dfrac{2}{4}-\dfrac{1}{4}\right)=-\dfrac{1}{4}$

예제 2 유리수의 덧셈

다음 계산을 하시오.

(1) $\left(-\dfrac{3}{4}\right)+\left(+\dfrac{1}{2}\right)$ (2) $\left(+\dfrac{1}{3}\right)+\left(-\dfrac{1}{3}\right)$

(3) $\left(-\dfrac{3}{5}\right)+\left(+\dfrac{1}{6}\right)$ (4) $\left(-\dfrac{1}{3}\right)+\left(-\dfrac{2}{5}\right)$

유제 2 다음 계산을 하시오.

(1) $\left(+\dfrac{1}{2}\right)+\left(+\dfrac{1}{3}\right)$ (2) $\left(+\dfrac{3}{7}\right)+\left(-\dfrac{1}{5}\right)$

(3) $\left(-\dfrac{2}{3}\right)+\left(+\dfrac{1}{4}\right)$ (4) $\left(-\dfrac{2}{7}\right)+\left(-\dfrac{1}{14}\right)$

예제 3 세 유리수의 덧셈

다음을 계산하시오.

(1) $(-9)+(+6)+(-12)$ (2) $(-3.4)+(+3)+(-0.6)$

(3) $\left(+\dfrac{3}{4}\right)+\left(-\dfrac{1}{7}\right)+\left(+\dfrac{1}{4}\right)$ (4) $\left(-\dfrac{2}{3}\right)+\left(-\dfrac{1}{2}\right)+\left(-\dfrac{1}{6}\right)$

유제 3 다음을 계산하시오.

(1) $(+6)+(-15)+(-11)$ (2) $(-7.2)+(+6)+(-1.8)$

(3) $\left(-\dfrac{1}{3}\right)+\left(+\dfrac{1}{4}\right)+\left(-\dfrac{2}{3}\right)$ (4) $(-0.7)+(-0.9)+(-0.4)$

06 유리수의 뺄셈

(1) 유리수의 뺄셈은 빼는 수의 부호를 바꾸어 덧셈으로 바꾸어 계산한다.

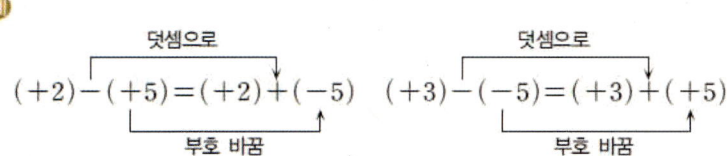

(2) 뺄셈의 원리

다음 그림에서 ● 을 +1, ▲ 을 -1로 나타내기로 하면

1. $(+5)-(+2)$
2. $(-3)-(-2)$
3. $(+2)-(-3)$

 정수, 유리수의 뺄셈

정수, 유리수의 뺄셈에서는 빼는 수의 부호를 바꾸어 더한다.

예제 1 정수의 뺄셈

다음 뺄셈을 하시오.

(1) $(+7)-(+13)$ (2) $(+4)-(-8)$
(3) $(-14)-(+16)$ (4) $(-10)-(-15)$

유제 1 다음 뺄셈을 하시오.

(1) $(+6)-(+21)$ (2) $(+13)-(-8)$
(1) $(-10)-(+6)$ (2) $(-10)-(-17)$

예제 2 유리수의 뺄셈

다음을 계산하시오.

(1) $\left(+\dfrac{4}{5}\right)-\left(+\dfrac{1}{3}\right)$ (2) $\left(-\dfrac{1}{3}\right)-\left(+\dfrac{3}{5}\right)$
(3) $\left(+\dfrac{3}{4}\right)-\left(+\dfrac{1}{2}\right)$ (4) $\left(-\dfrac{5}{6}\right)-\left(-\dfrac{2}{3}\right)$

유제 2 다음을 계산하시오.

(1) $\left(+\dfrac{1}{3}\right)-\left(+\dfrac{3}{4}\right)$ (2) $\left(+\dfrac{3}{4}\right)-\left(-\dfrac{3}{10}\right)$
(3) $\left(-\dfrac{4}{9}\right)-\left(+\dfrac{1}{6}\right)$ (4) $\left(-\dfrac{9}{12}\right)-\left(-\dfrac{5}{12}\right)$

덧셈과 뺄셈의 혼합계산

(1) 뺄셈을 덧셈으로 고쳐서 계산
(2) 괄호가 없는 수의 덧셈·뺄셈 계산 기호인 +, −를 수의 부호로 생각하고 덧셈한다.

예

$-7+3-5+12$
$=-7+(+3)+(-5)$
$+(+12)$
$=(-12)+(+15)$
$=+3$

예제 3 괄호 또는 부호가 생략된 덧셈, 뺄셈

다음을 계산하시오.

(1) $-2+4-3-5$

(2) $-2-2-2-2$

(3) $\dfrac{2}{3}-3-\dfrac{5}{6}+\dfrac{3}{4}$

(4) $3-2.8+3.6-1$

유제 3 다음 계산을 하시오.

(1) $-3+4-5+2$

(2) $\dfrac{2}{3}-4.9-\dfrac{5}{3}-1.1$

(3) $-\dfrac{3}{4}+\dfrac{2}{3}-1+2-\dfrac{3}{4}$

(4) $\left(-\dfrac{3}{4}\right)+3-\dfrac{3}{2}+\dfrac{7}{4}-\dfrac{1}{2}$

예제 4 어떤 수보다 x만큼 큰수(작은수)

다음을 계산하시오.

(1) 0보다 4만큼 큰 수
(2) −5보다 7만큼 큰 수
(3) −1보다 2만큼 작은 수
(4) −2보다 3만큼 작은 수

유제 4 다음을 계산하시오.

(1) −5보다 2만큼 큰 수
(2) −6과 2의 한가운데 있는 수
(3) −2로부터 거리가 4인 수
(4) −6과 −2의 한가운데 있는 수
(5) +2로부터 거리가 3인 수
(6) −5와 +1에서 같은 거리에 있는 수

STEP 1 개념 다지기

01 다음을 계산하시오.

(1) $(-7)+(+2)$

(2) $\left(-\dfrac{2}{3}\right)+\left(-\dfrac{1}{4}\right)$

(3) $\left(-\dfrac{5}{2}\right)+\left(+\dfrac{2}{3}\right)$

(4) $(-4.7)+(-1.3)$

(5) $\left(-\dfrac{1}{2}\right)+\left(-\dfrac{5}{6}\right)+\left(+\dfrac{1}{3}\right)$

(6) $(+6)+(-3.5)+(-1.5)$

02 $(+8)+(-4)-(+16)-(-12)$를 계산하면?

① -8 ② -4 ③ 0 ④ 4 ⑤ 8

03 다음 그림의 표에서 가로, 세로, 대각선에 있는 세 수들의 합이 모두 같게 하려고 한다. 빈 칸에 알맞은 수가 아닌 것은?

①	②	③
-1	1	3
④	⑤	2

① 0 ② 5 ③ -2 ④ 4 ⑤ 3

04 5보다 -2가 큰 수를 a, $\dfrac{1}{3}$보다 $\dfrac{1}{2}$이 작은 수를 b라 할 때, $a-b$의 값은?

① $-\dfrac{19}{6}$ ② $\dfrac{19}{6}$ ③ $\dfrac{17}{6}$

④ -3 ⑤ $-\dfrac{17}{6}$

05 $-\dfrac{3}{2}+3-\dfrac{3}{4}-1+\dfrac{11}{4}-\dfrac{1}{2}$을 계산하면?

① $+2$ ② $+\dfrac{3}{2}$ ③ $-\dfrac{3}{2}$

④ -2 ⑤ $+\dfrac{3}{4}$

07 덧셈, 뺄셈의 혼합 계산

정답과 해설 4쪽

(1) 부호가 없는 수는 +부호를 살려서 써준다.
(2) 뺄셈은 모두 덧셈으로 바꿔서 계산한다.
(3) 덧셈에 대한 교환법칙과 결합법칙을 이용하여 양수는 양수끼리, 음수는 음수끼리 모아서 계산한다.

예) $2-5+6$
$=(+2)+(-5)+(+6)$
$=+3$

덧셈과 뺄셈의 혼합계산

뺄셈을 덧셈으로 고친 다음. 양수는 양수끼리, 음수는 음수끼리 계산한다.

예) $(+3)-(+6)+(-8)-(-5)$
$=(+3)+(-6)+(-8)+(+5)$
$=\{(+3)+(+5)\}+\{(-6)+(-8)\}$
$=(+8)+(-14)=-6$

덧셈과 뺄셈의 혼합계산

부호가 없는 수는 +가 생략된 것으로 생각해서 계산하다.

예) $3-6+8-5$
$=(3+8)+\{(-6)+(-5)\}$
$=11+(-11)=0$

예제 1 세 개 이상의 정수의 덧셈과 뺄셈

다음을 계산하시오.

(1) $(-6)+(+3)-(-11)+(-6)-(+4)$

(2) $(-8)-(+11)-(-12)+(-9)$

(3) $\left(+\dfrac{5}{2}\right)+\left(-\dfrac{2}{3}\right)-\left(-\dfrac{1}{2}\right)-\left(+\dfrac{1}{3}\right)$

(4) $-4+8-5+3+6$

유제 1 다음을 계산하시오.

(1) $(+7)-(+4)-(-9)+(-13)$

(2) $\left(+\dfrac{3}{2}\right)-\left(+\dfrac{1}{3}\right)-\left(-\dfrac{1}{2}\right)$

(3) $-3-5+3+6-2-5$

(4) $-\dfrac{3}{4}+\dfrac{6}{4}-1+4-\dfrac{5}{4}$

예제 2 세 개 이상의 유리수의 덧셈과 뺄셈

다음을 계산하시오.

(1) $\left(-\dfrac{7}{2}\right)-(-3)+\left(-\dfrac{1}{4}\right)$

(2) $\left(-\dfrac{1}{2}\right)-\left(-\dfrac{3}{4}\right)+\left(-\dfrac{1}{4}\right)$

(3) $\left(-\dfrac{3}{4}\right)+2-\dfrac{3}{2}-1+\dfrac{1}{2}$

유제 2 다음을 계산하시오.

(1) $\left(+\dfrac{5}{2}\right)+\left(-\dfrac{2}{3}\right)-\left(-\dfrac{1}{2}\right)-\left(+\dfrac{1}{3}\right)$

(2) $\dfrac{1}{3}-\left(-\dfrac{1}{2}\right)+\left(-\dfrac{5}{6}\right)$

(3) $3-2.8+3.6-7$

(4) $\dfrac{2}{3}-3.1+\dfrac{2}{3}+3.1$

STEP 1 개념 다지기

01 다음을 계산하시오.

(1) $(-4)+(+2)-(-8)$

(2) $(+12)-(-2)-(+4)$

(3) $(-5)+(-3)-(+8)$

(4) $(+10)-(-2)-(-8)$

02 다음을 계산하시오.

(1) $(-6.3)-(-2.3)-(+3.5)$

(2) $(+2.7)+(-1.5)-(-1.8)-(+0.5)$

(3) $\left(+\dfrac{3}{4}\right)-\left(+\dfrac{1}{2}\right)-\left(-\dfrac{1}{3}\right)$

(4) $\left(-\dfrac{1}{4}\right)+\left(-\dfrac{3}{2}\right)-\left(+\dfrac{3}{4}\right)-\left(-\dfrac{7}{2}\right)$

03 다음을 계산하시오.

(1) $-3-(+3)-3+3$

(2) $25-30-15+5$

(3) $-7.4-6.2+4.8-9.2$

(4) $\dfrac{2}{3}-2-\dfrac{1}{2}-\dfrac{5}{3}+\dfrac{3}{2}$

04 오른쪽 그림에서 세 변에 놓인 네 수의 합이 같을 때, $a-b$의 값을 구하시오.

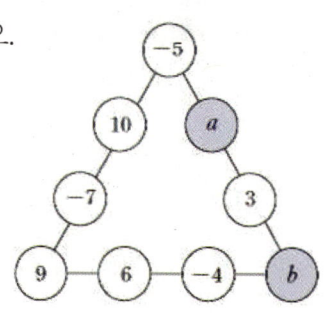

05 다음 중 계산 결과가 가장 작은 것은?

① $-6-(-6)$

② $-4-4-4$

③ $-2-\dfrac{9}{2}-\dfrac{5}{2}$

④ $-10-(-9)+2$

⑤ $-3-(+5)+(-5)$

08 유리수의 곱셈

(1) 유리수의 곱셈
① 부호가 같은 두 수의 곱 : 절댓값의 곱에 +를 붙인다.
② 부호가 다른 두 수의 합 : 절댓값의 곱에 −를 붙인다.
③ (어떤 수)×0 = 0

(2) 셋 이상의 수의 곱셈
곱하는 수들의 절댓값끼리 곱하고 부호는 곱해진 음수의 개수가 짝수 개이면 '+', 홀수 개이면 '−'이다.

(3) 거듭제곱의 계산
① 양수의 거듭제곱은 항상 양수이다.
② 음수의 거듭제곱은 지수가 짝수이면 부호가 '+', 지수가 홀수이면 '−'이다.

(1) 예 ① $(+3)\times(+2)=+6$
　　② $(-3)\times(-2)=+6$
　　③ $(+3)\times(-2)=-6$

(2) 예 $(+1)\times(-2)\times(+3)\times(-4)=+24$
　← 음수 2개
　$(+1)\times(-2)\times(-3)\times(-4)=-24$
　← 음수 3개

(3) 예 $(+2)^3=(+2)\times(+2)\times(+2)=+8$
　$(-2)^3=(-2)\times(-2)\times(-2)=-8$
　$(-2)^4=(-2)\times(-2)\times(-2)\times(-2)=+16$

💡 정수, 유리수의 곱셈

(1) 부호가 같은 두 수의 곱
절댓값의 곱에 양의 부호 (+)를 붙인다.
예 $(+4)\times(+5)=+20$
　$(-4)\times(-5)=+20$

(2) 부호가 다른 두 수의 곱
절댓값의 곱에 음의 부호 (−)를 붙인다.
예 $(+3)\times\left(-\dfrac{2}{7}\right)=-\dfrac{6}{7}$
　$(-3)\times(+7)=-21$

(3) 어떤 수와 0과의 곱은 0이다.

예제 1 정수의 곱셈
다음을 계산하시오.
(1) $(+5)\times(+8)$ 　　(2) $(+5)\times(-8)$
(3) $(-5)\times(-8)$ 　　(4) $(-5)\times(+8)$

유제 1 다음을 계산하시오.
(1) $(+3)\times(+7)$ 　　(2) $(+7)\times(-6)$
(3) $(-8)\times(+9)$ 　　(4) $(-8)\times(-9)$

예제 2 유리수의 곱셈
다음을 계산하시오.
(1) $\left(-\dfrac{5}{3}\right)\times\left(-\dfrac{3}{7}\right)$ 　　(2) $\left(-\dfrac{1}{7}\right)\times\left(+\dfrac{3}{7}\right)$
(3) $\left(-\dfrac{5}{16}\right)\times 0$ 　　(4) $\dfrac{5}{6}\times\left(-\dfrac{2}{7}\right)$

유제 2 다음을 계산하시오.
(1) $\left(+\dfrac{3}{8}\right)\times\left(-\dfrac{1}{3}\right)$ 　　(2) $\left(-\dfrac{9}{4}\right)\times\left(+\dfrac{1}{9}\right)$
(3) $\left(-\dfrac{3}{4}\right)\times\left(-\dfrac{2}{4}\right)$ 　　(4) $\left(-\dfrac{4}{7}\right)\times 0$

세 개 이상의 정수, 유리수의 곱셈

(1) 음수가 짝수 개 있으면 각 절댓값의 곱에 양의 부호 (+)를 붙인다.

예 $(-2) \times (+4) \times (-3)$
$= +(2 \times 4 \times 3)$
$= 24$

(2) 음수가 홀수 개 있으면 각 절댓값의 곱에 음의 부호 (−)를 붙인다.

예 $(-2) \times (-3) \times (-4)$
$= -(2 \times 3 \times 4)$
$= -24$

거듭제곱의 계산

(1) 양수의 거듭제곱은 항상 양수이다.
(2) 음수의 거듭제곱
 ① 지수가 짝수일 때
  → 거듭제곱의 부호는 (+)
  예 $(-2)^4 = 16$
 ② 지수가 홀수일 때
  → 거듭제곱의 부호는 (−)
  예 $(-2)^3$
  $= (-2) \times (-2) \times (-2)$
  $= -8$

예제 3 세 개 이상의 정수의 곱셈

다음을 곱셈하시오.

(1) $(+1) \times (-2) \times (-3) \times (-4)$

(2) $(-1) \times (-2) \times (-3) \times (-4)$

(3) $3 \times (-2) \times (-3) \times (-4) \times (-1)$

(4) $-6 \times 4 \times (-3) \times 3 \times (-1)$

유제 3 다음 계산을 하시오.

(1) $(-7) \times (-4) \times 5 \times \left(-\dfrac{1}{5}\right)$

(2) $\left(-\dfrac{5}{3}\right) \times 4 \times \left(-\dfrac{7}{5}\right) \times \dfrac{9}{14}$

(3) $(-2) \times (+6) \times (-1) \times (-4)$

(4) $(+3) \times (-8) \times (+2) \times 0$

예제 4 세 개 이상의 유리수의 곱셈

다음을 계산하시오.

(1) $\left(-\dfrac{3}{4}\right) \times \left(+\dfrac{1}{2}\right) \times \left(-\dfrac{4}{5}\right) \times \left(-\dfrac{2}{3}\right)$

(2) $\left(-\dfrac{5}{6}\right) \times \left(-\dfrac{6}{5}\right) \times (-1) \times (-3)$

(3) $\left(1-\dfrac{1}{2}\right)^3 \times \left(-\dfrac{4}{5}\right)$

(4) $\left(-\dfrac{1}{2}\right)^2 \times \left(-\dfrac{2}{3}\right)^3$

유제 4 다음을 계산하시오.

(1) $\left(-\dfrac{1}{2}\right)^3$

(2) $\left(-\dfrac{3}{4}\right)^3$

(3) $\left(-\dfrac{1}{2}\right)^2 \times (-4)$

(4) $(-8) \times \left(-\dfrac{3}{2}\right)^3$

(5) $\left(+\dfrac{7}{8}\right) \times \left(-\dfrac{2}{7}\right) \times (-3)$

(6) $\left(-\dfrac{1}{2}\right) \times \left(-\dfrac{7}{4}\right) \times \left(-\dfrac{1}{14}\right)$

09 유리수의 나눗셈

(1) 부호가 같은 두 수의 나눗셈
절댓값의 나눗셈의 몫에 +를 붙인다.

(2) 부호가 다른 두 수의 나눗셈
절댓값의 나눗셈의 몫에 -를 붙인다.

(3) 0 ÷ (0이 아닌 수) = 0

(4) 역수를 이용한 나눗셈
① 역수 : 두 수의 곱이 1이 될 때, 한 수를 다른 수의 역수라고 한다.
② 유리수의 나눗셈은 나누는 수의 역수를 곱한 곱셈과 같다.

예) $(+8) \div (+2) = +4$
$(-8) \div (-2) = +4$

예) $(+8) \div (-2) = -4$
$(-8) \div (+2) = -4$

예) $0 \div (-2) = 0$
$0 \div \left(+\dfrac{1}{3}\right) = 0$

예) $a \div b = a \times \dfrac{1}{b} = \dfrac{a}{b}$
(단, $b \neq 0$)

$\left(+\dfrac{2}{5}\right) \div \left(-\dfrac{1}{5}\right)$
$= \left(+\dfrac{2}{5}\right) \times (-5)$
$= -\left(\dfrac{2}{5} \times 5\right)$
$= -2$

💡 역수 / 유리수의 나눗셈

(1) 역수 : 곱이 1이 되게 하는 수

$2 \times \dfrac{1}{2} = 1$
역수

(2) 유리수의 나눗셈

$(+8) \div \left\{-\dfrac{2}{3}\right\} = (+8) \times \left\{-\dfrac{3}{2}\right\}$
$= -12$

예제 1 정수의 나눗셈

다음 나눗셈을 하시오.

(1) $(+16) \div (-8)$ (2) $(-24) \div (-3)$
(3) $(-144) \div (+12)$ (4) $0 \div (-4)$

유제 1 다음을 계산하시오.

(1) $(+42) \div (-7)$ (2) $(-81) \div (+9)$
(3) $(-88) \div (-11)$ (4) $0 \div (-7)$

예제 2 역수 구하기

다음 수의 역수를 구하시오.

(1) 3 (2) $\dfrac{1}{4}$ (3) $-\dfrac{3}{4}$

(4) $1\dfrac{2}{3}$ (5) -0.3 (6) -5

유제 2 다음 수의 역수를 구하시오.

(1) -3 (2) -3.5 (3) $-\dfrac{7}{4}$

(4) $\dfrac{4}{5}$ (5) $\dfrac{1}{5}$ (6) 7

예제 3 유리수의 나눗셈

다음을 나눗셈하시오.

(1) $\dfrac{3}{4} \div \left(-\dfrac{2}{3}\right)$

(2) $\left(-\dfrac{2}{3}\right) \div \left(-\dfrac{2}{5}\right)$

(3) $\left(-\dfrac{3}{2}\right)^2 \div \left(-\dfrac{3}{8}\right)$

(4) $\dfrac{5}{8} \div \left(-\dfrac{5}{4}\right)$

다음 나눗셈을 하시오.

(1) $(+21) \div (+7)$

(2) $(-25) \div (-5)$

(3) $(+16) \div (+8)$

(4) $(+40) \div (-2)$

답 (1) 3 (2) 5 (3) 2 (4) -20

유제 3-1 다음 계산을 하시오.

(1) $\left(+\dfrac{3}{5}\right) \div \left(-\dfrac{9}{10}\right)$

(2) $\left(-\dfrac{1}{2}\right) \div \left(-\dfrac{7}{10}\right)$

(3) $\left(+\dfrac{4}{9}\right) \div \left(-\dfrac{2}{3}\right) \div \left(-\dfrac{4}{5}\right)$

(4) $\left(-\dfrac{9}{10}\right) \div (-3) \div \left(-\dfrac{3}{4}\right)$

유제 3-2 다음 중 계산 결과가 가장 큰 것은?

① $\left(-\dfrac{4}{3}\right) \div (-24)$

② $(-2) \div 0.5$

③ $0 \div (-5)$

④ $6 \div \left(-\dfrac{12}{5}\right)$

⑤ $\left(-\dfrac{3}{4}\right) \div \left(-\dfrac{3}{4}\right)$

STEP 1 개념 다지기

01 다음을 계산하시오.

(1) $(+9) \times (-7)$

(2) $\left(-\dfrac{7}{2}\right) \times (-6)$

(3) $\left(-\dfrac{1}{2}\right) \times \left(+\dfrac{8}{3}\right)$

(4) $\left(-\dfrac{5}{7}\right) \times \left(-\dfrac{21}{5}\right)$

(5) $(-1) \times (-2) \times (-3) \times (-4)$

(6) $(-2) \times (+1.5) \times (-3)$

(7) $54 \times \left(\dfrac{1}{6} - \dfrac{1}{9}\right)$

(8) $45 \times \dfrac{5}{4} + 45 \times \left(-\dfrac{1}{4}\right)$

02 다음을 계산하시오.

(1) $(-24) \div (-3)$

(2) $(-42) \div (+6)$

(3) $\left(-\dfrac{7}{2}\right) \div \left(-\dfrac{7}{20}\right)$

(4) $\left(+\dfrac{2}{5}\right) \div \left(-\dfrac{2}{3}\right)$

(5) $(-25) \div (-5) \div (+4)$

(6) $\left(-\dfrac{1}{5}\right) \div \left(+\dfrac{4}{7}\right) \div \left(-\dfrac{2}{5}\right)$

03 다음을 계산하시오.

(1) $\left(-\dfrac{2}{7}\right) \times \left(+\dfrac{9}{4}\right) \times (-28)$

(2) $\left(-\dfrac{9}{5}\right) \times (-3) \times \left(-\dfrac{2}{5}\right)$

(3) $\left(\dfrac{5}{3} - \dfrac{1}{3}\right) + \left(-\dfrac{2}{3} - \dfrac{1}{6}\right)$

(4) $(+12) \div \left(-\dfrac{3}{2}\right) \div \left(-\dfrac{1}{3}\right)$

04 오른쪽 그림의 주사위는 마주 보는 면에 있는 두 수가 서로 역수관계에 있다. 보이지 않는 세 면에 있는 수의 곱은?

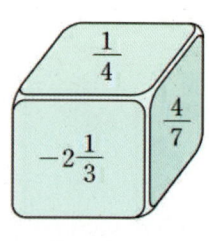

① $-\dfrac{16}{3}$ ② $\dfrac{16}{3}$ ③ -21

④ -3 ⑤ $-\dfrac{3}{7}$

05 어떤 수에 $\dfrac{3}{2}$을 곱해야 할 것을 잘못하여 나누었더니 그 결과가 $-\dfrac{1}{2}$이 되었다. 바르게 계산한 답을 구하시오.

10 곱셈과 나눗셈의 혼합 계산

정답과 해설 6쪽

(1) 유리수의 거듭제곱
① 양수의 거듭제곱은 항상 양수이다.
② 음수의 거듭제곱은 지수가 짝수이면 '+', 홀수이면 '-'이다.

(2) 곱셈과 나눗셈의 혼합계산
① 거듭제곱으로 표현된 수를 먼저 계산한다.
② 나눗셈은 모두 역수를 이용하여 곱셈으로 바꾼다.
③ 곱셈에 대한 교환법칙, 결합법칙에 따라 계산 순서를 바꾸어 계산하면 편리하다.

예 $(+2)^2 = (+2) \times (+2) = 4$
$(+2)^3$
$= (+2) \times (+2) \times (+2)$
$= 8$
$(-3)^2$
$= (-3) \times (-3) = 9$
$(-3)^3$
$= (-3) \times (-3) \times (-3)$
$= -27$

[주의]
$-2^2 = -(2 \times 2) = -4$
$-2^3 = -(2 \times 2 \times 2) = -8$

💡 **음수의 거듭제곱**
지수가 짝수이면 '+'
지수가 홀수이면 '-'
$(-2)^4 = 2^4 = 16$
$(-2)^5 = -2^5 = -32$

예제 1 거듭제곱의 계산
다음을 계산하시오.
(1) $(-7)^2$
(2) -7^2
(3) $\left(-\dfrac{1}{2}\right)^2$
(4) $\left(-\dfrac{1}{2}\right)^3$
(5) $(-1)^{10}$
(6) -1^{10}

유제 1 다음을 계산하시오.
(1) $(-1)^{50}$
(2) -1^{100}
(3) $\left(-\dfrac{2}{3}\right)^2$
(4) $\left(-\dfrac{2}{3}\right)^3$
(5) $\left(\dfrac{2}{5}\right)^2$
(6) $\left(+\dfrac{2}{5}\right)^3$

예제 2
다음을 계산하시오.
(1) $(-3) \times \left(-\dfrac{2}{5}\right) \div \left(-\dfrac{4}{25}\right)$
(2) $-1^{10} \times (-1)^{10} \div (-1)^9$
(3) $\left(+\dfrac{7}{2}\right) \div \left(-\dfrac{2}{3}\right) \div \left(-\dfrac{9}{4}\right)$

유제 2 다음을 계산하시오.
(1) $(-5) \div (-10) \times (-2)$
(2) $(-1)^{15} \times (-1)^9 \div (-2^2)$
(3) $\left(+\dfrac{1}{5}\right) \div \left(-\dfrac{4}{7}\right) \div \left(+\dfrac{2}{5}\right)$

11 유리수의 혼합계산

(1) 거듭제곱이 있으면 거듭제곱을 먼저 계산한다.
(2) 괄호가 있으면 (소괄호)→(중괄호)→(대괄호)의 순서로 계산한다.
(3) 곱셈, 나눗셈을 먼저 계산하고, 덧셈, 뺄셈을 나중에 계산한다.
(4) 분배법칙

a, b, c가 유리수일 때,

① $a \times (b+c) = a \times b + a \times c$
② $(a+b) \times c = a \times c + b \times c$
③ 곱셈에 대한 교환법칙, 결합법칙에 따라 계산 순서를 바꾸어 계산하면 편리하다.

유리수의 혼합 계산 순서

(1) 거듭제곱
(2) (소괄호)→ {중괄호}
  →[대괄호]
(3) 곱셈, 나눗셈을 먼저하고 덧셈, 뺄셈은 나중에 계산

예제 1 유리수의 혼합계산

다음을 계산하시오.

(1) $\{3+(-5)\} \times 6 - (-16) \div (-2)$

(2) $(-20) \div (-4) + \{(-5)-8\} \times (-2)$

(3) $\dfrac{3}{2} - \dfrac{3}{10} \div \left\{1 - \dfrac{2}{3} \times \left(+\dfrac{3}{5}\right)\right\}$

(4) $6 \div \left\{(-6) + \left(15 - 3 \div \dfrac{1}{2}\right) \times \dfrac{1}{3}\right\}$

(5) $2 - \left[\dfrac{1}{2} + (-1) \div \{6 + (-2) \times 5\}\right] \times 4$

유제 1 다음을 계산하시오.

(1) $5 - [6 + 2 \times \{(-2) \times 3 + (-24) \div 2\}]$

(2) $\{-2^4 - (-2)^3\} - 28 \div (-7)$

(3) $-2^3 \div \{(-3) + (-2) \times 3\} \times \left(-\dfrac{1}{3}\right)^2$

(4) $7 - 6 \div \left\{4 + \left(3 - 12 \times \dfrac{1}{3}\right)\right\} \times \left(-\dfrac{1}{2}\right) + (-2)^2$

(5) $\dfrac{7}{4} \times \dfrac{3}{2} - \left\{\left(-\dfrac{3}{4}\right) + \left(-\dfrac{3}{4}\right) \times \dfrac{5}{2}\right\} \div 3 - \dfrac{1}{2}$

STEP 1 개념 다지기

01 다음을 계산하시오.

(1) $(-20) \div 4 \times (-5) \div (-1)$

(2) $(-3)^3 \div 9 \times \left(-\dfrac{11}{3}\right)$

(3) $\dfrac{9}{5} \div \left(-\dfrac{3}{10}\right) \times \left(-\dfrac{9}{4}\right)$

(4) $\dfrac{5}{7} \times (-0.3) \div \dfrac{1}{14}$

02 다음 (가), (나), (다)의 계산 결과를 올바르게 나열한 것은?

(가) $(-2)^3 \times (-2)^2 \times \left(-\dfrac{1}{2}\right)^2$

(나) $(-1) + (-1)^2 + (-1)^3 + \cdots + (-1)^{2026}$

(다) $\left(-\dfrac{1}{2}\right) \times \left(-\dfrac{2}{3}\right) \times \left(-\dfrac{3}{4}\right) \times \cdots \times \left(-\dfrac{9}{10}\right)$

① $-6, 1, \dfrac{1}{10}$　　② $-6, 2004, -\dfrac{1}{10}$　　③ $-8, 0, -\dfrac{1}{10}$

④ $-8, 2004, \dfrac{1}{10}$　　⑤ $-8, 0, \dfrac{1}{10}$

03 다음을 계산하시오.

(1) $6 - (-2)^2 \times (-3) \div \left(-\dfrac{2}{3}\right)$

(2) $\dfrac{3}{4} \div \left\{(-2) - \dfrac{2}{5}\right\} \times \left(-\dfrac{6}{5}\right)$

(3) $\dfrac{9}{10} + (-1)^{100} \div \left\{\left(\dfrac{2}{3} - \dfrac{3}{4} \times 2\right) \times (-12)\right\}$

(4) $8 - 2 \times \left[3 - \left\{\left(-\dfrac{3}{2}\right)^3 - \left(\dfrac{7}{4} - \dfrac{3}{2}\right)\right\}\right]$

04 다음 식의 ☐ 안에 알맞은 수를 넣으시오.

$$-2^2 \times \left[\left\{\left(\dfrac{2}{3}\right)^2 \div \left(\dfrac{7}{6} - \dfrac{8}{3}\right)\right\} + \boxed{}\right] + 4 = -\dfrac{76}{27}$$

12 단위환산

단위	단위환산
길이	1cm=10mm, 1m=100cm, 1km=1,000m, 1인치≒2.54cm
넓이	$1cm^2=100mm^2$, $1m^2=10,000cm^2$, $1km^2=1,000,000m^2$
부피	$1cm^3=1,000mm^3$, $1m^3=1,000,000cm^3$, $1km^3=1,000,000,000m^3$
들이	$1mL=1cm^3$, $1dL=100cm^3=100mL$, $1L=1,000cm^3=10dL=1000mL$
무게	1kg=1,000g, 1t=1,000kg=1,000,000g, 1g=1000mg
시간	1분=60초, 1시간=60분=3,600초
할푼리	소수 첫째 자리 '할', 소수 둘째 자리 '푼', 소수 셋째 자리 '리'

단위환산 방법

주어진 단위를 바꾸고자 하는 단위로 계산하는 방법은

$(주어진\ 단위) \times \dfrac{(바꾸고자\ 하는\ 단위)}{(주어진\ 단위)}$ 로 계산한다.

📌 0.785km를 m으로 단위환산을 하려면

$$0.785km \times \dfrac{1000m}{1km} = 0.785 \times 1000m = 785m$$

1km=1000m이므로 $\dfrac{1000m}{1km}=1$ 과 같기 때문에 모든 수에 1을 곱하여도 주어진 수량은 변하지 않고 단위만 바뀐다.

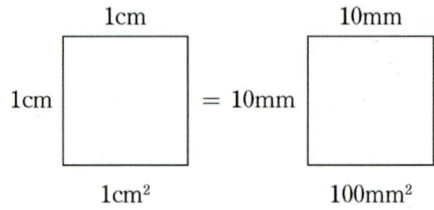

1cm: 1 센티미터라고 읽는다.
10mm: 10 밀리미터라고 읽는다.

가로, 세로가 1cm인 정사각형의 넓이를 $1cm \times 1cm = (1 \times 1)cm^2 = 1cm^2$라 한다.

1cm=10mm이므로 $1cm \times 1cm = 10mm \times 10mm = 100mm^2$

알아두기 미터법은 1790년대 프랑스에서 도량형을 통일하기 위하여 제정, 1m는 당시 추정 기술로 알고 있던 지구 둘레의 4천만 분의 1

(1) cm²과 m²의 단위환산

1cm²란 한 변의 길이가 1cm인 정사각형의 넓이를 뜻한다.
1m²이란 한 변의 길이가 1m인 정사각형의 넓이를 뜻한다.

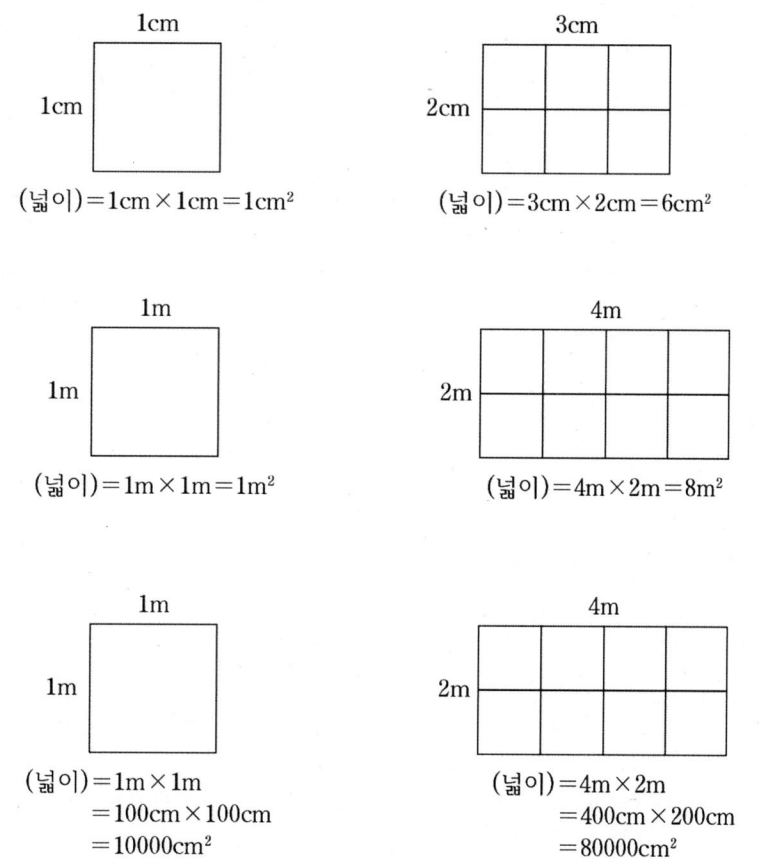

★ 몸을 기본으로 한 길이 단위

서양에서 쓰는 1인치(2.54cm)는 손가락 한 마디의 길이요, 1피트(약 30cm)는 서구인들의 발 크기이며, 1야드(약 90cm)는 팔을 옆으로 벌렸을 때, 코 끝에서 한 쪽 손가락 끝까지의 길이에서 유래했다고 한다. 우리의 길이 단위에도 한 뼘, 한 발, 한 길 등은 몸에서 나온 것들이다. 팔꿈치에서 주먹을 쥔 손끝까지의 길이를 한 자(약 30.3cm), 한 자의 1/10에 해당하는 길이를 한 치(약 3cm)라 한다. 한 발은 양팔을 펼쳤을 때의 길이를, 한 길은 어른 한 사람의 키를 말한다. 집의 넓이 등을 말할 때 쓰는 '평'도 역시 사람을 기준으로 한 것이라는 설이 있다. 한 평(3.3m²)은 가로 세로가 각각 6척(약 1m 80cm)씩인데, 이는 6척 장신이 큰 대자로 드러누울 수 있는 면적이라는 설명이다. (1척이 약 30cm)

(2) cm³와 m³의 단위환산

1cm³란 한 변의 길이가 1cm인 정육면체의 부피를 뜻한다.
1m³이란 한 변의 길이가 1m인 정육면체의 부피를 뜻한다.

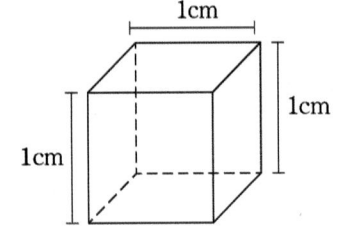

(정육면체의 부피)=(밑넓이)×(높이)
=(1cm×1cm)×1cm
=1cm²×1cm
=1cm³

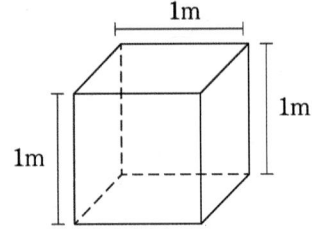

(정육면체의 부피)=(밑넓이)×(높이)
=(1m×1m)×1m
=1m²×1m
=1m³

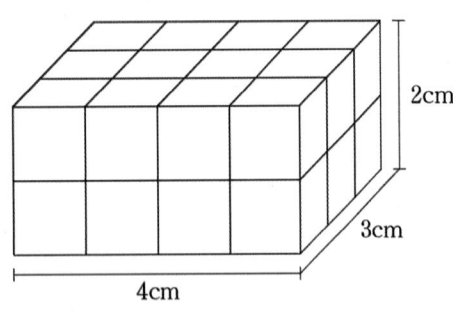

(직육면체의 부피)=(밑넓이)×(높이)
=(4cm×3cm)×2cm
=12cm²×2cm
=24cm³

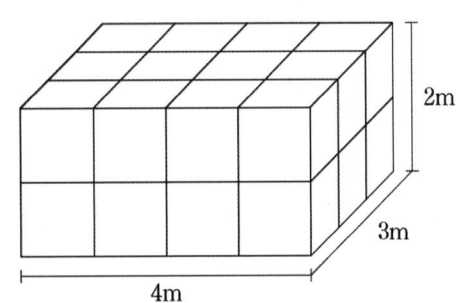

(직육면체의 부피)=(밑넓이)×(높이)
=(4m×3m)×2m
=400cm×300cm×200cm
=24000000cm³

(3) m²와 km²의 단위환산

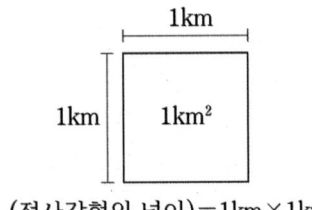

(정사각형의 넓이)=1km×1km
=1000m×1000m
=10⁶m²

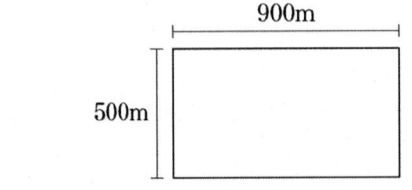

(직사각형의 넓이)=(가로의 길이)×(세로의 길이)
=900m×500m
=450000m²

$$450000m^2 \times \frac{1km^2}{1000000m^2} = 0.45km^2$$

예제 1 길이에 대한 단위환산

다음 길이를 주어진 단위로 환산하시오.

(1) 58cm= _____ mm　　(2) 270mm= _____ cm

(3) 7.6m= _____ cm　　(4) 960cm= _____ m

(5) 3.7km= _____ m　　(6) 9560m= _____ km

유제 1 다음 길이를 주어진 단위로 환산하시오.

(1) 3.8cm= _____ mm　　(2) 5mm= _____ cm

(3) 0.89m= _____ cm　　(4) 1325cm= _____ m

(5) 0.85km= _____ m　　(6) 890m= _____ km

예제 2 넓이에 대한 환산

다음 넓이를 주어진 단위로 환산하시오.

(1) 1m²= _____ cm²　　(2) 800cm²= _____ m²

(3) 1km²= _____ m²　　(4) 4000000m²= _____ km²

유제 2 다음 넓이를 주어진 단위로 환산하시오.

(1) 0.5m²= _____ cm²　　(2) 1600cm²= _____ m²

(3) 2.5km²= _____ m²　　(4) 200000m²= _____ km²

예제 3 부피에 대한 단위환산

다음 부피를 주어진 단위로 환산하시오.

(1) $2cm^3 = \underline{} mm^3$ (2) $5m^3 = \underline{} cm^3$

(3) $3km^3 = \underline{} m^3$ (4) $5000mm^3 = \underline{} cm^3$

(5) $300,000cm^3 = \underline{} m^3$ (6) $8,000,000,000m^3 = \underline{} km^3$

(7) $8L = \underline{} mL$ (8) $500mL = \underline{} L$

유제 3 다음 부피를 주어진 단위로 환산하시오.

(1) $1.5cm^3 = \underline{} mm^3$ (2) $20m^3 = \underline{} cm^3$

(3) $0.7km^3 = \underline{} m^3$ (4) $20000mm^3 = \underline{} cm^3$

(5) $3,000,000cm^3 = \underline{} m^3$ (6) $900,000,000m^3 = \underline{} km^3$

(7) $0.5L = \underline{} mL$ (8) $60,000mL = \underline{} L$

예제 4 무게에 관한 단위환산

다음 무게를 주어진 단위로 환산하시오.

(1) $2kg = \underline{} g$ (2) $8톤 = \underline{} kg$

(3) $2500kg = \underline{} 톤$ (4) $25톤 = \underline{} g$

(5) $15g = \underline{} mg$ (6) $750g = \underline{} kg$

유제 4 다음 부피를 주어진 단위로 환산하시오.

(1) $0.65kg = \underline{} g$ (2) $0.3톤 = \underline{} kg$

(3) $4500kg = \underline{} 톤$ (4) $1톤 = \underline{} g$

(5) $6g = \underline{} mg$ (6) $3400g = \underline{} kg$

STEP 1 개념 다지기

01 다음 □ 안에 알맞은 숫자를 구하시오.

(1) 76cm = □ mm
(2) 3.5m = □ cm
(3) 42.195km = □ m
(4) 10인치 ≒ □ cm
(5) 50cm = □ m
(6) 7000m = □ km

02 다음 □ 안에 알맞은 숫자를 구하시오.

(1) 가로 300cm, 세로 50cm인 직사각형의 넓이는 □ m^2이다.
(2) 밑변이 2m, 높이가 1m인 삼각형의 넓이는 □ cm^2이다.
(3) 반지름이 100m인 원의 넓이는 □ πkm^2이다.
(4) 가로 200mm, 세로 100mm인 직사각형의 넓이는 □ cm^2이다.

03 다음 □ 안에 알맞은 숫자를 구하시오.

(1) 한 변의 길이가 200cm인 정육면체의 부피는 □ m^3이다.
(2) 한 변의 길이가 0.3m인 정육면체의 부피는 □ cm^3이다.
(3) 0.5L = □ mL 이다.
(4) 4,000mL = □ L 이다.

04 다음 □ 안에 알맞은 숫자를 구하시오.

(1) 0.8kg = □ g
(2) 1.5톤 = □ g
(3) 500kg = □ 톤
(4) 1톤 = □ g
(5) 20g = □ mg
(6) 300g = □ kg

STEP 2 소단원 종합 학습(1)

01 다음 중 틀린 것은?

① 정수는 유리수가 아니다.
② 분모가 0이 아닌 모든 분수는 유리수이다.
③ 양의 유리수를 간단히 양수라고도 한다.
④ 수직선 위에서 오른쪽의 점에 대응하는 수가 왼쪽의 점에 대응하는 수보다 크다.
⑤ 자연수와 양의 정수는 같다.

02 다음 설명 중 틀린 것은?

① 절댓값의 크기가 가장 작은 유리수는 0이다.
② $\frac{1}{5}$과 $\frac{1}{6}$ 사이에는 다른 정수가 없다.
③ 5와 6사이에는 다른 유리수가 없다.
④ -2와 -1사이에는 무수히 많은 음수가 있다.
⑤ 0은 양수도 음수도 아니다.

03 다음 중 절댓값이 가장 큰 것은?

① $-\frac{5}{6}$ ② $\frac{4}{9}$ ③ $-\frac{2}{3}$
④ $\frac{1}{2}$ ⑤ $\frac{4}{6}$

04 $\frac{2}{7}$의 역수를 a, -7의 역수를 b라 할 때, $a \times b$는?

① -1 ② $\frac{1}{2}$ ③ 2
④ -2 ⑤ $-\frac{1}{2}$

05 $a=-2$일 때, 다음 중 가장 큰 수는?

① a ② $-a$ ③ a^2
④ $-a^2$ ⑤ $-a^3$

06 A의 절댓값은 B의 절댓값 보다 5만큼 크고 $A \times B < 0$이다. $B=4$일 때, A의 값은?

① $+1$ ② -1 ③ $+9$
④ -9 ⑤ $+5$

07 다음과 같은 상자 f에 어떤 수 x를 집어 넣었을 때, 나오는 수를 $f(x)$라 하자. 이 때, 상자 f는 다음과 같이 작용한다고 한다.

$$f(x)\begin{cases}0\,(x\text{가 정수가 아닌 유리수일 때})\\1\,(x\text{가 정수일 때})\end{cases}$$

즉 예를 들면 $f(5)=1, f\left(\dfrac{1}{6}\right)=0$이다.

이 때, $f(0.2)+f\left(\dfrac{9}{3}\right)+f\left(-\dfrac{0}{5}\right)+f(4)$의 값은?

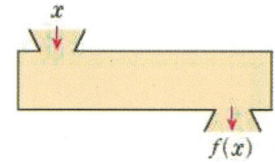

① 0 ② 1 ③ 2
④ 3 ⑤ 4

08 다음 계산 중 옳지 않은 것은?

① $\left(+\dfrac{7}{8}\right)-\left(-\dfrac{5}{8}\right)=+\dfrac{2}{8}$

② $\left(+\dfrac{1}{2}\right)-\left(-\dfrac{2}{3}\right)=+\dfrac{7}{6}$

③ $(+4.6)-(-2.3)=+6.9$

④ $\left(-\dfrac{9}{12}\right)-\left(-\dfrac{5}{12}\right)=-\dfrac{1}{3}$

⑤ $\left(-\dfrac{1}{3}\right)-\left(-\dfrac{2}{9}\right)=-\dfrac{1}{9}$

09 다음 계산 중 옳지 않은 것은?

① $\left(+\dfrac{2}{3}\right)\div\left(+\dfrac{3}{2}\right)=+\dfrac{4}{9}$

② $\left(+\dfrac{1}{2}\right)\div\left(-\dfrac{7}{10}\right)=-\dfrac{5}{7}$

③ $\left(+\dfrac{2}{3}\right)\div\left(-\dfrac{4}{6}\right)=-2$

④ $0\div\left(-\dfrac{7}{8}\right)=0$

⑤ $\left(-\dfrac{2}{3}\right)\div\left(+\dfrac{4}{9}\right)=-\dfrac{3}{2}$

10 다음 계산 중 틀린 것은?

① $\left(-\dfrac{5}{12}\right)\times\left(+\dfrac{3}{5}\right)\div\left(-\dfrac{7}{12}\right)=+\dfrac{3}{7}$

② $\left(-\dfrac{5}{14}\right)\div\left(-\dfrac{3}{14}\right)\times\left(+\dfrac{1}{5}\right)=+\dfrac{1}{3}$

③ $\left(-\dfrac{1}{8}\right)\div\left(-\dfrac{1}{4}\right)\times\left(-\dfrac{8}{5}\right)=+\dfrac{4}{5}$

④ $\left(-\dfrac{1}{2}\right)\div\left(-\dfrac{3}{10}\right)\times\left(-\dfrac{9}{20}\right)=-\dfrac{3}{4}$

⑤ $\left(+\dfrac{1}{9}\right)\times\left(-\dfrac{10}{15}\right)\div\left(-\dfrac{10}{63}\right)=+\dfrac{7}{15}$

11 다음 계산 중 틀린 것은?

① $(-1)^3\times(-1)^5=+1$

② $(-2)^3\times(-3)^2=+72$

③ $(-1)^7\div(-7)\times(-14)=-2$

④ $(-2^2)\div(-5)\div(-10)=-\dfrac{2}{25}$

⑤ $(-5)^2\times(-2^2)\div(-4)=+25$

STEP 2 소단원 종합 학습(1)

12 $-\dfrac{5}{3}-\left(-\dfrac{7}{12}\right)+\left(-\dfrac{1}{4}\right)-\left(-\dfrac{5}{6}\right)$을 계산하면?

① $\dfrac{5}{2}$ ② $\dfrac{7}{12}$ ③ $\dfrac{3}{4}$
④ $-\dfrac{1}{2}$ ⑤ $-\dfrac{3}{4}$

13 $(-1)^{77} \times (-1)^{200} + (-1)^{88} \div (-1)^{99}$을 계산하면?

① 0   ② -2   ③ 2
④ 4   ⑤ -4

14 $\dfrac{1}{3} \div \left(-\dfrac{1}{6}\right)^2 - \dfrac{3}{8} \times (-2)^3$을 계산하면?

① -5   ② -9   ③ 9
④ 15   ⑤ 4

15 두 수 a, b가 서로 다음과 같을 때, $a+b$의 값은?

$$a \div (-2) = (-3),\ b + (-2) = (-3)$$

① 7   ② 5   ③ $\dfrac{3}{2}$
④ -5 ⑤ -7

16 다음 □ 안에 알맞은 수는?

$$(6 - \square) \times 4 - (-24) \div (-3) = 12$$

① 1   ② 2   ③ 3
④ 4   ⑤ 5

17 $\{18 \div (-3)^2 - 7\} \div 3 - 2 \times (-5)$을 계산하면?

① $-\dfrac{15}{3}$ ② -15 ③ $\dfrac{25}{3}$
④ 10   ⑤ $\dfrac{35}{7}$

18 다음 중 단위환산이 옳지 <u>않은</u> 것은?

① $3cm^3 = 3000mm^3$

② $5L = 500mL$

③ $1.3톤 = 1300kg$

④ $0.35kg = 350g$

⑤ $8g = 8000mg$

19 세 정수 a, b, c 사이에 $a+b<0$, $a \times b>0$, $b \times c<0$인 관계가 있을 때, 세 정수 a, b, c의 부호는?

① $a>0, b>0, c<0$
② $a>0, b<0, c<0$
③ $a<0, b<0, c<0$
④ $a<0, b<0, c>0$
⑤ $a>0, b<0, c>0$

20 0이 아닌 세 유리수 x, y, z에 대하여 $x \div (y \div z)$의 계산결과와 같은 것은?

① $(x \times y) \times z$
② $x \div y \times z$
③ $x \div (y \times z)$
④ $x \times (y \div z)$
⑤ $(x \times y) \div z$

서술형

21 $\left(-\dfrac{2}{3}\right)^2 + \dfrac{9}{4} \div (-3)^2$을 계산하여 기약분수로 표현하면 $\dfrac{\square}{\square}$이다. 이 때, 분자와 분모의 수의 합을 구하시오.

22 서로 다른 유리수 a, b에 대하여 $\langle a, b \rangle = (a, b$ 중 절댓값이 작은 수)라고 할 때, 다음을 계산하여 그 값을 소수로 나타내라.

$$\left\langle 1, -\dfrac{3}{2} \right\rangle - \left\langle -\dfrac{5}{2}, 2\dfrac{2}{3} \right\rangle$$

23 a의 절댓값은 7, b의 절댓값은 5일 때, $a-b$의 값 중 최댓값을 M, 최솟값을 N이라 할 때, $M-N$의 값을 구하시오.

24 0.8의 역수를 a, $-2\dfrac{1}{4}$의 역수를 b라 할 때, $a \div b$의 값을 구하시오.

25 $\dfrac{1}{3} - \left[\dfrac{1}{3} - \left(-\dfrac{14}{5} \right) \div \left\{ 2 \times (-2^2) - 6 \right\} \div \dfrac{1}{15} \right]$을 계산하시오.

STEP 2 소단원 종합 학습(2)

01 −7보다 4 큰 수와 b보다 −2 작은 수가 같을 때, b의 값은?

① −1 ② −2 ③ −3
④ −4 ⑤ −5

02 다음 중 바르게 된 것은?

① −5보다 −3이 작은 수는 −8이다.
② −4보다 5만큼 작은 수는 −9이다.
③ 음의 정수는 그 절댓값이 클수록 크다.
④ 0을 0이 아닌 정수로 나눈 몫은 0이 아니다.
⑤ $-8-(-8)=-16$

03 다음 보기의 수에 대한 설명 중 옳은 것을 모두 고르면? (정답 2개)

$$-3.4,\ 5,\ +\frac{1}{2},\ -\frac{5}{3},\ 0,\ -2$$

① 정수는 모두 2개이다.
② 유리수는 모두 3개이다.
③ 양의 유리수는 1개이다.
④ 음의 유리수는 모두 3개이다.
⑤ 자연수는 1개이다.

04 다음 중 옳지 않은 것은?

① 유리수란 분수인 꼴로 나타낼 수 있는 수이다.
② $\frac{0}{2}$과 $\frac{2}{0}$도 분수이므로 유리수이다.
③ 0과 1 사이에는 다른 정수가 없다.
④ 절댓값의 크기가 가장 작은 수는 0이다.
⑤ $-\frac{1}{2}$과 $-\frac{1}{3}$ 사이에는 무수히 많은 음수가 있다.

05 정수 x는 −2보다 크고 4보다 크지 않다면 그런 x의 각각의 절댓값들의 합은?

① 7 ② 9 ③ 10
④ 11 ⑤ 12

06 절댓값이 가장 큰 수와 가장 작은 수의 합을 구하시오.

$$\frac{7}{5},\ -\frac{3}{4},\ -2,\ 0,\ \frac{5}{4},\ -\frac{4}{3}$$

① $-\frac{1}{15}$ ② $-\frac{7}{5}$ ③ -2
④ $\frac{5}{4}$ ⑤ $-\frac{3}{3}$

07 $\dfrac{1}{6}-(-0.25)-\dfrac{2}{3}-\left(+\dfrac{1}{2}\right)+(-0.5)$를 계산하면?

① $\dfrac{7}{4}$ ② $\dfrac{5}{4}$ ③ $-\dfrac{5}{4}$

④ $-\dfrac{7}{4}$ ⑤ $-\dfrac{9}{4}$

08 $\left(-\dfrac{3}{2}\right)\times a<0,\ b\div\dfrac{3}{4}<0$일 때, 다음 중에서 옳은 것은?

① $a\times b<0$ ② $a\div b>0$
③ $a+b>0$ ④ $2a\times b>0$
⑤ $a^2\times b>0$

09 $15-[12+\{4-(5-17)\div(-3)\}]$을 계산하면?

① 1 ② 2 ③ 3
④ 4 ⑤ 5

10 다음 중 단위환산이 옳지 않은 것은?

① 2.5L=2500mL
② 750cm³=750mL
③ 5000mg=50g
④ 2.5톤=2500kg
⑤ 0.85kg=850g

11 (-4)보다 (-3)만큼 작은 수를 A, $-1\dfrac{3}{4}$의 역수를 B라 할 때, $A\times B$를 구하면?

① -4 ② $-\dfrac{4}{3}$ ③ $\dfrac{7}{4}$

④ $\dfrac{4}{7}$ ⑤ 4

12 다음에서 등호가 성립하지 않는 것은?

① $(a+b)+c=a+(b+c)$
② $(a\times b)\times c=a\times(b\times c)$
③ $(a\div b)\div c=a\div(b\div c)$
④ $a\times(b+c)=a\times b+a\times c$
⑤ $(a+b)\times c=a\times c+b\times c$

13 다음 중 계산 결과가 옳지 않은 것은?

① $-7+9-5+3=0$
② $(-2)-(-5)=3$
③ $(-8)\times 4-6\div(-3)=30$
④ $(-4)^2\times(-12)\div 2^3=-24$
⑤ $(-1)^2+(-1)^{99}+(-1)^5=-1$

14 다음을 계산할 때, 순서를 바르게 나열한 것은?

$$6\div\left\{2+\left(12-3\div\frac{1}{3}\right)\times\frac{1}{5}\right\}$$
$$\uparrow \quad \uparrow \quad \uparrow\uparrow \quad \uparrow$$
$$㉠ \quad ㉡ \quad ㉢㉣ \quad ㉤$$

① ㉣→㉤→㉢→㉡→㉠
② ㉣→㉢→㉤→㉡→㉠
③ ㉣→㉢→㉡→㉤→㉠
④ ㉢→㉣→㉤→㉡→㉠
⑤ ㉢→㉤→㉣→㉡→㉠

15 두 정수 a, b에 대하여 $a*b=\dfrac{a}{b}$라 할 때, 다음 중 옳은 것을 모두 고르면?

(i) $b=1$ 이면 $a*b$는 정수이다.
(ii) $(-a)*(-b)\neq a*b$
(iii) $ab<0$이면 $a*b<0$이다.

① i ② ii ③ i , ii
④ i , iii ⑤ i , ii , iii

16 두 유리수 A와 B의 절댓값이 같고 A가 B보다 $\dfrac{4}{5}$ 만큼 클 때, A와 B의 값을 구하면?

① $\dfrac{2}{5}, -\dfrac{2}{5}$ ② $-\dfrac{2}{5}, \dfrac{2}{5}$
③ $\dfrac{3}{5}, -\dfrac{3}{5}$ ④ $\dfrac{4}{5}, -\dfrac{4}{5}$
⑤ $-\dfrac{4}{5}, \dfrac{4}{5}$

17 -2의 역수를 a, 0.25의 역수를 b라 할 때, $b\div a$의 값은?

① -8 ② -2 ③ 8
④ 2 ⑤ -6

18 $\left\{-2\dfrac{1}{3}-2\times\left(-\dfrac{5}{6}\right)\right\}\div\left\{\left(-\dfrac{2}{3}\right)+(-1)^5\right\}$를 계산하면?

① $-\dfrac{3}{5}$ ② $-\dfrac{2}{5}$ ③ $-\dfrac{1}{5}$
④ $\dfrac{1}{5}$ ⑤ $\dfrac{2}{5}$

19 $\left(-\dfrac{3}{2}\right)^2 \div \left(\dfrac{9}{4}\right) + \left(\dfrac{7}{2}\right) \times \left\{\left(-\dfrac{4}{7}\right) + 2 \div \dfrac{4}{7}\right\}$ 을 계산하면?

① $\dfrac{11}{4}$ ② $\dfrac{43}{4}$ ③ $\dfrac{45}{4}$

④ $\dfrac{47}{4}$ ⑤ $\dfrac{49}{4}$

20 다음 식의 계산에서 □ 안에 알맞은 수는?

$2 \times \left[\left\{\left(-\dfrac{1}{2}\right)^3 \div \left(\dfrac{9}{5} - 2\right) + \Box\right\} - 3\right] = -\dfrac{11}{4}$

① -1 ② 1 ③ $\dfrac{1}{2}$

④ $-\dfrac{1}{2}$ ⑤ -2

서술형

21 $\left(-3\dfrac{1}{2}\right) \div (-2)^2 - 2\dfrac{1}{3} \times \left(-1\dfrac{1}{2}\right)^3$ 을 계산하시오.

22 $(+3.5) - (+2.4) - (-5.5) + (-3.6)$ 을 계산하시오.

23 유리수 a보다 크지 않은 정수 중 가장 큰 정수를 $R(a)$라고 나타내기로 하면 $R(3) = 3$, $R(-3.5) = -4$, $R\left(\dfrac{9}{2}\right) = 4$가 된다. $R\left(\dfrac{19}{5}\right) + R\left(-\dfrac{25}{2}\right) + R(-4)$의 값을 구하시오.

24 $-\dfrac{1}{4}$의 역수를 a, $\dfrac{8}{3}$의 역수를 b라 할 때, $a \div b$ 값을 구하시오.

25 $\left(-\dfrac{3}{8}\right) \div \left(-\dfrac{1}{2}\right)^3 + 6 \times \left\{\dfrac{2}{3} - 2 \times \left(-\dfrac{1}{2}\right)^2\right\}$ 을 계산하시오.

13 소수와 합성수

(1) 소수와 합성수
① 소수 : 1보다 큰 자연수 중에서 약수가 1과 자기 자신뿐인 수, 즉 약수가 2개인 수
  예 2, 3, 5, 7, 11, ……
② 합성수 : 1보다 큰 자연수 중에서 소수가 아닌 수, 즉 약수가 3개 이상인 자연수
  예 4, 6, 8, 9, 10, ……
  참고 1은 소수도 합성수도 아니다
       2는 소수 중에서 유일한 짝수이고, 가장 작은 소수이다.

(2) 소수 찾는 방법
'에라토스테네스의 체'를 이용하는 방법이 있는데, 마치 체를 이용하여 소수를 골라내는 것 같아서 붙여진 이름이다.
2의 배수는 2를 제외하고 모두 합성수이고, 3의 배수는 3을 제외하고 모두 합성수이다. 즉, 소수의 배수는 그 소수를 제외하면 모두 합성수이다. 이러한 사실을 이용하여 다음과 같은 방법으로 1에서 100까지의 자연수 중 소수를 모두 찾을 수 있다.
① 1은 소수가 아니므로 지운다.
② 남은 수 중 가장 작은 2는 남기고, 2의 배수를 모두 지운다.
③ 남은 수 중 가장 작은 3은 남기고, 3의 배수를 모두 지운다.
④ 남은 수 중 가장 작은 5는 남기고, 5의 배수를 모두 지운다.
⑤ 남은 수 중 가장 작은 7은 남기고, 7의 배수를 모두 지운다.
⑥ 이처럼 남은 수 중 가장 작은 수를 고른 후, 그 수보다 큰 그 수의 배수를 모두 지우는 작업을 반복한다.

소수, 합성수
(1) 소수 : 1과 자기 자신만을 약수로 가지는 자연수
  예 2, 3, 5, 7, 11, 13,
  * 1은 소수가 아니다.
(2) 약수의 개수에 따른 자연수의 분류
  ┌ 1
  ├ 소수 : 약수가 2개인 수
  └ 합성수 : 약수가 3개 이상인 수

(3) Tip
  ③ 완전제곱수: 자연수를 제곱하여 얻은 자연수
  예 1, 4, 9, 16, 25, …

예제 1 소수와 합성수
다음 중 소수가 아닌 것은? (정답 2개)
① 1   ② 2   ③ 5   ④ 6   ⑤ 11

유제 1 다음 중 소수와 합성수를 각각 고르시오.

| 1, 7, 8, 13, 15, 21, 23, 27, 29, 49 |

예제 2 소수의 뜻
다음 중 옳은 것은?
① 모든 소수는 홀수이다.
② 4의 약수는 2개이다.
③ 가장 작은 소수는 1이다.
④ 5의 배수 중 소수는 1개 뿐이다.
⑤ 합성수는 약수가 2개 이상이다.

유제 2 다음 중 옳은 것은?
① 짝수인 소수는 없다.
② 소수는 약수가 2개 이하인 자연수이다.
③ 11의 배수 중에는 소수가 없다.
④ 소수는 약수가 1과 자기 자신 2개이다.
⑤ 2보다 크고 10보다 작은 소수는 4개이다.

14 거듭제곱

(1) 거듭제곱
같은 수나 같은 문자를 여러 번 곱한 것을 간단히 나타낸 것

예 $\underbrace{2\times 2}_{2개}=2^2$, $\underbrace{2\times 2\times 2}_{3개}=2^3$, $\underbrace{3\times 3\times 3}_{3개}\times\underbrace{5\times 5}_{2개}=3^3\times 5^2$

(2) a^2, a^3, a^4, ······ 을 a의 거듭제곱이라 하고
a^2은 a의 제곱, a^3은 a의 세제곱 a^4은 a의 네제곱이라 읽고 이를 통틀어 a의 거듭제곱이라고 한다.

(3) 밑
연속하여 곱한 수나 문자

(3) 지수
거듭하여 곱해진 수나 문자의 개수

$$5\times 5\times 5\times 5 = 5^4 \leftarrow \text{지수(곱한 횟수)}$$
$$\uparrow\text{밑(곱한 수나 문자)}$$

(5) $a \neq 0$일 때 $a^1 = a$로 정한다.

예 $2^1 = 2$, $3^1 = 3$, $4^1 = 4$, ······ 로 정한다.

 거듭제곱
$a \times a \times a = a^3 \leftarrow$ 지수
　　　　　　　↑ 밑
예 $2\times 2\times 2\times 2 = 2^4$
* $\underbrace{2\times 2\times 2}_{2^3=8} \neq \underbrace{2\times 3}_{6}$

예제 1 거듭제곱으로 나타내기
다음을 거듭제곱으로 나타내시오.
(1) $2\times 2\times 2$　　　　(2) $3\times 3\times 3\times 3\times 3$
(3) $a\times a\times a\times a$　　(4) $2\times 2\times 5\times 5\times 5\times 5$

유제 1 다음을 거듭제곱으로 나타내시오.
(1) $4\times 4\times 4$　　　　(2) $b\times b\times b\times b$
(3) $\dfrac{1}{3}\times\dfrac{1}{3}\times\dfrac{1}{3}\times\dfrac{1}{3}$　(4) $2\times 2\times 5\times 7\times 7\times 7$

예제 2 거듭제곱으로 나타내기
다음 수를 2의 거듭제곱으로 나타내시오.
(1) 8　　　　(2) 16
(3) 32　　　(4) 64

유제 2 다음 수를 3의 거듭제곱으로 나타내시오.
(1) 27　　　(2) 81
(3) 243　　(4) 729

STEP 1 개념 다지기

01 다음 중 소수와 합성수를 각각 고르시오.

> 1, 2, 3, 9, 11, 12, 15, 19, 21, 39

02 다음 중 옳지 않은 것은?

① 가장 작은 소수는 2이다.
② 소수 중에는 짝수도 있다.
③ 소수가 아닌 수는 합성수이다.
④ 자연수 중에는 소수와 합성수가 아닌 수도 있다.
⑤ 3의 배수 중 소수는 3뿐이다.

03 다음 물음에 답하시오.

(1) $2 \times 2 \times 2 \times 2 \times 3 \times 3$을 거듭제곱을 이용하여 나타내시오.
(2) $5 \times 5 \times 7 \times 7 \times 5 \times 5 \times 7 \times 3$을 거듭제곱을 이용하여 간단히 나타내시오.
(3) 81을 3의 거듭제곱으로 나타내시오.
(4) 64를 2의 거듭제곱으로 나타내시오.

04 다음 자연수 중에서 소수를 모두 찾으시오. (에라토스테네스의 체를 이용하시오.)

> 1, 2, 3, 4, 5, 6, 7, 8, 9, 10
> 11, 12, 13, 14, 15, 16, 17, 18, 19, 20
> 21, 22, 23, 24, 25, 26, 27, 28, 29, 30
> 31, 32, 33, 34, 35, 36, 37, 38, 39, 40
> 41, 42, 43, 44, 45, 46, 47, 48, 49, 50

05 다음 설명 중 옳은 것은?

① 소수는 모두 홀수이다.
② 39는 소수이다.
③ 9의 약수는 2개이다.
④ 11보다 작은 소수는 모두 4개이다.
⑤ 39의 배수 중에서 소수는 39뿐이다.

15 소인수분해

(1) 인수(약수)
$a = b \times c$일 때 b, c를 a의 인수(약수)라고 한다.
(단, a, b, c는 자연수)
예 $12 = 1 \times 12 = 2 \times 6 = 3 \times 4$이므로 12의 약수는 1, 2, 3, 4, 6, 12이며, 이들을 12의 인수라고 한다.

(2) 소인수
인수 중에서 소수인 수
예 12의 약수 1, 2, 3, 4, 6, 12는 모두 12의 인수이다. 이중 소수인수 2와 3이 12의 소인수이다.

(3) 소인수분해
1보다 큰 자연수를 소인수들만의 곱으로 나타내는 것
예 $24 = \underline{2 \times 2 \times 2 \times 3} = 2^3 \times 3$
        소인수들의 곱

① 방법 : 일반적으로 작은 소인수부터 차례로 나누다 몫이 소수가 되면 그치고 같은 소인수의 곱은 거듭제곱을 사용하여 나타낸다.
② 성질 : 소인수분해한 결과는 소인수들의 순서를 생각하지 않는다면 오직 한가지뿐이다.

(4) 소인수분해하는 방법

[방법 1]
```
2)84
2)42
3)21
  7  ← 몫이 소수가 되면 끝낸다.
```
$\therefore 84 = 2^2 \times 3 \times 7$
↓
나눈 소수들과 마지막 몫을 곱으로 나타낸다. 이때 같은 소인수가 있으면 거듭제곱으로 나타낸다.

[방법 2]
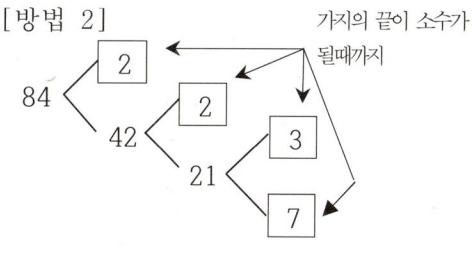
가지의 끝이 소수가 될때까지

$\therefore 84 = 2^2 \times 3 \times 7$

💡 인수와 소인수

(1) 21의 인수를 모두 구하시오.
 $21 = 1 \times 21 = 3 \times 7$이므로
 인수는 1, 3, 7, 21

(2) 21의 소인수를 모두 구하여라.
 인수중 소수인 것은 3, 7

예제 1 소인수분해

다음 수를 소인수분해하고 각각의 소인수를 구하시오.
(1) 40   (2) 54
(3) 72   (4) 100

유제 1 다음 수를 소인수분해하고 각각의 소인수를 구하시오.
(1) 36   (2) 76
(3) 108   (4) 280

16 소인수분해를 이용하여 약수 구하기

자연수 N이 $N = a^m \times b^n$으로 소인수분해 될 때(a, b는 서로 다른 소수, m, n은 자연수)

(1) N의 약수

a^m의 약수 $(1, a^1, a^2 \cdots a^m)$와 b^n약수 $(1, b^1, b^2 \cdots b^m)$를 각각 곱한 것과 같다. 소인수 분해를 이용하면 어떤 자연수의 약수를 빠짐없이 구할 수 있다.

(2) N의 약수의 개수

$(m+1) \times (n+1)$개이다.

> **참고** 자연수 A가 $A = a^l \times b^m \times c^n$(단, a, b, c는 서로 다른 소수, l, m, n은 자연수)과 같이 소인수 분해될 때
> (A의 약수의 개수) $\Rightarrow (l+1) \times (m+1) \times (n+1)$개

		3의 약수	
×	1	3	3^2
1	1×1	1×3	1×3^2
2	2×1	2×3	2×3^2

(2의 약수)

예) $18 = 2 \times 3^2$의 약수는 2의 약수$(1, 2)$와 3^2의 약수$(1, 3, 3^2)$를 각각 곱한 수이므로, 1, 2, 3, 6, 9, 18이다.
즉, 2의 지수 1에다 1을 더한 2와 3^2의 지수 2에 1을 더한 3을 곱한 것이 약수의 개수이다.

💡 약수

$108 = 2^2 \times 3^3$이므로 2^2의 약수 각각과 3^3의 약수 각각의 곱이 108의 약수이다.

예제 1 약수를 구하는 요령

다음 표는 108의 약수를 구하기 위하여 만든 것이다. 빈 칸을 채워서 108의 약수를 구하시오.

×	1	3	3^2	3^3
1				
2				
2^2				

 40을 소인수분해하면 $2^3 \times 5$가 된다. 위의 예제와 같은 방법으로 40의 약수를 모두 구하시오.

예제 2 약수의 개수

다음 수의 약수의 개수를 구하시오.

(1) 36   (2) 600

(3) 1800   (4) 144

💡 약수의 개수

p, q가 소수이고
$a = p^m \times q^n$ 일 때,
a의 약수의 개수는
$(m+1) \times (n+1)$개다.

유제 2 소인수분해를 이용하여 다음 수의 약수의 개수를 구하시오.

(1) 40   (2) 675

(3) $2^4 \times 3^5$ (4) $2^2 \times 5^2$

STEP 1 개념 다지기

01 다음 수를 소인수분해 하시오.
(1) 48
(2) 64
(3) 144
(4) 1200

02 240의 소인수를 모두 구하시오.

03 소인수 분해를 이용하여 다음 수의 약수를 모두 구하시오.
(1) 72
(2) 100

04 수의 약수의 개수를 구하시오.
(1) 2^4
(2) $2^2 \times 3^3$
(3) $4^2 \times 3^2$
(4) $2 \times 3 \times 5^2$
(5) 128
(6) 144

05 180에 가능한 한 작은 자연수를 곱하여 어떤 자연수의 제곱이 되게 하려고 한다. 어떤 수를 곱하면 되는지 구하시오.

17 공약수와 최대공약수

정답과 해설 11쪽

최대공약수

(1) **공약수** : 두 개 이상의 자연수의 공통인 약수
(2) **최대 공약수** : 공약수 중에서 가장 큰 수
   - 8의 약수 : ①, ②, ④, 8
     12의 약수 : ①, ②, 3, ④, 6, 12 → 공약수 : 1, 2, ④ ← 최대공약수
(3) **서로소** : 최대공약수가 1인 두 자연수
   - 3과 8은 최대공약수가 1이므로 3과 8은 서로소이다.
   - **더 알기** • 1은 모든 자연수와 서로소이다.
     • 서로 다른 두 소수는 항상 서로소이다.
(4) **최대 공약수의 성질** : 두 개 이상의 자연수의 공약수는 그 수들의 최대공약수의 약수이다.
   - 8과 12의 공약수는 두 수의 최대공약수인 4의 약수 1, 2, 4이다.

예제 1 공약수 구하기

두 수 18과 60의 공약수를 모두 구하시오.

유제 1 두 수 45, 75의 공약수는 모두 몇 개인지 구하시오.

예제 2 서로소

다음 두 수 중 서로소인 것은?
① (8, 24) ② (12, 27) ③ (19, 57)
④ (15, 32) ⑤ (11, 121)

💡 **서로소**

6의 약수 : 1, 2, 3, 6
7의 약수 : 1, 7
공약수가 1뿐이므로 6과 7은 서로소이다.

유제 2 다음 중 서로소인 것은?
① 14, 21 ② 32, 81 ③ 12, 150
④ 27, 81 ⑤ 13, 91

예제 3 공약수

다음 수들의 공약수를 구하시오.
(1) (18, 30)
(2) (45, 60, 75)
(3) (12, 16, 24)

유제 3 세 자연수 48, 60, 84의 공약수들의 합을 구하면?
① 12　　　　② 16　　　　③ 28
④ 34　　　　⑤ 36

최대공약수 구하기

12와 16의 최대 공약수

<방법 1>

```
2 | 12  16
2 |  6   8
       3   4    ∴ 2×2=4
```

<방법 2>

$12 = 2 \times 2 \times 3$
$16 = 2 \times 2 \times 2 \times 2$
　　　　∴ $2 \times 2 = 4$

예제 4 최대공약수

다음 수들의 최대공약수를 구하시오.
(1) 18, 32
(2) 54, 90
(3) 45, 60, 90
(4) 54, 72, 108

유제 4 다음 수들의 최대공약수를 구하시오.
(1) 40, 48
(2) 36, 60
(3) 24, 36, 42
(4) 30, 60, 120

18 최대공약수 구하기

최대공약수를 구하는 두 가지 방법

1. 1 이 아닌 공약수를 나누는 방법

24와 60의 공약수 → 2) 24 60
12와 30의 공약수 → 2) 12 30
6과 15의 공약수 → 3) 6 15
                         2   5
                     서로소가 될 때까지

24와 60을 나누어 준 공약수를 모두 곱한 $2 \times 2 \times 3$이 최대공약수이다.

2. 소인수분해를 이용한 방법

$24 = 2^3 \times 3$
$60 = 2^2 \times 3 \times 5$
────────────
       2^2 3 → 지수가 같으면 그대로

지수가 다르면 작은 것

24와 60에 공통인 소인수를 모두 곱한 $2^2 \times 3$이 최대공약수이다.

> 최대공약수는 간단히 G,C,D(Greatest Commmon Divisor)로 나타내기도 한다.

예제 1 나눗셈을 이용하여 최대공약수 구하기

다음 수들의 최대공약수를 구하시오.

(1) 18, 32
(2) 24, 60
(3) 12, 16, 24
(4) 108, 126, 180

유제 1 다음 수들의 최대공약수를 구하시오.

(1) 24, 60
(2) 45, 75
(3) 45, 60, 90
(4) 54, 72, 108

예제 2 소인수분해를 이용하여 최대공약수구하기

다음 수들의 최대공약수를 구하시오.

(1) $2^3 \times 3^2,\ 2 \times 3^2 \times 5$
(2) $2^2 \times 5 \times 7,\ 2 \times 5^2 \times 7^3$

유제 2 다음 수들의 최대공약수를 구하시오.

(1) $3^2 \times 5 \times 7^2,\ 3^2 \times 5^2 \times 7$
(2) $2^2 \times 3^2 \times 5,\ 2 \times 3^3 \times 5^2,\ 2^2 \times 5^3$

예제 3 최대공약수의 활용

가로가 100 cm, 세로가 140 cm인 직사각형의 모양의 바닥에 남는 부분이 없이 가능한 한 큰 정사각형의 타일을 붙이려고 한다. 타일의 한 변의 길이는 몇 cm로 하면 되는가? 또 타일은 몇 장 필요한가?

유제 3 사탕 147개, 초콜릿 105개, 쿠키 84개를 가능한 한 많은 학생들에게 남김없이 똑같이 나누어 주려고 한다. 최대한 몇 명의 학생들에게 나누어 줄 수 있는가?

STEP 1 개념 다지기

01 다음 수들의 최대 공약수를 구하시오.
  (1) 48, 80
  (2) 36, 60, 84
  (3) $2^3 \times 3^2 \times 5$, $2 \times 3^5 \times 5^2$
  (4) $2^3 \times 3^4 \times 7^2$, $2^2 \times 3^3 \times 7^3$, $2^3 \times 3^2 \times 7^4$

02 두 수 $A = 2^3 \times 3^2 \times 5$, $B = 2^2 \times 5$의 공약수가 될 수 <u>없는</u> 것은?
  ① 2   ② 2×5 ③ 2^2 ④ $2^2 \times 3$ ⑤ $2^2 \times 5$

03 최대공약수가 12인 두 자연수의 공약수의 개수는?
  ① 2개   ② 3개   ③ 4개   ④ 6개   ⑤ 8개

04 자연수 360의 약수의 개수와 $2 \times 9 \times 5^n$의 약수의 개수가 같을 때, n의 값을 구하면?
  ① 1   ② 2   ③ 3   ④ 4   ⑤ 5

05 다음 중 두 수가 서로소인 것은?
  ① 6, 9   ② 12, 21   ③ 15, 18   ④ 11, 121   ⑤ 9, 107

19 공배수와 최소공배수

(1) **공배수**
  두 개 이상의 자연수의 배수 중에서 공통인 배수
(2) **최소공배수**
  공배수 중에서 가장 작은 수
(3) **최소공배수의 특징**
  ① 두 개 이상의 자연수의공배수는 그들의 최소공배수의 배수이다.
  ② 두 자연수가 서로소일 때 이 두 수의 최소공배수는 두 수의 곱과 같다.

예 2와 3의 공배수
→ 6, 12, 18, …
2와 3의 최소공배수인 6의 배수 → 6, 12, 18, …

 최소공배수의 성질
두 개 이상의 자연수의 공배수는 그 수들의 최소공배수의 배수이다.

예제 1 최소공배수의 이해

두 자연수 8과 12에 대하여 다음을 구하시오.
(1) 8의 배수를 작은 것부터 10개를 구하시오.
(2) 12의 배수를 작은것부터 7개를 구하시오.
(3) (1), (2)에서 구한 8과 12의 공배수를 구하시오.
(4) 8과 12의 최소 공배수를 구하시오.

 L.C.M
최소공배수는 간단히 L.C.M (Least Common Multiple) 으로 나타내기도 한다.

유제 1-1 두 자연수 4와 6에 대하여 다음을 구하시오.
(1) 4의 배수를 작은 것부터 10개를 구하시오.
(2) 6의 배수를 작은 것부터 7개를 구하시오.
(3) (1), (2)에서 구한 4과 6의 공배수를 구하시오.
(4) 4와 6의 최소공배수를 구하시오.
(5) 4와 6의 공배수는 두 수의 최소공배수의 배수와 같은지 말하시오.

유제 1-2 두 자연수 a와 b의 최소공배수가 16일 때, a, b의 공배수 중 두 자리의 자연수는 모두 몇 개인지 구하시오.

20 최소공배수 구하기

(1) **나눗셈을 이용한 방법**
① 두 개 이상의 수를 공약수로 나눈다(나누어지지 않는 수는 그대로 내려 쓴다.)
② 어느 두 수의 몫도 서로소가 될 때까지 계속 나눈다.
③ 나눈수와 마지막 몫을 모두 곱한다.

(2) **소인수분해를 이용한 방법**
각 수를 소인수분해해서 공통인 소인수 중 거듭제곱의 지수가 같은 것은 그대로, 다른 것은 큰 것을 택하고 공통이 아닌 소인수는 모든 택하여 곱한다.

예 12, 45, 60의 최소공배수
$$\begin{array}{r|rrr} 2 & 12 & 45 & 60 \\ 3 & 6 & 45 & 30 \\ 5 & 2 & 15 & 10 \\ 2 & 2 & 3 & 2 \\ \hline & 1 & 3 & 1 \end{array}$$ → 모두곱한다.
최소공배수 : $2 \times 3 \times 5 \times 2 \times 1 \times 3 \times 1 = 180$

예 24와 60의 최소 공배수 :
$24 = 2^3 \times 3$
$60 = 2^2 \times 3 \times 5$
최소공배수 : $120 = 2^3 \times 3 \times 5$

💡 최소 공배수 구하기

16와 24의 최소공배수

<방법 1>
$$\begin{array}{r|rr} 2 & 16 & 24 \\ 2 & 8 & 12 \\ 2 & 4 & 6 \\ \hline & 2 & 3 \end{array}$$
→ $2 \times 2 \times 2 \times 2 \times 3 = 48$

<방법 2>
$16 = 2 \times 2 \times 2 \times 2$
$24 = 2 \times 2 \times 2 \times 3$

예제 1 나눗셈을 이용하여 최소공배수 구하기

다음 수들의 최소공배수를 구하시오.
(1) 8, 12
(2) 24, 60
(3) 12, 45, 60
(4) 36, 54, 81

유제 1 다음 수들의 최소공배수를 구하시오.
(1) 12, 15
(2) 30, 36
(3) 12, 18, 40
(4) 24, 36, 48

예제 2 소인수분해를 이용하여 최소공배수 구하기

다음 수들의 최소공배수를 소인수의 곱으로 나타내시오.
(1) $2^2 \times 3$, $2^2 \times 3^2 \times 5$
(2) $2 \times 3 \times 5^2$, $2^2 \times 3^2 \times 5$, $3 \times 5 \times 7$

유제 2 다음 수들의 최소공배수를 소인수의 곱으로 나타내시오.
(1) $2^2 \times 3 \times 5$, $2 \times 3^2 \times 7$
(2) 3×5, $2 \times 3 \times 7$, $2^2 \times 5 \times 7$

STEP 1 개념 다지기

01 다음 수들의 최소공배수를 구하시오.

(1) 30, 48

(2) 27, 36, 54

(3) 84, $2^2 \times 3^2 \times 5 \times 7$

(4) $2^2 \times 3^3$, $2^2 \times 3 \times 7$

(5) 3×5, $3 \times 5 \times 7$, $3^2 \times 7$

(6) $2 \times 3 \times 5$, $3 \times 5 \times 7$, $5 \times 7 \times 11$

02 세 수, $2^2 \times 3$, $2^2 \times 3^3 \times 5^2$, $2^2 \times 3^2 \times 5$의 최소공배수를 구하면?

① 2
② 2×5
③ 2^2
④ $2^2 \times 3^3 \times 5^2$
⑤ $2^2 \times 5$

03 연못 둘레를 A, B, C 세 사람이 자전거로 한 바퀴 도는 데 각각 72초, 120초, 168초가 걸린다. 이들이 동시에 같은 곳을 출발하여 같은 방향으로 연못의 둘레를 돌 때, 세 사람이 다시 처음으로 출발점에서 만나게 되는 것은 A가 몇 바퀴를 혼자 돈 후가 되겠는지 구하시오.

04 4, 5, 6 어느 것으로 나누어도 나머지가 2인 세 자리의 자연수 중 가장 작은 것은?

① 120 ② 122 ③ 180 ④ 182 ⑤ 240

05 가로의 길이가 18 cm, 세로의 길이가 12 cm, 높이가 8 cm인 직육면체 모양의 벽돌이 있다. 이것을 쌓아서 가장 작은 정육면체를 만들려고 한다. 벽돌은 모두 몇 장이 필요한가?

21 몫과 나머지에 관한 공배수 문제

정답과 해설 14쪽

(1) 어떤 수를 3으로 나눈 나머지는 1
　　　　 4로 나눈 나머지는 1
　　　　 5로 나눈 나머지는 1
→ 어떤 수는 3, 4, 5의 공배수에 1을 더한다.

(2) 어떤 수를 4로 나눈 나머지는 3
　　　　 5로 나눈 나머지는 4
　　　　 6으로 나눈 나머지는 5
→ 어떤 수는 4, 5, 6의 공배수에 1을 뺀다.

예제 1 몫과 나머지에 관한 공배수 문제

자연수 3, 4, 5의 어느 수로 나누어도 항상 나머지가 1이 되는 두 자리의 자연수를 구하시오.

유제 1-1 어떤 자연수를 6으로 나누면 5가 남고, 9로 나누면 8이 남는다고 한다. 이러한 자연수 중에서 가장 작은 수를 구하시오.

유제 1-2 세 자연수 4, 5, 6 중 어느 것으로 나누어도 3이 남는 자연수 중에서 가장작은 수를 구하시오.

유제 1-3 4로 나누면 2가 남고 5로 나누면 3이 남고 6으로 나누면 4가 남는 세자리 자연수 중에서 가장 작은 수를 구하시오.

개념편　83

22 몫과 나머지에 관한 공약수 문제

정답과 해설 14쪽

(1) 어떤 수로 100을 나누면 4가 남는다 → 100에서 4를 빼면 어떤 수로 나누어 떨어진다.
(2) 어떤 수로 100을 나누면 5가 부족하다 → 100에다 5를 더하면 어떤 수로 나누어 떨어진다.

예제 1 몫과 나머지에 관한 공약수 문제

어떤 자연수로 22를 나누면 1이 남고, 52를 나누면 3이 남는다고 한다. 이러한 수 중에서 가장 큰 수를 구하시오.

유제 1-1 어떤 수로 49, 67, 85를 나누면 나머지가 모두 1이라고 한다. 이러한 수 중 가장 큰 수를 구하시오.

유제 1-2 세 수 47, 61, 74를 어떤 자연수로 나누었더니 나머지가 각각 7, 5, 2였다. 어떤 자연수를 구하시오.

유제 1-3 어떤 수로 59를 나누면 3이 남고 65를 나누면 1이 남는다고 한다. 이러한 수 중에서 가장 큰 수를 구하시오.

STEP 1 개념 다지기

01 어떤 자연수로 172를 나누면 4가 남고, 118을 나누면 6이 남는다고 한다. 이때, 어떤 자연수가 될 수 있는 것은?

① 8   ② 10   ③ 12   ④ 16   ⑤ 18

02 1보다 큰 자연수 중에서 3, 4, 5의 어느 수로 나누어도 1이 남는 가장 작은 세 자리 자연수를 구하시오.

03 어떤 자연수로 99를 나누면 3이 남고, 86을 나누면 2가 남는다. 이러한 수 중에서 가장 큰 수를 구하시오.

04 세 자연수 8, 12, 16 중 어느 것으로 나누어도 나머지가 5인 세 자리의 자연수 중 가장 작은 수를 구하시오.

05 사과 21개, 배 38개, 감 56개를 가능한 많은 학생들에게 똑같이 나누어 주려고 하였더니 사과는 3개 부족하고, 배는 2개가 남고, 감은 4개가 부족하였다. 이때, 학생 수를 구하시오.

STEP 2 소단원 종합 학습(1)

01 48을 소인수분해하면?

① 3×4^2 ② 6×2^3 ③ $2^4 \times 3$
④ 16×3 ⑤ $2^3 \times 3^2$

02 다음 보기 중 소수는 몇 개인가?

> 1, 3, 8, 11, 19, 21, 23,
> 31, 41, 45, 51, 57, 63

① 5개 ② 6개 ③ 7개
④ 8개 ⑤ 9개

03 다음 중 옳은 것은?

① 2는 짝수이나 소수는 아니다.
② 소수는 모두 홀수이다.
③ 합성수는 약수가 3개 이상인 수이다.
④ 자연수는 소수와 합성수로 이루어져 있다.
⑤ 2는 소수도 합성수도 아니다.

04 다음 중 540의 소인수를 모두 구한 것은?

① 2, 3, 5 ② $2^2, 3^2, 5$
③ 1, 2, 3, 5 ④ $1, 2^2, 3^2, 5$
⑤ 1, 3, 5

05 144의 약수의 개수를 구하면?

① 12 ② 15 ③ 18
④ 20 ⑤ 24

06 두 수 $\dfrac{54}{N}$ 와 $\dfrac{63}{N}$ 을 동시에 자연수로 만드는 자연수 N의 값들의 합은?

① 13 ② 12 ③ 10
④ 9 ⑤ 8

STEP 2 소단원 종합 학습(1)

07 다음 중 서로소인 것은?
① 6과 15   ② 10과 21   ③ 2와 4
④ 4와 18   ⑤ 21과 70

08 $A = 2^2 \times 3^3 \times 11$, $B = 2^3 \times 3 \times 7$일 때, A와 B의 최소공배수는?
① 2×3
② $2^3 \times 3^3 \times 11 \times 7$
③ $2 \times 3 \times 11 \times 7$
④ $2^2 \times 3^3 \times 11 \times 7$
⑤ $2^3 \times 3^3$

09 어떤 두 자리의 자연수에 4를 더하면 4, 5, 6의 공배수가 된다고 하자. 이 두 자리의 수는?
① 20   ② 24   ③ 56
④ 64   ⑤ 68

10 100을 어떤수 x로 나누면 2가 남고 50을 x로 나누면 1이 남는다고 한다. 이때, 가장 큰 x에 대해 잘못 말한 것은?
① x의 약수는 3개이다.
② x는 제곱수이다.
③ x는 소수이다.
④ x는 3의 배수가 아니다.
⑤ x는 홀수이다.

11 1보다 큰 자연수 중에서 4로 나누어도, 6으로 나누어도 8로 나누어도 나머지가 1이 되는 가장 작은 자연수를 구하면?
① 13   ② 25   ③ 49
④ 73   ⑤ 41

12 $3 \times a$, $4 \times a$, $5 \times a$의 최소공배수가 180일 때, 이들의 최대공약수를 구하면?
① 3   ② 4   ③ 5
④ 6   ⑤ 7

13 다음 중 옳은 것은?

① 공약수가 없는 두 자연수는 서로소이다.
② 두 개 이상의 자연수의 공약수 중 최소인 수를 그들 수의 최대공약수라고 한다.
③ 두 자연수 a, b의 공약수는 a, b의 최대공약수의 약수이다.
④ 두 자연수 a, b가 서로소이면 그들 수의 최대공약수는 $a \times b$이다.
⑤ 두 자연수 a, b가 서로소이면 $a \times b$는 홀수다.

14 세 모서리의 길이가 25 cm, 15 cm, 10 cm인 직육면체 모양의 블록이 있다. 블록을 되도록 적게 쌓아 정육면체의 모양을 만들려고 할 때, 필요한 블록의 개수는?

① 600개   ② 900개   ③ 1200개
④ 1500개   ⑤ 1800개

15 두 수 $A = 2^3 \times 3 \times 5$, $B = 2^2 \times 3^2$일 때 A, B의 최소공배수는?

① $2^2 \times 3$ ② $2^2 \times 3 \times 5$ ③ $2^3 \times 5$
④ $2^3 \times 3^2 \times 5$ ⑤ $2^5 \times 3 \times 5$

16 다음 중 최소공배수가 가장 작은 것은?

① 100, 120   ② $2^2 \times 3 \times 7$, 2×3^2
③ 2^2, 2×3^2, $3^2 \times 5$ ④ 18, 24, 60
⑤ 2×3, 3×5, 5^3

17 세 수 40, 48, 60의 최대공약수를 a, 최소공배수를 b라 할 때, $\dfrac{b}{a}$의 값은?

① 60   ② 120   ③ 240
④ 48   ⑤ 32

18 세 수 $4 \times a$, $6 \times a$, $10 \times a$의 최소공배수가 420일 때, 이들 세 수의 최대공약수는?

① 14   ② 16   ③ 18
④ 20   ⑤ 22

19 가로, 세로의 길이와 높이가 각각 12 cm, 20 cm, 6 cm인 직육면체 나무토막이 있다. 이것을 빈틈없이 쌓아서 가능한 한 작은 정육면체를 만들려고 한다. 만들어지는 정육면체의 한 변의 길이는 얼마인가?

① 36 cm   ② 48 cm   ③ 60 cm
④ 64 cm   ⑤ 120 cm

20 가로의 길이가 72, 세로의 길이가 90인 직사각형 모양의 벽에 될 수 있는 대로 큰 정사각형 모양의 타일을 붙이려면 몇 장의 타일이 필요한가?

① 6장   ② 18장   ③ 20장
④ 72장   ⑤ 360장

서술형

21 두 자연수 a, b에 대하여 a를 b로 나누었을 때, 몫이 18이고, 나머지가 28이었다. a를 9로 나누었을 경우 나머지를 구하시오.

22 $\dfrac{10}{21}$과 $\dfrac{5}{14}$의 어느 쪽에 곱하더라도 자연수가 되는 수 중 가장 작은 분수는 $\dfrac{b}{a}$이다. 이 때, $a+b$를 구하시오.

23 500 이하의 자연수 중 18로 나누어도, 24로 나누어도 5가 남는 가장 큰 정수를 구하시오.

24 사과 46개와 귤 59개를 몇 명의 학생들에게 똑같이 나누어 주려고 할 때, 사과는 2개, 귤은 5개가 부족하다고 한다. 이 때 나누어 줄 수 있는 최대 학생수를 구하시오.

STEP 2 소단원 종합 학습(2)

정답과 해설 15쪽

01 자연수 a를 자연수 b로 나눌 때의 몫이 7이고, 나머지가 5이었다. 이 때, $a+2$는 항상 어떤 수의 배수가 되는가?

① 2의 배수 ② 3의 배수
③ 5의 배수 ④ 7의 배수
⑤ 9의 배수

02 다음 중 소인수분해 했을 때, 소인수가 다른 수는?

① 36 ② 48 ③ 90
④ 144 ⑤ 162

03 $\dfrac{114}{N}$가 자연수가 되게 하는 자연수 N의 개수를 구하면?

① 6 ② 8 ③ 10
④ 15 ⑤ 18

04 A버스 회사는 12분마다, B버스 회사는 20분마다, C버스 회사는 24분마다 출발하는 두 버스 회사에서 8시에 동시에 출발한 후 다시 동시에 출발한 시각은?

① 8시 36분 ② 9시
③ 10시 ④ 10시 20분
⑤ 10시 40분

05 최대공약수가 8이고, 두 수의 곱이 560이라고 할 때, 이 두수의 최소공배수는?

① 35 ② 64 ③ 70
④ 140 ⑤ 380

06 $n = 2 \times P^2$이고, P는 2가 아닌 소수일 때, n의 약수를 모두 구한 것은?

① $1, P, P^2$

② $1, 2, P, P^2$

③ $1, 2, P, 2P, 2P^2$

④ $1, 2, P, 2P, P^2$

⑤ $1, 2, P, 2P, P^2, 2P^2$

07 $180 \times x = y^2$를 만족하는 자연수 x, y 중에서 가장 작은 수를 각각 m, n이라고 할 때, $m+n$의 값을 구하면?

① 25　　② 30　　③ 35
④ 40　　⑤ 45

08 128, 155 중 어느 것을 나누어도 나머지가 2가 남게 되는 수 중에서 가장 큰 수는?

① 3　　② 4　　③ 6
④ 9　　⑤ 13

09 4에서 6까지의 어떤 자연수로 나누어도 항상 나머지가 1인 세 자리의 자연수 중 가장 작은 것은?

① 119　　② 121　　③ 132
④ 142　　⑤ 181

10 두 분수 $\frac{8}{5}, \frac{12}{7}$ 어떤 수를 곱하여야 결과가 가장 작은 자연수가 되는가?

① $\frac{35}{4}$　　② $\frac{35}{12}$　　③ $\frac{8}{35}$
④ $\frac{24}{7}$　　⑤ $\frac{35}{24}$

11 세 자연수 36, N, 90의 최대공약수가 18이고 최소공배수가 540일 때, N을 구하면?

① 18　　② 25　　③ 36
④ 54　　⑤ 72

12 어떤 수로 15를 나누면 3이 남고, 41을 나누면 5가 남고, 60을 나누면 나누어 떨어지게 하는 수 중에서 가장 큰 수는?

① 6　　② 8　　③ 10
④ 12　　⑤ 15

13 가로 15 cm, 세로 12cm, 높이 9cm 인 벽돌을 쌓아 가장 작은 정육면체를 만들려고 한다. 이 때, 필요한 벽돌의 개수는 ☐개다. ☐ 안에 알맞은 수는?

① 3200 ② 3400 ③ 3600
④ 3800 ⑤ 4200

14 아래 그림과 같이 'ㄱ'자 형태로 세 그루의 나무가 심어져 있다. 이들 사이에 같은 간격으로 나무를 심되 되도록 적게 심으려고 한다. 몇 그루의 나무가 필요한가?

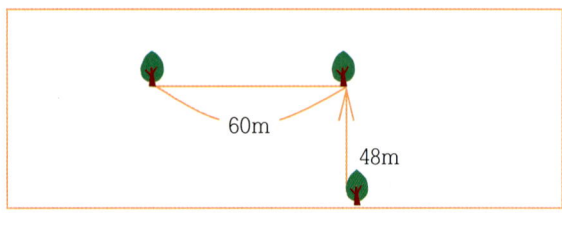

① 7그루 ② 8그루 ③ 9그루
④ 10그루 ⑤ 12그루

15 자연수 36과 N의 최대공약수가 12, 최소공배가 144일 때, 자연수 N은?

① 42 ② 48 ③ 54
④ 60 ⑤ 72

16 두 수 $2^2 \times 5, 2 \times 3^2 \times 5$의 최대공약수와 최소공배수의 합은?

① 40 ② 70 ③ 100
④ 150 ⑤ 190

17 가로 135 cm, 세로 90cm인 직사각형 모양의 벽이 있다. 이 벽에 남는 부분이 없도록 큰 정사각형 모양의 타일을 붙이려고 한다. 가장 큰 정사각형 모양의 타일은 한 변의 길이가 얼마인가?

① 3 cm ② 5 cm ③ 9 cm
④ 15 cm ⑤ 45 cm

18 서로 맞물려 도는 톱니바퀴 A, B가 있다. 톱니의 수가 A는 54개, B는 72개일 때, 이 두 톱니바퀴가 한 번 맞물린 후 같은 톱니에서 다시 맞물리는 것은 B가 적어도 몇 바퀴 돈 후인가?

① 3바퀴 ② 4바퀴 ③ 5바퀴
④ 6바퀴 ⑤ 7바퀴

19 세 수 60, 106, 138을 어떤 수로 나누었더니 나머지가 각각 4, 8, 12라고 한다. 이러한 x의 값 중에서 가장 큰 값을 구하면?

① 28　　② 21　　③ 14
④ 12　　⑤ 7

20 자전거로 운동장을 한 바퀴 도는데 예원이는 45초, 재원이는 60초가 걸린다. 이와 같은 속력으로 이 두 사람이 같은 곳에서 동시에 출발하여 같은 방향으로 운동장을 돌 때, 예원이는 몇 바퀴를 돈 후에 출발한 점에서 다시 재원이와 만나는가?

① 3바퀴　　② 6바퀴　　③ 2바퀴
④ 4바퀴　　⑤ 5바퀴

21 매일 개관하는 도서실에서 4일마다 오는 사람과 6일마다 오는 사람이 일요일에 만났다. 이 두 사람이 또다시 일요일에 만나게 되는 것은 ☐ 일 후이다. ☐ 안에 알맞은 수를 써라.

22 사과 24개, 배 40개, 귤 119개를 몇 사람에게 똑같이 나누어주려고 하였더니, 사과는 4개가 부족하고, 배는 5개가 남고, 귤은 꼭 맞았다. 나누어 줄 사람은 모두 ☐ 명이다. ☐ 안에 알맞은 수를 써라.

23 두 자연수 a, b의 최대공약수를 $a ◎ b$, 최소공배수를 $a △ b$로 나타낼 때, $(26 ◎ 169) △ 91$의 값을 구하시오.

24 세 자연수 5, 6, 8 중 어느 것으로 나누어도 나머지가 2인 자연수 중에서 가장 작은 수를 구하시오.

23 지수 법칙(1)

(1) 거듭제곱

같은 수나 문자를 거듭하여 곱한 것

$\underbrace{a \times a \times a}_{3개} = a^3 \qquad \underbrace{5 \times 5 \times 5 \times 5}_{4개} = 5^4$

(2) 밑과 지수

거듭제곱에서 거듭하여 곱한 수나 문자가 밑이고, 곱한 횟수가 지수

$a^3 \;\substack{\rightarrow \text{지수(곱한 횟수)} \\ \rightarrow \text{밑}} \qquad 5^4 \;\substack{\rightarrow \text{지수(곱한 횟수)} \\ \rightarrow \text{밑}}$

(3) 거듭제곱끼리의 곱

$a \ne 0$이고, m, n이 자연수일 때

$a^m \times a^n = \underbrace{a \times a \times \cdots \times a}_{m개} \times \underbrace{a \times a \times \cdots \times a}_{n개} = a^{m+n}$

(4) 거듭제곱의 거듭제곱

$a \ne 0$이고, m, n이 자연수일 때

$(a^m)^n = \underbrace{a^m \times a^m \times \cdots \times a^m}_{n개} = a^{\overbrace{m+m+\cdots+m}^{n개}} = a^{mn}$

예 (3) $a^3 \times a^4$
$= \underbrace{a \times a \times a}_{3개}$
$\quad \times \underbrace{a \times a \times a \times a}_{4개}$
$= a^{3+4} = a^7$

예 (4) $(a^3)^4$
$= \underbrace{a^3 \times a^3 \times a^3 \times a^3}_{4개}$
$= a^{3+3+3+3}$
$= a^{3 \times 4}$
$= a^{12}$

💡 지수법칙

m, n이 자연수일 때,

$a^m \times a^n = a^{m+n}$

(증명)

$a^m \times a^n$
$= \underbrace{(a \times \cdots \times a)}_{m개} \times \underbrace{(a \times \cdots \times a)}_{n개}$
$\qquad \underbrace{}_{(m+n)개}$
$= a^{m+n}$

$\underbrace{a^3 \times a^4}_{\text{합}} = a^{3+4} = a^7$

예제 1 거듭제곱끼리의 곱

다음 식을 간단히 하여라.

(1) $x^2 \times x^4$ (2) $x \times x^7$

(3) $a \times a^2 \times a^3$ (4) $x^2 \times y^2 \times x^4 \times y$

유제 1 다음 식을 간단히 하여라.

(1) $a^2 \times b^5 \times b^3 \times a^4$

(2) $a \times a^2 \times a^7 \times b \times b^4$

(3) $x^3 \times y^2 \times x^2 \times y \times x^5$

(4) $x^2 \times x^4 \times x^5 \times x \times y^3 \times y^2$

지수법칙

$(a^m)^n$
$= \overbrace{a^m \times a^m \times \cdots \times a^m}^{n개}$
$= \overbrace{a^{m+m+\cdots+m}}^{n개}$
$= a^{mn}$ ← 곱

예제 2 거듭제곱의 거듭제곱

다음 식을 간단히 하여라.

(1) $(x^5)^3$
(2) $(y^2)^7$
(3) $(a^5)^5$
(4) $(a^2)^7 \times (x^2)^4$

유제 2 다음 식을 간단히 하여라.

(1) $(x^2)^2 \times (y^2)^3$
(2) $(a^4)^3 \times (b^2)^2$
(3) $(a^3)^6 \times (b^6)^2$
(4) $(a^3)^3 \times (y^2)^4$

지수법칙

밑이 같으면 지수법칙
$a^m \times a^n = a^{m+n}$을 이용하고,
밑이 다르면 곱셈기호만 생략한다.

(1) 밑이 같은 경우
$(a^2)^3 \times (a^3)^4$
$= a^6 \times a^{12}$
$= a^{6+12}$
$= a^{18}$

(2) 밑이 다른 경우
$(a^2)^3 \times (b^3)^4$
$= a^6 \times b^{12}$
$= a^6 b^{12}$

예제 3 지수법칙의 응용

다음 식을 간단히 하여라.

(1) $(a^3)^2 \times (a^5)^3$
(2) $(x^3)^4 \times (x^2)^5$
(3) $(x^3)^4 \times x^6 \times (x^2)^2$
(4) $(a^5)^2 \times (a^3)^3 \times (a^3)^5$

유제 3 다음 식을 간단히 하여라.

(1) $(a^3)^3 \times (y^2)^4 \times y^4$
(2) $(a^3)^3 \times (a^5)^2 \times (x^4)^4$
(3) $(x^2)^5 \times y \times (y^2)^3$
(4) $(a^4)^2 \times (a^2)^2 \times (a^2)^4 \times (x^3)^3 \times x$

24 지수 법칙(2)

(1) 거듭제곱끼리의 나눗셈

$a \neq 0$ 이고, m, n 이 자연수일 때,

① $m > n$ 이면, $a^m \div a^n = a^{m-n}$

지수의 차
$a^5 \div a^2 = a^{5-2}$

② $m = n$ 이면, $a^m \div a^n = 1$

③ $m < n$ 이면, $a^m \div a^n = \dfrac{1}{a^{n-m}}$

지수의 차
$a^2 \div a^5 = \dfrac{1}{a^{5-2}}$

예) $a^5 \div a^3$
$= \dfrac{a \times a \times a \times a \times a}{a \times a \times a}$
$= a^{5-3}$

예) $a^4 \div a^4$
$= \dfrac{a \times a \times a \times a}{a \times a \times a \times a} = 1$

예) $a^3 \div a^5$
$= \dfrac{a \times a \times a}{a \times a \times a \times a \times a}$
$= \dfrac{1}{a^2} = \dfrac{1}{a^{5-3}}$

지수법칙

m, n 이 자연수이고 $a \neq 0$ 일 때

$a^m \div a^n = \begin{cases} a^{m-n} & (m > n) \\ 1 & (m = n) \\ \dfrac{1}{a^{n-m}} & (m < n) \end{cases}$

나눗셈이 연속해 있는 경우는 왼쪽부터 차례로 계산한다.

예제 1 거듭제곱끼리의 나눗셈

다음 식을 간단히 하여라.

(1) $a^7 \div a^3$ (2) $b^5 \div b^5$
(3) $x^3 \div x^5$ (4) $x^9 \div x \div x^8$
(5) $a^6 \div a$ (6) $x^{12} \div x^3 \div x^2$

유제 1 다음 식을 간단히 하여라.

(1) $a^{10} \div a^4 \div a^3$ (2) $x^5 \div x^2 \div x^8$
(3) $(a^3)^4 \div a^2$ (4) $a^3 \div (a^2)^5$

예제 2 지수법칙의 응용

다음 식을 간단히 하여라.

(1) $(x^8)^3 \div (x^5)^2$ (2) $(a^4)^2 \div (a^2)^2 \div (a^2)^5$
(3) $(x^3 \times x^2) \div x^2$ (4) $(a^3)^4 \div (a^4)^3 \div a$

유제 2 다음 식을 간단히 하여라.

(1) $(a^6)^4 \div (a^2)^4$ (2) $(x^3)^3 \div x^3 \div (x^2)^3$
(3) $(a^4 \times a^3)^2 \div a^4$ (4) $(x^4 \times x^2)^3 \div (x^3 \times x^2)^2$

25 지수법칙의 확장

이고 n이 자연수일 때

(1) $a \neq 0$, $b \neq 0$ $(ab)^n = \underbrace{ab \times ab \times \cdots \times ab}_{n\text{개}} = \underbrace{a \times a \times \cdots \times a}_{n\text{개}} \times \underbrace{b \times b \times \cdots \times b}_{n\text{개}} = a^n b^n$

(2) $\left(\dfrac{a}{b}\right)^n = \underbrace{\dfrac{a}{b} \times \dfrac{a}{b} \times \cdots \times \dfrac{a}{b}}_{n\text{개}} = \dfrac{\overbrace{a \times a \times \cdots \times a}^{n\text{개}}}{\underbrace{b \times b \times \cdots \times b}_{n\text{개}}} = \dfrac{a^n}{b^n}$

예 $(ab)^4 = ab \times ab \times ab \times ab = a \times a \times a \times a \times b \times b \times b \times b = a^4 b^4$

예 $\left(\dfrac{a}{b}\right)^5 = \dfrac{a}{b} \times \dfrac{a}{b} \times \dfrac{a}{b} \times \dfrac{a}{b} \times \dfrac{a}{b} = \dfrac{a \times a \times a \times a \times a}{b \times b \times b \times b \times b} = \dfrac{a^5}{b^5}$

💡 $(ab)^n = \underbrace{ab \times ab \times \cdots \times ab}_{n\text{개}}$
$= \underbrace{a \times a \times \cdots \times a}_{n\text{개}}$
$\times \underbrace{b \times b \times \cdots \times b}_{n\text{개}}$
$= a^n b^n$

💡 $(ab)^5 = a^5 b^5$
$(a^2 b^3)^5 = a^{10} b^{15}$

예제 1 곱으로 된 문자나 수의 거듭제곱

다음 식을 간단히 하여라.

(1) $(ab)^2$ (2) $(x^2 y^4)^3$
(3) $(ab^3 c^2)^3$ (4) $(-3x^3 y^4)^2$

유제 1 다음 식을 간단히 하여라.

(1) $(xy^2)^2 \times x^2 y^2$
(2) $(a^3 b^2)^2 \times (a^2 b)^2$
(3) $(xy^2 z^2)^3 \times (x^2 yz^4)^2$
(4) $(a^2 bc)^3 \times (a^3 b^2 c)^4 \times (abc^2)^3$

💡 $\left(\dfrac{a}{b}\right)^n = \underbrace{\dfrac{a}{b} \times \cdots \times \dfrac{a}{b}}_{n\text{개}}$
$= \dfrac{\overbrace{a \times \cdots \times a}^{n\text{개}}}{\underbrace{b \times \cdots \times b}_{n\text{개}}} = \dfrac{a^n}{b^n}$

예제 2 몫으로 된 문자나 수의 거듭제곱

다음 식을 간단히 하여라.

(1) $\left(\dfrac{a}{b}\right)^2$ (2) $\left(\dfrac{y^2}{x}\right)^5$
(3) $\left(\dfrac{x^2 y^2}{z}\right)^2$ (4) $\left(\dfrac{x^2 y^4}{z^2}\right)^2$

유제 2 다음 식을 간단히 하여라.

(1) $\dfrac{(x^4 y)^3}{(x^2 y^2)^3}$ (2) $(xy^3)^2 \div (xy)^2$
(3) $(a^5 b)^2 \div (a^3 b^4)^2$ (4) $\{(x^2 y)^3 \div (xy^3)^3\}^2$

STEP 1 개념 다지기

01 다음 식을 간단히 하여라.

(1) $a \times a^2 \times a^3$

(2) $a^3 \times b \times a \times b^4$

(3) $(a^3)^4$

(4) $(x^2)^4 \times (-x)^4$

(5) $a^8 \div a^4 \div a$

(6) $a^9 \div a^6 \div a^3$

(7) $x^3 \div x^6 \times x^2$

(8) $a \div a^2 \div a^2$

(9) $(x^2y)^3 \times (xy^2)^2$

(10) $(x^2y^3)^2 \div \left(\dfrac{y}{x^2}\right)^3$

02 다음 □ 안에 알맞은 수를 써 넣어라.

(1) $a^4 \times a^{\Box} \times a^2 = a^{12}$

(2) $x^{\Box} \div x^4 \div x^4 = x^4$

(3) $(x^4 \times x^2)^3 \div x^{\Box} = x^6$

(4) $-24xy^2 \div \Box \times 3xy = -6x^2y$

(5) $28x^5y^3 \div \Box = (-2xy^2)^2$

(6) $\left(\dfrac{-2y}{x^{\Box}y^3}\right)^3 = \dfrac{\Box y^6}{x^6y^{\Box}}$

03 다음 중 □ 안에 들어갈 수가 <u>다른</u> 것은?

① $a \times a^3 = a^{\Box}$

② $a^2 \div a^6 = \dfrac{1}{a^{\Box}}$

③ $64 \div 2^{\Box} = 4$

④ $(3a^{\Box})^3 = 27a^{12}$

⑤ $9^2 \times 3^{\Box} = 3^6$

04 $2^n = A$일 때, 다음 중 잘못 나타낸 것은?

① $2^n \times 2^{n+2} = 4A^2$

② $2^{n+3} \div 2^n = 8$

③ $2^n + 2^{n+2} = 5A$

④ $6^n = 3A$

⑤ $16^n = A^4$

05 다음 □ 안에 알맞은 식을 구하여라.

$$(x^2y)^6 \div \Box^2 \times (3xy^3)^3 = \dfrac{27}{4}x^9y^{13}$$

26 지수법칙의 활용

정답과 해설 17쪽

메모리 단위표

단위	기호	크기 (바이트)	비고
바이트	B	1	컴퓨터에서 정보를 표현하는 기본 단위
킬로바이트	KB	2^{10}	
메가바이트	MB	2^{20}	
기가바이트	GB	2^{30}	
테라바이트	TB	2^{40}	
페타바이트	PB	2^{50}	

예제 1

아래 표는 정보를 저장하는 단위에 대한 저장용량의 크기를 나타내는 표이다.
용량이 2TB인 메모리 카드에 용량이 1024MB인 동영상을 최대 몇 편까지 저장할 수 있을까?

단위	용량
KB(킬로 바이트)	2^{10} Byte
MB(메가 바이트)	2^{20} Byte
GB(기가 바이트)	2^{30} Byte
TB(테라 바이트)	2^{40} Byte

① 2^8편   ② 2^9편   ③ 2^{10}편   ④ 2^{11}편   ⑤ 2^{12}편

유제 1

아래 표는 정보를 저장하는 단위에 대한 저장용량의 크기를 나타내는 표이다.
용량이 2TB인 메모리 카드에 용량이 512MB인 전공서적을 최대 몇 권까지 저장할 수 있는가?

단위	용량
KB(킬로 바이트)	2^{10} Byte
MB(메가 바이트)	2^{20} Byte
GB(기가 바이트)	2^{30} Byte
TB(테라 바이트)	2^{40} Byte

① 2^{11}권   ② 2^{12}권   ③ 2^{13}권   ④ 2^{14}권   ⑤ 2^{15}권

예제 2

아래 표는 정보를 저장하는 단위에 대한 저장용량의 크기를 나타내는 표이다. 용량이 4TB인 메모리 카드에 용량이 16GB인 고화질 용량의 영화를 최대 몇 편까지 저장할 수 있을까?

단위	용량
KB(킬로 바이트)	2^{10} Byte
MB(메가 바이트)	2^{20} Byte
GB(기가 바이트)	2^{30} Byte
TB(테라 바이트)	2^{40} Byte

① 256편　② 512편　③ 1024편　④ 2048편　⑤ 4096편

예제 3

$9^3 + 9^3 + 9^3 = 3^a$, $5^2 \times 5^2 \times 5^2 = 5^b$, $\left(\left((11)^2\right)^3\right)^4 = 11^c$일 때, $a+b+c$의 값은?

① 27　② 28　③ 33　④ 37　⑤ 39

유제 3-1

$4^5 + 4^5 + 4^5 + 4^5 = 2^a$, $3^3 \times 3^3 \times 3^3 = 3^b$, $\left(\left(5^2\right)^3\right)^4 = 5^c$일 때, $a+b+c$의 값은?

① 36　② 40　③ 42　④ 45　⑤ 48

유제 3-2

$16^3 + 16^3 = 2^a$, $3^3 \times 3^4 \times 3^5 = 3^b$, $\left(\left(5^2\right)^2\right)^2 = 5^c$일 때, $a+b+c$의 값은?

① 31　② 32　③ 33　④ 34　⑤ 35

27 단항식의 곱셈

단항식의 곱셈은 다음과 같은 방법으로 계산한다.
(1) 계수는 계수끼리, 문자는 문자끼리 곱한다.
　① 부호결정 → ② 계수끼리의 곱 → ③ 문자끼리의 곱
(2) 같은 문자끼리의 곱셈은 지수법칙을 사용하여 간단히 한다.

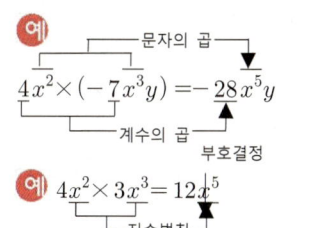

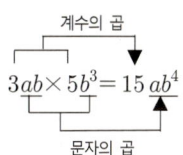

예제 1 단항식의 곱셈

다음 식을 간단히 하여라.
(1) $-5x^2 \times 2x^3$
(2) $3y^4 \times (-9y^3)$
(3) $(-4x^5) \times (-2x^5)$
(4) $\dfrac{2}{3}a^4 \times \dfrac{9}{8}a^2$

유제 1 다음 식을 간단히 하여라.
(1) $7a^2 \times (-8a^4)$
(2) $6x^3 \times (-7x^3) \times 2x$
(3) $x^2 \times 4x^3 \times (-2x^3)$
(4) $(-y^4) \times (-2y^2) \times (-3y^3)$

예제 2 단항식의 곱셈

다음 식을 간단히 하여라.
(1) $(5x)^2 \times (2x^2)^3$
(2) $(-2x)^3 \times (2x^2)^2$
(3) $(-x^4)^2 \times (-3x^3)^3$
(4) $3y^4 \times (-3y^2)^2$

유제 2 다음 식을 간단히 하여라.
(1) $(-x^4)^2 \times (-2x^3)^2 \times (-4x^5)$
(2) $(-2a^3)^2 \times (-3a^2)^2 \times (-a^4)^2$
(3) $(2a^2)^2 \times 4a^3 \times (-a)^3$
(4) $(-3a^2)^3 \times (-2a^2)^2 \times (-a^2)^3$

- $A \div B \times \square = C$
➡ $\square = C \div A \times B = \dfrac{BC}{A}$

- $A \div \square \times B = C$
➡ $\square = A \div C \times B = \dfrac{AB}{C}$

예제 3 단항식의 곱셈

다음 식을 간단히 하여라.

(1) $(-5a^2bc) \times (-4a^3bc^2)$

(2) $(-7ax^2) \times (-3ax^3)$

(3) $-2a^2b^3 \times 5ab^4$

(4) $36a^2b^2 \times (-2a^5b^3)^2$

유제 3-1 다음 식을 간단히 하여라.

(1) $-2a^2b^3 \times 5ab^4$

(2) $3a^2b \times (-2a^5b^3)^3$

(3) $a^3b^8 \times (-2a^3b^2)^3 \times (2ab)^2$

(4) $(-5a^2bc) \times (-2a^3bc^2)^3 \times (-2abc^5)$

유제 3-2 다음 식을 간단히 하여라.

(1) $(x^2y)^2 \times \left(-\dfrac{2y}{x}\right)^3$

(2) $(ab^2)^2 \times \left(\dfrac{a^2}{b^3}\right)^4 \times \left(\dfrac{b^4}{a^5}\right)^2$

(3) $-3x^2 \times \left(-\dfrac{3}{2}y\right)^2 \times \dfrac{4}{3}xy^2$

(4) $\left(-\dfrac{1}{2}a^2b\right)^2 \times \left(\dfrac{2a}{b^2}\right)^2 \times \left(-\dfrac{2b^3}{a^2}\right)^3$

28 단항식의 나눗셈

단항식의 나눗셈은 다음 두 가지 방법 중 편리한 방법으로 계산한다.
(1) 나누는 식의 역수를 곱하여 계산한다.
$$A \div B = A \times \frac{1}{B} = \frac{A}{B}$$

(2) 분수꼴로 고친 후 계산한다.

예 $9x \div (-3xy) = 9x \times \dfrac{1}{-3xy}$ (곱셈으로 바꾼다) $= -\dfrac{3}{y}$

예 $9x \div (-3xy) = \dfrac{9x}{-3xy} = -\dfrac{3}{y}$ (분수식으로 바꾼다)

💡 단항식의 나눗셈은 분수의 꼴로 고친 다음 계수는 계수끼리 문자는 같은 문자끼리 나누어 계산한다.

예제 1 단항식의 나눗셈

다음 식을 간단히 하여라.
(1) $-72a^6 \div 9a^2$
(2) $15a^5 \div 5a^2$
(3) $-36x^7 \div 4x^4$
(4) $-16y^3 \div (-64y^5)$

유제 1 다음 식을 간단히 하여라.
(1) $12x^2 \div (-2x)$
(2) $4x^9 \div (-2x^3)$
(3) $8x^8 \div (-2x^3) \div (-4x^3)$
(4) $-12y^8 \div 2y^2 \div (-3y)$

💡 지수법칙을 이용하여 먼저 괄호를 풀고, 나눗셈을 역수의 곱셈으로 고친다.

예제 2 단항식의 나눗셈

다음 식을 간단히 하여라.
(1) $(2x^3)^4 \div (-2x^3)^2$
(2) $(2x^4)^3 \div (4x^3)^2$
(3) $18a^3 \div \left(\dfrac{1}{3}a\right)^2$
(4) $-45a^3 \div (-3a^2)^2$

지수법칙의 응용

$(abc)^n = a^n b^n c^n$

① $\left(\dfrac{bc}{a}\right)^n = \dfrac{b^n c^n}{a^n}$

② $(a^m b^n)^l = (a^m)^l (a^n)^l = a^{ml} a^{nl}$

③ $\left(\dfrac{b^n}{a^m}\right)^l = \dfrac{(b^n)^l}{(a^m)^l} = \dfrac{b^{nl}}{a^{ml}}$

유제 2 다음 식을 간단히 하여라.

(1) $(6x^3)^2 \div (-2x)^2$

(2) $(2a^2)^4 \div (-2x^3)^2$

(3) $(-2x^2)^3 \div (-12x^6) \div \dfrac{3}{2}x$

(4) $(4x^3)^3 \div (-2x^3)^2 \div (-x)^3$

예제 3 단항식의 나눗셈

다음 식을 간단히 하여라.

(1) $(3x^3 y)^4 \div (-3x^3 y^2)^3$

(2) $(2x^2 y^3)^3 \div (-xy^2)^2$

(3) $(2x^4 y^2)^3 \div (4x^3 y)^2$

(4) $(-2x^2 y^5)^2 \div (-2x^4 y)^3$

유제 3 다음 식을 간단히 하여라.

(1) $(-2x^2 y^2 z)^3 \div (x^2 y z^3)^2$

(2) $(-2x^2 y^4)^3 \div \left(-\dfrac{1}{2} x^3 y^5\right)^2$

(3) $-32a^3 b^6 \div (-2b)^2 \div 8a^2 b^2$

(4) $\left(-\dfrac{3}{2} a^3 b^2\right)^2 \div \left(-\dfrac{1}{2} ab^2\right)^3$

29 단항식의 곱셈과 나눗셈의 혼합계산

단항식의 곱셈과 나눗셈이 혼합된 식은 다음과 같은 순서로 계산한다.
(1) 괄호가 있으면 지수법칙을 이용하여 괄호를 푼다.
(2) 나눗셈은 곱셈으로 바꾼다.
(3) 부호를 결정지은 후에 계수는 계수끼리, 문자는 문자끼리 계산한다.

예 $(-2x)^2 \times 6x^2 \div (-2x)^3$
$= 4x^2 \times 6x^2 \div (-8x^3)$
$= 4x^2 \times 6x^2 \times \left(-\dfrac{1}{8x^3}\right) = -3x$

💡 **단항식의 곱셈과 나눗셈 혼합계산의 순서**
(1) 괄호가 있으면 지수법칙을 써서 괄호를 푼다.
(2) 나눗셈은 곱셈으로 고친다.
(3) 계수는 계수끼리 문자는 문자끼리 계산한다.

예제 1 단항식의 곱셈과 나눗셈

다음 식을 간단히 하여라.
(1) $a^2 \times (-a)^4 \div (-a^3)$
(2) $(-xy^2)^3 \div x^3 y^3 \times (-y^2)$
(3) $8ab^2 \div 4ab \times (-2a)^2$

유제 1 다음 식을 간단히 하여라.
(1) $\left(-\dfrac{2}{3}ab\right)^2 \times \dfrac{3}{4}a \div \left(-\dfrac{1}{2}b\right)^3$
(2) $\dfrac{1}{4}xy^2 \div (-xy)^2 \times (2x^2y^2)^2$
(3) $\dfrac{1}{6}ab^2 \times \left(-\dfrac{2}{3}a^2b\right)^2 \div \left(-\dfrac{3}{4}a^5b^3\right)$

💡 등식의 양변에서 밑이 같은 문자의 지수끼리 비교한다.

예제 2 등식의 성질을 이용하기

다음 ☐ 안을 알맞게 채워라.
(1) $3x \times \square \times 2x = 24x^5$
(2) $-5a^4b^3 \times \square \div 25a^6b^2 = -ab^2$
(3) $6ab^2 \div (-8ab) \times \square = 3a^2b$

유제 2 다음 ☐ 안을 알맞게 채워라.
(1) $-42x^3 \div \square = 7x$
(2) $x^{10} \div \square \div x^2 = x^2$
(3) $64ab^2 \div \square \times (-3ab^2) = 16ab$

STEP 1 개념 다지기

01 다음 식을 간단히 하여라.

(1) $(-2xy) \times (-3x^2y)$

(2) $(-2a^2)^3 \times (-3a^2)$

(3) $(-2x)^3 \times (-3y)^2 \times (-2x^3y^2)$

(4) $16x^3y^4 \div (-2xy^2)^2$

(5) $(-4ab^3)^2 \div \left(\dfrac{1}{2}ab\right)^2$

(6) $-32x^3y^5 \div \left(\dfrac{1}{2}x\right)^2 \div 4xy^2$

02 다음 □ 안에 알맞은 식을 구하여라.

(1) $4x^3 \times \square = -12x^8$

(2) $12x^2y^4 \div \square = -16xy^2$

(3) $-24xy^2 \div \square \times 3xy = -6x^2y$

(4) $x^3y^2 \times \square \div (-2x^4y^3) = x^2y$

03 $\left(-\dfrac{3}{4}xy^2z^2\right)^3 \times (8x^2yz)^2 \div (3xyz^2)^2 = Ax^By^Cz^D$일 때, $A+B+C+D$의 값은?

① 10 ② 12 ③ 14
④ 16 ⑤ 18

04 가로, 세로의 길이가 각각 $4a^2b$, $7ab^2$이고 부피가 $56a^3b^4$인 직육면체의 높이를 구하여라.

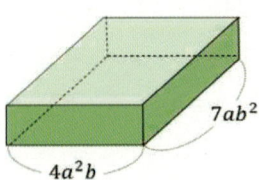

05 $(-ab^2)^3 \times (a^2b^2)^3 \div ab^2$을 간단히 하면?

① $-a^7b^{15}$ ② a^7b^{15} ③ $-a^8b^{10}$
④ a^8b^{10} ⑤ $-a^7b^8$

STEP 2 소단원 종합 학습

01 a와 b가 1이 아닌 양의 정수일 때, 다음 중 옳은 것은?

① $a^3 \times a^3 = a^9$ ② $a \times a \times a = 3a$
③ $a^{12} \div a^6 = a^2$ ④ $(a^4)^3 = a^{12}$
⑤ $(3b)^3 = 3b^3$

02 다음 중 옳은 것은?

① $(x^4)^4 = x^8$ ② $(2xy)^4 = 8x^4y^4$
③ $x^3 \times y^3 = (xy)^9$ ④ $\left(\dfrac{x^2}{2y}\right)^3 = \dfrac{x^6}{6y^3}$
⑤ $\left(\dfrac{x^2}{3y}\right)^3 = \dfrac{x^6}{27y^3}$

03 $a \times 3a^4 \times (-2a^3)^3$을 간단히 하면?

① $6a^{11}$ ② $-12a^{11}$ ③ $-24a^{11}$
④ $24a^{14}$ ⑤ $-24a^{14}$

04 $(-2x^2yz^2)^2 \div 8xy^3z \times xy^2$을 간단히 하면?

① $2xy^2z$ ② xy^2z^2 ③ $\dfrac{x^2yz^3}{2}$
④ $\dfrac{yz^3}{2}$ ⑤ $\dfrac{x^4yz^3}{2}$

05 다음 중 옳지 <u>않은</u> 것은?

① $5ab \times (-6a) = -30a^2b$
② $a^3b \times (-3ab^2)^2 = 9a^5b^3$
③ $18ab \div (-2b) = -9a$
④ $2a^5 \div (4a^2) \div (-a) = -\dfrac{1}{2}a^2$
⑤ $a^2b \div \left(\dfrac{a}{b}\right)^3 \div (ab^2)^2 = \dfrac{1}{a^3}$

06 $4^x \div 2^4 = 64$일 때, x의 값은?

① 2 ② 3 ③ 4
④ 5 ⑤ 6

07 $(a^2 \times a^6)^2 \div a^4 = a^\square$에서 $\square$의 값은?

① 4 ② 6 ③ 12
④ 18 ⑤ 20

08 $(a^2b^3)^2 \times \left(\dfrac{a^2}{b}\right)^3 \div a^4b$를 간단히 하면?

① a^2b^6 ② a^3b^6 ③ a^6b^2
④ a^6b^6 ⑤ a^2b^2

09 $(xy^2)^2 \div \{-(xy^3)^2\} \times (-x^2y)^3$을 간단히 하면?

① $\dfrac{y^4}{x^2}$ ② $\dfrac{y^4}{x^4}$ ③ $-\dfrac{y^4}{x^2}$
④ $-x^6y$ ⑤ x^6y

10 $3^x \div 3^5 \times 3^2 = 81$일 때, x의 값은?

① 6 ② 8 ③ 11
④ 40 ⑤ 7

11 $48^4 = (2^x \times 3)^4 = 2^y \times 3^z$에서 $x+y+z$의 값은?

① 24 ② 34 ③ 21
④ 40 ⑤ 12

12 $\left(\dfrac{x^2 y^B}{x^A y^3}\right)^5 = \dfrac{x^5}{y^{10}}$에서 A, B의 값은?

① $A=1$, $B=1$ ② $A=2$, $B=1$
③ $A=1$, $B=2$ ④ $A=2$, $B=2$
⑤ $A=1$, $B=3$

13 $(x^3)^5 \div (x^2)^\square = x^7$에서 □ 안에 알맞은 수를 구하면? (단, $x \neq 1, x > 0$)

① 1 ② 3 ③ 4
④ 6 ⑤ 5

14 $-12x^6 y^8 \div \square^2 = -3x^2 y^2$일 때, □ 안에 알맞은 식은?

① $-2xy^2$ ② $-2x^2 y^3$ ③ $2x^3 y^4$
④ $-4x^2 y^3$ ⑤ $4x^4 y^6$

15 다음 식의 [ ] 안에 알맞은 것은?

$$\left(-\dfrac{4}{3}a^2 bc\right)^3 \div [\ \ ] \times \left(-\dfrac{1}{2}ab^2\right) = \left(\dfrac{4}{3}ab^2 c^2\right)^2$$

① $\dfrac{4ac}{3a}$ ② $\dfrac{3a}{4bc}$ ③ $\dfrac{1}{a}$
④ $\dfrac{2a^5 b}{3c}$ ⑤ $\dfrac{3c}{2a^5 b}$

16 $(-1)^{100} \times (-3a^3 b^2) \times 4a^2 b^3 \div \square = 2a^2 b$일 때, □ 안에 알맞은 것은?

① $6a^2 b^4$ ② $-6a^3 b^4$ ③ $\dfrac{1}{6}a^3 b^4$
④ $-24a^2 b^3$ ⑤ $12a^3 b^3$

17 $(a^{2x} \times b^y \times b^x)^3 = a^{36} \times b^{24}$일 때, $x+y$의 값은?

① 8 ② 10 ③ 12
④ 14 ⑤ 2

18 다음 중 $\dfrac{1}{a}$과 같은 것은? (단, $a \neq 1$, $a > 0$)

① $a^5 \div \dfrac{1}{a^4}$ ② $a^5 \times \dfrac{1}{a^4}$ ③ $\dfrac{1}{a^5} \times a^4$
④ $\dfrac{1}{a^5} \div a^4$ ⑤ $\dfrac{1}{a} \div a$

19 $3^{10} = A$라 할 때, $\dfrac{1}{27^3}$과 같은 것은?

① A ② $-A$ ③ $3A$
④ $\dfrac{3}{A}$ ⑤ $\dfrac{A}{3}$

20 $8a^3b^8 \times (-2a^3b^2)^3 \div (2ab)^3$을 간단히 하면?

① $8a^9b^{11}$ ② $-8a^9b^{11}$ ③ $\dfrac{a^9b^{11}}{8}$
④ $-\dfrac{a^9b^{11}}{8}$ ⑤ $4a^9b^{11}$

서술형

21 $\{(-2a^2)^2\}^p = qa^8$일 때, $p+q$의 값을 구하여라. (단, p, q는 상수)

22 $\dfrac{1}{2}a^2bx \times \left(-\dfrac{2}{3}aby\right)^2 \div \left(\dfrac{4}{3bxy}\right)^2$을 간단히 하면, $\dfrac{1}{8}a^4b^{\square}x^3y^4$이다. $\square$안에 알맞은 수를 써라.

23 $2^{10} \fallingdotseq 1000$을 이용하여 4^{10}을 계산하여라.

24 $2 \times 3 \times 4 \times 5 \times 6 \times 7 \times 8 \times 9 \times 10 = 2^x \times 3^y \times 5^z \times 7^u$이다. 이 때, $x+y+z+u$의 값을 구하여라.

25 n이 홀수일 때, $a^n + (-a)^{n+1} - a^{n+1} + (-a)^n$을 간단히 하여라.

30 다항식의 곱셈

(1) 전개와 전개식
① 전개 : [단항식과 다항식] 또는 [다항식과 다항식]의 곱을 괄호를 풀어서 하나의 다항식으로 나타내는 것
② 전개식 : 다항식의 곱을 전개하여 얻은 식

$a(x+y+z)$ —전개→ $ax+ay+az$ (전개식)

(2) 다항식의 곱셈
① 곱셈의 기본공식 : 분배법칙을 이용

$$(a+b)(c+d) = ac + ad + bc + bd$$

② 전개식의 정리
⇒ 동류항이 있으면 <u>동류항을 모아서 간단히</u> 한다.
⇒ 어떤 한 문자에 관하여 <u>차수가 낮아지는 차례(내림차순)</u>로 정리한다.

- 항 : 수 또는 문자의 곱으로만 이루어진 식
- 차수 : 항에서 곱해져 있는 문자의 개수
- 계수 : 항에서 문자에 곱해진 수
- 동류항 : 문자와 차수가 같은 항

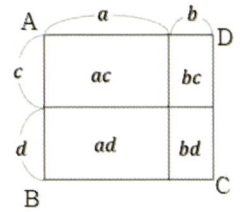

예) 동류항 간단히 하기
$(x+2)(x+5)$
$= x \times x + x \times 5 + 2 \times x + 2 \times 5$
$= x^2 + \underline{5x + 2x} + 10$
$= x^2 + 7x + 10$ (동류항)

기초 보강

다항식의 곱셈
(1) (단항식)×(단항식) ⇒ 지수법칙
(2) (단항식)×(다항식) ⇒ 분배법칙
(3) (다항식)×(다항식) ⇒ 전개하여 동류항을 모아서 간단히 정리한다.

세로셈을 이용한 다항식의 곱셈
(1) 주어진 식을 차수가 낮아지는 차례로 정리한다.
(2) 동류항끼리 세로줄을 맞추어 쓴다.

💡 **다항식의 곱셈**

(단항식)×(다항식)
$m(a+b) = ma + mb$
(증명)

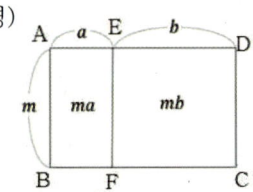

□ABCD
=□ABFE+□EFCD
이므로
$m(a+b) = ma + mb$

예제 1 (단항식)×(다항식)

다음 식을 전개하시오.

(1) $3x(x+y)$
(2) $-2a(3a-2)$
(3) $2x(x+3y-z)$
(4) $\left(\dfrac{1}{2}x - 1\right)4x$

유제 1 다음 식을 전개하시오.

(1) $2x^2(x+2y)$
(2) $-2x(-4x+5y)$
(3) $\dfrac{1}{2}(4x-2y+1)$
(4) $(x+2y-3x)(-3x)$

다항식의 곱셈

(다항식)×(다항식)의 곱셈
$(a+b)(c+d)$
$= ac+ad+bc+bd$

(증명)

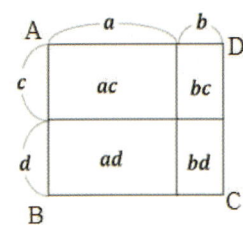

위의 그림에서 □ABCD의 넓이는 $(a+b)(c+d)$이고, 그 넓이는 4개의 직사각형의 넓이의 합과 같으므로
$(a+b)(c+d)$
$= ac+ad+bc+bd$

※ 위 식의 다른 증명

$(a+b)(c+d)$에서 $c+d$를 하나의 문자 M으로 놓고 다음과 같이 분배법칙을 이용하여 전개한 것과 같다.
$(a+b)(c+d)$
$= (a+b)M$
$= aM+bM$
$= a(c+d)+b(c+d)$
$= ac+ad+bc+bd$

다항식의 곱셈

곱셈공식
$(x+a)(x+b)$
$= x^2+(a+b)x+ab$

예) $(x+1)(x+2)$
$= x^2+(1+2)x+1 \cdot 2$
$= x^2+3x+2$

$(ax+b)(cx+d)$
$= acx^2+(ad+bc)x+bd$

예제 2 (다항식)×(다항식)

다음 식을 전개하시오.
(1) $(2a+b)(c+3d)$
(2) $(2a+b)(c-3d)$
(3) $(2a-b)(c+3d)$
(4) $(2a-b)(c-3d)$

유제 2) 다음 식을 전개하시오.
(1) $(2a+3b)(4c+d)$
(2) $(2a-3b)(4c+d)$
(3) $(2x+4)(y-3)$
(4) $(2-3x)(3y+1)$

예제 3 동류항을 묶어 간단하게 하기

다음 식을 간단히 하시오.
(1) $5(x+4y)+3(2x-5y-1)$
(2) $4x(x-7)+2x(2x-4)$
(3) $(6x^2-5x+5)-(-3x^2+2x-1)$
(4) $-3(2x^2-3x-7)-(x^2-3x-2)$

유제 3) 다음 식을 간단히 하시오.
(1) $8(x-2y)+3(2x+y)$
(2) $3x(x-6)-2x(3x-5)$
(3) $(2x^2-3x+1)-(-3x^2+2x-1)$
(4) $-5(2x^2-3x-5)-(2x^2-x-4)$

예제 4 동류항을 묶어 간단하게 하기

다음 식을 전개하시오.
(1) $(x+2)(x+4)$ (2) $(2x-3)(x+4)$
(3) $(4x+3)(x-2)$ (4) $(x-3)(5x-4)$

유제 4) 다음 식을 전개하시오.
(1) $(x+5)(x+3)$ (2) $(3x-8)(2x-1)$
(3) $(a-7b)(3a+4b)$ (4) $(2x+3y)(x-2y)$

계수

$-3x^2$과 같이 -3과 문자 x^2과의 곱으로 되어 있는 항에서 수 -3을 문자 x^2의 계수라고 한다.

예제 5 각 항의 계수

식을 전개하였을 때, 다음 항의 계수를 써라.

(1) $(x-7)(y+3)$ → x항의 계수

(2) $(2+x)(4-3x)$ → x^2항의 계수

(3) $(x+3)(x-9)$ → x항의 계수

(4) $(x+3)(2y-1)$ → y항의 계수

유제 5 식을 전개하였을 때, 다음 항의 계수를 써라.

(1) $(2x-y)(3x-4y)$ → xy항의 계수

(2) $(x^2-x+2)(x-2)$ → x^2항의 계수

(3) $(3x+2y)(x^2-2x+3)$ → xy항의 계수

(4) $(x-2y)(x+2y)$ → y^2항의 계수

다항식의 곱셈

$(a+b)(x+y+z)$의 전개
$(a+b) = M$으로 놓으면
$(a+b)(x+y+z)$
$= M(x+y+z)$
$= Mx + My + Mz$
$= (a+b)x + (a+b)y$
$\quad + (a+b)z$
$= ax + bx + ay + by + az + bz$

예제 6 복잡한 식의 전개

다음 식을 전개하시오.

(1) $(x+2y+3)(x+y)$

(2) $(x^2+3x+1)(x+1)$

(3) $(x^2-2x+3)(x+1)$

(4) $(x^2-2x+1)(2x+1)$

유제 6 다음 식을 전개하시오.

(1) $(x+3y-1)(x-y)$ (2) $(2x-y+3)(x-3y)$

(3) $(x^2+2x-3)(x+1)$ (4) $(2x^2-3x-1)(3x+2)$

31 합의 제곱, 차의 제곱(곱셈공식)

(1) 합의 제곱

두 수의 합의 제곱으로 되어 있는 다항식 $(a+b)^2$의 곱셈공식을 분배법칙을 이용하여 만들어 보자.

$$(a+b)^2 = (a+b)(a+b)$$
$$= a^2 + ab + ab + b^2$$
$$= a^2 + 2ab + b^2$$

즉 $\boxed{(a+b)^2 = a^2 + 2ab + b^2}$

<제곱> <제곱>
$(a+b)^2 = a^2 + \underline{2ab} + b^2$
<곱의 2배>

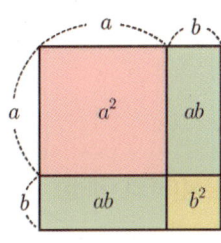

$(a+b)^2 = ($가장 큰 정사각형의 넓이$)$
$= a^2 + ab + ab + b^2$
$= a^2 + 2ab + b^2$

예 $(x+3)^2$
$= x^2 + 2 \cdot x \cdot 3 + 3^2$
$= x^2 + 6x + 9$
$(x-3)^2$
$= x^2 - 2 \cdot x \cdot 3 + 3^2$
$= x^2 - 6x + 9$

곱셈공식(1)
$(a+b)^2 = a^2 + 2ab + b^2$
$(a-b)^2 = a^2 - 2ab + b^2$

(2) 차의 제곱

위의 식의 b 대신에 $-b$를 놓으면
$$(a-b)^2 = \{a+(-b)\}^2$$
$$= a^2 + 2a(-b) + (-b)^2$$
$$= a^2 - 2ab + b^2$$

기초 보강
$(-a-b)^2 = \{-(a+b)\}^2 = (a+b)^2$
$(-a+b)^2 = \{-(a-b)\}^2 = (a-b)^2$

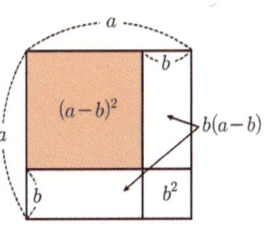

$(a-b)^2 = ($색칠한 정사각형의 넓이$)$
$= a^2 - b(a-b) - b(a-b) - b^2$
$= a^2 - 2ab + b^2$

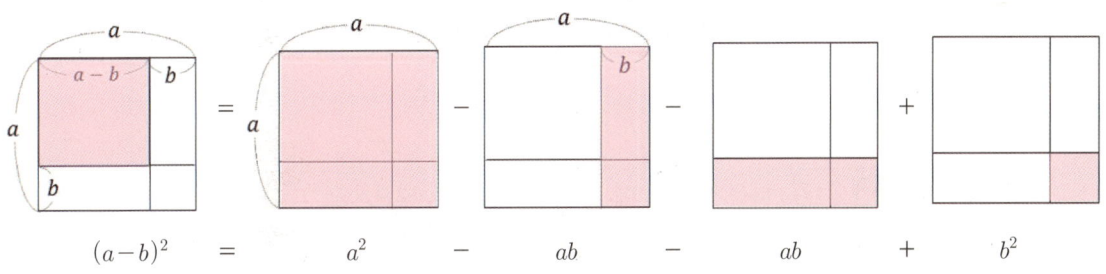

$(a-b)^2 = a^2 - ab - ab + b^2$

예제 1 곱셈공식 (합의 제곱)

다음 식을 전개하시오.

(1) $(x+5)^2$ (2) $(x+2y)^2$
(3) $(3x+y)^2$ (4) $(2x+3y)^2$

곱셈공식
- $(a+b)^2 = a^2 + 2ab + b^2$
- $(a-b)^2 = a^2 - 2ab + b^2$
- $(-a-b)^2 = \{-(a+b)\}^2$
  $= (a+b)^2$

유제 1 다음 식을 전개하시오.

(1) $(x+2)^2$ (2) $(x+5y)^2$

(3) $(3x+y)^2$ (4) $(3x+2y)^2$

예제 2 곱셈공식(차의 제곱)

다음 식을 전개하시오.

(1) $(x-1)^2$ (2) $(x-2y)^2$

(3) $(2x-3y)^2$ (4) $\left(x-\dfrac{3}{4}\right)^2$

유제 2-1 다음 식을 전개하시오.

(1) $(x-4)^2$ (2) $(3x-4y)^2$

(3) $(5a-3b)^2$ (4) $\left(-x-\dfrac{1}{2}y\right)^2$

유제 2-2 다음 ㉠, ㉡에 알맞은 것을 써 넣으시오.

(1) $(x+\boxed{㉠})^2 = x^2 + 16x + \boxed{㉡}$ (2) $(\boxed{㉠}-5)^2 = 4a^2 - 20a + \boxed{㉡}$

유제 2-3 다음 □ 안에 알맞은 양수를 써 넣으시오.

(1) $(x+\boxed{})^2 = x^2 + 4x + \boxed{}$ (2) $(x-\boxed{})^2 = x^2 - 4x + \boxed{}$

(3) $(2x+\boxed{})^2 = 4x^2 + 12x + \boxed{}$ (4) $(2x-\boxed{})^2 = 4x^2 - 12x + \boxed{}$

32 합, 차의 곱(곱셈공식)

(1) 합과 차의 곱

두 수의 합과 차의 곱으로 되어 있는 다항식 $(a+b)(a-b)$의 곱셈공식을 분배법칙을 이용하여 만들어 보자.

$$(a+b)(a-b) = a^2 + a(-b) + ba - b^2$$
$$= a^2 - ab + ab - b^2$$
$$= a^2 - b^2$$

위의 전개에서 다음과 같은 곱셈공식을 얻는다.

곱셈공식(2)
$$(a+b)(a-b) = a^2 - b^2$$

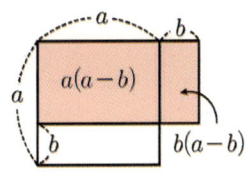

$(a+b)(a-b)$
$=$ (색칠한 직사각형의 넓이)
$= a(a-b) + b(a-b)$
$= a^2 - b^2$

예) $(x+2y)(x-2y)$
$= x^2 - 2xy + 2xy - (2y)^2$
$= x^2 - 4y^2$

곱셈공식
$(a+b)(a-b) = a^2 - b^2$

예제 1 식을 전개

다음 식을 전개하시오.

(1) $(x+y)(x-y)$

(2) $(x+2y)(x-2y)$

(3) $\left(2x+\dfrac{2}{3}\right)\left(2x-\dfrac{2}{3}\right)$

(4) $\left(\dfrac{1}{2}-a\right)\left(\dfrac{1}{2}+a\right)$

유제 1 다음 식을 전개하시오.

(1) $(3x+5y)(3x-5y)$

(2) $\left(2x+\dfrac{1}{2}\right)\left(2x-\dfrac{1}{2}\right)$

(3) $(-a-6b)(-a+6b)$

(4) $(b-2a)(-2a-b)$

STEP 1 개념 다지기

01 다음 식을 전개하시오.

(1) $(x+2)(x+3)$ (2) $(x+4)(x-7)$
(3) $(x+1)(2x+3)$ (4) $(x+y)(x+y)$
(5) $\quad\ \ 3a-4b$ (6) $\quad\ \ a-2b$
$\quad\underline{\times)-a+3b}$ $\quad\underline{\times)\ a+3b}$

02 다음 식을 전개하시오.

(1) $(x+y)^2$ (2) $\left(\dfrac{1}{2}x+3y\right)^2$
(3) $(-3x+y)^2$ (4) $(6a+5)^2$

03 $\left(\dfrac{1}{4}x+A\right)^2 = \dfrac{1}{16}x^2+B+\dfrac{1}{9}y^2$에서 A, B에 알맞은 단항식을 구하시오.

04 다음 식을 전개하시오.

(1) $(x-y)^2$ (2) $\left(\dfrac{1}{2}x-3y\right)^2$
(3) $(-3x-y)^2$ (4) $(6a-5)^2$

05 다음 식을 전개하시오.

(1) $(x-y)(x+y)(x^2+y^2)$
(2) $(x+y)^2(x-y)^2(x^2+y^2)^2$
(3) $\left(\dfrac{1}{2}a+\dfrac{1}{3}b\right)\left(\dfrac{1}{2}a-\dfrac{1}{3}b\right)$
(4) $(a+2b-3)(a+2b+3)$

33 두 일차식의 곱(곱셈공식)

(1) x의 계수가 1인 두 일차식의 곱

$(x+a)(x+b)$의 곱셈공식을 분배법칙을 이용하여 만들면 다음과 같다.

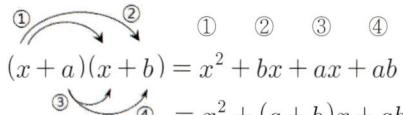
$= x^2 + (a+b)x + ab$

예 $(x+5)(x+7)$
$= x^2 + (5+7)x + 5 \times 7$
$= x^2 + 12x + 35$

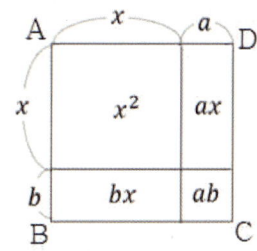

(2) x의 계수가 1이 아닌 두 일차식의 곱

위와 마찬가지로 $(ax+b)(cx+d)$를 전개하면 다음과 같다.

$(ax+b)(cx+d) = acx^2 + adx + bcx + bd$
$= acx^2 + (ad+bc)x + bd$

예 $(2x+3)(5x+4) = (2 \times 5)x^2 + (2 \times 4 + 3 \times 5)x + 3 \times 4$
$= 10x^2 + 23x + 12$

위의 전개에서 다음과 같은 곱셈공식을 얻는다.

곱셈공식(3)

① $(x+a)(x+b) = x^2 + (a+b)x + ab$
② $(ax+b)(cx+d) = acx^2 + (ad+bc)x + bd$

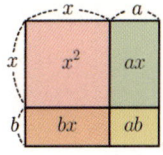 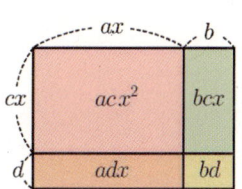

$(x+a)(x+b)$
$=$ (가장 큰 직사각형의 넓이)
$= x^2 + ax + bx + ab$
$= x^2 + (a+b)x + ab$

$(ax+b)(cx+d)$
$=$ (가장 큰 직사각형의 넓이)
$= acx^2 + bxc + adx + bd$
$= acx^2 + (ad+bc)x + bd$

기초 보강

1. $(x+a)(x+b)$의 전개
   <그림1>
   → $P = x^2$, $Q = bx$
   $R = ax$, $S = ab$이고
   □ABCD $= P + Q + R + S$
   이므로
   $(x+a)(x+b)$
   $= x^2 + ax + bx + ab$
   $= x^2 + (a+b)x + ab$

2. $(ax+b)(cx+d)$의 전개
   <그림2>
   (각 사각형의 넓이를 P, Q, R, S라고 할 때)
   → □ABCD에서 가로의 길이가 $ax+b$, 세로의 길이가 $cx+d$이므로 □ABCD
   $= (ax+b)(cx+d)$이다.
   또, $P = ax \times cx = acx^2$,
   $Q = ax \times d = adx$,
   $R = b \times cx = bcx$, $S = b \times d = bd$
   이므로 □ABCD $= P + Q + R + S$
   ∴ $(ax+b)(cx+d)$
   $= acx^2 + (ad+bc)x + bd$

예제 1 x의 계수가 1인 두 일차식의 곱

다음 식을 전개하시오.

(1) $(x+2)(x+5)$ (2) $(x+2)(x-4)$

(3) $(x-3)(x+5)$ (4) $(x-2)(x-6)$

유제 1 다음 식을 전개하시오.

(1) $(x+8)(x+6)$ (2) $(x+3)(x-2)$

(3) $(x-5)(x+4)$ (4) $(x-3)(x-8)$

곱셈공식

$(ax+b)(cx+d)$
$=acx^2+(ad+bc)x+bd$

예제 2 x의 계수가 1이 아닌 두 일차식의 곱

다음 식을 전개하시오.

(1) $(2x+3)(4x+5)$ (2) $(2x+5)(3x-2)$

(3) $(3x-5)(2x+3)$ (4) $(3x-2)(4x-5)$

유제 2 다음 식을 전개하시오.

(1) $(2x+5)(3x+1)$ (2) $(3x+2)(4x-5)$

(3) $(-2x+3)(5x+2)$ (4) $(-2x+3)(-5x+2)$

예제 3 x의 계수가 1이 아닌 두 일차식의 곱

다음 식을 전개하시오.

(1) $(3x+4y)(5x-2y)$ (2) $(4x-3y)(x-5y)$

(3) $(2x+y)(3x-2y)$ (4) $(2x-y)(3x-2y)$

유제 3 다음 식을 전개하시오.

(1) $(2x+y)(3x+2y)$ (2) $(2x-y)(3x+2y)$

(3) $(x-2y)(x-y)$ (4) $(2x+3y)(3x-2y)$

STEP 1 개념 다지기

01 다음 식을 전개하시오.

(1) $(x+3)(x+5)$

(2) $(x+2)(x-6)$

(3) $(x-6y)(x+8y)$

(4) $\left(x-\dfrac{1}{2}\right)\left(x-\dfrac{1}{3}\right)$

02 다음 식에서 A, B에 알맞은 수를 구하시오.

$(x+3)(x-A)=x^2+Bx-12$

03 다음 식을 전개하시오.

(1) $(3x+2)(5x+3)$

(2) $(2x+3)(4x-5)$

(3) $(3x-4)(6x+5)$

(4) $\left(2x-\dfrac{1}{3}\right)\left(3x-\dfrac{1}{2}\right)$

(5) $(5-6x)(3-x)$

(6) $(3x-y)(2x+5y)$

04 다음 ☐ 안에 각각 알맞은 수를 써 넣으시오.

(1) $(x+\boxed{\text{ⓐ}})(x+3)=x^2+\boxed{\text{ⓑ}}x+6$

(2) $(x+\boxed{\text{ⓐ}})(x-1)=x^2+\boxed{\text{ⓑ}}x-6$

05 $(ax+by)^2=x^2-\dfrac{1}{2}xy+cy^2$일 때, 상수 a, b, c의 값을 구하시오.

34 공통부분이 있는 식의 전개

(1) 공통부분이 있으면 공통부분을 한 문자로 놓고 전개하여 간단히 한 후 문자에 공통부분을 대입하여 정리한다.

$$\begin{aligned}(2x+y+2)(2x+y+1)&=(A+2)(A+1) &&\leftarrow \text{공통부분 } 2x+y=A\text{로 놓는다.}\\&=A^2+3A+2 &&\leftarrow \text{곱셈 공식을 이용하여 전개한다.}\\&=(2x+y)^2+3(2x+y)+2 &&\leftarrow A\text{에 공통부분을 대입한다.}\\&=4x^2+4xy+y^2+6x+3y+2 &&\leftarrow \text{전개하여 정리한다.}\end{aligned}$$

(2) ( )( )( )( ) 꼴의 식의 전개는 공통부분이 나오도록 2개씩 짝을 지어 전개한다.

예 $(x+1)(x+2)(x+3)(x+4)$

$$\begin{aligned}&=\{(x+1)(x+4)\}\{(x+2)(x+3)\} &&\leftarrow \text{공통부분이 나오도록 2개씩 짝을 짓는다.}\\&=(x^2+5x+4)(x^2+5x+6) &&\leftarrow \text{곱셈 공식을 이용하여 전개한다.}\\&=(A+4)(A+6) &&\leftarrow \text{공통부분을 }A\text{로 놓는다.}\\&=A^2+10A+24 &&\leftarrow \text{곱셈 공식을 이용하여 전개한다.}\\&=(x^2+5x)^2+10(x^2+5x)+24 &&\leftarrow A\text{에 공통부분을 대입한다.}\\&=x^4+10x^3+35x^2+50x+24 &&\leftarrow \text{전개하여 정리한다.}\end{aligned}$$

예제 1 공통부분이 있는 식의 전개

다음 식을 전개하시오.

(1) $(2x+y+3)(2x+y+2)$

(2) $(3x-2y+3)(3x+2y-3)$

유제 1 다음 식을 전개하시오.

(1) $(3a+2b+2)(3a+2b-1)$

(2) $(2x-3y+2)(2x+3y-2)$

35 곱셈공식을 이용한 수의 계산

여러 가지 수와 식의 계산에 곱셈공식을 이용하는 방법에 대하여 알아보자.
수의 계산
(1) 유리수의 계산
　$(a \pm b)^2 = a^2 \pm 2ab + b^2$, $(a+b)(a-b) = a^2 - b^2$을 이용하여 유리수를 계산할 수 있다.
(2) 곱셈공식의 변형
　① $x^2 + y^2 = (x+y)^2 - 2xy = (x-y)^2 + 2xy$
　② $x^2 + \dfrac{1}{x^2} = \left(x + \dfrac{1}{x}\right)^2 - 2 = \left(x - \dfrac{1}{x}\right)^2 + 2$
　③ $(x-y)^2 = (x+y)^2 - 4xy$
　④ $(x+y)^2 = (x-y)^2 + 4xy$
　⑤ $\left(x + \dfrac{1}{x}\right)^2 = \left(x - \dfrac{1}{x}\right)^2 + 4$

예 101^2
$= (100+1)^2$
$= 100^2 + 2 \times 100 \times 1 + 1^2$
$= 10201$
101×99
$= (100+1)(100-1)$
$= 100^2 - 1^2$
$= 9999$

예제 1　곱셈공식의 활용

곱셈공식을 써서 다음을 계산하시오.
(1) 101^2　　　　　　　　(2) 98^2
(3) 69×71　　　　　　(4) 102×205

유제 1 곱셈공식을 써서 다음을 계산하시오.
(1) 103^2　　　　　　　　(2) 96^2
(3) 99×101　　　　　(4) 302×105

예제 2　식의 변형

$x + y = 3$, $xy = 2$일 때, 다음 식의 값을 구하시오.
(1) $\dfrac{1}{x} + \dfrac{1}{y}$　　　　　　(2) $x^2 + y^2$
(3) $(x-y)^2$　　　　　　(4) $\dfrac{y}{x} + \dfrac{x}{y}$

유제 2 $x + y = 4$, $xy = 1$일 때, 다음 식의 값을 구하시오.
(1) $\dfrac{3}{x} + \dfrac{3}{y}$　　　　　　(2) $x^2 + y^2$
(3) $(x-y)^2$　　　　　　(4) $\dfrac{2y}{x} + \dfrac{2x}{y}$

💡 **식의 변형**
(1) $\dfrac{1}{x} + \dfrac{1}{y} = \dfrac{y+x}{xy}$
(2) $x^2 + y^2 = (x+y)^2 - 2xy$
(3) $x^2 + y^2 = (x-y)^2 + 2xy$

STEP 1 개념 다지기

01 다음 식을 전개하시오.

(1) 97^2

(2) 102×98

(3) 7.1×6.9

(4) $(2\sqrt{3} - \sqrt{2})(2\sqrt{3} + \sqrt{2})$

02 $a+b=4$, $ab=3$일 때, 다음 식의 값을 구하시오.

(1) $a^2 + b^2$

(2) $\dfrac{b}{a} + \dfrac{a}{b}$

(3) $\dfrac{b^2}{a^2} + \dfrac{a^2}{b^2}$

03 $a+b=1$, $a^2+b^2=4$일 때, $\dfrac{1}{a} + \dfrac{1}{b}$의 값을 구하면?

① $-\dfrac{3}{2}$

② $-\dfrac{2}{3}$

③ 0

④ $\dfrac{2}{3}$

⑤ $\dfrac{3}{2}$

04 $x+y=-3$, $xy=1$일 때, $3x^2 - 5xy + 3y^2$의 값을 구하면?

① 10
② 12
③ 14
④ 16
⑤ 18

05 $x - \dfrac{1}{x} = 4$일 때, $x^2 + \dfrac{1}{x^2} - 8$의 값을 구하면?

① 6
② 8
③ 10
④ 12
⑤ 14

36 분모의 유리화

정답과 해설 24쪽

(1) 분모의 유리화

분모의 유리화는 분모에 있는 무리수를 유리수로 바꾸는 것이다.
즉, 분모에 있는 근호 ($\sqrt{}$)를 없애는 것이다.

예) $\dfrac{2}{\sqrt{5}+\sqrt{2}} = \dfrac{2(\sqrt{5}-\sqrt{2})}{(\sqrt{5}+\sqrt{2})(\sqrt{5}-\sqrt{2})} = \dfrac{2(\sqrt{5}-\sqrt{2})}{(\sqrt{5})^2 - (\sqrt{2})^2} = \dfrac{2(\sqrt{5}-2)}{3}$

분모의 유리화는 곱셈공식 $(a+b)(a-b) = a^2 - b^2$을 이용하면 분모를 유리화 할 수 있다.

예제 1 분모의 유리화

곱셈공식을 이용하여 다음 수의 분모를 유리화 하시오.

(1) $\dfrac{1}{\sqrt{5}+1}$　　　　(2) $\dfrac{1}{3-\sqrt{5}}$

(2) $\dfrac{3+\sqrt{7}}{3-\sqrt{7}}$　　　(4) $\dfrac{\sqrt{7}-\sqrt{3}}{\sqrt{7}+\sqrt{3}}$

유제 1 곱셈공식을 이용하여 다음 수의 분모를 유리화 하시오.

(1) $\dfrac{1}{\sqrt{6}+2}$　　　　(2) $\dfrac{1}{5-\sqrt{3}}$

(2) $\dfrac{5+\sqrt{5}}{5-\sqrt{5}}$　　　(4) $\dfrac{\sqrt{7}-\sqrt{2}}{\sqrt{7}+\sqrt{2}}$

예제 2 분모의 유리화

다음 식을 간단히 하시오.

(1) $\dfrac{\sqrt{6}+\sqrt{2}}{\sqrt{6}-\sqrt{2}} + \dfrac{\sqrt{6}-\sqrt{2}}{\sqrt{6}+\sqrt{2}}$　　(2) $\dfrac{3-\sqrt{7}}{3+\sqrt{7}} - \dfrac{3+\sqrt{7}}{3-\sqrt{7}}$

유제 2 다음 식을 간단히 하시오.

(1) $\dfrac{3\sqrt{2}+2\sqrt{3}}{3\sqrt{2}-2\sqrt{3}} + \dfrac{3\sqrt{2}-2\sqrt{3}}{3\sqrt{2}+2\sqrt{3}}$

(2) $\dfrac{5+\sqrt{5}}{5-\sqrt{5}} - \dfrac{5-\sqrt{5}}{5+\sqrt{5}}$

개념편 123

STEP 1 개념 다지기

01 $\dfrac{3}{\sqrt{10}+\sqrt{7}}+\dfrac{3}{\sqrt{10}-\sqrt{7}}$ 을 계산하시오.

02 $\dfrac{2(3-\sqrt{5})}{3+\sqrt{5}}=a-3\sqrt{b}$ 일 때, 유리수 a, b에 대하여 ab의 값을 구하시오.

03 $x=7+4\sqrt{3}$ 일 때 $x+\dfrac{1}{x}$ 의 값을 구하시오.

04 $x=\dfrac{2}{\sqrt{5}+\sqrt{3}}$, $y=\dfrac{2}{\sqrt{5}-\sqrt{3}}$ 일 때 x^2+y^2의 값을 구하시오.

05 $x=\dfrac{1}{5-2\sqrt{6}}$ 일 때, $x^2-10x+25$의 값을 구하시오.

STEP 2 소단원 종합 학습

01 다음 중 옳지 <u>않은</u> 것은?

① $(x+3)(x-5) = x^2 - 2x - 15$
② $(-x-7)(-x+7) = x^2 - 49$
③ $(3x-2y)(2x-3y) = 6x^2 - 13xy + 6y^2$
④ $\left(2x - \dfrac{1}{2}\right)^2 = 4x^2 - 4x + \dfrac{1}{4}$
⑤ $(x+3y)^2 = x^2 + 6xy + 9y^2$

02 $(x-3y)(Ax+5y)$를 전개한 식이 $3x^2 + Bxy - 15y^2$일 때, 상수 A, B에 대하여 $A+B$의 값은?

① 0 ② 1 ③ -1
④ 2 ⑤ -2

03 $3(3x+1)^2 - 4(2x+1)(3x-2)$를 계산하면?

① $3x^2 - 18x + 11$
② $3x^2 - 18x - 11$
③ $3x^2 + 22x - 11$
④ $3x^2 + 22x + 11$
⑤ $3x^2 - 22x + 11$

04 $x + \dfrac{1}{x} = 3\sqrt{5}$일 때, $x^2 + \dfrac{1}{x^2}$의 값은?

① 43 ② 41 ③ $12 + 4\sqrt{5}$
④ $12 + 6\sqrt{5}$ ⑤ $8 + 6\sqrt{5}$

05 $(4 + 2\sqrt{2})(a - 5\sqrt{2})$를 계산한 결과가 유리수일 때, 유리수 a의 값은?

① 2 ② 4 ③ 6
④ 8 ⑤ 10

06 $(5x + y - 3)(x - 3y + 1)$의 전개식에서 y의 계수는?

① 9 ② -9 ③ 10
④ -10 ⑤ -1

07 $(9 + 4\sqrt{5})(5\sqrt{2} - 2)(9 - 4\sqrt{5})(5\sqrt{2} + 2)$를 계산하면?

① 46 ② $28\sqrt{5}$ ③ 48
④ $28\sqrt{10}$ ⑤ 50

08 다음 중 주어진 수의 계산을 하기 위하여 이용하여 곱셈공식의 연결이 옳지 <u>않은</u> 것은?

① $703 \times 697 \Rightarrow (a+b)(a-b) = a^2 - b^2$
② $405^2 \Rightarrow (a+b)^2 = a^2 + 2ab + b^2$
③ $97 \times 93 \Rightarrow (x+a)(x+b) = x^2 + (a+b)x + ab$
④ $308 \times 305 \Rightarrow (a+b)(a-b) = a^2 - b^2$
⑤ $196^2 \Rightarrow (a-b)^2 = a^2 - 2ab + b^2$

STEP 2 소단원 종합 학습

09 곱셈공식을 이용하여 $\dfrac{2022\times 2026+4}{2024}$ 를 계산하면?

① 2022 ② 2024 ③ 2026
④ 4044 ⑤ 4048

10 $a-\dfrac{1}{a}=10$일 때, $a^2+\dfrac{1}{a^2}$의 값은?

① 96 ② 98 ③ 100
④ 102 ⑤ 104

11 $(2x-3)(x+a)$의 전개식에서 x의 계수가 7일 때, 상수항은? (단, a는 상수이다.)

① -7 ② -9 ③ -11
④ -13 ⑤ -15

12 $x=\dfrac{4}{\sqrt{5}+1},\ y=\dfrac{4}{\sqrt{5}-1}$일 때 x^2+y^2의 값은?

① 12 ② 14 ③ 16
④ 18 ⑤ 20

13 $(3x+5-2y)(3x-5-2y)$를 전개하면?

① $9x^2-6xy+4y^2-25$
② $9x^2+6xy+4y^2-25$
③ $9x^2-10xy+4y^2-10$
④ $9x^2-10xy+4y^2-25$
⑤ $9x^2-12xy+4y^2-25$

14 $x=5+2\sqrt{6}$일 때, $x^2-10x+10$의 값은?

① 9 ② 10 ③ 11
④ 12 ⑤ 13

15 그림과 같이 가로, 세로의 길이가 각각 $5x+2$, $3x-1$인 직사각형 모양의 땅이 있다. 폭이 1로 일정한 길을 내려고 할 때 길을 제외한 땅의 넓이를 구하면?

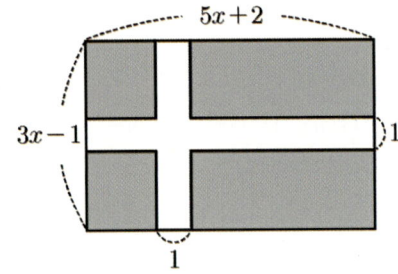

① $15x^2-7x-2$ ② $15x^2-7x-4$
③ $15x^2-5x-2$ ④ $15x^2-5x-4$
⑤ $15x^2-5x+2$

16 $x-\dfrac{1}{x}=7$일 때, $\left(x+\dfrac{1}{x}\right)^2$의 값은?

① 49 ② 50 ③ 51
④ 52 ⑤ 53

17 $x=\dfrac{1}{7-4\sqrt{3}}$일 때 $x^2-14x+9$의 값은?

① 8 ② 10 ③ 12
④ 14 ⑤ 16

18 $f(x) = \dfrac{1}{\sqrt{x+1}+\sqrt{x}}$ 일 때, $f(1)+f(2)+f(3)+\cdots+f(15)$의 값은?

(단, x는 양수이다.)

① 3 ② 5 ③ 7
④ $\sqrt{15}+1$ ⑤ $\sqrt{15}-1$

19 $\left(2x+\dfrac{1}{2}y\right)^2 = 4x^2 + Axy + By^2$ 일 때, 상수 A, B에 대하여 $A+B$의 값을 구하시오.

20 $a+b=6$, $a^2+b^2=4$일 때, $\dfrac{1}{a}+\dfrac{1}{b}$의 값을 구하시오.

서술형

21 $2x+a$에 $5x-3$을 곱해야 할 것을 $3x-5$를 곱했더니 $6x^2-x-15$가 되었다. 바르게 계산한 답을 구하시오. (단, a는 상수이다.)

22 $\dfrac{501 \times 499 + 99^2 + 200}{100^2}$ 을 계산하시오.

23 $\dfrac{5}{\sqrt{11}-\sqrt{6}} - \dfrac{5}{\sqrt{11}+\sqrt{6}}$의 값을 구하시오.

37 인수분해의 뜻

(1) 인수분해의 뜻
① 인수분해 : 하나의 다항식을 두 개 이상의 다항식의 곱의 꼴로 나타내는 것으로 전개를 거꾸로 한 과정이다.
② 인수 : 다항식을 인수분해 하였을 때, 곱해진 각각의 식

$$(\text{다항식}) \underset{\text{전개}}{\overset{\text{인수분해}}{\rightleftarrows}} (\text{인수}) \cdot (\text{인수})$$

예 $x^2 + 5x + 6 \underset{\text{전개}}{\overset{\text{인수분해}}{\rightleftarrows}} (x+2)(x+3)$

(2) 공통인수에 의한 인수분해
① 공통인수 : 다항식의 각 항에 공통으로 들어 있는 인수

즉, $ma + mb$ 에서

$$\begin{cases} ma\text{의 인수 : } m, a \\ mb\text{의 인수 : } m, b \end{cases} \quad \boxed{\text{공통인수}} \quad m$$

② 공통인수로 묶는다 : 인수분해의 기본. 이를테면 $ma+mb$ 에서 $m(a+b)$ 와 같이 인수분해 하는 것을 공통인수 m 으로 묶는다고 한다.

기초 보강

※ 소인수분해와 인수분해의 차이점
 (1) 소인수분해
  자연수에서 합성수를 소수들의 곱으로 나타내는 것
  예 $18 = 2 \times 3^2, 32 = 2^5, 60 = 2^2 \times 3 \times 5$
 (2) 인수분해
  다항식에서 하나의 다항식을 (다항식)×(다항식)의 꼴로 나타내는 것

※ 식의 전개에서와 마찬가지로 인수분해에서도 분배법칙이 기본이 된다.
 (1) 다항식의 곱셈
  $a(b+c) \overset{\text{전개}}{\longrightarrow} ab + ac$
 (2) 인수분해
  $ab + ac \underset{\text{(공통인수로 묶는다)}}{\overset{\text{인수분해}}{\longrightarrow}} a(b+c)$

공통인수

$ax+bx \xrightarrow[\text{인수분해}]{\text{전개}} x(a+b)$

ax와 bx의 공통인수는 x

예제 1 공통인수

다음 식에서 각 항의 공통인수를 말하시오.

(1) $ax+bx$ (2) $ab-ac$

(3) m^2+m (4) $6mx+9nx$

유제 1 다음 식에서 각 항의 공통인수를 말하시오.

(1) $ay+by$ (2) x^2y+xy^2

(3) $8a^2b^2+12ab$ (4) $4mxy-8my$

인수분해

한 다항식을 2개 이상의 인수의 곱의 꼴로 나타내는 것을 '그 다항식을 인수분해 한다'라고 한다.

예제 2 공통인수로 묶어 인수분해 하기

다음 식을 인수분해하시오.

(1) $ax+ay$

(2) $bm-cm$

(3) $abx+acx$

(4) $2x^2-4x$

(5) $ab+a^2b^2+a^2b$

(6) $3mx^2+6my^2+9a^2m$

(7) $4a^3-12a^2+4a$

(8) x^2y+2xy^2-3xyz

올바른 인수분해

공통 인수를 묶어서 인수분해 할 때는 공통인수를 빠짐없이 찾아내어 묶어야 한다. 공통 인수 중 일부만을 묶었을 때에는 인수분해를 했다고 할 수 없다.

예) $3x^2y+9xy$
$=3(x^2y+3xy)(\times)$
$=3x(xy+3y)(\times)$
$=3xy(x+3)(○)$

유제 2 다음 식을 인수분해하시오.

(1) $6a^2b-3ab^2$

(2) $-3a+12ab$

(3) $8a^2b^2+12ab$

(4) $-9x^2y-6xy^3$

(5) $-x^2y-xy^2+xyz$

(6) $a^2b^2c+ab^2-abc^2$

(7) $-14a^2-28ab+7a$

(8) $10x^2y-25xy^2+10xyz$

공통인수가 다항식인 경우 한 문자로 치환하여 묶어내면 훨씬 쉽다.
(1)에서 $x-y=A$로 놓으면
(준식)$=aA+bA$
$=(a+b)A$
$=(a+b)(x-y)$

예제 3 공통인수로 묶는 인수분해

다음 식을 인수분해하시오.
(1) $a(x-y)+b(x-y)$
(2) $m(x-y)-n(x-y)$
(3) $a(3x-y)-b(3x-y)+c(3x-y)$
(4) $x(y-1)+(y-1)$
(5) $a(b-2)-(b-2)$
(6) $2x(y+2z)-3y(y+2z)-(y+2z)$

유제 3 다음 식을 인수분해하시오.
(1) $(a-b)x+(a-b)y$
(2) $a(a-b)-c(a-b)$
(3) $(a-b)x-(a-b)$
(4) $x^2(x+1)+3(x+1)$
(5) $x^2(x+2)+(x+2)$

예제 4 공통인수로 묶는 인수분해

다음 식을 인수분해하시오.
(1) $(a-2)(a+1)+(a-1)(a+1)$
(2) $(x-1)(x+2)+(x-2)(x-1)$
(3) $(x+y)^2+(x+y)$
(4) $(a-b)^2-(a-b)$

유제 4 다음 식을 인수분해하시오.
(1) $(x-3)(x+3)-(x-1)(x+3)$
(2) $(a-1)(a+3)-(a-1)(4-a)$
(3) $(2a-b)^2+3(2a-b)$
(4) $(x+1)^3-3(x+1)$

38 완전제곱식을 이용한 인수분해

(1) $(a+b)^2$, $(a-b)^2$을 전개하여 보자.

위의 식을 전개하면 다음과 같다. 즉,

$(a+b)^2 = a^2 + 2ab + b^2$, $(a-b)^2 = a^2 - 2ab + b^2$ ⇒ 곱셈공식

인수분해는 전개의 역이므로 합 또는 차의 제곱에 관한 곱셈 공식에서 다음과 같은 인수분해 공식을 얻는다.

> ※ 인수분해 공식
> ① 합의 제곱으로 인수분해 : $a^2 + 2ab + b^2 = (a+b)^2$
> ② 차의 제곱으로 인수분해 : $a^2 - 2ab + b^2 = (a-b)^2$

예 $x^2 + 6x + 9 = x^2 + 2 \cdot x \cdot 3 + 3^2 = (x+3)^2$
$x^2 - 6x + 9 = x^2 - 2 \cdot x \cdot 3 + 3^2 = (x-3)^2$

(2) 완전제곱식

$(a+b)^2$, $(a-b)^2$과 같이 다항식의 제곱으로 된 식 또는 여기에 상수를 곱한 식을 완전제곱식이라고 한다.

$$\underbrace{x^2 \pm 2ax}_{\text{(상수항의 제곱근의 2배)}} + \overbrace{a^2}^{(x\text{계수의 }\frac{1}{2}\text{의 제곱})} = (x \pm a)^2$$

예 $x^2 + 6x + \square$, $x^2 + \square x + 9$가 완전제곱식이 되도록 $\square$ 안에 알맞은 수를 구하여 보자.

(i) $x^2 + 6x + \square$ 에서 $\square = \left(\dfrac{6}{2}\right)^2 = 3^2 = 9$

(ii) $x^2 + \square x + 9$ 에서 $\square = \pm\sqrt{9} \times 2 = (\pm 3) \times 2 = \pm 6$

기초 보강

※ $ax^2 + bx + c$가 완전제곱식일 때는 a, c의 부호가 항상 같으며, b의 부호는 복부호이다.

※ 완전제곱식이 될 조건 x^2의 계수가 1일 때

(1) 상수항은 일차항의 계수의 $\dfrac{1}{2}$의 제곱이여야 한다.

(2) 일차항의 계수는 상수항의 제곱근의 2배이어야 한다.

예 $x^2 + ax + b$가 완전제곱식이 되려면 ⇒ ① $b = \left(\dfrac{1}{2}a\right)^2$
② $a = 2 \times (\pm\sqrt{b})$

인수분해 공식

$x^2+2ax+a^2=(x+a)^2$
$x^2-2ax+a^2=(x-a)^2$

예제 1 인수분해 공식

다음 식을 곱셈공식을 이용하여 인수분해하시오.

(1) x^2+6x+9 (2) $x^2+10x+25$
(3) $x^2-12x+36$ (4) $x^2+14x+49$
(5) $x^2-8xy+16y^2$ (6) $a^2-4ab+4b^2$

유제 1 다음 식을 곱셈공식을 이용하여 인수분해하시오.

(1) $a^2+20a+100$ (2) $x^2-8x+16$
(3) $a^2+20ab+100b^2$ (4) $x^2-22xy+121y^2$
(5) $a^2+6ab+9b^2$ (6) $p^2-6pq+9q^2$

인수분해 요령

(1) 공통인수가 있으면 먼저 공통인수로 묶는다.
(2) 인수분해 공식을 이용한다.

예제 2 공통인수로 묶은 후 인수분해 공식의 활용

다음 식을 인수분해하시오.

(1) $ma^2+4ma+4m$ (2) $2x^2+28x+98$
(3) $3x^2-6x+3$ (4) $a^3+2a^2b+ab^2$

유제 2 다음 식을 인수분해하시오.

(1) $ax^2+2ax+a$ (2) $ax^2-4ax+4a$
(3) $2ax^2-12ax+18a$ (4) $ab^2-2ab+a$
(5) $-ax^2+6ax-9a$ (6) $ax^2-12axy+36ay^2$

인수분해 공식

$A^2+2AB+B^2=(A+B)^2$
$A^2-2AB+B^2=(A-B)^2$
(1)에서 $3a=A, 2b=B$로 치환하면
(준식) $=(3a)^2+2\cdot(3a)(2b)+(2b)^2$
$=A^2+2AB+B^2$
$=(A+B)^2$
$=(3a+2b)^2$

예제 3 최고차항이 1이 아닌 경우의 완전제곱식

다음 식을 인수분해하시오.

(1) $9a^2+12ab+4b^2$ (2) $9x^2-12x+4$
(3) $25a^2+20ab+4b^2$ (4) $16x^2+8x+1$
(5) $x^2+x+\dfrac{1}{4}$ (6) $x^2y^2-22xy+121$

유제 3 다음 식을 인수분해하시오.

(1) $36x^2-60xy+25y^2$ (2) $18a^2+60ab+50b^2$
(3) $a^2-\dfrac{2}{3}ab+\dfrac{1}{9}b^2$ (4) $x^2y^2-2xy+1$

완전제곱식

$x^2 + Ax + B$가 완전제곱식이 되려면 $B = \left(\dfrac{A}{2}\right)^2$

예제 4 완전제곱식

다음 이차식이 완전제곱식이 되도록 □ 안에 알맞은 것을 써 넣으시오.

(1) $x^2 + 6x + \square$

(2) $x^2 + 12x + \square$

(3) $x^2 + x + \square$

(4) $x^2 - \dfrac{1}{2}x + \square$

(5) $y^2 + 12xy + \square$

(6) $4x^2 + 4xy + \square$

유제 4 다음 이차식이 완전제곱식이 되도록 □ 안에 알맞은 것을 써 넣으시오.

(1) $x^2 + 14x + \square$

(2) $x^2 - 10x + \square$

(3) $a^2 - \dfrac{1}{3}a + \square$

(4) $9x^2 - 6xy + \square$

(5) $x^2 - \dfrac{2}{3}x + \square$

(6) $3x^2 - 3xy + \square$

완전제곱식

$x^2 + Ax + B$가 완전제곱식이 되려면
$A = \pm 2\sqrt{B}$이어야 한다.
즉 A가 B의 제곱근의 2배가 되어야 한다.

예제 5 완전제곱식

다음 이차식이 완전제곱식이 되도록 □ 안에 알맞은 것을 써 넣으시오.

(1) $a^2 + \square a + 9$

(2) $x^2 + \square x + 25$

(3) $a^2 + \square + 16b^2$

(4) $a^2 - \square + 9b^2$

유제 5 다음 이차식이 완전제곱식이 되도록 □ 안에 알맞은 것을 써 넣으시오.

(1) $x^2 + \square x + 16$

(2) $x^2 + \square x + 16p^2$

(3) $x^2 - \square + 16y^2$

(4) $64x^2 - \square + y^2$

(5) $\square + 2pq + 9q^2$

(6) $\dfrac{1}{4}b^2 + \square + \dfrac{4}{9}a^2$

STEP 1 개념 다지기

01 다음 식의 공통인수를 말하고, 인수분해하시오.

(1) $ax+bx$ (2) $ax-ay$

(3) y^2+y (4) $3x^2-6x$

(5) $a^2b^2-ab^2-2ab$ (6) $x^2y+5xy-37y$

02 다음 식이 완전제곱식이 되도록 □ 안에 알맞은 수를 써 넣으시오.

(1) $x^2+8x+\square$ (2) $x^2-\square x+64$

(3) $x^2+2x+\square$ (4) $a^2-\square a+\dfrac{1}{4}$

(5) $25x^2+\square+4y^2$ (6) $36x^2-60xy+\square$

03 다음 식을 인수분해하시오.

(1) $2x^2+8x+8$ (2) $-6x^2-12xy-6y^2$

(3) $4a^2b+4ab^2+b^3$ (4) $9ax^2+24axy+16ay^2$

04 $(a-b)x-a(b-a)$를 인수분해 하였더니 $A(a-b)$가 되었다. 이 때, A에 알맞은 식은?

① $x+a$ ② $x-a$ ③ $-x+a$
④ $-x-a$ ⑤ $-(x+a)$

05 다음 중 $3x^2-6x$의 인수가 <u>아닌</u> 것은?

① 3 ② x ③ $3x$
④ $x+2$ ⑤ $x-2$

39. 인수분해 공식 $a^2 - b^2 = (a+b)(a-b)$

$(a+b)(a-b)$를 전개하여 보자

위의 식을 전개하면 다음과 같다. 즉,

$(a+b)(a-b) = a^2 - b^2$ ······곱셈공식(3)

이 때, 두 단항식의 제곱의 차로 이루어진 곱셈 공식에서 다음과 같은 인수분해 공식을 얻는다.

> ※ **인수분해 공식**
> $$a^2 - b^2 = (a+b)(a-b)$$

예)
$9x^2 - 25$
$= (3x)^2 - 5^2$
$= (3x+5)(3x-5)$

$1 - x^2$
$= 1^2 - x^2$
$= (1+x)(1-x)$

참고 $-A^2 + B^2$ 꼴인 식

$-A^2 + B^2 = -(A^2 - B^2)$
$\qquad\quad\; = -(A+B)(A-B)$

로 인수분해 할 수도 있고 $B^2 - A^2 = (B+A)(B-A)$로 인수분해 할 수도 있다.

기초 보강

※ 두 수 또는 식의 제곱의 차인 이항식은 그 두 수 또는 식의 합과 차의 곱으로 인수분해 된다.

예)
$25^2 - 5^2$
$= (25+5)(25-5)$
$= 30 \cdot 20$
$= 600$

$4a^2 - 9$
$= (2a)^2 - 3^2$
$= (2a+3)(2a-3)$

※ 다항식 $a^2 - b^2$에서도 분배법칙을 이용하여 공통인수로 묶어내어 인수분해 공식을 얻을 수 있다. 즉

예)
$a^2 - b^2$
$= a^2 + ab - ab - b^2$
$= a(a+b) - b(a+b)$
$= (a+b)(a-b)$

a^2-b^2의 인수분해

$(a+b)(a-b) \xrightarrow[\text{전개}]{\text{인수분해}} a^2-b^2$

$\therefore a^2-b^2 = (a+b)(a-b)$

예제 1 인수분해 공식

다음 식을 인수분해하시오.

(1) x^2-9 (2) $x^2-\dfrac{1}{4}$

(3) $9x^2-4$ (4) $25x^2-81y^2$

(5) $\dfrac{1}{4}a^2-\dfrac{1}{9}b^2$ (6) $25a^2-1$

유제 1 다음 식을 인수분해하시오.

(1) x^2-64 (2) a^2-121b^2

(3) $4a^2-\dfrac{1}{4}$ (4) $49x^2-64y^2$

(5) $9a^2-\dfrac{1}{16}b^2$ (6) $\dfrac{4}{9}x^2-\dfrac{1}{16}y^2$

인수분해 요령

공통인수가 있으면 먼저 공통인수로 묶은 후 인수분해 공식을 이용한다.

예제 2 공통인수로 묶은 후 인수분해 공식의 활용

다음 식을 인수분해하시오.

(1) $2x^2-50$ (2) $3ax^2-48ay^2$

(3) a^3-a (4) $9ax^2-ay^2$

(5) $-x^2+16y^2$ (6) $8a^2-2$

유제 2 다음 식을 인수분해하시오.

(1) $5x^2-45y^2$ (2) x^4-4x^2

(3) $10x^2-90y^2$ (4) $-2a^2+98b^2$

(5) $-3x^2+147y^2$ (6) $4x^3y-36xy^3$

40. x^2의 계수가 1인 이차식의 인수분해

(1) $(x+a)(x+b)$를 전개하여 보자.

위의 식을 전개하면 다음과 같다. 즉,

$(x+a)(x+b) = x^2 + (a+b)x + ab$ ……곱셈공식(1)

즉, 인수분해는 전개의 역이므로 곱셈 공식(1)에서 다음과 같은 인수분해 공식을 얻는다.

> ※ **인수분해 공식**
> $$x^2 + (a+b)x + ab = (x+a)(x+b)$$

예 $x^2 + 10x + 16 = x^2 + (2+8)x + 2 \times 8 = (x+2)(x+8)$

(2) $x^2 + (a+b)x + ab$의 인수분해

① 합과 곱을 알고 두 정수의 부호를 찾는 방법

합의 부호	곱의 부호	두 수의 부호
+	+	+, +
+	−	−, + (절댓값이 큰 수를 +)
−	+	−, −
−	−	+, − (절댓값이 큰 수를 -)

② 합이 일차항의 계수와 같고, 곱이 상수항과 같은 어떤 두 수 a, b를 찾아 인수분해하는 방법은

합이 6, 곱이 8

$$x^2 + 6x + 8 = (x+2)(x+4)$$

$x \quad +4$
$x \quad +2$
$4x \quad 2x$

기초 보강

※ 인수분해 공식은 다음과 같음에 유의한다.

$$x^2 + \underbrace{(a+b)}_{합}x + \overbrace{ab}^{곱} = (x+a)(x+b)$$

특히, 곱의 두 정수를 찾을 때, 두 양의 정수쌍 뿐만 아니라 두 음의 정수쌍도 있음에 유의한다.

인수분해 공식을 이용하여 한 문자에 대한 이차식을 인수분해 할 때, 두 수 a, b를 정하는 순서는

① 먼저 곱이 상수항이 되는 두 수의 쌍을 모두 구한다.

② 이 쌍들 중 두 수의 합이 일차항의 계수가 되는 것을 찾는다.

예제 1 합과 곱을 알고 두 정수 찾기

다음 조건을 만족하는 두 정수를 구하시오.
(1) 합 : 5, 곱 : 6
(2) 합 : −5, 곱 : 6
(3) 합 : 7, 곱 : 12
(4) 합 : −7, 곱 : 10

유제 1 다음 조건을 만족하는 두 정수를 구하시오.
(1) 합 : 7, 곱 : −8
(2) 합 : 10, 곱 : −24
(3) 합 : −2, 곱 : −3
(4) 합 : −3, 곱 : −10

💡 $x^2-2x-15$를 인수분해 하는 요령

공식 $x^2+(a+b)x+ab$
$=(x+a)(x+b)$ 에서
$a+b=-2, ab=-15$
이므로 더해서 −2, 곱해서 −15
가 되는 두 수를 찾는다.

곱이 -15	합이 -2
1과 -15	×
-1과 15	×
3과 -5	○
-3과 5	×

∴ $x^2-2x-15$
$=x^2+\{3+(-5)\}x$
$+3\times(-5)$
$=(x+3)(x-5)$

💡 인수분해 공식
$x^2+(a+b)x+ab$
$=(x+a)(x+b)$

예제 2 식의 전개와 인수분해

다음 □ 안에 알맞은 수를 넣어라.
(1) $x^2+\square x+6=(x+\square)(x+3)$
(2) $x^2+\square x+3=(x+1)(x+\square)$
(3) $x^2-\square x+6=(x-\square)(x-2)$
(4) $x^2-\square x+9=(x-\square)(x-3)$

유제 2 다음 □ 안에 알맞은 수를 넣어라.
(1) $x^2+\square x-6=(x+\square)(x-1)$
(2) $x^2+\square x-15=(x+\square)(x-3)$
(3) $x^2-\square x-6=(x-\square)(x+1)$
(4) $x^2-\square x-12=(x-\square)(x+4)$

예제 3 인수분해 공식 $x^2+(a+b)x+ab=(x+a)(x+b)$

다음 식을 인수분해하시오.
(1) x^2+6x+8
(2) x^2+7x+6
(3) $x^2-12x+35$
(4) x^2-4x+3

유제 3 다음 식을 인수분해하시오.
(1) $x^2+10x+24$
(2) x^2+4x+3
(3) $x^2-9x+14$
(4) $x^2-7x+12$

예제 4 인수분해 공식 $x^2+(a+b)x+ab=(x+a)(x+b)$

다음 식을 인수분해하시오.
(1) $x^2-2x-15$
(2) x^2-x-6
(3) $x^2+5x-24$
(4) $x^2+5x-36$

유제 4 다음 식을 인수분해하시오.
(1) x^2+x-6
(2) $x^2+3x-28$
(3) $x^2-5x-14$
(4) $x^2-2x-35$

예제 5 완전제곱근

다음 식을 인수분해하시오.
(1) $3ax^2-12ax-15a$
(2) $-x^2-13x-36$
(3) $ay^2+ay-6a$
(4) $3x^3-12x^2+9x$

💡 **인수분해의 순서**
① 공통인수가 있으면 공통인수로 묶어낸다.
② 인수분해 공식을 이용한다.

유제 5 다음 식을 인수분해하시오.
(1) $2ax^2+2ax-24a$
(2) $-2x^2+2x+40$
(3) $2a^2b^2-32ab+128$
(4) $7a^2b+28abc-35bc^2$

STEP 1 개념 다지기

01 다음 식을 인수분해하시오.

(1) $x^2 - 9$

(2) $-2ax^2 + 50ay^2$

(3) $9a^2x^2 - 16b^2y^4$

(4) $a^4 - 1$

02 $x^2 - y^2 = x + y$ 이고, $x + y \neq 0$ 일 때, 다음 중 옳은 것은?

① $x - y = 0$ ② $x + y - 1 = 0$ ③ $x - y + 1 = 0$
④ $x - y - 1 = 0$ ⑤ $x + y + 1 = 0$

03 다음 식을 인수분해하시오.

(1) $x^2 + 4x + 3$

(2) $x^2 - 2x - 24$

(3) $y^2 - y - 6$

(4) $a^2 + 2a - 63$

04 $4a^2 - 9b^2 = -6$ 이고, $3b - 2a = 3$ 일 때, $2a + 3b$의 값을 구하시오.

05 어떤 이차식을 인수분해 하는데, A는 x의 계수를 잘못 보고 $(x+2)(x-10)$으로 인수분해 하였고, B는 상수항을 잘못 보고 $(x+6)(x-7)$로 인수분해 하였다. 주어진 이차식을 바르게 인수분해하시오.

41. x^2의 계수가 1이 아닌 이차식의 인수분해

정답과 해설 30쪽

$(ax+b)(cx+d)$를 전개하여 보자.
위의 식을 전개하면 다음과 같다. 즉,
$(ax+b)(cx+d) = acx^2 + (ad+bc)x + bd$ ……곱셈공식
곱셈공식에서 좌변과 우변을 바꾸어 놓으면 다음과 같은 인수분해 공식을 얻는다.

> ※ 인수분해 공식
> $acx^2 + (ad+bc)x + bd = (ax+b)(cx+d)$

예 $3x^2 + 8x - 3$을 인수분해 하여 보자.

$3x^2 + 8x - 3 = (3x-1)(x+3)$

$$\begin{array}{c} 3 \quad\quad -1 \to -1 \Rightarrow bc \\ 1 \quad\quad\,\, 3 \to \,\,\,9 \Rightarrow ad \\ \hline \quad\quad\quad\quad +8 \Rightarrow ad+bc \end{array}$$

기초 보강

이차식을 인수분해하면 (일차식)×(일차식)의 꼴이 된다. 즉
$acx^2 + (ad+bc)x + bd = (ax+b)(cx+d)$

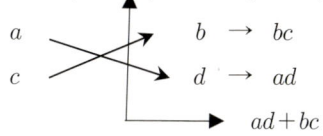

네 정수 a, b, c, d를 찾아서 인수분해 한다.

💡 인수분해 공식

$6x^2 + 17x + 5$

$$\begin{array}{c} 3 \quad\,\, 1 \to \,\,\,2 \\ 2 \quad\,\, 5 \to 15 \end{array} \Big\} 17$$

$6x^2 + 17x + 5$
$= (3x+1)(2x+5)$

■ **주의**

$2x^2 - 7xy + 6y^2$

$$\begin{array}{c} 2 \quad -3 \to -3 \\ 1 \quad -2 \to -4 \\ \hline \quad\quad\quad\, -7 \end{array}$$

위 식을 인수분해 할 때
$(2x-3)(x-2)$로 인수분해
하지 않도록 한다.

예제 1 인수분해 공식 $acx^2 + (ad+bc)x + bd = (ax+b)(cx+d)$

다음 식을 인수분해하시오.

(1) $6x^2 + 17x + 5$ (2) $6x^2 + 5x + 1$
(3) $2x^2 + 5x + 2$ (4) $6x^2 - 7x + 2$

유제 1 다음 식을 인수분해하시오.

(1) $3x^2 - 10x + 8$ (2) $4x^2 - 4x - 3$
(3) $3x^2 - 10x + 3$ (4) $7x^2 - 13x - 2$

예제 2 인수분해 공식 $acx^2 + (ad+bc)x + bd = (ax+b)(cx+d)$

다음 식을 인수분해하시오.

(1) $2x^2 - 7xy + 6y^2$ (2) $10x^2 - 25xy - 15y^2$
(3) $5x^2 + 14xy + 8y^2$ (4) $6ax^2 + 11ax + 4a$

유제 2 다음 식을 인수분해하시오.

(1) $6x^2 - 17xy + 12y^2$ (2) $-10x^2 - 14x + 12$
(3) $8x^2 + 10x - 12$ (4) $15x^2 - 39xy + 18y^2$

STEP 1 개념 다지기

01 다음 식을 인수분해하시오.

(1) $10x^2 + 11xy - 6y^2$

(2) $6x^2 - 13xy + 5y^2$

(3) $15x^2 - 39x + 18$

(4) $-8x^2 - 6xy + 54y^2$

02 $ab \neq 0$이고 $9a^2 - 12ab + 4b^2 = 0$일 때, $\dfrac{9a^2 - 28b^2}{3ab}$의 값을 구하면?

① -12 ② -6 ③ 3
④ 6   ⑤ 12

03 $Ax^2 + 3x - B = (2x+5)(x-C)$일 때, $A+B+C$의 값을 구하면?

① 2 ② 5 ③ 7
④ 8 ⑤ 10

04 $2x^2 + Ax - 12$가 $x+1$로 나누어 떨어질 때, A의 값은?

① 10 ② -10 ③ 8
④ -8 ⑤ -12

05 $6x^2 + Ax - 15$가 $2x+3$을 인수로 가질 때, A의 값을 구하시오.

42 치환을 이용한 인수분해

정답과 해설 30쪽

주어진 식의 한 부분을 한 문자로 생각하여 인수분해한다.

 $(x-5)^2 - 7(x-5) + 12$를 인수분해 하여 보자.

⇒ $x - 5 = A$로 놓으면

$(x-5)^2 - 7(x-5) + 12$ ← 공통 부분을 한 문자로 치환한다.
$= A^2 - 7A + 12$
$= (A-3)(A-4)$ ($A = x-5$를 대입) ← 인수분해 한다.
$= (x-5-3)(x-5-4)$ ← 치환된 문자에 원래의 식을 대입하여 정리한다.
$= (x-8)(x-9)$

$(2x+y)(2x+y+3) - 4$
를 인수분해할 때

$2x + y = A$로 치환하면
$A(A+3) - 4$
$= A^2 + 3A - 4$
$= (A+4)(A-1)$
$\{A = 2x+y$를 대입하면$\}$
$(2x+y+4)(2x+y-1)$

예제 1 치환을 이용한 인수분해

다음 식을 인수분해하시오.

(1) $(x+1)^2 - 9$

(2) $16 - (3x-2)^2$

(3) $(x+3)^2 - 5(x+3) + 6$

(4) $(a+b)^2 + 6(a+b) + 9$

유제 1 다음 식을 인수분해하시오.

(1) $(x+2y)^2 - y^2$

(2) $25 - (2x-3)^2$

(3) $16x^2 - (x-3)^2$

(4) $(x+5)^2 - 10(x+5) + 16$

(5) $(x+3)^2 - (x+3) - 2$

(6) $(x+y)^2 - y(x+y) - 2y^2$

43 복잡한 식의 인수분해

(1) 공통인수가 있는 경우

공통인수를 묶어낸 다음 인수분해 공식을 이용한다.

예) $2x^3y - 12x^2y + 16xy = 2xy(x^2 - 6x + 8)$ → 공통인수 $2xy$로 묶어낸다.
$\qquad\qquad\qquad\qquad\quad = 2xy(x-2)(x-4)$ → $x^2 - 6x + 8$을 인수분해한다.

(2) 공통부분이 있는 경우

공통부분을 한 문자로 치환한 다음 인수분해 공식을 이용한다.

예) $(2x+y)^2 - 2(2x+y) + 1 = A^2 - 2A + 1$ → $2x+y=A$로 치환
$\qquad\qquad\qquad\qquad\qquad\quad = (A-1)^2$ → $a^2 - 2ab + b^2 = (a-b)^2$
$\qquad\qquad\qquad\qquad\qquad\quad = (2x+y-1)^2$ → A대신 $2x+y$ 대입

(3) 항이 4개인 이차식

① 두 문자의 차수가 같을 때는 어느 한 문자에 대하여 내림차순으로 정리한 후, 인수분해 되는 것부터 인수분해 한다.

즉, $(A+B+C) - D$ ⇨ $(\square + \triangle)^2 - \bigcirc^2$의 꼴로 변형한 다음 인수분해 공식 $a^2 - b^2 = (a+b)(a-b)$를 이용한다.

예) $a^2 - b^2 - 4a + 4$를 인수분해 하여 보자.

→ a에 대하여 내림차순으로 정리하면
$a^2 - b^2 - 4a + 4 = (a^2 - 4a + 4) - b^2$
$(\square + \triangle)^2 - \bigcirc^2$의 꼴로 변형하면
$= (a-2)^2 - b^2 = (a-2+b)(a-2-b)$
$= (a+b-2)(a-b-2)$

② 어느 세 항도 단항식으로 인수분해 할 수 없는 경우에는 $(A+B) + (C+D)$의 꼴로 변형한 다음 공통인수로 묶는다.

예) $xy - y - x + 1$ 인수분해 하여 보자.

→ x, y 중 어느 한 문자에 대하여 묶고 나머지는 나머지끼리 묶는다.
$xy - y - x + 1 = (xy - y) - (x-1) = y(x-1) - (x-1)$
$\qquad\qquad\qquad = (x-1)(y-1)$

※ 복잡한 식의 인수분해

주어진 다항식
↓ 인수분해
← 공통인수로 묶는다.
← 항을 적당히 짝짓는다.
← 같은 것을 한 문자로 치환하다.
← 두문자 이상이 같은 차수일 때 한 문자에 대하여 내림차순으로 정리한다.
↓
다항식의 곱

참고 복이차식

문자의 차수가 2차, 4차, 6차 등으로 되어 있는 다항식 즉, 차수가 짝수인 식

(1) x^2의 일차식으로 인수분해 되는 식: $x^2 = X$로 치환하여 X의 이차식을 인수분해한다.

예) $x^4 + 3x^2 + 2$를 인수분해 하여 보자.

→ $x^2 = X$로 놓으면
$x^4 + 3x^2 + 2$
$= X^2 + 3X + 2$
$= (X+1)(X+2)$
$= (x^2+1)(x^2+2)$

(2) x^2의 일차식으로 인수분해 되지 않는 식: x^2의 합을 적당히 더하고 빼어 $A^2 - B^2$의 꼴로 변형하여 인수분해 한다.

예) $x^4 + x^2 + 1$을 인수분해 하여 보자.

→ 준식이 완전제곱식이 되도록 x^2을 더하고 빼 주면
$x^4 + x^2 + 1 + x^2 - x^2$
$= (x^4 + 2x^2 + 1) - x^2$
$= (x^2+1)^2 - x^2$
$= (x^2+x+1)(x^2-x+1)$

- **항이 4개인 경우의 인수분해**
  (1) 두 개씩 짝을 지어 공통인수를 찾는다.
  (2) (1)이 안 될 때에는 완전제곱식이 되는 3개의 항을 찾아 인수분해 공식
  $a^2 - b^2 = (a+b)(a-b)$
  를 이용한다.

- **항이 5개 이상인 경우의 인수분해**
  차수가 가장 낮은 문자에 대하여 정리한다.

예제 1 복잡한 식의 인수분해

다음 식을 인수분해하시오.

(1) $xy + x + y + 1$

(2) $ab - a - b + 1$

(3) $xy - x - 2y + 2$

(4) $x^2y + 3x^2 - xy - 3x$

유제 1-1 다음 식을 인수분해하시오.

(1) $a^2 - ab + a - b$

(2) $3xy + x + 6y + 2$

(3) $6xz - 3x - 5y + 10yz$

(4) $x^2y + 4 - x^2 - 4y$

💡 **인수분해 요령**

차수가 가장 낮은 문자에 대하여 내림차순으로 정리하지만 차수가 같은 경우에는 어느 한 문자에 대하여 내림차순으로 정리한다.

유제 1-2 다음 식을 인수분해하시오.

(1) $a^2 - b^2 - 4b - 4$

(2) $ac - a^2b^2 + a^3 - b^2c$

(3) $a^2 - 4b^2 - 4bc - c^2$

(4) $x^2 - xy - 6x + 3y + 9$

44 인수분해를 이용한 수의 계산

정답과 해설 31쪽

수의 계산은 직접 계산해도 가능하지만 곱셈공식이나 인수분해를 이용하면 보다 편리하게 할 수 있는 경우가 있다.

예 98^2, 105^2, 55^2-45^2을 계산해 보자.

➡ 98^2 (i) 직접 계산 $98^2 = 98 \times 98 = 9604$

　　(ii) 곱셈 공식 이용

　　　$(a-b)^2 = a^2 - 2ab + b^2$을 이용

　　　$98^2 = (100-2)^2$
　　　　　$= 100^2 - 2 \times 100 \times 2 + 2^2$
　　　　　$= 10000 - 400 + 4 = 9604$

　105^2 (i) 직접 계산 $105^2 = 105 \times 105 = 11025$

　　(ii) 곱셈 공식 이용

　　　$(a+b)^2 = a^2 + 2ab + b^2$을 이용

　　　$105^2 = (100+5)^2$
　　　　　$= 100^2 + 2 \times 100 \times 5 + 5^2$
　　　　　$= 10000 + 1000 + 25 = 11025$

　$55^2 - 45^2$

　　(i) 직접 계산 $55^2 - 45^2 = 3025 - 2025 = 1000$

　　(ii) 인수분해 공식 이용

　　　$a^2 - b^2 = (a+b)(a-b)$을 이용

　　　$55^2 - 45^2 = (55+45)(55-45)$
　　　　　　　$= 100 \times 10 = 1000$

참고

98^2을 계산하여 보자

```
      98
　×　 98
　　 784
　　882
　　9604
```

105^2을 계산하여 보자

```
     105
　×　105
　　 525
　　 105
　　11025
```

$55^2 - 45^2$을 계산하여 보자

```
     55           45
　×　55        ×　45
　　275          225
　　275          180
　　3025         2025
```

$55^2 - 45^2$
$= 3025 - 2025 = 1000$

주어진 조건의 분모가 무리수이면 분모의 유리화를 먼저 해야 한다.

예제 1 인수분해의 이용

인수분해 공식을 이용하여 다음을 계산하시오.

(1) $95^2 - 85^2$

(2) $16^2 \times 20 - 10^2 \times 20$

(3) $\sqrt{25^2 - 15^2}$

(4) $7.2^2 + 2 \times 7.2 \times 2.8 + 2.8^2$

유제 1 인수분해 공식을 이용하여 다음을 계산하시오.

(1) $75^2 - 25^2$

(2) $(\sqrt{3}+1)^2 - (1-\sqrt{3})^2$

(3) $\sqrt{55^2 - 45^2}$

(4) $-1^2 + 3^2 - 5^2 + 7^2 - 9^2 + 11^2 - 13^2 + 15^2$

인수분해의 활용

주어진 식을 인수분해한 후 문자의 값을 대입하면 식의 값을 편리하게 구할 수 있다.

예 $x = 101$일 때
$x^2 - 2x + 1$의 값을 구하려면
$x^2 - 2x + 1 = (x-1)^2$에 x의 값을 대입하면
$(101-1)^2 = 100^2$
$ = 10000$

예제 2 인수분해의 이용

다음을 계산하시오.

(1) $x = \sqrt{3} - 1$일 때, $x^2 + 2x + 1$의 값

(2) $x = \sqrt{3} + \sqrt{2}$, $y = \sqrt{3} - \sqrt{2}$일 때, $x^2 + 2xy + y^2$의 값

(3) $x + y = 6$, $x - y = \sqrt{2}$일 때, $x^2 - y^2 - 2x + 1$의 값

유제 2 다음을 계산하시오.

(1) $x = 2 - \sqrt{3}$일 때, $x^2 - 4x + 4$의 값

(2) $a = \dfrac{99}{100}$, $b = \dfrac{1}{100}$일 때, $a^2 - b^2$의 값

(3) $x + y = 1$, $x - y = -1$일 때, $x^2 - y^2 - x - y$의 값

개념편 147

STEP 1 개념 다지기

01 다음 식을 인수분해하시오.

(1) $(x+5)^2+4(x+5)y+4y^2$

(2) $x^2-2xy+y^2-8x+8y+16$

(3) $(x^2+4x)^2+8(x^2+4x-1)+24$

02 인수분해를 이용하여 다음을 계산하시오.

(1) 35^2-25^2

(2) $(\sqrt{5}+1)^2-(1-\sqrt{5})^2$

(3) $\sqrt{50^2-40^2}$

(4) $2.5\times 6.5^2-2.5\times 3.5^2$

03 다음 식을 인수분해하시오.

(1) $xy-x-y+1$

(2) $(2x+1)^2-x^2+4x-4$

(3) $x^2+y^2-a^2-b^2-2xy+2ab$

04 다음을 계산하시오.

$$501\times 501+502\times 502-499\times 499-498\times 498$$

05 $x+y=5+\sqrt{5}, x-y=\sqrt{5}$ 일 때, x^2-5x-y^2+5y의 값을 구하시오.

STEP 2 소단원 종합 학습(1)

01 $(a-1)(a+1)^2$을 전개하면 a^3+a^2-a-1이 된다. 다음 중 a^3+a^2-a-1의 인수가 <u>아닌</u> 것은?

① $a+1$ ② a^2-1
③ $(a+1)^2$ ④ $(a-1)^2$
⑤ $(a+1)(a-1)$

02 다음 중 $6x^2+18x-24xy$의 인수인 것은?

① 4 ② $6x$ ③ $6xy$
④ $6x^2$ ⑤ $36xy^2$

03 $(x+1)^2+3(x+1)(y-1)+2(y-1)^2$을 인수분해하면 $(x+ay+b)(cx+y)$일 때, 상수 a, b, c에 대하여 $a+b+c$의 값을 구하면?

① 0 ② 1 ③ 2
④ 3 ⑤ 4

04 다음 중 $(x-3)(x+4)+10$의 인수인 것은?

① $x+2$ ② $x+1$ ③ $x-2$
④ $x+4$ ⑤ $x-3$

05 $x^2+Ax-36$의 한 인수가 $x-4$일 때, A는?

① 5 ② 6 ③ 7
④ 8 ⑤ 9

06 $(x+2)(x+4)-24$를 바르게 인수분해한 것은?

① $(x+4)(x-6)$ ② $(x-4)(x+6)$
③ $(x-8)(x+2)$ ④ $(x+2)(x+4)$
⑤ $(x+8)(x-2)$

07 x^2+ax+6이 $(x+2)(x+b)$로 인수분해 될 때, $a+b$의 값은?

① -2 ② 1 ③ 3
④ 5 ⑤ 8

08 $x^2-\dfrac{1}{4}x+a$가 완전제곱식이 되도록 a값을 정하면?

① $\dfrac{1}{2}$ ② $\dfrac{1}{4}$ ③ $\dfrac{1}{6}$
④ $\dfrac{1}{32}$ ⑤ $\dfrac{1}{64}$

STEP 2 소단원 종합 학습(1)

09 $a < b < 0$일 때,
$$\sqrt{a^2-2ab+b^2} - \sqrt{a^2+2ab+b^2}$$
을 간단히 하면?

① $-2a$ ② $-2b$ ③ $4ab$
④ $2a$ ⑤ $2b$

10 다음 보기의 다항식 중 $x+2$를 인수로 갖는 다항식을 모두 고른 것은?

> ㉠ $3x^2+6x$ ㉡ x^2+3x+9
> ㉢ x^2-4 ㉣ $2x^2-7x+6$
> ㉤ $(x+2)^2-3(x+2)+2$

① ㉠, ㉢   ② ㉠, ㉤   ③ ㉡, ㉢
④ ㉢, ㉤   ⑤ ㉣, ㉤

11 x, y의 변역이 $x>0, y>0$일 때, $x^2+3xy-18y^2=0$에서 $\dfrac{x}{y}$의 값은?

① $\dfrac{1}{3}$ ② $-\dfrac{1}{3}$ ③ $\dfrac{1}{6}$
④ 6 ⑤ 3

12 다음 중 완전제곱식으로 인수분해할 수 없는 것은?

① $x^2+14x+49$
② $25x^2+10xy+y^2$
③ $4x^2-12xy+9y^2$
④ $x^2+0.4x+0.4$
⑤ $\dfrac{1}{4}x^2-\dfrac{1}{3}xy+\dfrac{1}{9}y^2$

13 $3(x-2)^2-75$를 인수분해 하면 $a(x+b)(x+c)$가 된다. 이 때, $a+b+c$의 값은?

① 3 ② 6 ③ 9
④ -3 ⑤ -1

14 다음 중 유리수 범위에서 인수분해 할 수 없는 것은?

① $x^2-4x-21$ ② x^2-49
③ $x^2-\dfrac{1}{9}$ ④ x^2-5
⑤ x^2-1

15 $(a+1)^2-a-1$를 인수분해 하면?

① $a(a+1)$ ② $a(a-1)$
③ $(a-1)(a+1)$ ④ $a(-a-1)$
⑤ $(a+1)^2$

16 두 양의 수 a, b 사이에 $a^2 - b^2 = -a - b$인 관계가 성립할 때, b는 a보다 얼마나 크다고 할 수 있겠는가?

① -1   ② 1   ③ -2
④ 2   ⑤ 3

17 $x(x-y) - y(y-x)$를 인수분해 하면?

① $(x-y)^2$ ② $(x+y)^2$
③ $(x-y)(x+y)$ ④ $x^2 + y^2$
⑤ $(x-y)(x-1)$

18 두 식 $2x^2 - 5x + 3$과 $3x^2 - 2x - 1$의 공통 인수는?

① $x - 1$ ② $x + 1$ ③ $2x - 3$
④ $3x + 1$ ⑤ $3x - 1$

19 $(2x+1)^2 - (x-2)^2 = (3x+a)(x+b)$일 때, $a - b$의 값은?

① -4   ② -3   ③ -2
④ -1   ⑤ 2

20 $x - 3y = 4$일 때, $x^2 - 6xy + 9y^2 + 4$의 값은?

① 10   ② 12   ③ 14
④ 18   ⑤ 20

서술형

21 $2x^2 + 5x - 3$을 인수분해 하면 $(ax+b)(cx+d)$이다. $a+b+c+d$의 값을 구하시오.

22 $x^2 + Ax - 8$의 한 인수가 $x - 4$일 때, A의 값을 구하시오.

23 x^2의 계수가 1인 어떤 이차식을 인수분해하는데 철수는 x의 계수를 잘못 보아 $(x+2)(x-4)$를 인수분해하였고, 수진이는 상수항을 잘못 보아 $(x+3)(x+4)$로 인수분해하였다. 처음 이차식을 바르게 인수분해 하시오.

24 $(ax-2)^2 - (4x-1)^2 = (3x-1)(bx-3)$일 때, $a+b$의 값을 구하시오. (단, $a > 0$)

25 $4x^2 + Ax + 9$가 완전제곱식이 되도록 하는 음수 A의 값을 구하시오.

STEP 2 소단원 종합 학습(2)

정답과 해설 33쪽

01 다음 중 $(x+4)^2+2(x+4)-8$의 인수인 것은?
① x ② $x+2$ ③ $x-2$
④ $x+4$ ⑤ $x-4$

02 $(x+y)^2-5x-5y+4$를 인수분해 하였을 때, 인수가 되는 것은?
① $x-y$ ② $x-y-1$
③ $x+y+4$ ④ $x+y-1$
⑤ $x+y+5$

03 $(x^2+1)^2(x+1)^2(x-1)^2=x^8+A+1$일 때, A는?
① $2x^4$ ② $-2x^4$
③ $-2x^4+x^2-x$ ④ $-2x^4+x^2$
⑤ $-2x^4-x^2+x$

04 다음 중 x^4-13x^2+36의 인수가 아닌 것은?
① $x-4$ ② $x+2$ ③ $x-2$
④ $x+3$ ⑤ $x-3$

05 $a^2-2ab+b^2-x^2-4x-4$
$=(a-b+x+2)(\boxed{})$에서 □ 안에 알맞은 식은?
① $a+b+x+2$ ② $a+b-x+2$
③ $a-b+x-2$ ④ $a-b-x+2$
⑤ $a-b-x-2$

06 x^4-1의 인수가 아닌 것은?
① $x+1$ ② $x-1$ ③ x^2+1
④ $(x+1)^2$ ⑤ x^2-1

07 인수분해 공식을 이용하여 다음 계산을 하면?

$$1-3^2+5^2-7^2+9^2-11^2+13^2-15^2+17^2-19^2$$

① -100 ② -120 ③ -160
④ -180 ⑤ -200

08 $3<x<4$일 때,
$\sqrt{9-6x+x^2}-\sqrt{x^2+4x+4}$를 간단히 하면?
① $2x-1$ ② $-2x+1$ ③ -5
④ -1 ⑤ 5

09 x^3+Ax^2+Bx+1을 인수분해 하였을 때, $(x+1)$과 $(x-2)$를 인수로 갖는다. 이 때, $A+B$의 값은?

① 2 ② -2 ③ 3
④ -3 ⑤ 4

10 $(x^2+5x)^2+10(x^2+5x)+24$를 인수분해 하면, $(x+a)(x+b)(x+c)(x+d)$이다. 이 때, $a \times b \times c \times d$의 값은?

① 48 ② 36 ③ 30
④ 28 ⑤ 24

11 인수분해를 이용하여 $\sqrt{0.965^2-0.475^2}$ 을 계산하면?

① 0.84 ② 0.72 ③ 0.76
④ 0.78 ⑤ 0.86

12 $4x^2+\square xy+\dfrac{1}{4}y^2$이 완전제곱식이 될 때, □ 안에 알맞은 것은?

① $\pm\dfrac{1}{2}$ ② ± 2 ③ $\pm\dfrac{1}{4}$
④ ± 4 ⑤ ± 1

13 다항식 $(x-2y)(x-2y-4)-12$를 인수분해 하면 $(x+ay+b)(x+ay+c)$가 된다. 이 때, $a+b+c$의 값은?

① 1 ② 2 ③ -3
④ -4 ⑤ -6

14 $ab+a-b-1$과 $1-a-b+ab$의 공통인수는?

① $a-1$ ② $a+1$ ③ $b-1$
④ $b+1$ ⑤ $a-b$

15 $x^2+3x-9=0$일 때, $(x-1)(x-2)(x+4)(x+5)$의 값은?

① 9 ② 12 ③ -12
④ -9 ⑤ -5

16 두 식 $a^2-2ab+b^2-bc+ac$, $ab-b^2+ac+c^2$의 공통인수는?

① $a-b$ ② $a+b$ ③ $b+c$
④ $a-b-c$ ⑤ $a-b+c$

STEP 2 소단원 종합 학습(2)

17 자연수 $2^{40}-1$은 30과 40 사이의 두 자연수에 의하여 나누어 떨어진다. 이 두 자연수의 합은?

① 64   ② 66   ③ 68
④ 70   ⑤ 72

18 $x^2-y^2+4x+2y+3$을 인수분해 하였을 때, 인수인 것은?

① $x+y-1$ ② $x-y+1$
③ $x+y-3$ ④ $x-y+3$
⑤ $x+y+3$

19 $a^2-b^2+3a-3b$를 인수분해 하면?

① $(a-b)(a+b-3)$
② $(a-b)(a+b+3)$
③ $(a-b)(a-b-3)$
④ $(a+b)(a+b-3)$
⑤ $(a+b)(a-b+3)$

20 $x^2-xy-3x-2y^2+6y$를 인수분해 하면?

① $(x+2y)(x-y-3)$
② $(x-2y)(x+y+3)$
③ $(x+2y)(x-y+3)$
④ $(x-2y)(x+y-3)$
⑤ $(x-3y)(x+y-2)$

서술형

21 $2x^2y-12xy-14y$를 인수분해 하면 $2y(ax+b)(cx+d)$가 된다. $a+b+c+d$의 값을 구하시오.

22 x^2-y^2+6y-9를 인수분해 하면 $(ax+by-3)(cx+dy+3)$가 된다. $abcd$의 값을 구하시오.

23 $x^2-y^2+3x+y+2$를 인수분해 하면 $(ax+by+2)(x+y+c)$이다. $a+b+c$의 값을 구하시오.

24 $b<a<0$일 때,
$\sqrt{a^2+2ab+b^2}-\sqrt{a^2-2ab+b^2}$ 을 간단히 하시오.

25 $x^2-xy-2y^2+5y+2x-3$을 인수분해 하면 $(x+ay+b)(x+cy+d)$로 나타낼 수 있다. $a+b+c+d$의 값을 구하시오.

45 제곱근의 곱셈과 나눗셈

(1) 제곱근의 곱셈

$a>0, b>0, m, n$이 유리수일 때

① $\sqrt{a}\times\sqrt{b}=\sqrt{a}\sqrt{b}=\sqrt{ab}$
② $m\times\sqrt{a}=m\sqrt{a}$
③ $m\sqrt{a}\times n\sqrt{b}=mn\sqrt{ab}$

예 ① $\sqrt{2}\sqrt{3}=\sqrt{6}$
② $5\times\sqrt{3}=5\sqrt{3}$
③ $2\sqrt{2}\times3\sqrt{3}=6\sqrt{6}$

(2) 제곱근의 나눗셈

$a>0, b>0, m, n$이 유리수일 때

① $\sqrt{a}\div\sqrt{b}=\dfrac{\sqrt{a}}{\sqrt{b}}=\sqrt{\dfrac{a}{b}}$
② $m\sqrt{a}\div n\sqrt{b}=\dfrac{m\sqrt{a}}{n\sqrt{b}}=\dfrac{m}{n}\sqrt{\dfrac{a}{b}}$

예 ① $\sqrt{3}\div\sqrt{5}=\dfrac{\sqrt{3}}{\sqrt{5}}=\sqrt{\dfrac{3}{5}}$
② $8\sqrt{3}\div2\sqrt{5}=4\sqrt{\dfrac{3}{5}}$

💡 **제곱근의 곱셈**

$a>0, b>0$일 때
$\sqrt{a}\sqrt{b}=\sqrt{ab}$

[증명] $\sqrt{2}\times\sqrt{3}$은 양수이고, 제곱하면
$(\sqrt{2}\times\sqrt{3})^2$
$=(\sqrt{2}\times\sqrt{3})\times(\sqrt{2}\times\sqrt{3})$
$=(\sqrt{2})^2\times(\sqrt{3})^2=2\times3$
$\sqrt{2}\times\sqrt{3}$은 2×3의 양의 제곱근이다.
$\therefore \sqrt{2}\times\sqrt{3}=\sqrt{2\times3}$

예제 1 제곱근의 곱셈

다음 수를 $\sqrt{a}$의 꼴로 나타내어라.

(1) $\sqrt{2}\times\sqrt{7}$
(2) $\sqrt{2}\times\sqrt{13}$
(3) $\sqrt{5}\times\sqrt{11}$
(4) $\sqrt{3}\times\sqrt{7}$

유제 1 다음 수를 $\sqrt{a}$의 꼴로 나타내어라.

(1) $\sqrt{2}\times\sqrt{8}$
(2) $\sqrt{3}\times\sqrt{12}$
(3) $\sqrt{\dfrac{5}{6}}\times\sqrt{\dfrac{4}{5}}$
(4) $\sqrt{\dfrac{36}{7}}\times\sqrt{\dfrac{7}{9}}$

💡 **제곱근의 나눗셈**

$a>0, b>0$일 때
$\dfrac{\sqrt{a}}{\sqrt{b}}=\sqrt{\dfrac{a}{b}}$

[증명] $\dfrac{\sqrt{2}}{\sqrt{3}}$은 양수이고, 제곱하면
$\left(\dfrac{\sqrt{2}}{\sqrt{3}}\right)^2=\dfrac{(\sqrt{2})^2}{(\sqrt{3})^2}=\dfrac{2}{3}$

따라서 $\dfrac{\sqrt{2}}{\sqrt{3}}$는 $\dfrac{2}{3}$의 양의 제곱근이므로 $\dfrac{\sqrt{2}}{\sqrt{3}}=\sqrt{\dfrac{2}{3}}$

예제 2 제곱근의 나눗셈

다음 수를 $\sqrt{a}$의 꼴로 나타내어라.

(1) $\dfrac{\sqrt{14}}{\sqrt{2}}$
(2) $\dfrac{\sqrt{27}}{\sqrt{12}}$
(3) $\sqrt{42}\div\sqrt{6}$
(4) $\sqrt{50}\div\sqrt{10}$

유제 2 다음 수를 $\sqrt{a}$의 꼴로 나타내어라.

(1) $\dfrac{\sqrt{20}}{\sqrt{5}}$
(2) $\dfrac{\sqrt{32}}{\sqrt{2}}$
(3) $\sqrt{50}\div\sqrt{2}$
(4) $\sqrt{\dfrac{14}{11}}\div\sqrt{\dfrac{7}{22}}$

46 근호가 있는 식의 변형

근호 안의 수를 소인수분해 했을 때, 어떤 수의 제곱을 포함한 곱의 꼴로 나타내어지면 제곱인 수를 근호 밖으로 빼낼 수 있다.

$a > 0, b > 0$일 때

(1) $\sqrt{a^2 b} = \sqrt{a^2}\sqrt{b} = a\sqrt{b}$

(2) $\sqrt{\dfrac{a}{b^2}} = \dfrac{\sqrt{a}}{\sqrt{b^2}} = \dfrac{\sqrt{a}}{b}$

예 $\sqrt{12} = \sqrt{2^2 \times 3}$
$= \sqrt{2^2} \times \sqrt{3}$
$= 2\sqrt{3}$

예 $\sqrt{\dfrac{5}{9}} = \dfrac{\sqrt{5}}{\sqrt{3^2}} = \dfrac{\sqrt{5}}{3}$

참고 제곱인 수를 근호 밖으로

$\boxed{a}\sqrt{b} = \sqrt{a^2 b}$

제곱하여 근호 안으로

제곱근의 성질

a, b가 양수일 때
$a\sqrt{b} = \sqrt{a^2 b}$

[증명] $3\sqrt{2}$에서 근호 밖의 수 3을 근호 안에 넣어 $\sqrt{a}$의 꼴로 고치면
$3\sqrt{2} = \sqrt{3^2}\sqrt{2} = \sqrt{9}\sqrt{2}$
$= \sqrt{9 \times 2} = \sqrt{18}$

예제 1 근호 밖의 수를 근호 안으로 넣기

다음에서 근호 밖의 수를 근호 안에 넣어라.
(1) $3\sqrt{5}$ (2) $4\sqrt{2}$
(3) $-5\sqrt{3}$ (4) $-6\sqrt{2}$

유제 1 다음에서 근호 밖의 수를 근호 안에 넣어라.
(1) $5\sqrt{2}$ (2) $-10\sqrt{3}$
(3) $\dfrac{\sqrt{15}}{3}$ (4) $-9\sqrt{5}$

제곱근의 대소

$a > 0, b > 0$일 때
$\sqrt{a} < \sqrt{b}$이면 $a < b$이고
$a < b$이면 $\sqrt{a} < \sqrt{b}$

예제 2 제곱근의 대소

다음 수의 대소를 부등호를 써서 나타내어라.
(1) $2\sqrt{3}$ □ $3\sqrt{2}$ (2) $5\sqrt{3}$ □ $4\sqrt{5}$
(3) $5\sqrt{3}$ □ $2\sqrt{3}\sqrt{6}$ (4) $4\sqrt{3}$ □ 7

유제 2 다음 수의 대소를 부등호를 써서 나타내어라.
(1) $4\sqrt{3}$ □ $5\sqrt{2}$ (2) $-\sqrt{18}$ □ -4
(3) $3\sqrt{5}$ □ $2\sqrt{11}$ (4) $2+\sqrt{5}$ □ $7-\sqrt{5}$

제곱근의 성질

a, b가 양수일 때
$$\sqrt{a^2 b} = a\sqrt{b}$$

[증명] $\sqrt{18}$에서 근호 안의 제곱인 인수를 근호 밖으로 꺼내어 $a\sqrt{b}$의 꼴로 고치면
$$\begin{aligned}\sqrt{18} &= \sqrt{3^2 \times 2} \\ &= \sqrt{3^2} \times \sqrt{2} \\ &= 3\sqrt{2}\end{aligned}$$

예제 3 제곱근의 변형

다음 수를 $a\sqrt{b}$의 꼴로 나타내어라.
(1) $\sqrt{28}$ (2) $\sqrt{40}$
(3) $\sqrt{108}$ (4) $\sqrt{125}$

유제 3 다음 수를 $a\sqrt{b}$의 꼴로 나타내어라.
(1) $\sqrt{98}$ (2) $\sqrt{175}$
(3) $-\sqrt{27}$ (4) $-\sqrt{147}$

$\dfrac{\sqrt{a}}{\sqrt{b}} = \sqrt{\dfrac{a}{b}}$의 증명

$x = \dfrac{\sqrt{a}}{\sqrt{b}}$라고 하면
$$x^2 = \left(\dfrac{\sqrt{a}}{\sqrt{b}}\right)^2 = \dfrac{(\sqrt{a})^2}{(\sqrt{b})^2} = \dfrac{a}{b}$$
이고 $x > 0$이므로 x는 $\dfrac{a}{b}$의 양의 제곱근, 즉 $x = \sqrt{\dfrac{a}{b}}$이다.

예제 4 제곱근의 변형

다음 수를 $a\sqrt{b}$의 꼴로 나타내어라.
(1) $\sqrt{\dfrac{32}{125}}$ (2) $\sqrt{\dfrac{27}{121}}$
(3) $\sqrt{\dfrac{5}{16}}$ (4) $\sqrt{0.018}$

유제 4 다음 수를 $a\sqrt{b}$의 꼴로 나타내어라.
(1) $\sqrt{\dfrac{45}{6}}$ (2) $\sqrt{\dfrac{60}{72}}$
(3) $\sqrt{\dfrac{50}{3}}$ (4) $\sqrt{\dfrac{48}{2}}$

STEP 1 개념 다지기

01 다음을 $a\sqrt{b}$ 또는 $\dfrac{\sqrt{a}}{b}$의 꼴로 나타내어라. (단, 근호안의 a, b는 가장 작은 자연수)

(1) $\sqrt{48}$ (2) $\sqrt{50}$ (3) $-\sqrt{54}$

(4) $-\sqrt{18}$ (5) $\sqrt{\dfrac{5}{49}}$ (6) $\sqrt{0.02}$

02 다음 식을 간단히 하시오.

(1) $3\sqrt{5} \times \sqrt{3}$ (2) $\sqrt{12} \times \sqrt{21}$ (3) $\sqrt{48} \div 2\sqrt{6}$

(4) $\sqrt{50} \div 2\sqrt{6} \times \sqrt{12}$ (5) $\sqrt{6} \times \sqrt{2} \div \sqrt{3}$ (6) $3\sqrt{21} \times 2\sqrt{3} \div \sqrt{7}$

03 다음 중 계산이 옳지 <u>않은</u> 것은?

① $\sqrt{8} \times \sqrt{48} = 8\sqrt{6}$

② $-3 \times 5\sqrt{2} \times (-2\sqrt{3}) = 30\sqrt{6}$

③ $3\sqrt{6} \div \sqrt{8} \div \sqrt{3} = \dfrac{3}{2}$

④ $2\sqrt{5} \times \sqrt{6} \div \sqrt{3} = 2\sqrt{10}$

⑤ $\sqrt{50} \div 2\sqrt{6} \times \sqrt{12} = \sqrt{5}$

04 $a > 0, b > 0$일 때, 다음 중 옳지 <u>않은</u> 것은?

① $-\sqrt{a^2 b} = -a\sqrt{b}$

② $\sqrt{a^2 b^2} = \sqrt{a^2} \times \sqrt{b^2}$

③ $\sqrt{\dfrac{a}{b}} = \dfrac{\sqrt{a}}{\sqrt{b}}$

④ $\sqrt{\dfrac{a}{b^2}} = \dfrac{\sqrt{a}}{b}$

⑤ $\sqrt{a^2 + b^2} = a + b$

05 $\dfrac{3\sqrt{3}}{\sqrt{2}} \div \dfrac{\sqrt{6}}{\sqrt{5}} \times \dfrac{\sqrt{8}}{\sqrt{18}}$ 을 간단히 하면?

① $2\sqrt{2}$ ② $3\sqrt{2}$ ③ $\sqrt{5}$

④ $\sqrt{6}$ ⑤ $2\sqrt{5}$

47 분모의 유리화

정답과 해설 35쪽

(1) 분모의 유리화

분모에 근호가 들어 있을 때, 분수의 분모, 분자에 0이 아닌 같은 무리수를 곱하여 분모를 유리수로 고치는 것을 분모의 유리화라고 한다.

(2) 분모의 유리화 방법

① $\dfrac{a}{\sqrt{b}} = \dfrac{a \times \sqrt{b}}{\sqrt{b} \times \sqrt{b}} = \dfrac{a\sqrt{b}}{b}$ (단, $b > 0$)

② $\dfrac{\sqrt{a}}{\sqrt{b}} = \dfrac{\sqrt{a} \times \sqrt{b}}{\sqrt{b} \times \sqrt{b}} = \dfrac{\sqrt{ab}}{b}$ (단, $a > 0$, $b > 0$)

③ $\dfrac{b}{m\sqrt{a}} = \dfrac{b \times \sqrt{a}}{m\sqrt{a} \times \sqrt{a}} = \dfrac{b \times \sqrt{a}}{m \times (\sqrt{a})^2} = \dfrac{b\sqrt{a}}{ma}$

예) $\dfrac{1}{\sqrt{3}} = \dfrac{1 \times \sqrt{3}}{\sqrt{3} \times \sqrt{3}} = \dfrac{\sqrt{3}}{3}$

예) $\dfrac{3}{\sqrt{2}} = \dfrac{3 \times \sqrt{2}}{\sqrt{2} \times \sqrt{2}} = \dfrac{3\sqrt{2}}{2}$

$\dfrac{\sqrt{2}}{\sqrt{3}} = \dfrac{\sqrt{2} \times \sqrt{3}}{\sqrt{3} \times \sqrt{3}} = \dfrac{\sqrt{6}}{3}$

예) $\dfrac{5}{2\sqrt{3}} = \dfrac{5 \times \sqrt{3}}{2\sqrt{3} \times \sqrt{3}}$

$= \dfrac{5 \times \sqrt{3}}{2 \times (\sqrt{3})^2} = \dfrac{5\sqrt{3}}{6}$

💡 **분모의 유리화란 무리수로 된 분모를 유리수로 고치는 것**

[방법] 분모에 있는 무리수를 분모, 분자에 곱하여 분모를 유리화한다.

예) $\dfrac{1}{\sqrt{a}} = \dfrac{\sqrt{a}}{\sqrt{a}\sqrt{a}} = \dfrac{\sqrt{a}}{a}$

$\dfrac{a}{\sqrt{b}} = \dfrac{a\sqrt{b}}{\sqrt{b}\sqrt{b}} = \dfrac{a\sqrt{b}}{b}$

예제 1 분모의 유리화

다음 수의 분모를 유리화 하시오.

(1) $\dfrac{1}{\sqrt{2}}$ (2) $\dfrac{\sqrt{2}}{\sqrt{5}}$ (3) $\dfrac{3}{\sqrt{2}}$ (4) $\dfrac{3}{2\sqrt{6}}$

유제 1 다음 수의 분모를 유리화 하시오.

(1) $\dfrac{\sqrt{2}}{3\sqrt{5}}$ (2) $\dfrac{6}{\sqrt{3}}$ (3) $\dfrac{\sqrt{6}}{5\sqrt{2}}$ (4) $\dfrac{3\sqrt{2}}{\sqrt{12}}$

💡 **분모를 유리화하여 근삿값 구하기**

$\dfrac{3}{\sqrt{2}}$의 근삿값을 구할 때 3을 $\sqrt{2}$의 근삿값 1.414로 나누면 계산이 복잡해지므로 $\dfrac{3}{\sqrt{2}}$의 분자와 분모에 각각 $\sqrt{2}$를 곱하여 계산한다.

$\dfrac{3}{\sqrt{2}} = \dfrac{3 \times \sqrt{2}}{\sqrt{2} \times \sqrt{2}} = \dfrac{3\sqrt{2}}{2}$

$≒ \dfrac{3 \times 1.414}{2} = 2.121$

예제 2 제곱근의 뜻

$\sqrt{3} ≒ 1.732$일 때, 다음 수의 근삿값을 구하시오.

(1) $\dfrac{3}{\sqrt{3}}$ (2) $\dfrac{6}{\sqrt{3}}$ (3) $\dfrac{3}{4\sqrt{3}}$ (4) $\dfrac{15}{2\sqrt{3}}$

유제 2 $\sqrt{2} ≒ 1.414$, $\sqrt{3} ≒ 1.732$일 때, 다음 수의 근삿값을 구하시오.

(1) $\dfrac{3}{\sqrt{2}}$ (2) $\dfrac{4}{\sqrt{3}}$ (3) $\dfrac{3}{2\sqrt{2}}$ (4) $\dfrac{1}{\sqrt{27}}$

STEP 1 개념 다지기

01 다음 분수의 분모를 유리화 하시오.

(1) $\dfrac{5}{\sqrt{3}}$ (2) $\dfrac{\sqrt{7}}{\sqrt{5}}$ (3) $-\sqrt{\dfrac{7}{4}}$

(4) $\dfrac{4\sqrt{3}}{\sqrt{8}}$ (5) $\dfrac{\sqrt{5}}{\sqrt{2}\sqrt{7}}$ (6) $\dfrac{\sqrt{2}+\sqrt{6}}{\sqrt{3}}$

02 다음 식을 간단히 한 후 분모를 유리화 하시오.

(1) $\sqrt{10}\div\sqrt{6}$ (2) $\sqrt{27}\times 5\sqrt{6}\div 5\sqrt{3}$

(3) $3\sqrt{\dfrac{6}{5}}\div\sqrt{\dfrac{7}{15}}$ (4) $\dfrac{2}{\sqrt{10}}\times\sqrt{50}\div\sqrt{24}$

03 $\dfrac{6}{\sqrt{12}}=a\sqrt{3}$, $\dfrac{\sqrt{12}}{\sqrt{40}}=b\sqrt{30}$ 일 때, $a+10b$의 값은?

① 2 ② 4 ③ 6 ④ 8 ⑤ 10

04 $\dfrac{3}{\sqrt{18}}=\dfrac{\sqrt{2}}{\square}$ 에서 □ 안에 알맞은 수는?

① 2 ② 3 ③ 6 ④ 9 ⑤ 18

05 $a>0, b>0$일 때, 다음 중 옳지 <u>않은</u> 것은?

① $\sqrt{a}\sqrt{b}=\sqrt{ab}$ ② $-\sqrt{a^2b}=-a\sqrt{b}$ ③ $\dfrac{\sqrt{b}}{\sqrt{a}}=\sqrt{\dfrac{b}{a}}$

④ $\dfrac{b}{\sqrt{a}}=\dfrac{b\sqrt{a}}{a}$ ⑤ $\sqrt{a}+\sqrt{b}=\sqrt{a+b}$

48 제곱근의 덧셈과 뺄셈

정답과 해설 36쪽

(1) 실수에서도 분배법칙이 성립한다. 즉, 근호부분이 같은 것은 다항식의 덧셈과 뺄셈에서 동류항끼리의 덧셈과 뺄셈을 하는 것과 같은 방법으로 계산한다.

(2) $a>0$이고 m, n이 유리수 일 때,
① $m\sqrt{a}+n\sqrt{a}=(m+n)\sqrt{a}$
② $m\sqrt{a}-n\sqrt{a}=(m-n)\sqrt{a}$

(3) 다른 무리수끼리의 덧셈과 뺄셈은 더 이상 간단히 되지 않는다.
$\sqrt{a}+\sqrt{b} \neq \sqrt{a+b}$

예) $8\sqrt{3}-2\sqrt{3}=(8-2)\sqrt{3}=6\sqrt{3}$

예) $3\sqrt{2}+4\sqrt{2}=(3+4)\sqrt{2}=7\sqrt{2}$

예) $\sqrt{2}+\sqrt{3}$ 은 더 이상 간단히 할 수 없다.

조심
$\sqrt{8}-\sqrt{2} \neq \sqrt{8-2}=\sqrt{6}$
$\sqrt{8}-\sqrt{2}=2\sqrt{2}-\sqrt{2} \neq 2$

 제곱근의 덧셈과 뺄셈

근호를 포함하고 있는 식의 덧셈과 뺄셈은 문자를 포함하고 있는 식의 덧셈과 뺄셈에서와 같이 동류항을 모아 정리하는 방법으로 계산한다.
$3\sqrt{2}+4\sqrt{2}=(3+4)\sqrt{2}$
$\qquad =7\sqrt{2}$
$6\sqrt{3}-2\sqrt{3}=(6-2)\sqrt{3}$
$\qquad =4\sqrt{3}$

제곱근의 덧셈과 뺄셈

• 다항식의 계산에서 동류항끼리만 덧셈, 뺄셈을 하듯이 근호 안의 수가 같은 것끼리만 덧셈, 뺄셈을 할 수 있다.

• $a>0, b>0$일 때,
$\sqrt{a}+\sqrt{b} \neq \sqrt{a+b}$
$\sqrt{a}-\sqrt{b} \neq \sqrt{a-b}$

※ $3\sqrt{2}-\sqrt{2} \neq 3$

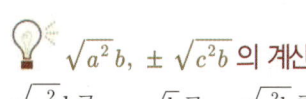 $\sqrt{a^2 b}, \pm\sqrt{c^2 b}$ 의 계산

$\sqrt{a^2 b}$를 $a\sqrt{b}$로 $\sqrt{c^2 b}$를 $c\sqrt{b}$로 고친 다음에 계산한다.

• 무리수의 덧셈과 뺄셈은 근호 안의 수가 다를 때에는 간단히 할 수 없다.

• $4\sqrt{3}-10\sqrt{3}=-6$과 같이 근호 앞의 숫자만 계산하지 않도록 주의시킨다.

예제 1 무리수의 덧셈과 뺄셈

다음 식을 간단히 하시오.
(1) $3\sqrt{2}+4\sqrt{2}$
(2) $6\sqrt{2}+4\sqrt{5}+6\sqrt{2}+7\sqrt{5}$
(3) $2\sqrt{5}-6\sqrt{5}$
(4) $5\sqrt{2}+4\sqrt{2}-6\sqrt{2}$

유제 1 다음 식을 간단히 하시오.
(1) $5\sqrt{7}+3\sqrt{7}$
(2) $4\sqrt{3}+2\sqrt{3}+\sqrt{5}+3\sqrt{3}$
(3) $8\sqrt{2}-7\sqrt{3}-3\sqrt{2}+\sqrt{3}$
(4) $\dfrac{2\sqrt{6}}{3}-\dfrac{3\sqrt{6}}{4}$

예제 2 무리수의 덧셈과 뺄셈

다음 계산을 하시오.
(1) $\sqrt{12}-\sqrt{48}$
(2) $\sqrt{98}+\sqrt{2}+\sqrt{72}$
(3) $3\sqrt{20}+\sqrt{80}+\sqrt{48}+2\sqrt{27}$
(4) $\sqrt{20}-\sqrt{32}+2\sqrt{18}-3\sqrt{5}$

유제 2 다음 계산을 하시오.
(1) $2\sqrt{2}-\sqrt{18}$
(2) $2\sqrt{54}-\dfrac{5}{2}\sqrt{6}$
(3) $\sqrt{98}-\sqrt{50}+\sqrt{2}-\sqrt{75}$
(4) $3\sqrt{20}+\sqrt{80}-\sqrt{48}-2\sqrt{27}$

49 근호가 있는 복잡한 식의 계산방법

근호를 포함한 식이 복잡한 경우에는 실수의 연산법칙에 따라 다음과 같이 계산한다.

(1) 괄호가 있는 경우는 분배법칙을 써서 괄호를 푼다.
    $a > 0, b > 0, c > 0$일 때,
    ① $\sqrt{a}(\sqrt{b} \pm \sqrt{c}) = \sqrt{a}\sqrt{b} \pm \sqrt{a}\sqrt{c} = \sqrt{ab} \pm \sqrt{ac}$
    ② $(\sqrt{a} \pm \sqrt{b})\sqrt{c} = \sqrt{a}\sqrt{c} \pm \sqrt{b}\sqrt{c} = \sqrt{ac} \pm \sqrt{bc}$
(2) 분모에 무리수가 있는 경우 분모를 유리화 한다.
(3) 덧셈, 뺄셈, 곱셈, 나눗셈이 섞여 있는 경우는 곱셈과 나눗셈을 먼저 한 후 덧셈과 뺄셈을 한다.

예) $\sqrt{2}(\sqrt{5} + \sqrt{7})$
$= \sqrt{2} \times \sqrt{5} + \sqrt{2} \times \sqrt{7}$
$= \sqrt{10} + \sqrt{14}$

무리수의 분배법칙

$a > 0, b > 0, c > 0$일 때,
$\sqrt{a}(\sqrt{b} + \sqrt{c})$
$= \sqrt{a}\sqrt{b} + \sqrt{a}\sqrt{c}$
$= \sqrt{ab} + \sqrt{ac}$

예) $\sqrt{3}(\sqrt{2} + \sqrt{5})$
$= \sqrt{3} \times \sqrt{2} + \sqrt{3} \times \sqrt{5}$
$= \sqrt{6} + \sqrt{15}$

예제 1 분배법칙을 이용한 무리수의 계산

다음 계산을 하시오.
(1) $2\sqrt{3}(2\sqrt{3} + 6)$
(2) $\sqrt{5}(3\sqrt{5} - 2\sqrt{15})$
(3) $(3\sqrt{18} - \sqrt{12}) \div \sqrt{2}$
(4) $(2\sqrt{27} - \sqrt{15}) \div \sqrt{3}$
(5) $(\sqrt{2} + 1)(\sqrt{2} + 3)$
(5) $(\sqrt{3} + \sqrt{2})^2$

괄호가 있으면 괄호를 풀고, 분모에 무리수가 있으면 분모를 유리화한 다음 근호 안의 수가 같은 것끼리 모아서 덧셈, 뺄셈을 한다.

유제 1 다음 계산을 하시오.
(1) $\sqrt{2}(1 + \sqrt{6})$
(2) $6(\sqrt{2} + 3) - \sqrt{3}(\sqrt{6} + \sqrt{3})$
(3) $\dfrac{2}{\sqrt{2}} + \dfrac{6}{\sqrt{3}} + \sqrt{18} - \sqrt{12}$
(4) $\dfrac{5}{\sqrt{2}} - \dfrac{5}{2}\sqrt{2} + \dfrac{2}{\sqrt{3}} - \dfrac{2}{3}\sqrt{3}$
(5) $\dfrac{4}{\sqrt{2}} - \sqrt{2}(4 + 2\sqrt{2})$
(6) $2\sqrt{3}(1 - \sqrt{3}) + \dfrac{3}{\sqrt{3}}$

STEP 1 개념 다지기

01 다음 식을 간단히 하시오.

(1) $4\sqrt{3}+\sqrt{27}+5\sqrt{2}-5\sqrt{8}$

(2) $2\sqrt{6}-\sqrt{3}+\sqrt{48}-\sqrt{54}$

(3) $\sqrt{3}-5\sqrt{6}-\sqrt{12}+3\sqrt{24}$

(4) $2\sqrt{5}(\sqrt{5}-2\sqrt{10})$

(5) $2\sqrt{18}-\sqrt{2}(1+2\sqrt{6})+\sqrt{32}$

(6) $\sqrt{2}(2\sqrt{3}+6)-\dfrac{4\sqrt{3}-2}{\sqrt{2}}$

02 $\dfrac{\sqrt{12}-\sqrt{3}}{\sqrt{6}}-\dfrac{3(1-\sqrt{2})}{\sqrt{2}}$를 간단히 하시오.

03 $\sqrt{\dfrac{8}{3}}-(\sqrt{18}+\sqrt{3})\div\sqrt{2}+\sqrt{24}+3$을 간단히 하면?

① $\dfrac{\sqrt{6}}{2}$ ② $\dfrac{3\sqrt{6}}{2}$ ③ $\dfrac{11\sqrt{6}}{2}$

④ $\dfrac{13\sqrt{6}}{6}$ ⑤ $\dfrac{17\sqrt{9}}{9}$

04 $a=3\sqrt{2}+\dfrac{7\sqrt{3}}{2}$, $b=\sqrt{2}+\dfrac{\sqrt{3}}{2}$일 때, $\sqrt{3}(a-2b)-2\sqrt{2}b$의 값은?

① $\dfrac{3\sqrt{3}}{2}$ ② $\dfrac{7\sqrt{3}}{2}$ ③ $\dfrac{3}{2}$

④ $\dfrac{7}{2}$ ⑤ $7\sqrt{3}$

05 $\dfrac{2+3\sqrt{2}}{\sqrt{2}}+\sqrt{2}(5\sqrt{2}+7)=a+b\sqrt{2}$일 때, $a-2b$의 값은? (단, a, b는 유리수)

① -3 ② -5 ③ 3

④ 5 ⑤ -1

50 제곱근의 근사값

(1) 무리수의 값은 제곱근표(부록)를 이용한다.

(2) 제곱근표에는 1.00에서 99.9까지의 수에 대한 양의 제곱근의 값을 소수 넷째자리에서 반올림한 값이 주어져 있다.

(3) **제곱근표 보는 방법**
아래의 그림과 같이 제곱근표를 이용하면 제곱근의 값을 구할 수 있다.

수	0	1	2	3	4	5
1.0	1.000	1.005	1.010	1.015	1.020	1.025
...	...	...	...	...	...	...
1.8	1.342	1.345	1.349	1.353	1.356	1.360
1.9	1.378	1.382	1.386	1.389	1.393	1.396
2.0	1.414	1.418	1.421	1.425	1.428	1.432
2.1	1.449	1.453	1.456	1.459	1.463	1.466
2.2	1.483	1.487	1.490	1.493	1.497	1.500
2.3	1.517	1.520	1.523	1.526	1.530	1.533
2.4	1.549	1.522	1.556	1.559	1.562	1.565
...	...	...	...	...	...	...

⇒ $\sqrt{2.34}$ 의 값은 위의 제곱근표에서와 같이 2.3의 가로줄과 4의 세로줄이 만나는 곳에 위치한 수 1.530이다. 따라서 $\sqrt{2.34} ≒ 1.530$ 이다.

(4) 1.00보다 작거나 99.9보다 큰 수의 값은 제곱근의 성질과 제곱근표를 같이 사용하여 구한다.

① $\sqrt{100a} = 10\sqrt{a}$, $\sqrt{10000a} = 100\sqrt{a}$

② $\sqrt{0.01a} = \sqrt{\dfrac{a}{100}} = \dfrac{\sqrt{a}}{10}$,

$\sqrt{0.0001a} = \sqrt{\dfrac{a}{10000}} = \dfrac{\sqrt{a}}{100}$

예 ① $\sqrt{234} = \sqrt{100 \times 2.34}$
$= 10\sqrt{2.34} = 10 \times 1.530$
$= 15.30$

예 ② $\sqrt{0.0234} = \sqrt{\dfrac{234}{10000}}$
$= \dfrac{\sqrt{234}}{100} = \dfrac{15.30}{100}$
$= 0.1530$

💡 **제곱근의 값**

$\sqrt{\dfrac{a}{100}} = \dfrac{\sqrt{a}}{10}$

$\sqrt{\dfrac{a}{10000}} = \dfrac{\sqrt{a}}{100}$

예제 1 제곱근의 값

다음 수를 소수로 나타내어라.

(1) $\sqrt{\dfrac{9}{100}}$ (2) $\sqrt{\dfrac{121}{10000}}$

(3) $\sqrt{\dfrac{4}{100}}$ (4) $\sqrt{\dfrac{9}{10000}}$

유제 1 다음 수를 소수로 나타내어라.

(1) $\sqrt{\dfrac{625}{10000}}$ (2) $\sqrt{\dfrac{625}{100}}$

(3) $\sqrt{\dfrac{144}{100}}$ (4) $\sqrt{\dfrac{196}{1000000}}$

 제곱근표

책 부록에 있는 제곱근표에는 1.00에서 99.9까지의 수에 대한 양의 제곱근의 값이 나와 있다. 제곱근표의 수는 1.00에서 9.99까지는 0.01의 간격으로 되어 있으며, 10.0에서 99.9까지는 0.1의 간격으로 되어 있다.

 **예제 2** 제곱근표를 이용한 제곱근의 값 구하기

오른쪽 제곱근표를 이용하여 다음 제곱근의 값을 구하시오.
(1) $\sqrt{10}$
(2) $\sqrt{15.5}$
(3) $\sqrt{18.2}$
(4) $\sqrt{27.3}$

수	0	1	2	3	4	5
10	3.162	3.178	3.194	3.209	3.225	3.240
11	3.317	3.332	3.347	3.362	3.376	3.391
12	3.464	3.479	3.493	3.507	3.521	3.536
13	3.606	3.619	3.633	3.647	3.661	3.674
14	3.742	3.755	3.768	3.782	3.795	3.808
15	3.873	3.886	3.899	3.912	3.924	3.937
16	4.000	4.012	4.025	4.037	4.050	4.062
17	4.123	4.135	4.147	4.159	4.171	4.183
18	4.243	4.254	4.266	4.278	4.290	4.301
19	4.359	4.370	4.382	4.393	4.405	4.416
20	4.472	4.483	4.494	4.506	4.517	4.528
21	4.583	4.593	4.604	4.615	4.626	4.637
22	4.690	4.701	4.712	4.722	4.733	4.743
23	4.796	4.806	4.817	4.827	4.837	4.848
24	4.899	4.909	4.919	4.930	4.940	4.950
25	5.000	5.010	5.020	5.030	5.040	5.050
26	5.099	5.109	5.119	5.128	5.138	5.148
27	5.196	5.206	5.215	5.225	5.236	5.244
28	5.292	5.301	5.310	5.320	5.329	5.339
29	5.385	5.394	5.404	5.413	5.422	5.431
30	5.477	5.486	5.495	5.505	5.514	5.523
31	5.568	5.577	4.586	5.595	5.604	5.612
32	5.657	5.666	5.675	5.683	5.698	5.701
33	5.745	5.753	5.762	5.771	5.779	5.788
34	5.831	5.840	5.848	5.857	5.865	5.874

 제곱근표의 이용방법

표에서 $\sqrt{15.5}$의 값은 15의 가로줄과 5의 세로줄이 만나는 곳의 수 3.937이고 17.0의 값은 17의 가로줄과 0의 세로줄이 만나는 곳의 수 4.123이다.

유제 2 오른쪽 제곱근표를 이용하여 다음 제곱근의 값을 구하시오.
(1) $\sqrt{17.0}$
(2) $\sqrt{29.4}$
(3) $\sqrt{34.1}$
(4) $\sqrt{11.5}$

 제곱근의 값

제곱근표에 없는 수의 값은 다음 성질을 이용하여 구한다.
$\sqrt{100a} = 10\sqrt{a}$
$\sqrt{10000a} = 100\sqrt{a}$
$\sqrt{\dfrac{a}{100}} = \dfrac{\sqrt{a}}{10}$
$\sqrt{\dfrac{a}{10000}} = \dfrac{\sqrt{a}}{100}$

예제 3 제곱근의 값 구하기

$\sqrt{3} ≒ 1.732$, $\sqrt{30} ≒ 5.447$임을 알고 다음 수의 값을 구하시오.
(1) $\sqrt{300}$ (2) $\sqrt{3000}$ (3) $\sqrt{30000}$
(4) $\sqrt{300000}$ (5) $\sqrt{0.3}$ (6) $\sqrt{0.03}$
(7) $\sqrt{0.003}$ (8) $\sqrt{0.0003}$

유제 3 $\sqrt{3.45} ≒ 1.857$, $\sqrt{34.5} ≒ 5.874$임을 알고 다음 수의 값을 구하시오.
(1) $\sqrt{345}$ (2) $\sqrt{3450}$ (3) $\sqrt{34500}$
(4) $\sqrt{345000}$ (5) $\sqrt{0.345}$ (6) $\sqrt{0.0345}$
(7) $\sqrt{0.00345}$ (8) $\sqrt{0.000345}$

STEP 1 개념 다지기

01 제곱근표와 제곱근의 성질을 이용하여 다음 제곱근의 값을 구하시오.

(1) $\sqrt{34.5}$ (2) $\sqrt{3.89}$ (3) $\sqrt{345}$

(4) $\sqrt{3890}$ (5) $\sqrt{0.07}$ (6) $\sqrt{0.007}$

02 다음 중 $\sqrt{5} \fallingdotseq 2.236$을 이용하여 그 값을 구할 수 없는 것은? (답 2개)

① $\sqrt{0.0005}$ ② $\sqrt{0.2}$ ③ $\sqrt{5000}$
④ $\sqrt{0.5}$ ⑤ $\sqrt{125}$

03 $\sqrt{5}$의 소수 부분을 a, $\sqrt{7}$의 소수 부분을 b라고 할 때 $a-b$의 값을 구하시오.

04 $3+\sqrt{7}$의 정수 부분을 a, 소수 부분을 b라 할 때 $2a+3b$의 값을 구하시오.

05 $3-\sqrt{2}$의 정수 부분을 a, 소수 부분을 b라 할 때, $\dfrac{2a}{b-2a}$의 값은?

① 2 ② -2 ③ $\sqrt{2}$
④ $-\sqrt{2}$ ⑤ $2\sqrt{2}$

STEP 2 소단원 종합 학습(1)

01 다음 중에서 간단히 하였을 때, $\sqrt{15}$가 되는 것은?

① $\sqrt{3} \times 5$ ② $\sqrt{5} \times 3$
③ $\sqrt{3} \times \sqrt{5}$ ④ $\sqrt{5} \times \sqrt{9}$
⑤ $\sqrt{3} \times \sqrt{9}$

02 다음 중에서 옳은 것은?

① $\sqrt{200} = 20\sqrt{10}$ ② $\sqrt{125} = 5\sqrt{5}$
③ $5\sqrt{3} = \sqrt{15}$ ④ $9\sqrt{2} = \sqrt{18}$
⑤ $\sqrt{120} = 10\sqrt{12}$

03 다음 중 $-\sqrt{98}$과 같은 수는?

① $\sqrt{-98}$ ② $-49\sqrt{2}$
③ $-16\sqrt{6}$ ④ $-6\sqrt{3}$
⑤ $-7\sqrt{2}$

04 다음 중에서 옳지 않은 것은? (단, $a>0, b>0$이다.)

① $\sqrt{a}\sqrt{b} = \sqrt{ab}$
② $\sqrt{a} + \sqrt{b} = \sqrt{a+b}$
③ $\dfrac{\sqrt{a}}{\sqrt{b}} = \sqrt{\dfrac{a}{b}}$
④ $\dfrac{1}{\sqrt{a}} = \dfrac{\sqrt{a}}{a}$
⑤ $\sqrt{a^2 b} = a\sqrt{b}$

05 다음 중에서 옳은 것은? (정답 2개)

① $\sqrt{4} + \sqrt{9} = \sqrt{4+9} = \sqrt{13}$
② $\sqrt{16} + \sqrt{9} = \sqrt{16+9} = \sqrt{25} = 5$
③ $\sqrt{16} \div \sqrt{4} = \sqrt{16 \div 4} = \sqrt{4} = 2$
④ $\sqrt{4} + \sqrt{25} = 2 + 5 = 7$
⑤ $\sqrt{3} \times 6 = \sqrt{18}$

06 $-\sqrt{180} = a\sqrt{b}$에서 b가 가장 작은 자연수일 때, $a+b$의 값은?

① -31 ② -8 ③ -1
④ 11 ⑤ 41

07 다음 중 옳지 않은 것은?

① $\sqrt{200} = 10\sqrt{2}$
② $-\sqrt{52} = -4\sqrt{13}$
③ $3\sqrt{2} \times \sqrt{18} = 18$
④ $\dfrac{\sqrt{27}}{\sqrt{3}} = 3$
⑤ $\dfrac{\sqrt{3}}{3\sqrt{2}} = \dfrac{\sqrt{6}}{6}$

08 $\sqrt{2} = a, \sqrt{3} = b$일 때, 다음 중 $\sqrt{5}$를 나타내는 것은?

① $a+b$ ② $a^2 + b^2$
③ $\sqrt{a+b}$ ④ $\sqrt{a^2 + b^2}$
⑤ $\sqrt{ab}$

09 다음 중 분모의 유리화를 옳게 한 것은?

① $\dfrac{\sqrt{2}}{\sqrt{5}} = \dfrac{\sqrt{2} \cdot \sqrt{2}}{\sqrt{5} \cdot \sqrt{2}} = \dfrac{2}{\sqrt{10}}$

② $\dfrac{2}{\sqrt{3}} = \dfrac{2 \cdot \sqrt{3}}{\sqrt{3} \cdot \sqrt{3}} = \dfrac{\sqrt{6}}{3}$

③ $\dfrac{\sqrt{2}}{\sqrt{5}} = \dfrac{\sqrt{2} \cdot \sqrt{5}}{\sqrt{5} \cdot \sqrt{5}} = \dfrac{\sqrt{10}}{5}$

④ $\dfrac{6}{\sqrt{3}} = \dfrac{6 \cdot \sqrt{3}}{\sqrt{3} \cdot \sqrt{3}} = \dfrac{6\sqrt{3}}{3} = \sqrt{6}$

⑤ $\dfrac{6}{\sqrt{3}} = \dfrac{6 \cdot \sqrt{3}}{\sqrt{3} \cdot \sqrt{3}} = \dfrac{6\sqrt{3}}{3} = 6$

10 $\dfrac{\sqrt{3}-\sqrt{2}}{\sqrt{2}}$의 분모를 유리화 하면?

① $\sqrt{6}-2$ ② $\sqrt{6}-1$

③ $\dfrac{\sqrt{6}-1}{2}$ ④ $\dfrac{\sqrt{6}-\sqrt{2}}{2}$

⑤ $\dfrac{\sqrt{6}-2}{2}$

11 $\dfrac{9\sqrt{a}}{2\sqrt{6}}$의 분모를 유리화 하였더니, $\dfrac{3}{4}\sqrt{42}$가 되었다. 이 때, a의 값은?

① 5   ② 6   ③ 7
④ 8   ⑤ 9

12 다음 중에서 옳지 <u>않은</u> 것은?

① $\dfrac{\sqrt{15}}{\sqrt{3}} = \sqrt{5}$ ② $\dfrac{2\sqrt{5}}{\sqrt{2}} = \sqrt{10}$

③ $\dfrac{3}{2\sqrt{5}} = \dfrac{3\sqrt{5}}{10}$ ④ $\dfrac{3\sqrt{2}}{5\sqrt{3}} = \dfrac{3\sqrt{6}}{5}$

⑤ $\dfrac{\sqrt{3}}{\sqrt{18}} = \dfrac{\sqrt{6}}{6}$

13 $\sqrt{6}\sqrt{10}\sqrt{30} = a\sqrt{2}$ 일 때, a의 값은?

① 30   ② 20   ③ 40
④ 10   ⑤ 50

14 $\sqrt{2}=a$, $\sqrt{3}=b$일 때, $\sqrt{36}$을 a, b를 사용하여 나타내면?

① $a\sqrt{b}$ ② $b\sqrt{a}$ ③ ab
④ a^2b ⑤ a^2b^2

15 $\sqrt{10} ≒ 3.162$를 이용하여 $\dfrac{\sqrt{5}}{\sqrt{2}}$의 값을 구하면?

① 3.162   ② 0.6304   ③ 1.581
④ 1.531   ⑤ 0.7905

16 $\sqrt{32}-\sqrt{18}+3\sqrt{2}$ 를 계산하면?

① 0   ② $2\sqrt{3}$ ③ $3\sqrt{2}$
④ $4\sqrt{2}$ ⑤ $5\sqrt{2}$

17 $\sqrt{2}=x$, $\sqrt{20}=y$일 때, $\sqrt{0.2}$ 의 값은?

① $0.1x$ ② $0.1y$ ③ $0.01x$
④ $0.01y$ ⑤ $\dfrac{y}{x}$

18 $\dfrac{2}{\sqrt{48}}-\dfrac{1}{\sqrt{3}}$ 을 간단히 하면?

① $\dfrac{\sqrt{2}}{3}$ ② $\dfrac{\sqrt{5}}{3}$ ③ $-\dfrac{\sqrt{3}}{6}$
④ $\dfrac{\sqrt{2}}{6}$ ⑤ $\dfrac{2\sqrt{3}}{3}$

19 $\sqrt{\dfrac{5}{3}}-\sqrt{\dfrac{3}{5}}$ 을 간단히 하면?

① $\dfrac{2\sqrt{15}}{15}$ ② $\dfrac{\sqrt{5}-\sqrt{3}}{15}$
③ $\dfrac{-2\sqrt{15}}{15}$ ④ $\sqrt{\dfrac{6}{15}}$
⑤ $\dfrac{3\sqrt{5}-\sqrt{3}}{15}$

20 $\sqrt{72}-\dfrac{2}{\sqrt{2}}=k\sqrt{2}$ 일 때, k의 값은? (단, k는 유리수)

① 1 ② 2 ③ 3
④ 4 ⑤ 5

서술형

21 $\dfrac{6}{\sqrt{2}} \div \dfrac{\sqrt{3}}{4} \times \left(-\dfrac{1}{2\sqrt{2}}\right)$을 간단히 하여 구한 값은 □이다. 이 때, □ 안의 수의 제곱의 값을 구하시오.

22 $\sqrt{5} \times \sqrt{a} = 5\sqrt{3}$ 일 때, a의 값을 구하시오.

23 $\sqrt{3}(\sqrt{2}-\sqrt{3})-\sqrt{2}(\sqrt{3}+\sqrt{2})$를 간단히 하시오.

24 $\sqrt{2} \fallingdotseq 1.414$, $\sqrt{20} \fallingdotseq 4.472$일 때, $\sqrt{2000}$의 값을 구하시오.

25 $3 < \sqrt{x} < 5$를 만족시키는 정수 x의 개수는 □개이다. 이 때, □ 안에 알맞은 수를 구하라.

STEP 2 소단원 종합학습(2)

01 $-5\sqrt{147}=a\sqrt{3}$, $6\sqrt{2}=b$일 때, $2a+b^2$의 값은?

① 2   ② 12   ③ 37
④ 78   ⑤ 10

02 $-\sqrt{180}=a\sqrt{b}$에서 b가 가장 작은 자연수일 때, $a+b$의 값은?

① -31   ② -8   ③ -1
④ 11   ⑤ 41

03 $5\sqrt{3}-2\sqrt{3}\div\sqrt{6}\times\sqrt{2}$를 간단히 하면?

① $5\sqrt{3}-2$ ② 3   ③ $5\sqrt{3}-1$
④ $\sqrt{3}$ ⑤ $2\sqrt{3}$

04 $\sqrt{225}-2\sqrt{(-6)^2}+\sqrt{(-3)^4\times(-2)^2}-\sqrt{(-5)^4}$을 간단히 하면?

① 3   ② 2   ③ 1
④ -2   ⑤ -4

05 $a>0$, $b>0$일 때, 다음 중에서 옳은 것은?

① $\sqrt{ab^2}=ab$ ② $-\sqrt{a^2b}=a\sqrt{b}$
③ $-\sqrt{ab^2}=ab$ ④ $\sqrt{a^2b}=a\sqrt{b}$
⑤ $-\sqrt{a^2b^2}=ab$

06 다음 중 $\sqrt{7}≒2.646$을 이용해서 값을 구할 수 <u>없는</u> 것은?

① $\sqrt{700}$ ② $\sqrt{0.7}$
③ $\sqrt{70000}$ ④ $\sqrt{0.0007}$
⑤ $\sqrt{0.07}$

07 $\sqrt{15}≒3.873$일 때, $\sqrt{x}≒387.3$이면 x의 값은?

① 150   ② 1500
③ 15000   ④ 150000
⑤ 1500000

08 $\sqrt{100a}$의 크기는?

① $\sqrt{a}$의 10배이다.
② $\sqrt{a}$의 100배이다.
③ a의 10배이다.
④ a의 100배이다.
⑤ $\sqrt{10a}$의 10배이다.

09 $\sqrt{2}$의 정수 부분을 a, 소수 부분을 b라 할 때, $\dfrac{b}{a+b}-a$의 값은?

① $\dfrac{\sqrt{2}}{2}$ ② $\sqrt{2}$ ③ $2\sqrt{2}$
④ $-\sqrt{2}$ ⑤ $-\dfrac{\sqrt{2}}{2}$

10 $\sqrt{2}=a$, $\sqrt{3}=b$일 때, $\dfrac{3\sqrt{12}}{\sqrt{2}}+\sqrt{24}$를 a,b로 나타내면?

① $4a+3b$ ② $4ab$ ③ $5ab$
④ $6ab$ ⑤ $2a+3b$

11 $\dfrac{9}{\sqrt{3}}+\dfrac{4}{\sqrt{2}}+\sqrt{3}(2-\sqrt{6})$을 간단히 하였더니 $a\sqrt{3}+b\sqrt{2}$가 되었다. 이 때, $a+b$의 값은?

① 2 ② 3 ③ 4
④ 5 ⑤ 6

12 다음 그림과 같이 넓이가 각각 $5\,\text{cm}^2$, $45\,\text{cm}^2$, $125\,\text{cm}^2$인 세 정사각형을 이어 붙여서 새로운 도형을 만들었다. 이 도형의 둘레의 길이를 구하면?

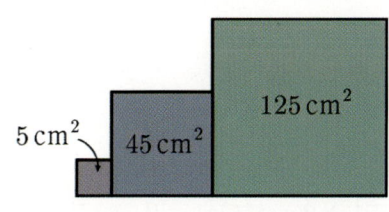

① $20\sqrt{5}\,\text{cm}$ ② $24\sqrt{5}\,\text{cm}$
③ $26\sqrt{5}\,\text{cm}$ ④ $28\sqrt{5}\,\text{cm}$
⑤ $32\sqrt{5}\,\text{cm}$

13 $100 \le a \le 200$인 정수 a에 대하여 $\sqrt{3}\times\sqrt{a}$가 양의 정수가 되게 하는 정수 a의 개수는?

① 2 ② 3 ③ 4
④ 5 ⑤ 6

14 $\dfrac{\sqrt{a}}{2}-\dfrac{\sqrt{b}}{\sqrt{2}}$가 양수가 되기 위해서는 a의 값이 b의 값의 몇 배를 초과하여야 하는가?

① $\sqrt{2}$배 ② 1.5배 ③ 2배
④ 2.5배 ⑤ 3배

15 $a>0, b>0, ab=8$일 때, $a\sqrt{\dfrac{b}{a}}+b\sqrt{\dfrac{a}{b}}$의 값은?

① $8\sqrt{2}$ ② $6\sqrt{2}$ ③ $4\sqrt{2}$
④ $5\sqrt{2}$ ⑤ $12\sqrt{2}$

16 다음의 세 수를 큰 수부터 차례로 나열한 것은?

> ㉠ $8\sqrt{21}$ ㉡ $14\sqrt{7}$ ㉢ $8\sqrt{19}$

① ㉠→㉡→㉢ ② ㉠→㉢→㉡
③ ㉡→㉠→㉢ ④ ㉡→㉢→㉠
⑤ ㉢→㉡→㉠

17 수직선 위의 두 점 $A(5\sqrt{3}+2)$, $B(-2-2\sqrt{3})$에 대하여 $\overline{AB}$의 길이는?

① $3\sqrt{3}$ ② $4+7\sqrt{3}$
③ $-4-7\sqrt{3}$ ④ $4-7\sqrt{3}$
⑤ $7\sqrt{3}-4$

18 제곱근의 성질을 이용하여 $\sqrt{43000}$의 값을 구할 때, 제곱근표에서 찾아야 할 수는?

① $\sqrt{0.43}$ ② $\sqrt{4.30}$ ③ $\sqrt{43}$
④ $\sqrt{430}$ ⑤ $\sqrt{43000}$

19 $\sqrt{6000}$은 $\sqrt{60}$의 A배이고 $\dfrac{\sqrt{0.6}}{\sqrt{60}}=B$일 때, AB의 값을 구하면?

① $\dfrac{1}{100}$ ② $\dfrac{1}{10}$ ③ 1
④ 10 ⑤ 100

20 $\sqrt{15}≒3.873$일 때, 38.73^2의 값은?

① 1400 ② 1500 ③ 1600
④ 2000 ⑤ 900

서술형

21 $\sqrt{3}(\sqrt{6}+\sqrt{12})-\sqrt{2}(\sqrt{18}+\sqrt{9})$를 간단히 하시오.

22 오른쪽 그림과 같은 사다리꼴 ABCD의 넓이를 구하시오.

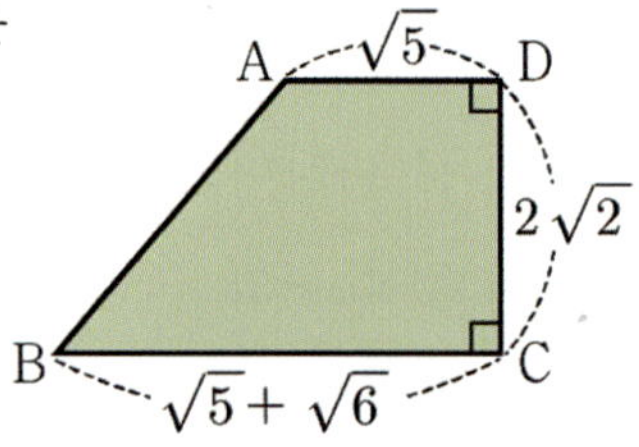

23 $3\sqrt{2}-2$의 정수 부분을 a, 소수 부분을 b라 할 때, $a^2+(b+4)^2$의 값을 구하시오.

24 $\sqrt{(2\sqrt{2}-3)^2}+\sqrt{(3-2\sqrt{2})^2}+\sqrt{(-2-4\sqrt{2})^2}$를 간단히 하시오.

25 $\sqrt{24}\left(\dfrac{\sqrt{3}}{6}-\sqrt{6}\right)-\dfrac{a}{\sqrt{2}}(\sqrt{32}-2)$가 유리수일 때, 유리수 a의 값을 구하시오.

51 방정식과 항등식

정답과 해설 41쪽

(1) 등식
등호(=)를 사용하여 수나 식이 서로 같음을 나타낸 식

(1) 예 $3+7=10$
$3x-6=x+4$
$3x+3=0$

(2) 좌변, 우변, 양변
등식에서 등호의 왼쪽 부분을 좌변, 오른쪽 부분을 우변, 좌변과 우변을 동시에 말할 때에는 양변이라고 한다.

(2) 예 $\underbrace{30+x}_{\text{좌변}} = \underbrace{2(10+x)}_{\text{우변}}$
양변

(3) 등식의 참, 거짓
등식에서 (좌변=우변)일 때는 참, (좌변≠우변)일 때는 거짓이다.

(3) 예 $7 \times 3 = 21$ (참)
$16 \div 2 = 5$ (거짓)

(4) 방정식
식에 포함된 문자의 값에 따라 참이 되기도 하고 거짓이 되기도 하는 등식

(4) 예 $x+3=6 \rightarrow x=3$ 일때만 참이므로 방정식이다.

(5) 방정식의 해(근)
방정식을 참이 되게 하는 미지수의 값

(5) 예 x에 관한 방정식 $6x-2=16$의 해(근)는 $x=3$이다.
$x=3$을 등식 $6x-2=16$에 대입하면 $6 \times 3 - 2 = 16$ → 참

(6) 항등식
식에 포함된 문자의 값에 관계없이 항상 참이 되는 등식

(6) 예 $5x-2x=3x$
$x+4=4+x$ → 항등식
→ x의 모든 값에 대하여 참이된다.

등식
등식(=)을 사용하여 두 수 또는 식이 같음을 나타낸 식

예제 1 등식, 좌변, 우변

다음 중에서 등식을 찾고, 또 등식에서는 좌변과 우변을 말하시오.
(1) $6x-2$
(2) $3x+5>7$
(3) $7x+5=12$
(4) $x+6 \div 2$
(5) $3x=x-3$

유제 1 다음 중에서 등식을 찾고, 또 등식에서는 좌변과 우변을 말하시오.
(1) 한 개에 x원 하는 물건 5개와 y원 하는 물건 1개를 샀을 때의 총액은 4000원이다.
(2) a는 8보다 작지 않은 수이다.
(3) 어떤 수 x를 3배하여 10을 빼었더니 20이 되었다.

개념편 173

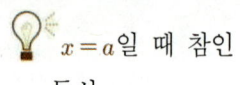
$x=a$일 때 참인 등식

방정식에서 x 대신 a를 대입하면 등식이 성립한다.

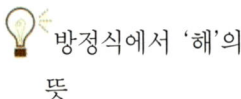
방정식에서 '해'의 뜻

x에 관한 일차방정식의 해가 3이다.
⇔ $x=3$을 주어진 방정식에 대입하면 등식이 성립한다.

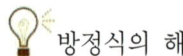
방정식의 해

방정식을 참이 되게 하는 미지수 x의 값
$2x+4=10$에서 $x=3$을 대입하면 $2\times 3+4=10$의 해이다.

예제 2 등식의 참, 거짓

다음 방정식 중 $x=2$일 때, 참인 등식은?
① $x+2=0$
② $3x+1=5$
③ $-2x+1=-3$
④ $\dfrac{1}{2}x-1=1$
⑤ $-2x-3=1$

유제 2 다음 방정식 중 $x=-5$일 때, 거짓인 등식은?
① $3x-1=-16$
② $x+5=10$
③ $2x-1=-11$
④ $4x-3=-23$
⑤ $5-x=10$

예제 3 방정식의 해

다음 방정식 중 그 해가 -3이 아닌 것은?
① $2(x+3)=0$
② $3x-1=-10$
③ $-x+3=0$
④ $-2x-3=3$
⑤ $3x+9=0$

유제 3 다음 방정식의 해를 구하시오.
(1) $x+2=6$
(2) $-2x+5=1$
(3) $2x+1=3$
(4) $9x-4=4x+1$

예제 4 방정식의 세우기

다음을 등식으로 나타내시오.
(1) 어떤 수 x의 5배는 그 수의 3배에 8을 더한 것과 같다.
(2) 철수의 키 162cm는 정아의 키 $x$cm보다 5cm 더 크다.
(3) 금년에 아버지의 나이는 45세이고 아들의 나이는 14세이다. x년 후에 아버지의 나이는 아들의 나이의 2배가 된다.

유제 4 다음 방정식의 해를 구하시오.
(1) 어떤 수 x에서 4를 빼면 x의 2배와 같다.
(2) 자연수 a를 7로 나누면 몫이 b 나머지가 4이다.
(3) 연필 a자루를 10명의 학생에서 b자루씩 나누어 주면 c자루가 남는다.

방정식과 항등식

(1) 방정식 : 문자의 값에 따라 참이 되기도 하고, 거짓이 되기도 하는 등식
(2) 항등식 : 미지수에 어떤 수를 대입해도 항상 참이 되는 등식

예제 5 방정식

다음 중 방정식인 것은 어느 것인가?

① $x+5x=6x$ ② $x-3>2$
③ $2x-3x$ ④ $3x+2=8$
⑤ $x-2=-2+x$

유제 5 다음 중 방정식인 것은?

① $5x-2=3$ ② $0.5x-\frac{1}{2}x=0$
③ $5x-6>3$ ④ $2^3>3^2$
⑤ $2x-3=2\left(x-\frac{3}{2}\right)$

예제 6 항등식

다음 중 항등식인 것은 어느 것인가?

① $4x-x=3x$ ② $6-x=5$
③ $x-5=-x-5$ ④ $3x-3=2$
⑤ $5x-1=2$

유제 6 다음 중 항등식인 것은?

① $3=2-x$ ② $x-1=1-x$
③ $3x=x-1$ ④ $5x=4x-1$
⑤ $3x-2x=x$

항등식

$ax+b=cx+d$가 항등식이 되려면 $a=c$이고 $b=d$이어야 한다

예제 7 항등식의 성질

$6x-5=ax+b$가 항등식일 때, a와 b의 값은 각각 얼마인가?

① $a=6, b=5$ ② $a=-6, b=5$
③ $a=6, b=-5$ ④ $a=-6, b=-5$
⑤ $a=0, b=0$

유제 7 $5(x-2)=ax+b$가 항등식일 때, a와 b의 값을 구하시오.

52 등식의 성질

(1) 등식의 양변에 같은 수를 더하거나 빼도 등식은 성립한다.
(2) 등식의 양변에 같은 수를 곱하여도 등식은 성립한다.
(3) 등식의 양변을 0이 아닌 같은 수를 나누어도 등식은 성립한다.

(1) 예 $a=b$이면
  (ⅰ) $a+c=b+c$
  (ⅱ) $a-c=b-c$
(2) 예 $a=b$이면 $ac=bc$
(3) $c\neq 0, a=b$이면
$$\frac{a}{c}=\frac{b}{c}$$

예제 1 등식의 성질

$a=b$일 때, 다음 등식이 성립하도록 □ 안에 알맞은 식을 쓰시오.
(1) $a+7=$ □
(2) $a-5=$ □
(3) $-4a=$ □
(4) $\dfrac{a}{3}=$ □

유제 1
$a=b$일 때, 다음 등식이 성립하도록 □ 안에 알맞은 식을 쓰시오.
(1) $a+c=$ □
(2) □ $=b-c$
(3) $ac=$ □
(4) □ $=\dfrac{b}{c}$ (단, $c\neq 0$)

예제 2 등식의 성질

등식의 양변에 같은 수를 더하거나 빼서 다음 방정식을 푸시오.
(1) $x-7=15$
(2) $x-5=13$
(3) $x+2.8=9$
(4) $x-3.9=3.1$

유제 2 다음 방정식을 푸시오.
(1) $x+\dfrac{3}{4}=\dfrac{1}{4}$
(2) $x-5=1$
(3) $x+0.5=4.8$
(4) $x-3.5=3.5$

💡 등식의 성질을 이용하여 방정식 푸는 법

(1) $x-1=4$
  양변에 1을 더하면
  $x-1+1=4+1$
  ∴ $x=5$

(2) $x+3=18$
  양변에 3을 빼면
  $x+3-3=18-3$
  ∴ $x=15$

(3) $x\div 3=12$
  양변에 3을 곱하면
  $(x\div 3)\times 3=12\times 3$
  ∴ $x=36$

(4) $4x=12$
  양변에 0이 아닌 4로 나누면
  $\dfrac{4x}{4}=\dfrac{12}{4}$
  ∴ $x=3$

등식의 성질

$a = b$이면
$a+c=b+c$, $a-c=b-c$,
$a \times c = b \times c$, $\dfrac{a}{c} = \dfrac{b}{c}$ ($c \neq$

예제 3 등식의 성질

등식의 양변에 같은 수를 곱하여 다음 방정식을 푸시오.

(1) $\dfrac{x}{4} = 3$

(2) $-\dfrac{x}{3} = -3$

(3) $7x = -21$

(4) $-\dfrac{2}{3}x = 6$

유제 3 등식의 양변에 같은 수를 곱하여 다음 방정식을 푸시오.

(1) $\dfrac{x}{2} = 3$

(2) $\dfrac{3}{4}x = -9$

(3) $-\dfrac{4}{7}x = 5$

(4) $-\dfrac{x}{3} = 4$

예제 4 등식의 성질

등식의 양변을 같은 수로 나누어 다음 방정식을 푸시오.

(1) $5x = 45$

(2) $0.5x = 10$

(3) $\dfrac{x}{3} = -5$

(4) $\dfrac{3}{4}x = -0.6$

유제 4 등식의 양변을 같은 수로 나누어 다음 방정식을 푸시오.

(1) $7x = 56$

(2) $5x = \dfrac{1}{2}$

(3) $\dfrac{2}{7}x = 3$

(4) $3.3x = -9.9$

STEP 1 개념 다지기

01 다음 등식 중 항등식인 것은?

① $2x+3=8x+1$ ② $2x=4$
③ $2(x-2)=2x-4$ ④ $x-1=5$
⑤ $2(x-1)=x-4$

02 다음 중 해가 -2인 것은?

① $2x-4=0$ ② $3x+2=-4$
③ $2-x=0$ ④ $2x-1=5$
⑤ $4-5x=x$

03 다음 중 틀린 것은?

① $a=b$이면 $a-b=0$이다.
② $x+y=0$이면 $x=-y$이다.
③ $\dfrac{x}{2}=\dfrac{y}{3}$이면 $3x=2y$이다.
④ $10x=15y$이면 $\dfrac{x}{2}=\dfrac{y}{3}$이다.
⑤ $2x+x=3x$이면 x의 값은 무수히 많다.

04 다음을 등식으로 나타내시오.

> 어떤 수 x에 6을 더한 수는 x의 5배에서 18을 뺀 수와 같다.

05 등식의 성질을 이용하여 $\dfrac{2x-4}{6}=2$를 푸시오.

53 일차방정식의 풀이

(1) 이항
등식의 성질을 이용하여 등식의 한 변에 있는 항을 부호를 바꾸어 다른 변으로 옮기는 것.

(2) 일차방정식
모든 항을 좌변으로 이항하여 정리한 식이 (x에 관한 일차식)=0의 꼴로 변형되는 방정식을 x에 대한 일차방정식이라 한다.

(3) 일차방정식의 풀이
① x를 포함하는 항은 좌변으로, 상수항은 우변으로 이항한다.
② 양변을 정리하여 $ax=b$의 꼴로 고친다.
③ x의 계수로 양변을 나눈다. a로 나눈다.

예) $x-5=7$, $x=7+5$ 이항

예) $5x-2=2x+3$의 우변을 좌변으로 이항하여 정리하면
$5x-2-2x-3=0$
$\therefore 3x-5=0$ 일차방정식

이항과 일차방정식
(1) 이항 : 등식의 성질을 이용하여 등식의 어느 한 변에 있는 항을 그 부호만 바꾸어 다른 변으로 옮기는 것
(2) 일차방정식 : 방정식의 모든 항을 좌변으로 이항하여 정리한 식이 (일차식)=0의 꼴로 되는 방정식

예제 1 이항

다음 등식에서 밑줄 친 항을 이항하시오.
(1) $6x\underline{+9}=15$
(2) $2x-3=4+\underline{x}$
(3) $7+2x=\underline{3x}-1$
(4) $3x+9=\underline{15}$

유제 1 다음 방정식에서 밑줄 친 항을 이항하시오.
(1) $3x\underline{-5}=2x$
(2) $2x\underline{-2}=3x-1$
(3) $\underline{-4x}+2=2x+1$
(4) $\underline{-x}+3=5x$

예제 2 일차방정식의 뜻

다음 중 일차방정식이 <u>아닌</u> 것은?
① $6x-3=5$
② $4x-3=2x+4$
③ $7x-4=7x-4$
④ $3x+4=-3x+4$
⑤ $6x=-6x$

유제 2 다음 중 일차방정식인 것을 모두 고르면?
① $4x=4x-2$
② $5x-7x-3=0$
③ $x^2+5=x^2+x$
④ $3-2x^2=-5-3x^2$
⑤ $2x+3=x$

예제 3 일차방정식 풀기

다음 ☐ 안에 알맞은 수나 문자를 써넣으시오.

(1) $7x = 24 + 3x$
$7x - \boxed{} = 24$
$\boxed{} x = 24$

(2) $3x - 2 = 19$
$3x = 19 + \boxed{}$
$3x = \boxed{}$

(3) $6x - 3 = 2x + 9$
$6x - \boxed{} = 9 + \boxed{}$
$\boxed{} x = \boxed{}$
$x = \boxed{}$

(4) $4x + 13 = -5 + 2x$
$4x - \boxed{} x = -5 - \boxed{}$
$\boxed{} x = \boxed{}$
$x = \boxed{}$

유제 3-1 방정식 $5x - 8 = 7$의 풀이 과정이다. ☐ 안에 알맞은 수를 넣으시오.

(1) 양변에 ☐ 을 더하면
$5x - 8 + \boxed{} = 7 + \boxed{}$
$5x = 15$

(2) 양변을 ☐ 로 나누면
$\dfrac{5x}{\boxed{}} = \dfrac{15}{5}$
$\therefore x = \boxed{}$

유제 3-2 방정식 $\dfrac{5}{8}x + 4 = -6$의 풀이 과정이다. ☐ 안에 알맞은 수를 넣으시오.

(1) 양변에 ☐ 을 빼면
$\dfrac{8}{5}x + 4 - \boxed{} = -6 - \boxed{}$
$\dfrac{8}{5}x = -10$

(2) 양변을 ☐ 로 나누면
$\dfrac{8}{5}x \div \boxed{} = -10 \div \boxed{}$
$\therefore x = \boxed{}$

> 간단한
>
> 일차방정식의 풀이
> ① 미지수 x를 포함하는 항은 좌변으로, 상수항은 우변으로 이항한다.
> ② 양변을 간단히 하여 $ax = b$의 꼴로 고친다.
> ③ 양변을 x의 계수 a로 나눈다.
>
> 예) $6x - 3 = -2x + 13$ ┐(1)
> $6x + 2x = 13 + 3$ ◀┘
> $8x = 16$ ┐(2)
> $\dfrac{8x}{8} = \dfrac{16}{8}$ ◀┘
> $\therefore x = 2$ ◀─(3)

예제 4 괄호가 없는 일차방정식

다음 방정식을 푸시오.

(1) $7x + 5 = 19$
(2) $5x - 9 = -x - 15$
(3) $-4x + 12 = 3x - 2$
(4) $-15 + 3x = 9 + 5x$

유제 4 다음 방정식을 푸시오.

(1) $9x + 4 = -5x + 18$
(2) $4x - 6 = 7x + 3$
(3) $-5x - 4 = 3x + 12$
(4) $17 - 9x = -12x + 5$

54 괄호가 있는 일차방정식의 풀이

(1) 괄호가 있는 방정식은 먼저 괄호를 푼다.
(2) 미지수 x를 포함된 항은 좌변으로, 상수항은 우변으로 이항한다.
(3) 양변을 정리하여 $ax=b(a\neq 0)$의 꼴로 만든다.
(4) 양변을 x의 계수 a로 나누어 해 $x=\dfrac{b}{a}$를 구한다.

예제 1 괄호가 있는 일차방정식

다음 방정식을 푸시오.
(1) $-3x+2(x-3)=5$
(2) $7x=-3(2-x)+2$
(3) $3(x-2)-5(x-2)=-6$
(4) $-(2-3x)+2(3x-5)=0$

일차방정식의 풀이

① x를 포함하는 항은 좌변, 상수항은 우변으로 이항한다.
② $ax=b(a\neq 0)$의 꼴로 고친다.
③ $x=(수)$의 꼴로 고친다.

유제 1-1 다음 방정식을 푸시오.
(1) $4(x-3)=60$
(2) $7x-3(x+1)=-19$
(3) $-(x+2)+3=-2(x-5)$
(4) $9x-2(4x-3)=6(x-4)$

유제 1-2 다음 방정식을 푸시오.
(1) $x-[2x-5\{2x-(3x-1)\}]=-1$
(2) $5x-\{8x+(4-3x)\}=2x-12$
(3) $x-[4x-\{3x-(-2x+3)-5\}]=2$
(4) $3x-[3-2\{x-1+(4-2x)\}]=2$

STEP 1 개념 다지기

01 다음 일차방정식이 <u>아닌</u> 것은?

① $2x+(-x)=8$ ② $2x=3$ ③ $2x+x=3x$

④ $\dfrac{x}{3}+\dfrac{x}{2}=1$ ⑤ $2x=0$

02 다음의 방정식의 풀이 과정에서 이항에 해당하는 것은?

$$\begin{aligned} 2(x-5) &= -3x &\rbrace a \\ 2x-10 &= -3x &\rbrace b \\ 2x+3x &= 10 &\rbrace c \\ 5x &= 10 &\rbrace d \\ x &= 2 \end{aligned}$$

① a ② b ③ c
④ d ⑤ 없다.

03 다음 방정식을 푸시오.

(1) $3x-1=-x+7$ (2) $2-5x=6-3x$

(3) $3+4x=-4x-13$ (4) $1-5x=-3x+9$

04 다음 방정식을 푸시오.

(1) $5(x-1)=2x+1$ (2) $6x-(2x-1)=2x-7$

(3) $-2(2x-1)=2(3x-1)$ (4) $4(x-2)=2(x+1)$

05 x에 대한 방정식 $a(2x+1)=x+5$의 해가 -2일 때, a의 값은?

① -1 ② 1 ③ -2
④ 2 ⑤ 3

55 복잡한 일차방정식의 풀이

(1) 괄호가 있으면 분배법칙을 이용하여 괄호를 풀고
(2) 계수에 분수가 있으면 양변에 분모의 최소공배수를 곱하여 계수를 정수로 고치고
(3) 계수에 소수가 있으면 양변에 10, 100, 1000...을 곱하여 계수가 정수가 되게 한다.
(4) x를 포함하는 항은 좌변으로 상수항은 우변으로 이항한다.
(5) 양변을 정리하여 $ax=b$의 꼴로 만든다.
(6) x의 계수 a로 양변을 나눈다.

💡 계수에 소수가 있는 경우의 풀이

예)
$0.5x - 1 = 0.3x + 2$ — (3)
$10(0.5x - 1)$
$= 10(0.3x + 2)$ ← (3)
$5x - 10 = 3x + 20$ ← (1)
$5x - 3x = 20 + 10$ ← (4)
$2x = 30$ ← (5)
$x = 15$ ← (6)

예제 1 계수가 소수인 일차방정식

다음 방정식을 푸시오.

(1) $0.6x - 1.3 = 0.3x + 0.3$
(2) $0.12x + 2.6 = 0.01x + 0.4$
(3) $0.2(x - 3) = 0.4(x + 5)$
(4) $0.5 - 0.4x = 0.3(1 - x)$

유제 1 다음 방정식을 푸시오.

(1) $0.5x + 0.3 = -1.2$
(2) $1.5x - 2.4 = 7.6 - 3.5x$
(3) $0.3(x - 6) = 0.9x + 3$
(4) $1.2(2x - 1) = -0.4(x - 4)$

💡 계수에 분수가 있는 경우의 풀이

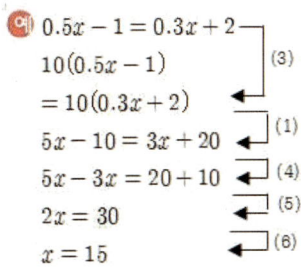

예제 2 계수가 분수인 일차방정식

다음 방정식을 푸시오.

(1) $\dfrac{1}{4}x = \dfrac{3}{2} + \dfrac{2}{5}x$
(2) $\dfrac{1}{3}x + \dfrac{1}{2} = x - \dfrac{3}{2}$
(3) $\dfrac{3}{2} - \dfrac{3}{4}x = \dfrac{x}{2}$
(4) $\dfrac{1}{4} - \dfrac{7}{8}x = -\dfrac{7}{6}x + \dfrac{2}{3}$

유제 2 다음 방정식을 푸시오.

(1) $\dfrac{5}{4}x = -\dfrac{7}{6} + \dfrac{2}{3}x$
(2) $\dfrac{1}{3}x - 4 = \dfrac{1}{2}x - 7$
(3) $-\dfrac{5}{6}x + \dfrac{1}{3} = -x + \dfrac{1}{2}$
(4) $-\dfrac{2}{3}x + \dfrac{5}{3} = \dfrac{1}{2}x - 3$

예제 3 계수가 분수인 일차방정식

다음 방정식을 푸시오.

(1) $\dfrac{x+3}{3} - \dfrac{2x-2}{4} = 1$

(2) $\dfrac{x+2}{6} - \dfrac{3x-2}{4} = 2$

 **복잡한 일차방정식의 풀이**

계수가 분수이거나 소수이면 양변에 같은 수를 곱하여 계수를 정수로 고쳐 해를 구한다.

예 (1) $0.1x + 3 = 0.5$ 양변에 ×10
   $x + 30 = 5$
   $x = 5 - 30$ 30을 이항
   $\therefore x = -25$

(2) $\dfrac{1}{2}x - 4 = 2$ 양변에 ×2
   $x - 8 = 4$
   $x = 4 + 8$ 8을 이항
   $\therefore x = 12$

유제 3-1 다음 방정식을 푸시오.

(1) $\dfrac{x-7}{3} = \dfrac{3}{2}x$

(2) $\dfrac{x+5}{2} = \dfrac{2x-1}{3}$

(3) $\dfrac{x-5}{6} = \dfrac{2x-1}{8} - 1$

(4) $x - \dfrac{4x-3}{5} = -1 - \dfrac{x}{3}$

유제 3-2 다음 방정식을 푸시오.

(1) $\dfrac{1}{2}x + 0.3 = x - 1.3$

(2) $\dfrac{1}{2}x + 1.5 = \dfrac{4x+1}{2}$

(3) $0.7x + \dfrac{12}{5} = 0.3x - \dfrac{8}{5}$

(4) $\dfrac{2(1-2x)}{3} - 1 = \dfrac{1}{2} - 1.2(x-1)$

56 여러 가지 일차방정식

정답과 해설 43쪽

(1) 비례식 $a:b=c:d$로 된 일차방정식의 해
$a \times d = b \times c$를 이용하여 푼다.

(2) 방정식의 해가 주어질 때
주어진 해는 등식을 성립하게 하는 x의 값이므로 해를 방정식에 대입하여 다른 미지수의 값을 구한다.

(1) 예 $2:3x=4:12$
→ $3x \times 4 = 2 \times 12$

(2) 예 $x=3$이
$ax+12=0$의 해이면
$a \times 3 + 12 = 0$이 성립

💡 **비례식의 계산**

비례식 $a:b=c:d$ 에서
내항
외항

(외항의 곱)=(내항의 곱)이므로
$ad=bc$

예제 1 비례식으로 된 일차방정식

다음 비례식의 x의 값을 구하시오.

(1) $2:(2x-1) = 3:(x+2)$

(2) $(x+3):4 = \dfrac{3x-1}{2}:2$

유제 1 다음 비례식에서 x의 값을 구하시오.

(1) $(3x-1):2 = (x+3):2$

(2) $(x+2):6 = \dfrac{3x-1}{2}:4$

예제 2 연립부등식의 해

x에 관한 일차방정식 $4(2x-a) = 3+5x$의 해가 -3일 때 상수 a의 값을 구하시오.

유제 2-1 x에 관한 일차방정식 $3(2x-b) = 1-x$의 해가 -2일 때 상수 b의 값을 구하시오.

유제 2-2 x에 관한 일차방정식 $\dfrac{3}{4}(x+2) + a = \dfrac{2}{3}x$의 해가 $x=6$일 때 a의 값을 구하시오.

STEP 1 개념 다지기

01 다음 일차방정식을 푸시오.

(1) $0.3x + 0.9 = 0.6x - 1.5$

(2) $0.3(x+3) = 0.4x - 5$

(3) $0.09x - 0.3 = 0.05(x+2)$

(4) $0.1(-0.2x+3) = -0.3(0.2x - 0.2)$

02 다음 일차방정식을 푸시오.

(1) $\dfrac{1}{2}x + 2 = \dfrac{1}{3}x$

(2) $\dfrac{x+1}{2} = \dfrac{3x-1}{4}$

(3) $1 - \dfrac{x-2}{5} = \dfrac{x}{2}$

(4) $\dfrac{5}{4}x = -\dfrac{7}{6} + \dfrac{2}{3}x$

03 다음 일차방정식을 푸시오.

(1) $\dfrac{x}{2} + \dfrac{1}{4} = \dfrac{x}{4} - 0.25$

(2) $\dfrac{x-1}{3} = 0.5(2x-1)$

(3) $0.5 = \dfrac{1}{4}(2x+3)$

(4) $0.1x - 0.2(x-1) = \dfrac{1}{2} - \dfrac{x}{3}$

04 방정식 $\begin{cases} \dfrac{1}{3}(x+7) = \dfrac{3}{4}(x-3) \quad \cdots\cdots \ \bigcirc \\ ax - 6 = \dfrac{2}{3} + bx \quad \cdots\cdots \ \bigcirc\!\!\!\bigcirc \end{cases}$ 에서 ㉡의 해는 ㉠의 해의 3배이다. $a - b$의 값을 구하시오.

① 11 ② 23 ③ $\dfrac{20}{3}$

④ $\dfrac{20}{99}$ ⑤ $\dfrac{37}{6}$

05 방정식 $\dfrac{3}{4}x + 1 = \dfrac{1}{2}x + \dfrac{1}{4}$의 해를 $x = a$라 하고, $0.3(x+2) + 0.2 = 0.8(x-4)$의 해를 $x = b$라 할 때, 다음 중 $\{a, b\}$는?

① $\{-3, 8\}$ ② $\{3, 8\}$ ③ $\{3, -8\}$

④ $\{-3, -8\}$ ⑤ $\{3, -6\}$

57 일차방정식의 활용

일차방정식을 이용하여 문제를 푸는 순서
(1) 무엇을 x로 나타낼 것인지를 정한다.
(2) 문제의 뜻에 따라 방정식을 만든다.
(3) 이 방정식을 풀어 x의 값을 구한다.
(4) 구하여진 x의 값이 문제의 뜻에 맞는지 확인한다.

💡 **일차방정식의 활용**
① 구하려는 값을 x로 놓는다.
② 방정식을 세운다.
③ 방정식을 풀어 x의 값을 구한다.
④ 구한 해가 문제의 뜻에 맞는지 확인한다.

예제 1 나이에 관한 문제

형과 동생의 나이의 합은 25이고, 동생의 나이는 형의 나이의 3배에서 31을 뺀 것과 같다고 할 때, 형의 나이를 x로 하여 식으로 나타내시오.

유제 1 동우의 20년 후의 나이는 지금 나이의 2배 보다 7살이 더 많게 된다고 한다. 현재의 나이는?

💡 **수량에 관한 문제**
(1) x년 후의 나이 올해 나이가 14세 일 때 x년 후의 나이는 $(14+x)$세이다.
(2) 연속하는 세 자연수 $x, x+1, x+2$ 또는 $x-1, x, x+1$로 놓는다.

예제 2 개수에 관한 문제

형은 공책 57권, 동생은 공책 18권을 가지고 있다. 형이 동생에게 공책 몇권을 주면, 형의 공책이 동생의 공책의 2배가 되는가?

유제 2 30권의 공책을 동수와 동준이에게 나누어 주려고 한다. 동수가 동준이보다 6권을 더 많게 하려면 동수에게 몇 권을 주어야 하겠는가?

예제 3 수에 관한 문제

어느 중학교의 1학년은 남학생이 여학생보다 26명이 더 많다고 한다. 1학년 전체 학생이 646명일 때, 1학년 여학생은 몇 명인가?

유제 3 어느 학교의 학생 수는 1935명이다. 그 중에서 남학생은 여학생보다 27명이 더 많다고 한다. 이 학교의 남학생 수와 여학생 수를 각각 구하시오.

예제 4 연속된 세 짝수의 관계

연속된 어느 세 짝수의 합이 156일 때, 이 세 짝수를 구하시오.

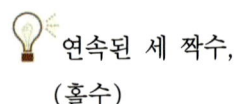
연속된 세 짝수, (홀수)
$x, x+2, x+4$ 또는 $x-2, x, x+2$ 로 놓는다.

유제 4 연속된 세 홀수의 합이 105일 때, 이 세 홀수 중 가장 큰 수를 구하시오.

예제 5 연속된 세 정수의 관계

연속된 세 정수가 있다. 가장 큰 수의 9배와 가장 작은 수의 4배의 합이 가운데 수의 14배와 같다. 연속된 세 정수를 구하시오.

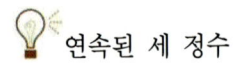
연속된 세 정수
$x, x+1, x+2$ 또는 $x-1, x, x+1$ 로 놓는다.

유제 5 연속된 세 자연수의 합이 114일 때, 세 자연수를 구하시오.

STEP 1 개념 다지기

01 2006년에 아버지의 나이는 45세, 아들의 나이는 12세이다. 아버지의 나이가 아들의 2배가 되는 해는?

① 2018년 ② 2027년 ③ 2029년
④ 2031년 ⑤ 2033년

02 연속된 세 자연수가 있다. 제일 큰 수의 3배는 작은 두 수의 합보다 12가 더 크다. 가장 큰 수를 구하면?

① 6 ② 7 ③ 8
④ 9 ⑤ 10

03 연필을 한 학생마다 4자루씩 나누어 주면 8자루가 남고, 5자루씩 나누어 주면 6자루가 모자란다고 한다. 이 때, 학생은 모두 몇 명인가?

① 10명 ② 12명 ③ 14명
④ 16명 ⑤ 18명

04 남·여학생을 합해서 36명이 수학시험을 보았는데, 남학생의 평균 점수는 63점, 여학생의 평균 점수는 72점이었다. 또, 남·여학생 전체의 평균이 68점일 때, 남학생은 모두 몇 명인가?

① 19명 ② 18명 ③ 17명
④ 16명 ⑤ 15명

05 어떤 일을 완성하게 하는데 A는 20일, B는 12일이 걸린다고 한다. 이 일을 A가 4일 동안 한 후에 A, B가 협력하여 완성하였다. 이 때, B는 며칠 동안 A를 도와 일을 하였는가?

① 4일 ② 6일 ③ 8일
④ 12일 ⑤ 16일

58 거리, 속력, 시간에 관한 문제

정답과 해설 44쪽

거리, 속력, 시간의 관계

(1) (시간) = $\dfrac{(거리)}{(속력)}$

　시속 40km로 총 200km를 갈 때 걸린 시간 : (시간) = $\dfrac{(거리)}{(속력)} = \dfrac{200}{40} = 5$(시간)

(2) (거리) = (시간) × (속력)

　시속 40km로 3시간 동안 간 거리 :
　(거리) = (시간) × (속력) = $40 \times 3 = 120(km)$

(3) (속력) = $\dfrac{(거리)}{(시간)}$

　100km를 2시간 동안 갈 때의 속력 : (속력) = $\dfrac{(거리)}{(시간)} = \dfrac{100}{2} = 50(km/시)$

💡 일차방정식의 활용

(1) (거리) = (속력) × (시간)

(2) (시간) = $\dfrac{(거리)}{(속력)}$

(3) (속력) = $\dfrac{(거리)}{(시간)}$

예제 1 거리, 속력, 시간에 관한 문제

동생이 매분 80m의 속력으로 출발한 후 10분 후에 형이 자전거를 타고 매분 240m의 속력으로 동생을 따라갔다면 형이 동생을 만나는 것은 동생이 출발한 후 몇 분 후인가?

유제 1 영수가 시속 8km로 달려간지 2시간 뒤에 옥희가 자전거를 타고 시속 14km로 뒤따라 갔다. 옥희는 영수를 몇 시간 후에 만나게 되는가?

예제 2 거리, 속력, 시간에 관한 문제

두 지점 A와 B 사이를 갈 때에는 시속 90km의 기차를 이용하고, 올 때에는 시속 60km의 버스를 이용하여 왕복 3시간이 걸렸다. 두 지점 A와 B 사이의 거리를 구하시오.

유제 2-1 A, B 사이를 왕복하는데 갈 때는 시속 4km, 올 때는 시속 5km로 걸어서 2시간 42분이 걸렸다. A, B 사이의 거리는 몇 km인가?

유제 2-2 서울에서 부산을 왕복하여 갔다 오는데 갈 때는 시속 60km, 올 때는 시속 84km의 속력으로 12시간이 걸렸다. 서울과 부산 사이의 거리는 몇 km인가?

유제 2-3 A에서 B까지 가는데 시속 12km로 가면 시속 4km로 가는 것보다 2시간 30분이 적게 걸린다고 한다. A시에서 B시까지는 몇 km인가?

59 농도에 관한 문제, 일에 관한 문제

(1) 농도에 관한 문제
① 농도 : 어떤 물질이 용액 속에 녹아 있는 양의 정도를 백분율로 나타낸 것
② (소금물의 농도) = $\dfrac{(소금의\ 양)}{(소금물의\ 양)} \times 100(\%)$
③ (소금의 양) = (소금물의 양) $\times \dfrac{(소금물의\ 농도)}{100}$

참고 (소금물의 양)=(소금의 양)+(물의 양)임을 유의한다.

(2) 일에 관한 문제
① 전체 해야 할 일의 양을 1로 놓는다.
② 각각의 사람이 하루에 할 수 있는 일의 양을 구한다.

예 6%의 소금물 200 g에 녹아있는 소금의 양
$\dfrac{6}{100} \times 200 = 12(g)$

$x\%$의 소금물 500 g에 녹아있는 소금의 양
$\dfrac{x}{100} \times 500 = 5x(g)$

$a\%$의 소금물 b g에 녹아있는 소금의 양
$\dfrac{a}{100} \times b = \dfrac{ab}{100}(g)$

💡 농도에 관한 문제
물을 더 넣으면 농도, 소금물의 양은 변화하지만 소금의 양은 일정함을 이용하여 방정식을 만든다.

예제 1 농도에 관한 문제

12%의 소금물 100g이 있다. 이 소금물에 몇 g의 물을 넣으면 8%의 소금물이 되겠는가?

유제 1 6%의 소금물 200g이 있다. 이 소금물에 몇 g의 물을 넣으면 4%의 소금물이 되겠는가?

물을 증발시켜도 소금의 양은 변화하지 않음을 이용하여 방정식을 세운다.

예제 2 농도에 관한 문제

4%의 소금물 300g이 있다. 이 소금물에 몇 g의 물을 증발시키면 10%의 소금물이 되겠는가?

유제 2 6%의 설탕물 500g이 있다. 이 설탕물에서 몇 g의 물을 증발시키면 10%의 설탕물이 되겠는가?

예제 3 농도에 관한 문제

15%의 소금물 400g에 물 몇 g을 넣으면 12%의 소금물이 되겠는가?

> 소금물의 농도와 소금의 양 구하기
> - (소금물의 농도)(%)
> $= \dfrac{(소금의 양)}{(소금물의 양)} \times 100$
> - (소금의 양)
> $= \dfrac{(농도)(\%)}{100} \times (소금물의 양)$

[유제 3] 10%의 소금물 400g에 4%의 소금물 몇 g을 섞으면 6%의 소금물이 되겠는가?

예제 4 일에 관한 문제

어떤 일을 완성하려면 A 혼자 일하면 10일이 걸리고, B 혼자 일하면 15일이 걸린다고 한다. A가 4일 동안 일을 한 후 나머지는 B가 일을 하여 완성하였다면 B는 며칠동안 일을 하였는지 구하시오.

[유제 4] 어떤 일을 완성하는데 A가 혼자서 하면 15일, B가 혼자서 하면 20일 걸리는 일이 있다. 처음 2명이 같이 일을 시작하다가 B는 중간에 8일을 쉬었다. 이 일을 완성하는데 며칠이 걸렸는지 구하시오.

STEP 1 개념 다지기

01 오르막길과 내리막길이 있다. 16km의 등산로를 따라 걷는데 오르막길은 시속 4km로, 내리막길은 시속 6km로 걸어 모두 3시간이 걸렸다면 오르막길은 몇 km이겠는가?

① 4km ② 12km ③ 8km
④ 6km ⑤ 10km

02 A, B 두 지점을 시속 6km로 가는 것과 시속 4km로 가는 것 사이에는 2시간의 차이가 생긴다고 할 때, 두 지점 사이의 거리를 $x$km로 하면, 이 거리의 관계식은?

① $6x - 4 = 2$ ② $\dfrac{6}{x} - \dfrac{4}{x} = 2$ ③ $\dfrac{x}{6} - \dfrac{x}{4} = 2$
④ $\dfrac{x}{4} - \dfrac{x}{6} = 2$ ⑤ $\dfrac{4}{x} - \dfrac{6}{x} = 2$

03 농도 5%의 식염수와 10%의 식염수를 섞어서 8%의 식염수 300g을 만들려고 한다. 이 때, 5%의 식염수는 몇 g을 섞어야 하는지 구하시오.

04 농도 8% 소금물 300g에서 몇 g의 물을 증발시켜야 15%의 소금물이 되는가?

① 110g ② 120g ③ 130g
④ 140g ⑤ 150g

05 어떤 건물의 내벽을 칠하는 데 A는 12일, B는 15일이 걸렸다고 한다. A가 4일 동안 한 후, 나머지는 B가 일을 하여 완성하였다. B가 며칠 동안 이 일을 하였는지 구하시오.

STEP 2 소단원 종합 학습(1)

01 다음 보기 중에서 항등식을 모두 찾은 것은?

> ㉠ $3x+2=5x$ ㉡ $x=-2x+3x$
> ㉢ $3(x+1)=0$ ㉣ $4-x=-x+4$
> ㉤ $2(x+1)=2+2x$

① ㉠ ② ㉠, ㉡, ㉢, ㉣
③ ㉡, ㉣, ㉤ ④ ㉡, ㉢
⑤ ㉠, ㉡, ㉢, ㉣, ㉤

02 다음 중 옳지 <u>않은</u> 것은?

① $a=b$이면 $1-a=1-b$
② $3a+c=3b+c$이면 $a=b$
③ $a+c=b+c$이면 $a-2c=b-2c$
④ $a=b+1$이면 $2a=2b+1$
⑤ $a=b$이면 $\dfrac{a}{-3}=\dfrac{b}{-3}$

03 다음 그림은 천칭의 성질을 이용하여 등식의 성질 중 어느 한 가지를 설명한 것이다. 아래 방정식을 풀이하는 과정 중 그림의 성질이 이용된 것은?

$3x-4=-2(x-8)$ ─┐①
$3x-4=-2x+16$ ─┐②
$3x+2x-4=16$ ─┐③
$3x+2x=16+4$ ─┐④
$5x=20$ ─┐⑤
$x=4$

04 다음 중 [ ] 안의 수가 주어진 방정식의 해인 것은?

① $2x-1=3$ [4]
② $x+3=-2x+6$ [-1]
③ $4x+5=3$ [-1]
④ $-x-4=-3x+2$ [3]
⑤ $0.5x-1.2=0.2x+0.3$ [4]

05 다음 일차방정식 중 해가 <u>다른</u> 하나는?

① $x+3=1$ ② $3x=-6$
③ $x-1=-3$ ④ $0.5x=-2$
⑤ $x+\dfrac{4}{3}=-\dfrac{2}{3}$

06 x가 집합 $\{-2,-1,0,1,2\}$의 원소일 때, 다음 방정식 중 해가 <u>없는</u> 것은?

① $4x-9=x-3$
② $4(x+1)=4$
③ $\dfrac{1}{3}(x-4)=-1$
④ $\dfrac{2}{3}(x+1)=x+2$
⑤ $4-2x=x+7$

07 등식 $2(x-1) = x + \square$ 가 항등식일 때, $\square$ 안에 알맞은 식은?

① $x-2$ ② $x+1$
③ $2x-2$ ④ $-3x-2$
⑤ -1

08 x에 대한 비례식 $(x-3):x = 4:1$ 일 때, x의 값은?

① -1 ② 1 ③ 2
④ 3 ⑤ 4

09 x에 관한 두 일차방정식 $x-1=2$, $2(a-x) = a+8$의 해가 같을 때 상수 a의 값을 구하면?

① -10 ② -5 ③ 3
④ 7 ⑤ 14

10 다음 방정식 중 그 해가 가장 큰 것은?

① $5(x-3) = -3(x-3)$
② $4x+3 = x+8$
③ $6x+5 = -7x+31$
④ $-2(2x-1) = 2(3x-1)$
⑤ $3x = 12$

11 방정식 $2x-5 = 4-3a$의 해가 $x=3$일 때, a의 값을 구하면?

① -3 ② -1 ③ 1
④ 3 ⑤ $\dfrac{1}{3}$

12 방정식 $-2x+6 = 4(x-3)$의 해가 $ax-4 = -x+8$의 해와 같을 때, a의 값은?

① 1 ② 2 ③ 3
④ 4 ⑤ 5

13 방정식 $\dfrac{3}{2}x - \dfrac{3}{5} = 0.7(x-2)$의 해를 구하면?

① $x = -4$ ② $x = -2$
③ $x = -1$ ④ $x = 1$
⑤ $x = 2$

14 일차방정식 $\left(\dfrac{3}{2}x - 3\right) - (3x+5) = \dfrac{3}{4}x + 2$ 의 해는?

① $-\dfrac{5}{3}$ ② -12 ③ $-\dfrac{3}{7}$
④ $-\dfrac{24}{5}$ ⑤ $-\dfrac{40}{9}$

STEP 2 소단원 종합 학습(1)

15 방정식 $\frac{1}{2}x - 0.75x = \frac{2x-7}{6}$ 을 풀면?

① $x=0$ ② $x=2$ ③ $x=4$
④ $x=8$ ⑤ $x=10$

16 길이가 120cm인 철사로 직사각형을 만들려고 한다. 가로와 세로의 비가 3:2일 때, 이 직사각형의 넓이는?

① 170cm^2 ② 240cm^2 ③ 360cm^2
④ 720cm^2 ⑤ 864cm^2

17 다음 글을 읽고 물음에 답하시오.

> **악어와 악어 새**
> 동물의 세계라는 TV프로를 보면 가끔 악어의 입을 어떤 새가 청소를 해주는 광경을 볼 수 있을 것이다.
> 악어는 입을 청소하여 좋고 새는 먹이를 얻어 좋고 서로 도움을 주는 공생관계인 것이다.
> 어느 날 TV를 자세히 쳐다보니 악어와 악어 새의 눈동자 수의 합이 50개가 되고 다리의 개수는 74개가 되었다. 그렇다면 악어새는 몇 마리나 되나?

① 8마리 ② 12마리 ③ 13마리
④ 15마리 ⑤ 17마리

18 범석이가 문방구에서 연필을 사려고 하는데 열 자루를 사면 300원이 부족하고 여덟 자루만 사면 60원이 남는다. 아홉 자루를 사면 어떻게 되는가?

① 80원 부족 ② 80원 남음
③ 100원 부족 ④ 100원 남음
⑤ 120원 부족

19 오염 물질의 농도가 2%인 오염된 물 10kg이 있다. 깨끗한 물을 채워 오염 물질의 농도를 0.2%로 낮추려고 한다. 깨끗한 물은 얼마나 필요한가?

① 190kg ② 170kg
③ 150kg ④ 130kg
⑤ 90kg

20 A지점에서 B지점까지 가는데, 자동차를 타고 시속 30km로 가면 자전거를 타고 시속 10km로 가는 것보다 30분 빨리 도착한다고 한다. A와 B 사이의 거리를 구하면?

① 7km ② 7.5km
③ 8.5km ④ 9km
⑤ 10km

서술형

21 x에 대한 두 일차방정식
$\frac{3}{4}x - 1 = \frac{1}{2}x + \frac{1}{4}$, $x + 2a = 6x - 5$의 해가 같을 때, 상수 a의 값을 구하시오.

22 2006년에 어머니의 나이는 42세, 내 나이는 13세이다. 어머니의 나이가 내 나이의 2배가 되는 것은 몇 년도 인지 구하시오. (20◻◻년으로 답하시오.)

23 우리집에서 공항까지 가는데 시속 50km로 달리는 것과 60km로 달리는 것과는 20분의 차가 생긴다고 한다. 우리집에서 공항까지의 거리는 ◻km다. ◻안에 알맞은 수를 구하시오.

24 3%의 소금물과 8%의 소금물을 섞어 6%의 소금물을 400g을 만들려고 한다. 8%의 소금물을 몇 g섞어야 하는지 구하시오.

STEP 2 소단원 종합 학습(2)

01 $6x - b = ax + 3$이 항등식일 때, $a+b$의 값을 구하면?

① -6 ② -3 ③ 3
④ 6 ⑤ 8

02 다음 방정식 중 해가 <u>다른</u> 하나는?

① $2x - 3 = 5$ ② $\frac{1}{2}x - 2 = 0$
③ $-x + 3 = -1$ ④ $0.3x + 0.1 = 1.3$
⑤ $-x - 4 = 0$

03 다음 중 옳지 않은 것은?

① $a = b$이면 $a + c = b + c$이다.
② $a = b$이면 $a - c = b - c$이다.
③ $a = b$이면 $ac = bc$이다.
④ $ac = bc$이면 $a = b$이다.
⑤ $a = b$이면 $\frac{a}{c} = \frac{b}{c} (c \neq 0)$이다.

04 x에 관한 방정식, $-2(x-4) = 5x - 3\{-(x-4) + 2x\}$를 풀면?

① $x = 2$ ② $x = 5$
③ $x = 8$ ④ $x = 12$
⑤ $x = 20$

05 다음 두 방정식의 해가 같을 때, a의 값을 구하면?

$$-2x + 5 = -7x - 15$$
$$\frac{x}{2} - \frac{(x+1-2a)}{3} = 1$$

① 1 ② 2 ③ 3
④ 4 ⑤ 5

06 두 수 a, b에 대하여 $a * b = a + b + ab$라고 할 때, $(x * 2) * \frac{1}{3} = 4$를 만족하는 등식의 해를 구하면?

① $x = \frac{1}{2}$ ② $x = \frac{1}{3}$ ③ $x = \frac{1}{4}$
④ $x = \frac{3}{2}$ ⑤ $x = \frac{3}{4}$

07 다음 방정식을 풀면?

$$12\left(\frac{5}{6}x+\frac{3}{4}\right)-(x+5)=-5$$

① -2 ② -1 ③ 0
④ 1 ⑤ 2

08 다음에서 x의 값에 관계없이 항상 참이 되는 등식은?

① $2x=2x+3$
② $3(x-5)=x-5$
③ $\dfrac{10x-10}{5}=2x-10$
④ $\dfrac{5x-6}{5}=x-\dfrac{6}{5}$
⑤ $2(x-2)=2x+4$

09 x에 관한 두 방정식 $2x-5=3x-1$과 $2(x+m)=3(x-4)$의 해가 서로 같을 때, m의 값을 구하면?

① -6 ② -8 ③ 0
④ 4 ⑤ 6

10 다음 중 그 해가 존재하지 않는 것을 모두 고르면?

① $4(2x+1)=4+8x$
② $-4x+3=4x-5$
③ $-2x=-2(x+3)$
④ $6-(x-3)=12$
⑤ $7x-1=7x+3$

11 $\dfrac{7x-12}{3}-\dfrac{3x-1}{4}=\dfrac{5-x}{2}$의 해는?

① -2 ② 0 ③ 2
④ 3 ⑤ 5

12 $-x+\dfrac{3x-1}{2}=5-4x$의 해를 a라 할 때, $(6-9a)-(27a+3)$의 값은?

① -41 ② -38 ③ -35
④ -32 ⑤ -29

13 $2x-1$의 값이 $\dfrac{x+1}{2}+3$의 값과 같을 때, x의 값을 구하면?

① 2 ② 3 ③ 4
④ 5 ⑤ 6

14 방정식 $0.2(x-3)=0.3(x+2)-1$과 $\dfrac{1}{3}(x+2)=a-\dfrac{x-2}{4}$의 해가 같도록 상수 a의 값을 구하면?

① -1 ② $-\dfrac{1}{2}$ ③ 0
④ $\dfrac{1}{2}$ ⑤ 1

15 0이 아닌 두 수 a, b에 대하여

$3a+4b=5a-4b$이고 $\dfrac{3a-2b}{a+b}$의 값이 x에 관한 방정식 $3(x-p)-1=6$의 해일 때, p의 값을 구하면?

① $\dfrac{1}{2}$ ② $-\dfrac{1}{2}$ ③ $-\dfrac{1}{3}$
④ $\dfrac{3}{2}$ ⑤ $\dfrac{2}{3}$

16 아랫변의 길이가 윗변의 길이보다 4cm더 길고, 높이가 6cm인 사다리꼴에서 아랫변의 길이를 5cm만큼 줄였더니 처음 넓이의 $\dfrac{1}{2}$이 되었다. 처음 사다리꼴의 윗변의 길이는?

① 6cm ② 5cm ③ 4cm
④ 3cm ⑤ 2cm

17 기차가 길이가 300m의 다리를 완전히 지나는데 1분, 800m의 터널을 완전히 지나는데 2분 걸린다. 기차의 속도가 일정할 때, 기차의 속도를 구하면?

① 300m/분 ② 400m/분 ③ 500m/분
④ 600m/분 ⑤ 700m/분

18 A도시에서 B도시까지 가는데, 고속전철을 타고 시속 300km로 가면 새마을호를 타고 시속 200km로 가는 것보다 30분 빨리 도착한다고 한다. A와 B사이의 거리를 구하면?

① 300km ② 150km ③ 120km
④ 200km ⑤ 180km

19 5%소금물 800g이 있을 때, 이 소금물에서 몇 g의 물을 증발시키면 10%의 소금물이 되겠는가?

① 100g ② 200g ③ 250g
④ 300g ⑤ 400g

20 3%의 설탕물과 9%의 설탕물을 섞으면 5%의 설탕물 300g이 된다. 9%의 설탕물 몇 g을 섞어야 하는가?

① 50g ② 100g ③ 120g
④ 160g ⑤ 200g

서술형

21 방정식 $\dfrac{a(x+2)}{3} - \dfrac{2-ax}{4} = -2$의 해가 $x=-1$일 때, a의 값을 구하시오.

22 상우가 혼자 하면 6일, 근영이가 혼자하면 12일 걸리는 일이 있다. 상우와 근영이가 같이 얼마간 일한 뒤에 근영이 혼자서 6일을 더 일하여 끝냈다면 상우와 근영이는 ☐일간 함께 일한 것이 된다. ☐ 안에 알맞은 수를 구하시오.

23 10%와 20%의 식염수를 섞어 16%의 식염수 500g을 만들려면 10%의 식염수 ☐g을 섞으면 된다. ☐ 안에 알맞은 수를 구하시오.

24 x에 대한 두 일차방정식

$0.3(x-2) = 0.4(x+2) + 1.5$

$ax - 3 = 0$의 해가 같을 때, a의 값을 구하시오.

60 가감법

정답과 해설 46쪽

(1) 소거
  미지수가 2개인 연립방정식에서 한 미지수를 없애는 것
(2) 가감법
  두 일차방정식을 변끼리 더하거나 빼어서 한 미지수를 소거하여 연립방정식의 해를 구하는 방법
(3) 가감법을 이용하여 해를 구하는 방법
  ① 두 미지수 x, y중에서 소거할 대상을 정한다.
  ② 소거할 미지수의 계수의 절댓값이 같도록 각 방정식의 양변에 적당한 수를 곱한다.
  ③ 소거할 미지수의 계수의 부호가 같으면 변끼리 빼고, 다르면 더하여 한 미지수를 소거한다.

예) 연립방정식
$\begin{cases} 3x+2y=6 & \cdots ㉠ \\ x-y=2 & \cdots ㉡ \end{cases}$ 에서
x를 소거하려면
㉠$-$㉡$\times 3$
y를 소거하려면
㉠$+$㉡$\times 2$

💡 소거한다
두 방정식에서 한 변수를 없애는 것을 소거한다고 한다.

예제 1 x항을 소거하여 연립방정식 풀기

다음 연립방정식을 x항을 소거하여 풀어라.

(1) $\begin{cases} x+y=14 \\ -x+2y=1 \end{cases}$ (2) $\begin{cases} x+2y=4 \\ x+3y=3 \end{cases}$ (3) $\begin{cases} 2x+y=19 \\ -x-2y=7 \end{cases}$ (4) $\begin{cases} 2x+3y=3 \\ 3x-2y=11 \end{cases}$

유제 1 다음 연립방정식을 x항을 소거하여 풀어라.

(1) $\begin{cases} x+y=4 \\ x-2y=7 \end{cases}$ (2) $\begin{cases} -x+y=7 \\ x+y=5 \end{cases}$ (3) $\begin{cases} x+2y=3 \\ 3x-5y=20 \end{cases}$ (4) $\begin{cases} -2x+2y=6 \\ 3x+5y=-1 \end{cases}$

- 가감법은 '등식의 양변에 같은 수를 곱하거나 나누어도 등식은 성립한다'는 등식의 성질을 이용하여 계수의 절댓값을 같게 한다.
- x, y 중 어느 문자를 소거해도 관계없으나 계수의 절댓값을 비교하여 소거하기 편리한 쪽을 선택한다.

예제 2 y항을 소거하여 연립방정식 풀기

다음 연립방정식을 y항을 소거하여 풀어라.

(1) $\begin{cases} 2x-y=14 \\ x+y=1 \end{cases}$ (2) $\begin{cases} 2x+y=3 \\ x+y=4 \end{cases}$ (3) $\begin{cases} x+2y=6 \\ 2x-y=2 \end{cases}$ (4) $\begin{cases} 3x+2y=0 \\ 5x-3y=19 \end{cases}$

유제 2 다음 연립방정식을 y항을 소거하여 풀어라.

(1) $\begin{cases} 2x+y=4 \\ 3x+y=3 \end{cases}$ (2) $\begin{cases} x-y=7 \\ 3x+y=5 \end{cases}$ (3) $\begin{cases} 4x+2y=12 \\ -x+y=9 \end{cases}$ (4) $\begin{cases} 4x+2y=-2 \\ -5x-3y=1 \end{cases}$

가감법

한 변수의 절댓값이 같도록 하고, 두 방정식을 더하거나 빼서 한 변수를 소거하여 연립방정식을 푸는 방법

예
$\begin{cases} 2x+y=7 & \cdots\cdots ① \\ x-2y=-4 & \cdots\cdots ② \end{cases}$
①×2+② →

소거문자의 계수의 부호가 다르면 더한다.

$\begin{array}{r} 4x+2y=14 \\ +)\ x-2y=-4 \\ \hline 5x=10 \end{array}$

∴ $x=2$
이를 ①에 대입하면,
$2\times 2+y=7$
∴ $y=3$
∴ $x=2,\ y=3$

예제 3 가감법

다음은 연립방정식을 가감법으로 x를 소거하여 푸는 과정이다. □ 안에 알맞은 수를 써 넣어라.

$$\begin{cases} 2x-4y=4 & \cdots\cdots ① \\ -3x+3y=-9 & \cdots\cdots ② \end{cases}$$

(1) ①×3을 하면, □$x+$□$y=12$ $\cdots\cdots$ ③
(2) ②×2를 하면, □$x+$□$y=-18$ $\cdots\cdots$ ④
(3) ③+④를 하면, □$y=$□ ∴ $y=$□
(4) 이것을 ① 또는 ②에 대입하면, $x=$□ 이다.

유제 3-1 다음 연립방정식을 x항을 소거하여 풀어라.

(1) $\begin{cases} 5x+4y=3 \\ -3x+5y=-24 \end{cases}$ (2) $\begin{cases} 2x-3y=-8 \\ 3x+5y=7 \end{cases}$

유제 3-2 다음 연립방정식을 y항을 소거하여 풀어라.

(1) $\begin{cases} 5x-2y=17 \\ 3x+y=8 \end{cases}$ (2) $\begin{cases} x+y=12 \\ 5x-4y=-3 \end{cases}$

예제 4 가감법

다음 연립방정식을 가감법으로 풀어라.

(1) $\begin{cases} 3x+2y=20 \\ x-y=5 \end{cases}$ (2) $\begin{cases} 3x-2y=11 \\ 2x+y=-3 \end{cases}$

(3) $\begin{cases} 3x+2y=-5 \\ 6x-y=-2 \end{cases}$ (4) $\begin{cases} 7x-2y=3 \\ -2x+3y=4 \end{cases}$

유제 4 다음 연립방정식을 가감법으로 풀어라.

(1) $\begin{cases} 2x+5y=7 \\ 4x+3y=0 \end{cases}$ (2) $\begin{cases} 6x-5y=9 \\ 4x-7y=-5 \end{cases}$

(3) $\begin{cases} 4x-3y=5 \\ 3x-2y=5 \end{cases}$ (4) $\begin{cases} 3x+2y=1 \\ 4x+3y=2 \end{cases}$

61 대입법

정답과 해설 48쪽

연립방정식의 한 방정식을 하나의 미지수에 관하여 풀고, 그것을 다른 쪽의 방정식에 대입해서 한 미지수를 소거하여 연립방정식을 푸는 방법

참고 연립방정식의 해는 가감법, 대입법 어느 것으로 풀어도 그 결과는 같다. 어떤 방법을 사용할 지는 문제를 보고 판단한다.

일반적으로 $\begin{cases} ax+by=c \\ a'x+b'y=c' \end{cases}$ 은 가감법 $\begin{cases} y=ax+b \\ a'x+b'y=c \end{cases}$ 는 대입법으로 푸는 것이 편리하다.

예 $\begin{cases} y=2x-1 & \cdots \text{㉠} \\ 3x+2y=19 & \cdots \text{㉡} \end{cases}$ 을 대입법으로 풀어보자.

방정식 ㉡의 y대신에 ㉠의 $2x-1$을 대입하면

$y=2x-1$
↓
$3x+2y=19$
$3x+2(2x-1)=19$
$x=3$을 ㉠에 대입하면 $y=5$
따라서, 구하는 해는
$x=3, \ y=5$

💡 대입법

한쪽의 방정식을 한 변수에 대하여 풀고 이것을 다른 쪽의 방정식에 대입하여 연립방정식을 푸는 방법

예 $\begin{cases} -x+y=2 & \cdots\cdots ① \\ 2x+3y=1 & \cdots\cdots ② \end{cases}$

①에서 y를 x에 관하여 풀면
$y=x+2 \ \cdots\cdots ③$

　③을 ②에 대입하면,
　$2x+3(x+2)=1$
　$2x+3x+6=1$
　$5x=-5x$
　$x=-1$
　이를 ③에 대입하면,
　$y=(-1)+2, \ y=1$
　∴ $x=-1, \ y=1$

예제 1 대입법

다음은 연립방정식을 대입법으로 푸는 과정이다. □ 안에 알맞게 채워라.

$$\begin{cases} 3x+y=12 & \cdots\cdots ① \\ 5x-4y=3 & \cdots\cdots ② \end{cases}$$

(1) ①에서 y를 x에 관하여 풀면, $y=\boxed{}$ ……③

(2) ③을 ②에 대입하면, $5x-4(\boxed{})=3, \quad x=\boxed{}$

(3) x의 값을 ③에 대입하면 $y=\boxed{}$이다.

유제 1 다음 연립방정식을 대입법으로 풀어라.

(1) $\begin{cases} y=x-1 \\ 2x+y=8 \end{cases}$ (2) $\begin{cases} y=-3x+9 \\ 2x+y=6 \end{cases}$

(3) $\begin{cases} y=-x+9 \\ 5x-y=-3 \end{cases}$ (4) $\begin{cases} y=2x-4 \\ 3x+2y=6 \end{cases}$

(5) $\begin{cases} x=-3y-12 \\ x-6y=3 \end{cases}$ (6) $\begin{cases} x=y+5 \\ x-3y=6 \end{cases}$

STEP 1 개념 다지기

01 다음 연립방정식을 풀어라.

(1) $\begin{cases} x-3y=-2 \\ 2x+3y=-13 \end{cases}$

(2) $\begin{cases} 2x-y=11 \\ x+3y=-12 \end{cases}$

(3) $\begin{cases} 2x-y=1 \\ y=x-4 \end{cases}$

(4) $\begin{cases} 3x-1=2y \\ x+1=2y \end{cases}$

02 $(1, 2)$, $(-2, -3)$이 모두 일차방정식 $ax+by=1$의 해 일 때, $a-b$의 값을 구하면?

① -8 ② -2 ③ 0
④ 2 ⑤ 8

03 연립방정식 $\begin{cases} ax+y=4 & \cdots\cdots ㉠ \\ x-by=1 & \cdots\cdots ㉡ \end{cases}$의 그래프를 다음 그림과 같이 나타내어 해를 구한 것이다. 이 때, $a-b$의 값을 구하여라.

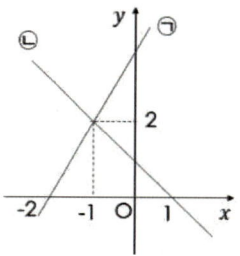

04 연립방정식 $\begin{cases} x-y=a & \cdots\cdots ㉠ \\ 3x-2y=-5 & \cdots\cdots ㉡ \end{cases}$의 해가 다른 연립방정식 $\begin{cases} 2x-5y=4 & \cdots\cdots ㉢ \\ x+y=b & \cdots\cdots ㉣ \end{cases}$의 해와 같을 때, $a-b$의 값은?

05 연립방정식 $\begin{cases} x+2y=5 & \cdots ㉠ \\ 2x+ay=4 & \cdots ㉡ \end{cases}$의 해가 없을 때, 상수 a의 값을 구하여라.

62 복잡한 연립방정식의 풀이

정답과 해설 48쪽

(1) 괄호가 있는 연립방정식
괄호를 풀고 동류항을 정리하여 식을 간단히 한 후, 가감법이나 대입법을 이용하여 푼다.

(2) 계수가 분수인 연립방정식
양변에 분모의 최소공배수를 곱하여 계수가 정수인 방정식으로 고쳐서 푼다.

(3) 계수가 소수인 연립방정식
양변에 10, 100, 1000… 등 10의 거듭제곱을 곱하여 계수가 정수인 방정식으로 고쳐서 푼다.

💡 괄호가 있는 연립방정식의 풀이

괄호가 있는 복잡한 연립방정식은 괄호를 풀고, 정리하여 식을 간단한 모양으로 바꾸어 푼다.

예제 1 괄호가 있는 연립방정식

다음 연립방정식을 풀어라.

(1) $\begin{cases} 3(x-2)-2y=4 \\ x+2y=-10 \end{cases}$

(2) $\begin{cases} y=-2x+9 \\ 3(x-2)+2y=4 \end{cases}$

유제 1 다음 연립방정식을 풀어라.

(1) $\begin{cases} 2(x+1)+y=1 \\ 3(x+2)-(y+2)=0 \end{cases}$

(2) $\begin{cases} y=2(x-3) \\ 3(2x-1)=4(x+y) \end{cases}$

💡 계수가 소수인 연립방정식

계수가 소수이면, 양변에 10, 100, 1000, …을 곱하여 계수가 정수가 되게 한다.

$0.2x+0.5y=1$ 양변에 10을 곱하면 $2x+5y=10$

예제 2 계수가 소수인 연립방정식

다음 연립방정식을 풀어라.

(1) $\begin{cases} 0.1x+0.2y=0.3 \\ 3x-2y=1 \end{cases}$

(2) $\begin{cases} 0.5x-0.3y=1 \\ x-3y=2 \end{cases}$

유제 2 다음 연립방정식을 풀어라.

(1) $\begin{cases} 6x-7y=10 \\ 0.3x+y=3.2 \end{cases}$

(2) $\begin{cases} 2x-y=21 \\ 0.6x+0.5y=0.7 \end{cases}$

💡 계수가 분수인 연립방정식

계수가 분수이면 양변에 분모의 최소공배수를 곱하여 계수가 정수가 되게 한다. $\frac{1}{3}x-\frac{1}{2}y=1$

양변에 2, 3의 최소공배수인 6을 곱하면 $2x-3y=6$

예제 3 계수가 분수인 연립방정식

다음 연립방정식을 풀어라.

(1) $\begin{cases} \frac{3}{10}x-\frac{1}{2}y=\frac{4}{5} \\ \frac{1}{3}x-\frac{1}{2}y=1 \end{cases}$

(2) $\begin{cases} \frac{1}{2}x-\frac{2}{5}y=\frac{6}{5} \\ \frac{1}{3}x-\frac{1}{2}y=1 \end{cases}$

유제 3 다음 연립방정식을 풀어라.

(1) $\begin{cases} \frac{5}{6}x-\frac{y}{4}=\frac{19}{4} \\ x-\frac{y-5}{2}=8 \end{cases}$

(2) $\begin{cases} \frac{2}{3}x+\frac{3}{4}y=-1 \\ \frac{5}{4}x+\frac{2}{3}y=\frac{13}{12} \end{cases}$

STEP 1 개념 다지기

01 다음 연립방정식을 풀어라.

(1) $\begin{cases} 2(x-2y)+7=y-5 & \cdots\cdots \text{㉠} \\ 4x=6-5y & \cdots\cdots \text{㉡} \end{cases}$

(2) $\begin{cases} \dfrac{x}{2}+\dfrac{y}{3}=1 & \cdots\cdots \text{㉠} \\ \dfrac{x}{3}+\dfrac{y}{4}=\dfrac{5}{6} & \cdots\cdots \text{㉡} \end{cases}$

(3) $\begin{cases} 0.2x+0.1y=0.8 & \cdots\cdots \text{㉠} \\ 0.4x+0.5y=2.2 & \cdots\cdots \text{㉡} \end{cases}$

(4) $\begin{cases} 0.4x-0.2(y+1)=1 & \cdots\cdots \text{㉠} \\ \dfrac{x-1}{3}-\dfrac{y}{2}=1 & \cdots\cdots \text{㉡} \end{cases}$

02 연립방정식 $\begin{cases} x-\dfrac{x-y}{2}=-3 & \cdots\cdots \text{㉠} \\ \dfrac{x+y}{3}+y=3 & \cdots\cdots \text{㉡} \end{cases}$ 의 해를 구하면?

① $x=-1,\ y=-5$　　　　② $x=2,\ y=-2$　　　　③ $x=2,\ y=-4$
④ $x=-11,\ y=-5$　　　⑤ $x=-11,\ y=5$

03 연립방정식 $\begin{cases} 0.2x+0.5y=-0.2 \\ \dfrac{5}{4}x-y=7 \end{cases}$ 을 풀면?

① (8, 3)　　　　② (2, 4)　　　　③ (-6, 2)
④ (4, -2)　　　⑤ 해가 무수히 많다.

04 연립방정식 $\begin{cases} 0.\dot{3}x+0.\dot{4}y=2 \\ \dfrac{x-2}{3}+y=3 \end{cases}$ 을 풀면?

① $x=2,\ y=3$　　　　② $x=2,\ y=-3$　　　　③ $x=3,\ y=2$
④ $x=-2,\ y=3$　　　⑤ $x=-2,\ y=-3$

05 연립방정식 $\begin{cases} 0.3x-(y-1)=2.3 & \cdots \text{㉠} \\ 2(x-y)=-14-y & \cdots \text{㉡} \end{cases}$ 의 해가 $(a,\ b)$일 때 $a-b$의 값을 구하여라.

STEP 2 소단원 종합 학습

01 x, y가 자연수일 때, 일차방정식 $x+2y=12$를 만족하는 x, y의 순서쌍 (x, y)의 개수를 구하면?

① 2개 ② 3개 ③ 4개
④ 5개 ⑤ 6개

02 일차방정식 $ax-3y=7$의 해가 $(2, -1)$, $(1, b)$일 때, b의 값을 구하면?

① 0 ② -3 ③ 3
④ $-\dfrac{5}{3}$ ⑤ $\dfrac{5}{3}$

03 방정식 $2x-3y+5=0$의 그래프가 두 점 $A(a, 1)$, $B(-2, b)$를 지날 때, a, b의 값을 구하면?

① $a=-1$, $b=\dfrac{1}{3}$ ② $a=-1$, $b=-\dfrac{1}{3}$
③ $a=1$, $b=-3$ ④ $a=-1$, $b=-3$
⑤ $a=1$, $b=\dfrac{1}{3}$

04 연립방정식 $\begin{cases} 2x+y=5 \\ x+ay=-3 \end{cases}$의 해가 $(2, b)$일 때, ab의 값은?

① -5 ② -4 ③ -3
④ 2 ⑤ 4

05 연립방정식 $\begin{cases} 2x+y=7 \\ x=2y+1 \end{cases}$의 해를 $x=a$, $y=b$라고 할 때, $a-b$의 값은?

① -2 ② 2 ③ 3
④ -4 ⑤ 4

06 연립방정식 $\begin{cases} 2x-y=1 \cdots ① \\ ax-y=3 \cdots ② \end{cases}$의 그래프가 다음 그림과 같을 때, a의 값을 구하면?

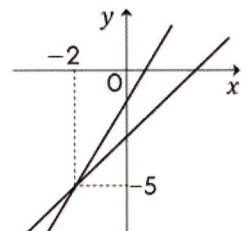

① -1 ② $-\dfrac{1}{2}$ ③ $\dfrac{1}{3}$
④ $\dfrac{1}{2}$ ⑤ 1

07 연립방정식 $\begin{cases} 2x+y=8 \\ x-y=1 \end{cases}$을 풀 때 $x-y=1$의 1을 잘못 보고 풀어서 $y=-4$를 얻었다. 1을 어떤 수로 잘못 보았는가?

① -2 ② 4 ③ 7
④ 10 ⑤ 13

08 연립방정식 $\begin{cases} x+ay=4 \\ bx+3y=5 \end{cases}$의 해가 $(-2, 3)$일 때, a^2-b^2의 값을 구하면?

① 5 ② -5 ③ 3
④ -3 ⑤ 0

STEP 2 소단원 종합 학습

09 두 연립방정식 $\begin{cases} x-y=-1 \\ ax+y=15 \end{cases}$ 와 $\begin{cases} 2x+y=7 \\ x-3y=b \end{cases}$ 가 같은 해를 가질 때, $a+b$의 값은?

① 2 ② 1 ③ -1
④ -2 ⑤ 3

10 연립방정식 $\begin{cases} x-2y=a \\ 2x+y=16-a \end{cases}$ 를 만족하는 x의 값이 y의 값의 3배라고 할 때, a의 값은?

① -2 ② -1 ③ 0
④ 1 ⑤ 2

11 연립방정식 $\begin{cases} ax+by=2 \\ bx-ay=11 \end{cases}$ 에서 잘못하여, a와 b를 바꾸어 놓고 풀었더니 $x=2$, $y=-1$이 되었다. 이 때, a, b의 값을 구하면?

① $a=4, b=2$ ② $a=4, b=3$
③ $a=3, b=4$ ④ $a=3, b=2$
⑤ $a=4, b=-1$

12 $\dfrac{x}{3}=\dfrac{y}{5}=\dfrac{z}{4}$, $2x-3y+4z=42$을 만족하는 x, y, z에 대하여 $x+y-z$의 값은?

① 20 ② 24 ③ 28
④ 32 ⑤ 36

13 연립방정식 $\begin{cases} 6x+5(y+1)=-1 \\ 2(x-2y)+3y=6 \end{cases}$ 을 풀면?

① $x=\dfrac{1}{2}, y=3$ ② $x=-\dfrac{1}{2}, y=-3$
③ $x=\dfrac{3}{2}, y=3$ ④ $x=\dfrac{3}{2}, y=-3$
⑤ $x=-\dfrac{3}{2}, y=3$

14 세 일차방정식 $x+2y=-4$, $ax+3y=5$, $3x+y=3$의 그래프를 좌표평면 위에 그리면, 한 점에서 만난다고 할 때, a의 값을 구하면?

① 5 ② 6 ③ 7
④ 8 ⑤ 9

15 연립방정식 $\begin{cases} 0.4x-0.3y=1.1 \\ \dfrac{1}{3}x+\dfrac{1}{2}y=\dfrac{1}{6} \end{cases}$ 을 풀면?

① $x=2, y=-1$ ② $x=-2, y=1$
③ $x=-1, y=2$ ④ $x=1, y=-2$
⑤ $x=-2, y=-1$

16 연립방정식 $\dfrac{x-2y-3}{2}=\dfrac{2y+5}{3}=\dfrac{2x+y-1}{4}$ 의 해를 (α, β)라고 할 때, $\alpha^2-\alpha\beta+\beta^2$의 값은?

① 5 ② 7 ③ 9
④ 11 ⑤ 13

17 연립방정식 $\begin{cases} 0.\dot{1}x+0.\dot{3}y=1.\dot{1} \\ 0.\dot{3}x-1.\dot{3}y=-1.\dot{3} \end{cases}$ 의 해는?

① $x=2, y=4$ ② $x=4, y=2$
③ $x=6, y=4$ ④ $x=6, y=2$
⑤ $x=2, y=6$

18 연립방정식 $3ax-by=ax-0.5by=3x+2y$의 해가 $(2, -1)$일 때, $a+b$의 값은?

① 10 ② 11 ③ 12
④ 13 ⑤ 14

19 연립방정식 $\begin{cases} 2ax+by=4 \\ ax-3by=8 \end{cases}$의 해는 x가 4와 12의 최대공약수이고, y는 4와 12의 최소공배수이다. 이 때, $14(a+b)$의 값을 구하면?

① 4 ② 8 ③ 12
④ 14 ⑤ 16

20 연립방정식 $\begin{cases} x:y=3:2 \\ 2x+3y=-16 \end{cases}$에서 x, y의 값은?

① $x=-4$, $y=-\dfrac{8}{3}$ ② $x=4$, $y=-\dfrac{8}{3}$
③ $x=-4$, $y=-6$ ④ $x=4$, $y=6$
⑤ $x=4$, $y=\dfrac{8}{3}$

서술형

21 연립방정식 $\begin{cases} ax+y=24 \\ 6x-ay=4 \end{cases}$을 만족하는 x, y의 값이 같을 때, a의 값을 구하면 □이다. 이 때, □ 안에 알맞은 값을 구하라.

22 다음 연립방정식 $4x-3y+5=3x-4y+2=6x-5y-3$의 해를 구하면 (a, b)가 된다. 이 때, $6a+2b$의 값을 구하여라.

23 연립방정식 $\begin{cases} ax+y=4 \\ 9x-3y=b \end{cases}$의 해가 무수히 많을 때, $a+b$의 값은 □이다. □ 안에 알맞은 값을 구하라.

24 연립방정식 $\begin{cases} ax+by=-5 \\ bx+ay=1 \end{cases}$에서 잘못하여 a, b를 바꾸어놓고 풀었더니 해가 $x=1$, $y=3$이었다. 처음 연립방정식의 해를 구하여라.

25 두 연립방정식 $\begin{cases} 2x+y=5 \\ x-y=1 \end{cases}$과 $\begin{cases} x+by=3 \\ ax+3y=15 \end{cases}$의 해가 서로 같을 때, 상수 a, b의 곱 $a \times b$를 구하여라.

63 연립방정식의 활용

정답과 해설 50쪽

연립방정식의 활용문제를 푸는 순서
(1) 무엇을 x, y로 나타낼 것인지를 정한다.
(2) x, y를 사용하여 문제의 뜻에 맞는 연립방정식을 세운다.
(3) 세운 연립방정식을 푼다.
(4) 문제에 맞는 답을 쓴다.

💡 **연립방정식의 활용문제를 푸는 순서**
(1) 무엇을 미지수 x, y로 나타낼 것인지를 정한다.
(2) x, y를 이용하여 문제의 뜻에 맞게 연립방정식을 세운다.
(3) 연립방정식을 풀어 x, y의 값을 구한다.
(4) 구한 x, y의 값이 문제의 뜻에 맞는지를 확인하고, 문제의 뜻에 맞는 것만을 답으로 한다.

예제 1 나이에 관한 문제

아버지와 어머니의 나이의 합은 80이고, 아버지는 어머니보다 4살 위이다. 아버지와 어머니의 나이는 각각 몇 살인가?

(1) 아버지의 나이와 어머니의 나이를 각각 x, y라 하면, 이들 사이의 관계는 (아버지의 나이)+(어머니의 나이)=80, (아버지의 나이)=(어머니의 나이)+4이다. 이를 x, y를 사용하여 나타내어라.
   (　) + (　) = 80 …… ①
   (　) = (　) + 4 …… ②

(2) ①, ②의 연립방정식을 풀어라.
   $x = (\ \ )$
   $y = (\ \ )$

(3) 아버지와 어머니의 나이는 각각 몇 살인가?
   아버지 (　)세
   어머니 (　)세

유제 1-1 형과 동생의 나이의 합은 34이고, 형은 동생보다 6살 위이다. 형과 동생의 나이는 각각 몇 살인가?

유제 1-2 현재 아버지의 나이는 아들의 나이의 3배인데, 10년 후에는 아버지의 나이가 아들의 나이의 2배가 된다. 현재 아버지의 나이와 아들의 나이는 각각 몇 살인가?

개념편 211

연립방정식의 활용 문제풀이

① 미지수 x, y 정하기
② 연립방정식 세우기
③ 연립방정식 풀기
④ 문제의 뜻에 맞는지 확인하기

예제 2 가격에 관한 문제

형은 동생보다 20000원을 더 저금했다. 앞으로 형은 매달 5000원, 동생은 3000원씩 저금 한다면 6개월 후에는 형의 저금액이 동생의 저금액의 2배가 된다. 현재의 동생의 저금액과 형의 저금액은 얼마인가?

(1) 현재 동생의 저금액을 x, 형의 저금액을 y라 하면 이들 사이의 관계는
 (현재의 형의 저금액)=(현재의 동생의 저금액)+20000,
 (6개월 후의 형의 저금액)=2×(6개월 후의 동생의 저금액)이다. 이를 x, y를 사용하여 나타내어라.

(☐) = (☐) + 20000 ...... ①
(☐) = 2×(☐) ...... ②

(2) ①, ②의 연립방정식을 풀어라.
x = (☐), y = (☐)

(3) 현재의 동생의 저금액과 형의 저금액은 각각 얼마인가?
현재의 동생의 저금액 (☐)원
현재의 형의 저금액 (☐)원

유제 2 형은 동생의 2배의 돈을 가지고 있었다. 그 후 형은 20000원을 썼고, 동생은 아버지에게서 15000원을 더 받았기 때문에 형제의 돈은 같게 되었다. 형제가 처음에 가지고 있던 돈은 각각 얼마인가?

가격에 관한 문제

(1) 어떤 것의 가격을 x원, 다른 것의 가격을 y원으로 놓고 연립방정식을 세운다.
(2) 연립방정식을 푼다.
(3) 문제에 맞는 답을 쓴다.

예제 3 가격에 관한 문제

A군은 연필 8자루와 공책 5권을 사고 6400원을 지불했다. B군은 같은 연필 3자루와 같은 공책 2권을 사고 2500원을 지불했다. 이 연필 한 자루와 공책 한권의 값은 각각 얼마인가?

유제 3 한 개에 900원 하는 사과와 한 개에 1200원 하는 배를 합하여 15개를 사고 15300원을 지불하였다. 사과와 배를 각각 몇 개씩 샀는가?

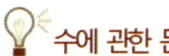 수에 관한 문제

(1) 십의 자리의 수를 x, 일의 자리수를 y라 하면, 두 자리의 자연수는 $10x+y$, 자리의 수를 바꾼 수는 $10y+x$로 놓는다.
(2) 연립방정식을 푼다.
(3) 문제의 뜻에 맞는지 검토한다.

예제 4 두 수에 관한 문제

두 자리의 정수가 있다. 각 자리의 숫자의 합이 16이고, 이 수의 십의 자리의 숫자와 일의 자리의 숫자를 바꾼 두 자리의 수는 처음 수보다 18이 작다. 처음의 정수를 구하여라.

(1) 구하고자 하는 수의 십의 자리수를 x, 일의 자리수를 y라 하면 이들 사이의 관계는
  (십의 자리수)+(일의 자리수)=16 ……①
  (순서를 바꾼 수)=(처음 수)-18 ……② 이다.
  이를 x, y를 사용하여 나타내어라.
  (□)+(□) = 16 ……①
  (□) = (□) - 18 ……②
(2) ①, ②의 연립방정식을 풀어라.
  x = (□), y = (□)
(3) 처음의 수를 구하여라.

유제 4-1 두 자리의 정수가 있다. 각 자리의 숫자의 합이 11이고, 이 수의 십의 자리의 숫자와 일의 자리의 숫자를 바꾼 수는 처음 수보다 9가 작다고 한다. 처음 정수를 구하여라.

유제 4-2 두 자리의 정수가 있다. 각 자리의 숫자의 합이 10이고, 이 수의 십의 자리의 숫자와 일의 자리의 숫자를 바꾼 수는 처음 수의 2배보다 1이 작다고 한다. 처음 정수를 구하여라.

 수에 관한 문제

(1) 어떤 수 a를 $b(b \neq 0)$로 나누어 몫이 q이고, 나머지가 r이면
$a = b \times q + r$
$(0 \leq r < b)$

예제 5 두 수에 관한 문제

두 정수가 있다. 이 두 수의 합은 278이고, 큰 수를 작은 수로 나누면 몫은 11이고 나머지는 2이다. 이 두 정수를 구하여라.

(1) 큰 수를 x, 작은 수를 y라 하면 이들 사이의 관계는
  (큰 수)+(작은 수)=278 ……①
  (큰 수)÷(작은 수)=11…2 ……②
(2) ①, ②의 연립방정식을 풀어라.
  x = (□), y = (□)
(3) 큰 정수=(□), 작은 정수=(□)

유제 5-1 두 정수가 있다. 이 두 수의 합은 352이고, 큰 수를 작은 수로 나누면 몫은 10이고 나머지는 11이 된다. 이 두 정수를 구하여라.

유제 5-2 두 정수가 있다. 큰 수를 작은 수로 나누면 몫은 3이고 나머지는 6이다. 또, 큰 수의 3배를 작은 수로 나누면 몫은 11이고 나머지는 2이다. 이 두 정수를 구하여라.

x명의 4%
$\Rightarrow x \times \dfrac{4}{100} = \dfrac{1}{25}x$

예제 6 두 수에 관한 문제

어떤 학교의 학생 수가 작년에 비해 남학생이 4%, 여학생이 3% 증가하여 30여 명이 많아져서 학생 수가 880명이 되었다. 작년도의 남학생 수와 여학생 수를 각각 구하여라.

(1) 작년의 남학생 수와 여학생 수를 각각 x, y라 하면, 이들 사이의 관계는
 (작년도의 남학생 수)+(작년도의 여학생 수)=850, (올해의 남학생 수의 증가량)+(올해의 여학생 수의 증가량)=30이다. 이를 x, y를 사용하여 나타내어라.
 (　　　)+(　　　　)＝850 …… ①
 (　　　)+(　　　　)＝30 …… ②

(2) ①, ②의 연립방정식을 풀어라.
 $x = (\quad)$, $y = (\quad)$

(3) 작년의 남학생 수는 (　　)명, 작년의 여학생 수는 (　　)명이다.

유제 6-1 어떤 학교의 금년도 학생 수는 작년에 비해 남자는 17% 늘고, 여자는 8% 줄었으나, 전체 학생 수는 35명이 많아져서 535명이 되었다고 한다. 금년도 여학생 수를 구하여라.

유제 6-2 어느 공장에서 지난달에는 A, B제품을 합하여 800개를 생산하였다. 이 달에 생산한 양은 지난달에 비하여 A는 10% 감소, B는 10% 증가하여 전체로는 5% 감소하였다. 이 달의 A, B제품의 생산량을 각각 구하여라.

단위 환산

$1할 = \dfrac{1}{10} = 0.1$

$1\% = \dfrac{1}{100} = 0.01$

예제 7 두 수에 관한 문제

두 수 A와 B가 있다. A의 2할과 B의 3할의 합은 7이고, 그 비율을 바꾸어 합을 구하면 처음 합보다 1이 더 많아진다. 두 수 A, B를 구하여라.

(1) 이들 사이의 관계는
  (A의 2할)+(B의 3할)=7,
  (A의 3할)+(B의 2할)=8이다.
  이것을 식으로 나타내면?
  (　　)+(　　) = 7 …… ①
  (　　)+(　　) = 8 …… ②

(2) ①, ②의 연립방정식을 풀면, A = (　　), B = (　　)

유제 7 두 수 A, B가 있다. A의 4할과 B의 5할의 합은 35이고, 그 비율을 바꾸어 더하면 처음의 합보다 2가 더 커진다. 두 수 A와 B의 합은?

① 40　　② 50　　③ 60
④ 70　　⑤ 80

수에 관한 문제

(1) 십의 자리의 수를 x, 일의 자리수를 y라 하면 두 자리의 자연수는 $10x+y$, 자리의 수를 바꾼 수는 $10y+x$로 놓는다.
(2) 연립방정식을 푼다.
(3) 문제의 뜻에 맞는지 검토한다.

예제 8 두 수에 관한 문제

강당의 긴 의자에 학생을 앉게 하는데, 한 의자에 4명씩 앉으면 의자가 3개 남고, 3명씩 앉으면 18명의 학생이 앉지 못하게 된다. 긴 의자의 수와 학생수를 각각 구하여라.

(1) 긴 의자의 수와 학생수를 각각 x, y라고 하면 이들 사이의 관계는
  4×(긴 의자 수−3)=학생수,
  3×(긴 의자 수)+18=학생수이다.
  이것을 식으로 나타내면
  4×(　　) = (　　) …… ①
  3×(　　)+18 = (　　) …… ②

(2) ①, ②의 연립방정식을 풀면, x = (　　), y = (　　)

(3) 긴 의자의 수는 (　　)개이고, 학생수는 (　　)명이다.

유제 8 학생들에게 사과를 나누어 주는데, 한 학생에게 3개씩 주면 10개가 남고, 5개씩 주면 8개가 모자란다. 이 때, 학생수와 사과의 개수를 구하여라.

수를 잘못 보고 구한 해를 이용하는 문제

제대로 본 식에 구한 해를 대입하여 해결의 실마리를 찾는다.

예제 9 두 수에 관한 문제

연립방정식 $x+y=2$, $x-y=6$을 푸는데, $x-y=6$의 6을 잘못 써서 $y=-3$이 되었다. 물음에 답하여라.

(1) x의 값은 얼마인가?

$\begin{cases} x+y=2 & \cdots\cdots ① \\ x-y=6 & \cdots\cdots ② \end{cases}$ 를 푸는데

②의 6을 잘못 써서 $y=-3$이 나온 것은, ①은 옳게 본 것이므로 이 식에 $y=-3$을 대입하여 x의 값을 구하면 $x=(\quad)$ 이다.

(2) 6을 무엇으로 잘못 썼는가?

위에서 구한 x, y의 값을 ②에 대입하면

$x-y=(\quad)-(\quad)=(\quad)$ 이다.

즉, 6을 8로 잘못 쓴 것이다.

(2) 원래 주어진 연립방정식의 해를 구하여라.

$\begin{cases} x+y=2 & \cdots\cdots ③ \\ x-y=6 & \cdots\cdots ④ \end{cases}$

③, ④를 풀면, $x=(\quad)$, $y=(\quad)$

유제 9

연립방정식 $3x+y=9$, $2x+y=8$을 푸는데, $2x+y=8$의 8을 잘못 써서 $y=3$이 되었다. 물음에 답하여라.

(1) x의 값은 얼마인가?

$\begin{cases} 3x+y=9 & \cdots\cdots ① \\ 2x+y=8 & \cdots\cdots ② \end{cases}$ 를 푸는데

②의 8을 잘못 써서 $y=3$이 나온 것은, ①은 옳게 본 것이므로 이 식에 $y=3$을 대입하여 x의 값을 구하면 $x=(\quad)$ 이다.

(2) 8을 무엇으로 잘못 썼는가?

위에서 구한 x, y의 값을 ②에 대입하면

$2x+y=2\times(\quad)+(\quad)=(\quad)$ 이다.

즉, 8을 7로 잘못 쓴 것이다.

(2) 원래 주어진 연립방정식의 해를 구하여라.

$\begin{cases} 3x+y=9 & \cdots\cdots ③ \\ 2x+y=8 & \cdots\cdots ④ \end{cases}$

③, ④를 풀면, $x=(\quad)$, $y=(\quad)$

STEP 1 개념 다지기

01 토요볼링 동호회 회원 135명 중에서 남성회원의 $\frac{4}{9}$와 여성회원의 $\frac{1}{3}$이 안경을 썼다. 이들의 합이 동호회 회원 전체의 $\frac{2}{5}$라고 한다. 이 동호회에서 여성회원은 몇 명인가?

① 48명   ② 54명   ③ 56명
④ 58명   ⑤ 62명

02 진우는 한 달 용돈의 $\frac{1}{5}$을 저금하고, 혜원이는 한 달 용돈의 $\frac{1}{4}$을 저금하여 혜원이의 저금액은 진우의 저금액보다 10000원이 많다. 또 혜원이의 한 달 용돈이 진우의 한 달 용돈보다 30000원이 많다고 하면, 혜원이의 한 달 용돈은 얼마인가?

① 70000원   ② 80000원   ③ 90000원
④ 100000원   ⑤ 150000원

03 합이 253인 두 자연수가 있다. 큰 수를 작은 수로 나누면 몫은 7이고, 나머지는 29이다. 두 자연수 중에서 큰 수를 구하여라.

04 긴 의자에 학생을 앉히는데 5명씩 앉히면 의자 2개가 남고, 4명 씩 앉히면 학생 3명이 앉지 못한다고 한다. 이 때, 학생 수와 의자 수를 각각 구하여라.

05 어느 학교의 작년의 학생 수는 600명이었다. 금년에는 남학생이 20% 증가하고, 여학생이 8% 감소하여 622명이 되었다. 다음 물음에 답하여라.
(1) 작년의 남학생 수를 x명, 여학생 수를 y명이라 하여 위의 조건을 만족하는 연립방정식을 세워라.
(2) 금년의 남학생 수와 여학생 수를 각각 구하여라.

64 시간, 속력, 거리에 관한 문제

정답과 해설 51쪽

(1) (거리)=(속력)×(시간)

　시속 60km로 3시간 동안 간 거리는 60km/시간 × 3시간 = 180km

(2) (시간)= $\dfrac{(거리)}{(속력)}$

　60km를 시속 20km로 갈 때 걸리는 시간은 $\dfrac{60\text{km}}{20\text{km/시}}$ =3시간

(3) (속력)= $\dfrac{(거리)}{(시간)}$

　100km를 4시간에 갈 때의 속력은

　$\dfrac{100\text{km}}{4\text{시간}}$ =25km/시

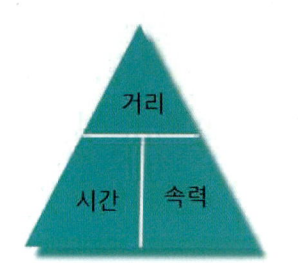

시간, 속력, 거리에 관한 문제

(1) (거리)=(처음 거리)+(나중 거리)
　　(시간)=(처음 시간)+(나중 시간)

(2) 속력은 단위시간에 간 평균거리이므로

　(속력)= $\dfrac{(거리)}{(시간)}$

　양변에 (시간)을 곱하면
　(거리)=(속력)×(시간)
　다시 양변을 (속력)으로 나누면

　(시간)= $\dfrac{(거리)}{(속력)}$

예제 1 거리에 관한 문제

다음 그림과 같이 A, B 두 지점 사이에 P가 있고, A에서 B까지의 거리는 17km이다. A에서 P까지는 매시 3km, P에서 B까지는 매시 4km의 속력으로 걸어서 5시간 걸렸다. A에서 P까지, P에서 B까지의 거리는 각각 몇 km인가?

(1) A에서 P까지의 거리를 $x$km, P에서 B까지의 거리를 $y$km라 하고 거리와 시간 관계를 이용하여 식을 세워라.
　(　　　) + (　　　) = 17 …… ①
　(　　　) + (　　　) = 5 …… ②

(2) ①, ②의 연립방정식을 풀어라.

(3) A에서 P까지의 거리를 (　　　)km이고, P에서 B까지의 거리는 (　　　)km이다.

유제 1 학교를 사이에 두고 18km 떨어져 있는 두 학생의 집 A, B가 있다. A의 학생이 자기 집을 떠나서 B까지 가는데, A에서 학교까지는 매시 3km, 학교에서 B까지는 매시 5km의 속력으로 걸어서 4시간 걸렸다. A에서 학교까지, 학교에서 B까지의 거리를 각각 구하여라.

거리·속력·시간에 관한 활용

① (거리)=(속력)×(시간)
② (속력)=$\frac{(거리)}{(시간)}$
③ (시간)=$\frac{(거리)}{(속력)}$

예제 2 속력에 관한 문제

일정한 속력으로 배를 타고 길이가 40km인 강을 왕복하였다. 강을 거슬러 올라가는데 4시간 내려오는데 2시간 걸렸다고 할 때, 강물의 속력을 구하여라.

유제 2 무더운 여름에 수영을 잘 하는 수민이가, 강물을 따라 수영을 하고 있었다. 300m를 물의 흐름에 따라 수영을 하여 내려 올 때는 20분이 걸렸고, 물의 흐름과 반대 방향으로 오를 때는 30분이 걸렸다. 강물이 흐르는 속력(m/분)은 얼마인지 구하여라.

예제 3 시간에 관한 문제

A, B 두 사람이 동시에 4일 동안 작업하면 끝마칠 수 있는 일이 있다. 이 일을 먼저 A가 2일 동안 작업한 뒤 B가 8일 동안 작업하여 끝마쳤다고 한다. A가 혼자서 일을 끝마치려면 며칠이 걸리는지 구하여라.

유제 3 동수와 영호가 함께 일을 하면 24분이면 끝나는 일을 둘이서 함께 16분간 하고 나머지는 동수 혼자서 20분 만에 끝냈다. 만약 동수 혼자서 한다면 얼마의 시간이 걸리겠는가?

65 농도에 관한 문제

소금물의 농도에 관한 문제는 다음의 공식을 이용하여 식을 세운다.

(1) (소금물의 농도) = $\dfrac{(소금의\ 양)}{(소금물의\ 양)} \times 100\%$

(2) (소금의 양) = (소금물의 양) $\times \dfrac{(소금물의\ 농도)}{100}$

> 예 소금 10g이 녹아있는 소금물 200g의 농도는
> $\dfrac{10}{200} \times 100 = 5(\%)$

> 예 8%의 소금물 300g에 녹아있는 소금의 양은
> $\dfrac{8}{100} \times 300 = 24(g)$

소금물에 관한 문제

(1) (A소금물의 양)
  +(B소금물의 양)
  =(전체 소금물의 양)
  (A소금물의 소금의 양)
  +(B소금물의 소금의 양)
  =(전체 소금물의 소금의 양)

(2) (녹아 있는 소금의 양)
  = $\dfrac{(농도)}{100} \times$(소금물의 양)

일반적인 소금물에 관한 문제는 아래와 같이 두 가지를 이용하여 식을 세운다.
① (두 소금물의 양의 합)
  =(섞은 후 소금물의 양)
② (두 소금물의 소금의 양의 합)
  =(섞은 후 소금의 양)

예제 1 농도에 관한 문제

5%의 소금물과 8%의 소금물을 섞어서 6%의 소금물 150g을 만들었다. 이 때, 각각의 소금물을 섞은 양은 몇 g씩 인가?

(1) 5%의 소금물을 xg, 8%의 소금물을 yg이라 하고, 소금물의 관계와 소금양의 관계를 이용하여 관계식을 구하여라.
  ( ) + ( ) = 150 …… ①
  ( ) + ( ) = $150 \times \dfrac{6}{100}$ …… ②

(2) ①, ②의 연립방정식을 풀어라.
  $x = $ ( ), $y = $ ( )

(3) 5%의 소금물 ( )g, 8%의 소금물 ( )g을 섞어서 만들었다.

유제 1

농도가 다른 A, B 두 가지 소금물이 있다. A의 소금물 30g과 B의 소금물 50g을 섞었더니, 10%의 소금물이 되었다. 또, A의 소금물 50g과 B의 소금물 30g을 섞었더니 8%의 소금물이 되었다. A, B는 각각 몇 %의 소금물인가?

(1) 농도가 다른 A, B 두 가지 소금물의 농도를 각각 $x\%$, $y\%$라 하고 관계식을 구하여라.
  ( ) + ( ) = $80 \times \dfrac{10}{100}$
  ( ) + ( ) = $80 \times \dfrac{8}{100}$

(2) 연립방정식을 풀어라.
  $x = $ ( ), $y = $ ( )

(3) A는 ( )% 소금물이고, B는 ( )% 소금물이다.

STEP 1 개념 다지기

01 A지점에서 26km 떨어진 B지점을 가려고 한다. 자전거를 타고 출발하여 시속 15km로 달리다가 도중에 고장이 나서 자전거를 끌고 시속 3km로 걸어서 갔더니 모두 3시간 20분이 걸렸다. 자전거를 타고 간 거리는?

① 14km ② 16km ③ 18km
④ 20km ⑤ 22km

02 어떤 일을 아버지가 혼자하면 8일, 아들이 혼자 하면 12일이 걸려 완성된다. 이 일을 아버지가 하는 도중에 아들이 교대하여 시작한 날로부터 총 10일 만에 완성하였다. 아들이 일한 기간은?

① 4일 ② 5일 ③ 6일
④ 7일 ⑤ 8일

03 두 소금물 A, B를 각각 100g씩 섞으면 8%의 소금물이 되고, A소금물 100g과 B소금물 200g을 섞으면 7%의 소금물이 된다. B는 몇 %의 소금물인가?

① 2% ② 3% ③ 4%
④ 5% ⑤ 6%

04 물속에서 금은 그 무게의 $\frac{1}{19}$이 가벼워지고 은은 그 무게의 $\frac{2}{21}$ 가벼워진다고 한다. 무게가 246g인 금과 은이 섞인 합금을 물속에서 저울에 달았더니 21g이었다고 한다. 이 합금에 섞여 있는 금은 몇 g인지 구하여라.

05 보트로 96km 길이의 강을 내려가는데 2시간, 거슬러 올라가는데 3시간이 걸렸다. 강물이 흐르는 속력과 정지한 물에서의 보트의 속력을 각각 구하여라.

STEP 2 소단원 종합 학습

정답과 해설 52쪽

01 어느 학교의 작년 학생수는 600명이었다. 금년에는 남학생이 8% 감소하고, 여학생은 20% 증가하여 622명이 되었다. 금년의 여학생의 수는?

① 280명 ② 290명 ③ 300명
④ 310명 ⑤ 320명

02 복숭아 6개와 배 3개의 값은 4500원이고, 복숭아 3개와 배 4개의 값은 4500원일 때, 배 1개의 값은?

① 600원 ② 700원 ③ 750원
④ 800원 ⑤ 900원

03 형과 동생의 나이의 합은 51살이고, 형은 동생보다 5살 위이다. 형의 나이를 a, 동생의 나이를 b라 할 때, $2a+3b$의 값은?

① 124 ② 125 ③ 127
④ 129 ⑤ 131

04 한 개에 900원 하는 사과와 한 개에 1200원 하는 배를 합하여 15개를 사고, 16200원을 냈다. 사과는 몇 개 샀는가?

① 5개 ② 6개 ③ 7개
④ 8개 ⑤ 9개

05 산을 넘어 학교에 다니는데, 산을 올라갈 때는 시속 3km, 내려갈 때는 시속 6km로 걸어 학교에 간다. 갈 때는 3시간, 집에 올 때는 4시간이 소요되었다면 왕복으로 걸은 거리의 합은 몇 km인가?

① 27km ② 28km ③ 29km
④ 30km ⑤ 31km

06 쌀과 보리를 합하여 200g이 있다. 쌀은 10% 늘리고, 보리는 5% 줄였더니, 전체로는 그 양이 4% 증가하였다. 처음 보리의 양은 몇 g인가?

① 68g ② 72g ③ 76g
④ 80g ⑤ 84g ㅎ244

07 9km 떨어진 거리를 가는데 처음에는 시속 5km로 걷다가, 중간에서 오르막길이 되어 시속 4km로 걸어서 2시간이 걸렸다고 한다. 오르막길의 거리는?

① $\frac{2}{5}$km ② 3km ③ $\frac{7}{2}$km
④ 4km ⑤ $\frac{9}{2}$km

08 진수와 효진이가 동시에 5일간 작업하면 끝마칠 수 있는 일이 있다. 이 일을 먼저 진수가 4일간 일한 후 나머지를 효진이가 10일간 걸려 끝냈다. 이 일을 효진이가 혼자서 하면 며칠이 걸리겠는가?

① 15일 ② 20일 ③ 25일
④ 30일 ⑤ 35일

09 연립방정식 $\begin{cases} 2x+a=7 \\ x+2y+3a=8 \end{cases}$ 에서 x와 y의 차가 2일 때, a의 값은? (단, $x > y$)

① -3 ② -1 ③ 1
④ 2 ⑤ 3

10 연립방정식 $\begin{cases} 3x-ay=2 \\ 2x+y=8 \end{cases}$ 을 만족하는 x와 y의 값의 비가 1 : 2일 때, a의 값은?

① -2 ② -1 ③ 1
④ 2 ⑤ 3

11 $\frac{x-2y}{4} + \frac{3x}{2} = x+y$ 일 때, $\frac{2x+y}{3x-y}$ 의 값은?

① -2 ② 1 ③ 2
④ 3 ⑤ 4

12 어느 유원지에서 학생 4명과 어른 3명의 입장료는 3500원이고, 학생 2명과 어른 1명의 입장료는 1400원이다. 학생의 입장료는?

① 330원 ② 340원 ③ 350원
④ 360원 ⑤ 370원

13 A, B 두 호스로 물통에 물을 가득 채우는데, A, B를 같이 3분 사용한 다음 A호스만으로 5분 사용 후 물통이 가득 찼다. 또, A, B를 같이 4분 사용한 다음 B호스만으로 7분 사용 후 물통에 물이 가득 찼다면, 처음부터 B호스만 사용했을 때, 몇 분 만에 물통이 가득 차겠는가?

① 15분 ② 16분 ③ 17분
④ 18분 ⑤ 19분

14 배로 강을 36km의 거리를 거슬러 올라가는데 4시간 30분, 같은 거리를 내려오는데 3시간 걸린다고 할 때, 정지되어 있는 물에서의 배의 속력은?

① 9km/시 ② 10km/시 ③ 11km/시
④ 12km/시 ⑤ 13km/시

15 다음 직사각형 $ABCD$에서 빗금 친 부분의 넓이가 $60cm^2$이고, a의 길이가 b의 길이의 5배일 때, $a-2b$의 값은?

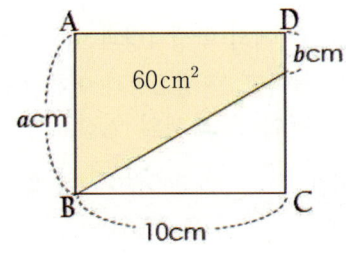

① 4 ② 5 ③ 6
④ 7 ⑤ 8

16 A, B 두 물건의 무게의 합은 300g이다. A의 무게를 10% 증가시키고, B의 무게를 5% 감소시키면 전체의 무게는 320g이 된다. 처음 A, B의 무게는 각각 몇 g인가?

① $A:\frac{700}{3}g, B:\frac{200}{3}g$ ② $A:200g, B:100g$
③ $A:\frac{500}{3}g, B:\frac{400}{3}g$ ④ $A:100g, B:200g$
⑤ $A:120g, B:180g$

17 6%의 소금물과 15%의 소금물을 섞어서 10%의 소금물 450g을 만들려고 한다. 이 때, 6%의 소금물을 몇 g 섞으면 되겠는가?

① 250g ② 260g ③ 270g
④ 280g ⑤ 290g

18 3%의 소금물과 5%의 소금물을 섞어서 4%의 소금물 500g을 만들었다. 5%의 소금물의 양은?

① 250g ② 230g ③ 210g
④ 190g ⑤ 170g

19 어느 학교의 입학시험에서 입학지원자의 남녀의 비는 3 : 2, 합격자의 남녀의 비는 5 : 2, 불합격자의 남녀의 비는 1 : 1, 합격자의 수는 140명이었다. 입학 지원자의 수는?

① 280명　② 300명　③ 320명
④ 340명　⑤ 360명

20 어느 학교의 금년의 학생 수는 865명이다. 이것은 작년에 비하여 남자가 10%로 증가하고, 여자가 15% 감소한 것으로 전체로는 35명이 줄어든 것이다. 금년의 남학생 수는?

① 425명　② 430명　③ 435명
④ 440명　⑤ 445명

서술형

21 아버지와 아들의 나이의 합은 46세이고, 3년 후에는 아버지의 나이가 아들의 나이의 3배가 된다고 한다. 아버지의 현재 나이는 □세이다. □ 안에 알맞은 수를 구하여라.

22 각 자리의 숫자의 합이 10인 두 자리 자연수가 있다. 이 자연수의 십의 자리수와 일의 자리수를 바꾼 두 자리 자연수의 2배는 처음의 수보다 1이 크다. 이 때, 처음의 수를 구하여라.

23 서울에서 대전까지의 거리는 140km이다. 자동차로 대전을 가는데 처음에는 시속 60km로 가다가 중간에 시속 90km로 가서 1시간 50분이 걸렸다. 시속 60km로 이동한 거리는 □km이다. □ 안에 알맞은 수를 구하여라.

24 정화, 지현 두 사람이 4일 동안 함께 작업하면 끝마칠 수 있는 일이 있다. 이 일을 정화가 먼저 2일 동안 작업한 뒤 지현이가 8일 동안 작업하여 끝마쳤다고 한다. 정화가 혼자서 이 일을 끝마치려면 □ 일이 걸린다. □ 안에 알맞은 수를 구하여라.

25 농도를 모르는 두 소금물 A, B를 각각 200g, 100g씩 섞으면, 7% 농도의 소금물이 되고, 각각 100g, 200g씩 섞으면, 8% 농도의 소금물이 된다. 이 때, 소금물 B의 농도는 □%이다. □ 안에 알맞은 수를 써라.

66 사건과 경우의 수

(1) **시행**
실험이나 관찰을 하는 행위

(2) **사건**
시행에 의하여 일어나는 결과

- 시행 : 동전, 주사위 등을 던지는 행위
- 사건 : 「동전의 뒷면이 나온다.」
  「주사위의 눈이 2의 배수가 나온다.」 등을 말한다.

(3) **경우의 수**
어떤 사건이 일어날 수 있는 모든 가지의 수

예 한 개의 주사위를 던지면 1~6의 눈이 나오므로 6가지의 경우를 생각할 수 있다.
이 때, 6가지를 한 개의 주사위를 던질 때의 경우의 수라한다.

알아두기 한 개의 주사위를 던질 때, 홀수의 눈이 나올 경우는 1, 3, 5의 3가지이다.

시행   사건   경우의 수

예제 1 사건과 경우의 수

1에서 20까지의 숫자가 적힌 카드가 있다. 이 카드에서 임의로 한 장을 뽑을 때, 다음을 구하여라.

(1) 나온 카드의 숫자가 20의 약수인 경우의 수
(2) 나온 카드의 숫자가 5의 배수인 경우의 수

유제1-1 다음 사건이 일어날 경우의 수를 구하여라.

(1) 한 개의 주사위를 던질 때, 3이상의 눈이 나오는 경우의 수
(2) 한 개의 주사위를 던질 때, 소수의 눈이 나오는 경우의 수
(3) 1에서 15까지 적혀있는 15장의 카드에서 1장을 뽑을 때 3의 배수가 나오는
경우의 수
(4) 1에서 10까지 적혀 있는 10장의 카드에서 1장을 뽑을 때 12의 약수가 나오는 경우의 수

유제1-2 다음 사건이 일어날 경우의 수를 구하여라.

(1) 두 개의 주사위를 동시에 던질 때, 나오는 눈의 수의 합이 7이 되는 경우의 수
(2) 두 개의 주사위를 던져 나온 눈의 수를 각각 x, y라 할 때, $x+2y=8$이 될 경우의 수

67 합의 법칙

정답과 해설 53쪽

합의 법칙 (사건 A 또는 사건 B가 일어나는 경우의 수)
두 사건 A, B가 동시에 일어나지 않을 때, 사건 A가 일어나는 경우의 수가 m가지, 사건 B가 일어나는 경우의 수가 n가지이면 사건 A 또는 사건 B가 일어나는 경우의 수는 $m+n$ (가지)

이해돕기 합의 법칙은 두 사건 A, B가 중복되거나 동시에 일어날 때에는 성립하지 않는다.

참고 문제에서 '또는', '~이거나'라는 말이 나오면 합의 법칙을 이용한다

예제 1 합의 법칙

주사위 1개를 2번 던질 때, 나오는 눈의 수의 합이 10보다 큰 경우의 수를 구하여라.

유제 1 다음 사건이 일어날 경우의 수를 구하여라.
(1) 서로 다른 볼펜 4자루와 연필 2자루 중에서 하나를 골라 사용하는 경우의 수
(2) 1에서 10까지 적혀 있는 10장의 카드에서 1장을 뽑을 때 3의 배수 또는 5의 배수가 되는 경우의 수
(3) 어떤 분식점에 김밥 3종류, 라면 3종류, 비빔밥 2종류가 있다. 이중에서 한 가지 음식을 시키려고 할 때 시킬 수 있는 모든 경우의 수

예제 2 합의 법칙

두 개의 주사위 A, B를 동시에 던질 때, 나오는 눈의 수의 합이 5 또는 8인 경우의 수를 구하여라.

유제 2 서로 다른 주사위를 2개 던질 때, 나오는 눈의 수의 차가 3 또는 4가 되는 경우의 수를 구하여라.

68 곱의 법칙 (두 사건 A,B가 동시에 일어나는 경우의 수)

정답과 해설 53쪽

사건 A가 일어나는 경우의 수가 m가지이고 그 각각의 경우에 대하여 다른 사건 B가 일어나는 경우의 수가 n가지이면 두 사건 A, B가 동시에 일어나는 경우의 수는
$$m \times n \text{(가지)}$$

참고 사건 A, B가 동시에 일어난다는 것은 사건 A가 일어날 경우 각각에 대하여 사건 B가 일어난다는 뜻이다. 문제에 '~와', '동시에', '그리고'라는 말이 나오면 곱의 법칙을 이용한다.

두 사건 A, B가 동시에 일어난다는 것은 시간적인 것을 의미하는 것이 아니라 사건 A의 경우에 대해서 각각 사건 B가 일어난다는 뜻이다.
→ '~동시에', '그리고'로 연결되는 문제가 많다.

예제 1 곱의 법칙

오른쪽 표는 서울에서 여수로 가는 고속버스와 여수에서 서울로 오는 기차의 시간표이다. 경민이가 서울에서 고속버스를 타고 여수에 있는 할아버지댁에 가서 하루 동안 머물은 후 다음 날 기차로 서울에 돌아오려고 한다. 모두 몇 가지 방법이 있는가?

고속버스	기 차
서울→여수	여수→서울
06 : 00	10 : 00
09 : 00	17 : 00
12 : 00	22 : 00
15 : 00	23 : 00
18 : 00	
21 : 00	

유제 1 다음 사건이 일어날 경우의 수를 구하여라.

(1) 동전 1개와 주사위 1개를 던질 때 일어날 수 있는 모든 경우의 수
(2) 동전 3개를 동시에 던질 때 일어날 수 있는 모든 경우의 수
(3) 동전 2개와 주사위 1개를 동시에 던질 때 나타날 수 있는 경우의 수

예제 2 곱의 법칙

오른쪽 그림과 같은 극장의 평면도가 있다. 객석을 나와서 매점으로 가는 경우의 수를 구하여라.

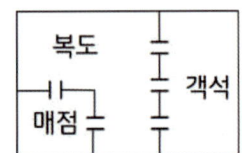

유제 2 A시에서 B시로 가는 시외버스는 하루 7대, B시에서 C시로 가는 시외버스는 하루 5대가 있다. A시에서 B시를 거쳐 C시로 가는 방법은 모두 몇 가지인가?

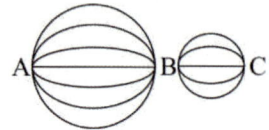

STEP 1 개념 다지기

01 일간지가 4종류, 주간지가 3종류 있는데 일간지에서 한 종류, 주간지에서 한 종류를 구독하려고 한다. 구독하는 방법의 수는?

02 오른쪽 그림과 같이 각 면에 1부터 12까지의 자연수가 각각 적혀 있는 정십이면체를 두 번 던질 때, 바닥에 닿은 면의 수가 처음에는 짝수이고 나중에는 12의 약수일 경우의 수를 구하여라.

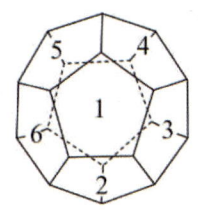

03 윷짝 4개를 동시에 던질 때, 일어날 수 있는 모든 경우의 수를 구하여라.

04 오른쪽 그림에서 A지점에서 C지점까지 갈 수 있는 모든 경우의 수는?

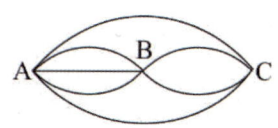

05 오른쪽 그림과 같은 도형에서 A를 출발하여 변을 따라 B를 지나 C로 가려고 하는 가장 짧은 거리의 경우의 수를 구하여라.

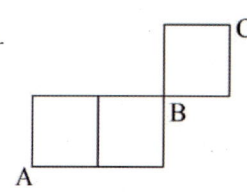

69 일렬로 세우는 경우의 수

정답과 해설 54쪽

(1) n개를 일렬로 세우는 경우의 수 : $n \times (n-1) \times (n-2) \times \cdots \times 2 \times 1$(가지)
(2) n개 중에서 2개를 뽑아 일렬로 세우는 경우의 수 : $n \times (n-1)$(가지)
(3) n개 중에서 3개를 뽑아 일렬로 세우는 경우의 수 : $n \times (n-1) \times (n-2)$(가지)

A, B를 일렬로 늘어 놓을 때, 순서쌍의 개념과 같이 (A, B)와 (B, A)는 서로 다른 것으로 본다.

이해돕기
① A, B, C 세명을 일렬로 세우는 경우의 수는 3×2×1=6(가지)이다.
② A, B, C, D 네명 중에서 회장, 부회장을 뽑는 경우의 수는 4×3=12(가지)
③ 1, 2, 3, 4의 숫자가 각각 적힌 4장의 카드에서 2장을 뽑아 만들 수 있는 정수의 개수는 4×3=12(가지)이다.

n을 한 줄로 세울 때 n부터 하나씩 작아지면서 1까지 곱하여 구한다.

예제 1 줄세우기

A, B, C 세 사람을 일렬로 세우는 경우의 수를 구하여라.

유제 1 다음 사건이 일어날 경우의 수를 구하여라.

(1) 1, 2, 3으로 세 자리의 정수를 만들 수 있는 모든 경우의 수
(2) A, B, C, D 네명이 한줄로 서는 모든 경우의 수
(3) A, B, C, D, E가 등산을 할 때 A가 맨앞에 B가 맨뒤에 서는 경우의 수

특정한 사람의 순서가 정해져 있으면 그 사람을 제외한 나머지 사람들의 순서를 정해야 한다

예제 2 조건이 있는 줄세우기

엄마, 아빠, 나, 동생이 한 줄로 서서 가족 사진을 찍으려고 한다. 엄마가 가장 왼쪽이나 오른쪽에 서게 되는 경우의 수를 구하여라.

A, B 두 권을 묶어서 4(네)권이라고 생각한다.

유제 2 다음 사건이 일어날 경우의 수를 구하여라.

(1) 부모를 포함하여 5명의 가족이 일렬로 늘어설 때, 부모가 양 끝에 서게 되는 경우의 수
(2) 색깔이 서로 다른 A, B, C, D, E 5권의 책을 책꽂이에 꽂을 때 A, B가 이웃하고 A가 B의 왼쪽에 있는 경우의 수

70 일렬로 세울 때, 이웃하여 서는 경우의 수

정답과 해설 54쪽

일렬로 세울 때 이웃하여 서는 경우의 수
① 이웃하는 것을 하나로 묶는다.
② ①의 묶음을 하나로 생각하여 일렬로 세우는 경우의 수를 구한다.
③ 묶음 안에서 자리를 바꾸는 경우의 수를 ②의 경우의 수에 곱한다.
→ (묶음과 나머지를 일렬로 세우는 경우의 수) × (묶음 안에서의 경우의 수)

참고 2개가 이웃할 때 묶음 안에서의 경우의 수는 2이고, 3개가 이웃할 때 묶음 안에서의 경우의 수는 6이다

예 A, B, C, D를 일렬로 세울 때, A와 B를 이웃하여 세우는 경우의 수는 (3×2×1)×2 = 12(가지)

예제 1 일렬로 세울 때 이웃하여 서는 경우의 수

A, B, C, D 네명이 한 줄로 설 때 A, B가 이웃하여 서는 모든 경우의 수

유제1-1 1, 2, 3, 4, 5의 수를 일렬로 배열할 때 짝수끼리 이웃하여 나열하는 경우의 수

유제1-2 1, 2, 3, 4, 5의 수를 일렬로 배열할 때 홀수끼리 이웃하여 나열하는 경우의 수

유제1-3 알파벳 M, O, V, I, E가 각각 적힌 5장의 카드를 일렬로 나열할 때, 다음을 구하여라

(1) 자음끼리 이웃하여 일렬로 나열하는 경우의 수
(2) 모음끼리 이웃하여 일렬로 나열하는 경우의 수

유제1-4 할아버지, 부모님, 효리, 네명의 가족이 일렬로 설 때, 다음을 구하여라.

(1) 부모님이 이웃하여 서는 경우의 수
(2) 할아버지 양쪽에 부모님이 서는 경우의 수

STEP 1 개념 다지기

01 A, B, C, D 네 사람이 한 줄로 설 때, A가 맨 앞에 서는 경우의 수를 구하여라.

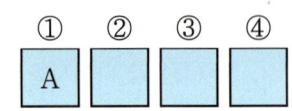

02 A, B, C, D, E 5명의 학생 중에서 3명을 뽑아 오른쪽 그림과 같은 3개의 자리에 세우려고 한다. 이때, 일어날 수 있는 경우의 수를 구하여라

03 대한, 장미, 재경, 진범, 네 사람이 일렬로 설 때, 진범이가 맨 앞 또는 맨 뒤에 서는 경우의 수는?

04 할아버지와 할머니가 맨 앞 줄에 앉고 나머지 3명의 가족을 뒷줄에 일렬로 세우는 방법은 몇 가지인가?

05 남학생 3명, 여학생 3명을 일렬로 세울 때, 남학생끼리 서로 이웃하여 서는 경우의 수는?

71 정수를 만드는 경우의 수

(1) 0이 포함되지 않을 때

0이 아닌 서로 다른 숫자가 적힌 $n(1 \leq n \leq 9)$장의 카드에서
① 2장을 뽑아 만들 수 있는 두 자리 정수 → $n \times (n-1)$(가지)
② 3장을 뽑아 만들 수 있는 세 자리 정수 → $n \times (n-1) \times (n-2)$(가지)

(2) 0이 포함될 때

0을 포함한 서로 다른 숫자가 적힌 $n(1 \leq n \leq 10)$장의 카드에서
① 2장을 뽑아 만들 수 있는 두 자리 정수 $(n-1) \times (n-1)$(가지)
② 3장을 뽑아 만들 수 있는 세 자리 정수 $(n-1) \times (n-1) \times (n-2)$(가지)

0이 아닌 n장의 카드로 만들 수 있는 n자리의 정수의 개수는, 앞 자리에 놓인 숫자는 그 다음 자리에 놓을 수 없으므로 n부터 하나씩 작아지면서 1까지 곱하여 구한다.

예제 1 정수를 만드는 경우의 수

다음 각 경우의 수를 구하여라.

(1) 1, 2, 3의 숫자가 각각 적힌 3장의 카드에서 2장을 뽑아 만들 수 있는 두 자리 정수의 개수
(2) 1에서 4까지의 숫자가 각각 적힌 4장의 카드에서 3장을 뽑아 만들 수 있는 세자리의 정수의 개수

유제1-1 1에서 6까지의 숫자가 적힌 6장의 카드가 있다. 다음을 구하여라

(1) 2장을 뽑아 만들 수 있는 두 자리 정수 중 홀수의 개수
(2) 3장을 뽑아 만들 수 있는 520 이상의 600 이하의 세 자리 정수의 개수
(3) 2장을 뽑아 만들 수 있는 두 자리 정수 중 3의 배수의 개수

유제1-2 0에서 3까지의 숫자가 각각 적힌 4장의 카드가 있다. 다음을 구하여라.

(1) 2장을 뽑아 만들 수 있는 두 자리 정수의 개수
(2) 3장을 뽑아 만들 수 세 자리 정수의 개수

STEP 1 개념 다지기

01 1, 2, 3, 4, 5의 숫자가 각각 적힌 5장의 카드가 있다. 다음을 구하여라.

(1) 2장을 뽑아 만들 수 있는 두 자리 정수의 개수
(2) 3장을 뽑아 만들 수 있는 세 자리 정수의 개수

02 ⓪①②③④ 의 5장의 카드에서 두 장을 뽑아 두 자리의 정수를 만들 때, 만들 수 있는 두 자리 정수는 모두 몇 가지인가?

① 20가지 ② 16가지 ③ 12가지 ④ 10가지 ⑤ 8가지

03 0부터 5까지 숫자가 적힌 6장의 카드에서 3장을 뽑아 만들 수 있는 세 자리 정수는 모두 몇 가지인가?

① 80가지 ② 100가지 ③ 10가지 ④ 144가지 ⑤ 알 수 없다.

04 1, 2, 3, 4, 5 다섯 개의 숫자를 한 번만 사용하여 만든 세 자리의 정수 중 240보다 작은 수의 개수는?

05 0, 1, 2, 3, 4, 5 의 숫자 6개 중에서 두 개를 골라 두 자리의 자연수를 만들려고 한다. 같은 숫자를 두 번 써도 좋다고 할 때, 만들 수 있는 자연수의 개수는?

72 대표 뽑기(1)

(1) 자격이 다른 경우 (뽑는 순서와 관계가 있다.)
① n명 중에서 2명을 뽑는 경우 ➡ $n \times (n-1)$(가지)
② n명 중에서 3명을 뽑는 경우 ➡ $n \times (n-1) \times (n-2)$(가지)

예제 1 자격이 다른 경우의 대표뽑기

A, B, C, D 네명의 후보 가운데에서 다음과 같이 대표를 뽑는 경우의 수를 구하여라.

(1) 회장 1명
(2) 회장 1명, 부회장 1명
(3) 회장 1명, 부회장 1명, 총무 1명

유제1-1 A, B, C, D, E 다섯 명의 후보 가운데 임원을 선출하려고 할 때, 다음을 구하여라.

(1) 회장, 부회장을 뽑는 경우의 수
(2) 회장, 부회장, 총무를 뽑는 경우의 수
(3) 회장, 부회장, 총무를 뽑을 때, A가 회장으로 뽑히는 경우의 수

유제1-2 오른쪽 그림과 같이 원 위에 6개의 점이 있다. 점을 이어서 만들 수 있는 서로 다른 반직선의 개수를 구하여라.

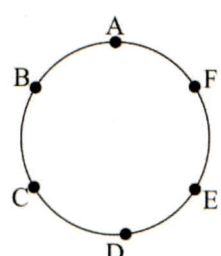

73 대표 뽑기(2)

정답과 해설 56쪽

(2) 자격이 같은 경우 (뽑는 순서와 관계가 없다.)

① n명 중에서 2명을 뽑는 경우 ➡ $\dfrac{n \times (n-1)}{2}$ (가지)

② n명 중에서 3명을 뽑는 경우 ➡ $\dfrac{n \times (n-1) \times (n-2)}{3 \times 2 \times 1}$ (가지)

예제 1 자격이 같은 경우의 대표뽑기

A, B, C, D, E 5명의 후보 가운데에서 다음과 같이 2명을 뽑는 경우의 수를 구하여라.

(1) 의장 1명, 부의장 1명
(2) 대표 2명

유제 1-1 다음 경우의 수를 구하여라.

(1) 5명의 후보 가운데 대의원 2명을 뽑는 경우의 수
(2) 6명의 선수 중 2명으로 이루어진 복식팀을 만드는 경우의 수
(3) A, B, C, D 네 명의 후보 가운데 3명의 대표를 뽑는 경우의 수

유제 1-2 오른쪽 그림과 같이 원 위에 4개의 점이 있다. 다음을 구하여라.

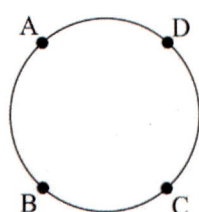

(1) 두 점을 이어서 만들 수 있는 선분의 개수
(2) 세 점을 이어서 만들 수 있는 삼각형의 개수

STEP 1 개념 다지기

01 A, B 중에서 회장을 뽑고, C, D, E, F 중에서 부회장, 총무를 뽑는 경우의 수는?

02 어떤 모임의 회원은 모두 6명이다. 각각의 회원이 다른 회원들과 한 번씩만 악수를 한다면 악수를 하는 횟수를 구하여라.

03 A, B, C, D, E, F, G 7명의 학생 중에서 4명의 컬링 선수를 뽑으려고 한다. A와 G를 반드시 뽑는 경우의 수는?

04 성준이는 친구들과 야영을 하였다. 모두 6명인데 준비해간 텐트는 4인용과 2인용이었다. 이들이 4인용 텐트와 2인용 텐트에 나누어 들어가는 방법은 모두 몇 가지인가?

05 오른쪽 그림은 정사각형의 각 변을 3등분하여 얻은 도형이다. 이 도형의 선분으로 이루어질 수 있는 직사각형의 수는?

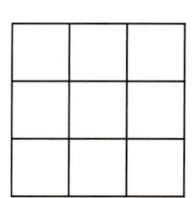

STEP 1 소단원 종합 학습

정답과 해설 56쪽

01 1에서 10까지의 숫자가 각각 적힌 10장의 카드에서 한 장의 카드를 뽑을 때, 20의 약수가 나오는 경우의 수는?

① 2가지　② 3가지　③ 5가지
④ 6가지　⑤ 10가지

02 1에서 9까지의 숫자가 각각 적힌 9장의 카드 중에서 두 장을 뽑아 두 자리 정수를 만들었을 때, 그 수가 4의 배수일 경우의 수를 구하면?

① 15가지　② 16가지　③ 17가지
④ 18가지　⑤ 19가지

03 A, B 두 주사위를 동시에 던진 결과 A주사위의 눈을 x, B주사위의 눈을 y라 할 때, $y < 2x - 3$이 되는 경우의 수는?

① 9가지　② 12가지　③ 15가지
④ 18가지　⑤ 21가지

04 산이와 송연이가 가위바위보를 할 때, 일어날 수 있는 모든 경우의 수는?

① 3가지　② 6가지　③ 7가지
④ 8가지　⑤ 9가지

05 a, b, c 세 개의 문자를 한 줄로 나열할 때, a가 처음 또는 끝에 오는 경우의 수는?

① 2　② 3　③ 4
④ 5　⑤ 6

06 A, B, C, D 네 사람이 릴레이 선수로 선발되었다. 달리는 순서를 결정할 때, 반드시 A는 B에게 직접 바톤을 건넨다고 한다면 달리는 순서는 몇 가지인가?

① 24가지　② 12가지　③ 6가지
④ 4가지　⑤ 12가지

07 100원 짜리, 50원 짜리, 10원 짜리 동전이 각각 5개씩 있다. 물건을 사고 350원을 지불하는 방법은 모두 몇 가지인가?

① 2가지　② 4가지　③ 5가지
④ 6가지　⑤ 8가지

08 남학생 2명과 여학생 3명이 일렬로 설 때, 여학생 3명이 이웃하여 서게 될 경우의 수는 모두 몇 가지인가?

① 6가지　② 12가지　③ 24가지
④ 36가지　⑤ 120가지

STEP 1 소단원 종합 학습

09 선은, 혜정, 금희, 은진, 숙형 5명을 일렬로 세울 때, 선은이가 맨 앞에 서는 경우의 수는?
① 6가지　② 15가지　③ 20가지
④ 24가지　⑤ 120가지

10 1번부터 5번까지의 학생이 1에서 5까지의 숫자가 적힌 공이 들어 있는 주머니에서 한 개의 공을 꺼낼 때, 2명의 학생이 자기 번호가 적힌 공을 꺼낼 경우의 수는?
① 6가지　② 12가지　③ 20가지
④ 60가지　⑤ 120가지

11 2, 3, 7, 7의 숫자가 각각 써 있는 4장의 숫자 카드로 만들 수 있는 네 자리 정수는 모두 몇 개인가?
① 6개　② 12개　③ 16개
④ 18개　⑤ 24개

12 네 명의 후보 중에서 회장 1명과 부회장 1명을 뽑는 경우의 수를 a, 대의원 2명을 뽑는 경우의 수를 b라고 할 때, $a-b$의 값은?
① 2가지　② 4가지　③ 6가지
④ 8가지　⑤ 10가지

13 우리 반 학생 중에서 5명이 모두 서로 한 번씩 팔씨름을 하려고 할 때, 몇 경기를 하여야 하는가?
① 5경기　② 10경기　③ 12경기
④ 20경기　⑤ 24경기

14 오른쪽 그림에서 A지점에서 C지점까지 갈 수 있는 모든 경우의수는?
① 4가지　② 5가지　③ 6가지
④ 7가지　⑤ 8가지

15 다음 그림과 같이 원 위에 5개의 점이 있을 때, 두 점을 이어 만들 수 있는 선분의 개수를 구하면?
① 10개　②15개
③ 20개　④ 25개　⑤ 30개

16 다음 그림은 A지점을 출발하여 B지점으로 가는 길을 나타낸 것이다. A지점에서 P지점을 거쳐 B지점까지 최단 거리로 가는 방법의 수는 몇 가지인가?

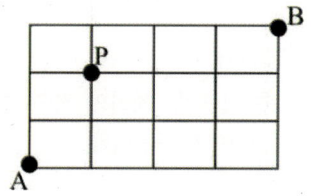

① 10가지　② 12가지　③ 24가지
④ 48가지　⑤ 6가지

STEP 1 소단원 종합 학습

17 주사위 두 개를 동시에 던질 때, 나온 눈의 수의 합이 5 또는 6인 경우의 수는?

① 9가지 ② 8가지 ③ 7가지
④ 6가지 ⑤ 5가지

18 A, B, C, D, E 다섯 명이 한 줄로 설 때, A, B가 양쪽 끝에 서는 경우는 모두 몇 가지인가?

① 18 ② 16 ③ 12
④ 6   ⑤ 5

서술형

19 A, B 2개의 주사위를 동시에 던질 때, 두 주사위 모두 소수의 눈이 나올 경우의 수를 구하여라.

20 세 사람이 가위바위보를 할 때, 세 사람이 모두 비기게 되는 경우의 수를 구하여라.

21 숫자 0,1,2,3,4가 각각 적힌 5장의 카드에서 2장을 뽑아 만들 수 있는 두 자리의 정수 중 20이상인 수는 모두 몇 가지인지 구하여라.

22 놀이 공원에서 바이킹, 청룡열차, 회전목마, 회전전망대, 자이로 드롭, 범퍼카의 6가지 놀이 기구 중 두 가지를 골라 타는 경우의 수를 구하여라.

23 0,1,2,3,4,5의 숫자 중에서 두 개를 골라 두 자리의 자연수를 만들려고 한다. 같은 숫자를 두 번 써도 좋다면, 모두 몇 개의 자연수를 만들 수 있는지 구하여라.

24 A,B,C 세 개의 우체통에 서로 다른 2통의 편지를 넣는 경우의 수를 구하여라.

74 확률의 뜻

확률의 뜻

(1) 확률
일정한 조건 하에서 실험이나 관찰을 반복할 때, 어떤 사건이 일어나는 상대도수가 일정한 값에 가까워지면 이 일정한 값을 그 사건이 일어날 확률 이라고 한다.

(2) 사건 A가 일어날 확률
어떤 실험이나 관찰에서 일어날 수 있는 경우의 수가 n이고, 각 경우가 일어날 가능성이 모두 같을 때, 특정한 사건 A가 일어나는 경우의 수가 a이면, 사건 A가 일어날 확률 p는

$$p = \frac{(\text{사건 } A \text{가 일어나는 경우의 수})}{(\text{모든 경우의 수})} = \frac{a}{n}$$

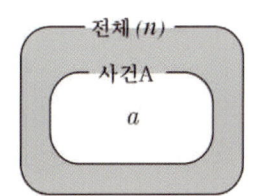

확률을 나타낼 때의 P는 probability(확률)의 첫 글자이다.

예제 1 확률의 뜻

1에서 10까지의 숫자가 각각 적힌 10장의 카드 중에서 한 장을 뽑을 때, 다음을 구하여라.

(1) 카드의 숫자가 짝수일 확률
(2) 카드의 숫자가 8의 약수일 확률

(i) 전체 경우의 수
(ii) 사건이 일어나는 경우의 수
∴ P = $\dfrac{\text{(ii)}}{\text{(i)}}$ 로 나타낸다.

유제 1-1 모양과 크기가 같은 카드 15장에 1부터 15까지의 숫자를 적어서 엎어 두었다. 이 중에서 1장을 임의로 꺼낼 때, 다음을 구하여라.

(1) 3의 배수일 확률
(2) 2 또는 3의 배수일 확률

유제 1-2 오른쪽 그림은 어느 해 9월의 달력이다. 어느 한 날을 임의로 선택하였을 때, 다음을 각각 구하여라.

(1) 목요일이 될 확률
(2) 월요일이 될 확률
(3) 날짜에 숫자 3이 포함될 확률

일	월	화	수	목	금	토
			1	2	3	4	5	6
7	8	9	10	11	12	13
14	15	16	17	18	19	20
21	22	23	24	25	26	27
28	29	30				

예제 2 주사위에 관한 확률 구하기

서로 다른 두 개의 주사위를 던질 때, 다음을 구하여라.

(1) 두 눈의 곱이 6일 확률
(2) 두 눈의 차가 0일 확률

유제 2 다음 확률을 구하여라.

(1) A, B 두 개의 주사위를 동시에 던질 때, 나온 눈의 수의 차가 2일 확률
(2) 두 개의 주사위를 동시에 던질 때, 나온 두 수의 최대공약수가 3이 될 확률

예제 3 순서쌍으로 확률구하기

A, B 2개의 주사위를 동시에 던져 A주사위에서 나온 눈을 x, B주사위에서 나온 눈을 y라 할 때, 다음을 구하여라.

(1) $x + 2y = 5$일 확률
(2) $x - y = 3$일 확률
(3) $2x - y > 8$일 확률

유제 3 다음 확률을 구하여라.

(1) 주사위 1개를 두 번 던져서 처음 나온 수를 a, 뒤에 나온 수를 b라고 할 때, $a - 2b = 0$일 확률
(2) 한 개의 주사위를 두 번 던져서 처음에 나온 눈의 수를 x, 다음에 나온 눈의 수를 y라 할 때, $x + 2y < 8$일 확률

75 확률의 성질

① 어떤 사건이 일어날 확률을 p라 하면 $0 \leq p \leq 1$이다.
② 반드시 일어나는 사건의 확률은 1이다.
③ 절대로 일어날 수 없는 사건의 확률은 0이다.

알아두기 주사위 1개를 던질 때, 6이하의 눈이 나올 확률은 반드시 일어나므로 확률이 1이고, 1미만의 눈이 나올 확률은 절대로 나올 수 없으므로 확률이 0이다.

예제 1

한 개의 주사위를 던질 때, 다음을 구하여라.

(1) 4의 약수의 눈이 나올 확률
(2) 음수의 눈이 나올 확률
(3) 10미만의 눈이 나올 확률

유제1-1 주머니 속에 푸른 구슬 3개, 검은 구슬 5개가 들어 있다. 이 주머니에서 한 개의 구슬을 꺼낼 때, 다음을 구하여라.

(1) 푸른 구슬이 나올 확률
(2) 푸른 구슬 또는 검은 구슬이 나올 확률
(3) 노란 구슬이 나올 확률

유제1-2 오른쪽 그림과 같은 1부터 10까지의 숫자가 각각 적힌 10장의 카드 중에서 임의로 한 장을 뽑을 때, 다음을 구하여라.

(1) 3 이하의 숫자가 나올 확률
(2) 10 이하의 숫자가 나올 확률
(3) 10보다 큰 숫자가 나올 확률

확률의 성질
◉ 확률을 구하는 사건이 다음 두 가지 중에 해당하는지 먼저 파악해 본다.
① 절대 일어날 수 없다.
 (가능성 0%)
 ➡ 확률은 0
② 반드시 일어난다.
 (가능성 100%)
 ➡ 확률은 1

76 여사건의 확률

(1) 어떤 사건 A에 대하여 A가 일어나지 않을 사건을 A의 여사건이라고 한다.

(2) 사건이 일어날 확률을 p라고 하면 (사건 A가 일어나지 않을 확률)$= 1 - p$

(3) '적어도~ 일'의 확률(여사건의 확률을 이용)
   ('적어도 ~ 일' 확률)=1-(여사건의 확률)

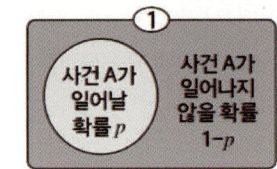

- 여(餘 남다)사건
  : 어떤 사건에 대한 나머지 사건

예제 1

1에서 10까지의 숫자가 각각 적힌 10장의 카드 중에서 임의로 한 장을 뽑을 때, 다음을 구하여라.

(1) 소수일 확률
(2) 소수가 아닐 확률
(3) 3의 배수일 확률
(4) 3의 배수가 아닐 확률

유제 1-1 한 개의 주사위를 두 번 던질 때, 다음을 구하여라.

(1) 같은 수의 눈이 나올 확률
(2) 같은 수의 눈이 나오지 않을 확률

- 사건 A가 일어날 확률을 직접 계산하기 복잡하거나 어려운 경우에 A의 여사건을 구한 후 사건 A가 일어날 확률을 계산한다.
- 일반적으로 문제에 '적어도', '~ 않을' '~ 못할'이라는 말이 있으면 여사건의 확률을 이용하는 것이 편리하다.

유제 1-2 세 개의 동전 A, B, C를 동시에 던질 때, 적어도 한 개는 뒷면이 나올 확률을 구하여라.

STEP 1 개념 다지기

01 차례상에 사과, 배, 밤, 감, 대추를 일렬로 놓으려고 할 때, 사과와 배가 이웃하게 놓일 확률을 구하여라

02 남자 4명, 여자 2명 중에서 2명의 대표를 뽑을 때, 여자가 적어도 한 명 뽑힐 확률을 구하면?

① $\frac{1}{3}$　　② $\frac{2}{3}$　　③ $\frac{3}{5}$　　④ $\frac{4}{15}$　　⑤ $\frac{29}{30}$

03 졸업생 4명, 재학생 6명 중에서 2명의 동창회 임원을 뽑을 때, 졸업생 중에서 적어도 한명을 뽑을 확률을 구하면?

① $\frac{3}{18}$　　② $\frac{2}{15}$　　③ $\frac{4}{15}$　　④ $\frac{1}{3}$　　⑤ $\frac{2}{3}$

04 두 개의 주사위를 동시에 던질 때, 눈의 합이 5가 아닐 확률을 구하면?

① $\frac{1}{9}$　　② $\frac{11}{12}$　　③ $\frac{5}{36}$　　④ $\frac{5}{6}$　　⑤ $\frac{8}{9}$

05 A, B, C 3개의 동전을 던질 때, 뒷면이 적어도 1개 나올 확률은?

① $\frac{3}{8}$　　② $\frac{1}{2}$　　③ $\frac{5}{8}$　　④ $\frac{3}{4}$　　⑤ $\frac{7}{8}$

77 확률의 덧셈

두 사건 A와 B가 동시에 일어나지 않을 때 사건 A가 일어날 확률은 p, 사건 B가 일어날 확률은 q라 하면
(사건 A 또는 사건 B가 일어날 확률) $= p + q$

<사건 A 또는 사건 B가 일어날 확률>

사건 A가 일어날 확률 p + 사건 B가 일어날 확률 q

또는, ~ 이거나

예제 1

1에서 20까지의 숫자가 각각 적힌 20장의 카드에서 한 장을 뽑을 때, 다음을 구하여라.

(1) 5의 배수 또는 6의 배수가 나올 확률
(2) 소수 또는 6의 배수가 나올 확률

유제 1-1 파란 구슬이 3개, 흰 구슬이 5개, 검은 구슬이 2개 들어 있는 주머니에서 임의로 1개의 구슬을 꺼낼 때, 흰 구슬 또는 검은 구슬이 나올 확률은?

유제 1-2 1에서 12까지의 숫자가 적힌 카드 12장을 잘 섞어서 임의로 한 장을 뽑을 때, 그것이 4 또는 5의 배수일 확률을 구하여라.

유제 1-3 주머니 속에 1에서 10까지의 자연수가 각각 적힌 10장의 카드가 들어 있다. 임의로 한 장을 뽑을 때, 3보다 작거나 7보다 큰 수가 나올 확률은?

① $\dfrac{1}{2}$ ② $\dfrac{1}{3}$ ③ $\dfrac{2}{3}$ ④ $\dfrac{7}{10}$ ⑤ $\dfrac{3}{50}$

STEP 1 개념 다지기

01 주머니 속에 크기와 모양이 같은 빨간 공이 3개, 노란 공이 7개, 파란 공이 2개 들어 있다. 주머니 속에서 한 개의 공을 꺼낼 때, 빨간 공 또는 파란 공일 확률을 구하여라.

02 두 개의 주사위를 동시에 던질 때, 두 눈의 수의 차가 3 또는 5인 경우의 수는?

03 두 개의 주사위를 동시에 던질 때, 나온 눈의 수의 합이 5 또는 7이 될 확률은?

① $\dfrac{5}{36}$ ② $\dfrac{1}{6}$ ③ $\dfrac{7}{36}$ ④ $\dfrac{5}{18}$ ⑤ $\dfrac{1}{3}$

04 아래 표는 어느 중학교 2학년 한 학급 학생들의 키를 조사한 도수분포표이다. 이 반 학생 중에서 한 명을 뽑을 때, 키가 135cm 이상이고 150cm 미만일 확률을 구하면?

키(cm)	학생 수(명)
130 이상 ~ 135 미만	4
135 ~ 140	7
140 ~ 145	14
145 ~ 150	9
150 ~ 155	6
합계	40

① $\dfrac{1}{4}$ ② $\dfrac{3}{4}$ ③ $\dfrac{3}{5}$ ④ $\dfrac{9}{10}$ ⑤ $\dfrac{17}{20}$

05 1에서 45까지의 숫자가 각각 적힌 45개의 공이 통 속에 들어있다. 이 통 속에서 임의로 한 개의 공을 꺼낼 때, 6의 배수 또는 7의 배수의 숫자가 적힌 공이 나올 확률을 구하면?

① $\dfrac{1}{15}$ ② $\dfrac{2}{15}$ ③ $\dfrac{7}{45}$ ④ $\dfrac{4}{15}$ ⑤ $\dfrac{13}{45}$

78 확률의 곱셈

정답과 해설 60쪽

확률의 곱셈(사건 A와 사건 B가 동시에 일어날 확률)
사건 A, B가 서로 영향을 주지 않을 때
사건 A가 일어날 확률은 p, 사건 B가 일어날 확률은 q라 하면
사건 A와 B가 동시에 일어날 확률은
(사건 A가 일어날 확률)×(사건 B가 일어날 확률)=$p \times q$

<사건 A 또는 사건 B가 일어날 확률>

 +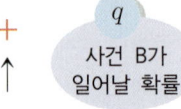

또는, ~ 이거나

이해돕기 동전 1개를 두 번 던질 때, 두 번 모두 뒷면이 나올 확률은
$\dfrac{1}{2} \times \dfrac{1}{2} = \dfrac{1}{4}$

예제 1

2개의 주사위 A, B를 동시에 던질 때, A 주사위는 짝수의 눈이 나오고 B 주사위는 6의 약수의 눈이 나올 확률을 구하여라.

유제 1 동전 2개와 주사위 1개를 동시에 던질 때, 동전 2개는 모두 앞면이 나오고 주사위는 3 이상의 눈이 나올 확률은?

예제 2

농구 경기에서 A, B 두 팀의 현재 점수가 82:81이고, 81점을 얻은 B팀이 자유투 2개를 던지면 경기가 종료된다고 한다. 자유투를 던질 선수의 성공 가능성이 100개 중 75개라고 할 때, B팀이 이길 확률은? (단, 연장전은 없다.)

(채경이 합격할 확률)×
(혜린이 합격할 확률)

유제 2 어떤 시험에서 채경이 합격할 확률은 $\dfrac{3}{5}$이고 혜린이 불합격할 확률은 $\dfrac{1}{4}$일 때, 그 시험에 채경과 혜린 모두 합격할 확률을 구하여라.

STEP 1 개념 다지기

01 기상청에서 이번 토요일에 비가 올 확률은 30%이고, 일요일에 비가 올 확률은 60%라고 예보하였다. 이때 주말 내내 비가 올 확률을 구하면?

① 9%   ② 18%   ③ 30%   ④ 60%   ⑤ 90%

02 오른쪽 그림과 같은 전기회로에서 A, B의 스위치가 닫힐 확률이 $\frac{3}{4}$, $\frac{2}{3}$일 때, 전구에 불이 들어오지 않을 확률은?

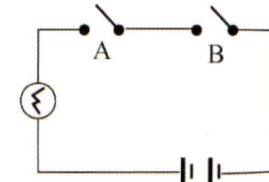

03 인형뽑기 기계에서 A, B 두 사람이 인형을 뽑을 확률이 각각 $\frac{1}{10}$, $\frac{1}{9}$이라고 할 때, 두 사람 모두 인형을 뽑지 못할 확률은?

04 10발을 쏘아 평균 6발을 명중시키는 사격수가 2발을 쏘아서 두 발 모두 명중시킬 확률은?

① $\frac{21}{25}$ ② $\frac{17}{25}$ ③ $\frac{16}{25}$ ④ $\frac{14}{25}$ ⑤ $\frac{9}{25}$

05 A, B 두 개의 씨앗이 발아할 확률이 각각 0.6, 0.8이라 한다. A, B 두 개의 씨앗 중 각각 한 개씩을 골라서 심었을 때, A는 발아하고, B는 발아하지 않을 확률은?

79 연속하여 뽑는 경우의 확률

(1) 꺼낸 것을 다시 넣고 뽑을 때
처음에 뽑은 것을 다시 뽑을 수 있으므로 처음 사건이 나중 사건에 영향을 주지 않는다.

(2) 꺼낸 것을 다시 넣지 않고 뽑을 때
처음에 뽑은 것을 다시 뽑을 수 없으므로 처음 사건이 나중 사건에 영향을 준다.

 두번째 뽑을 때에도 10개 중에서 뽑는다.

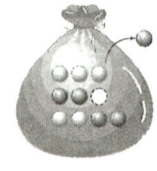 두번째 뽑을 때에는 9개 중에서 뽑는다.

이해돕기 10개의 제비 중 3개의 당첨 제비가 들어있는 상자에서 2개의 제비를 뽑을 때, 2개 모두 당첨 제비를 뽑을 확률은

① 꺼낸 것을 다시 넣을 때, $\dfrac{3}{10} \times \dfrac{3}{10} = \dfrac{9}{100}$

② 꺼낸 것을 다시 넣지 않을 때, $\dfrac{2}{10} \times \dfrac{2}{9} = \dfrac{1}{15}$

예제 1

흰 구슬 3개와 검은 구슬 6개가 들어 있는 주머니에서 2개의 구슬을 차례로 꺼낼 때, 다음을 구하여라.

(1) 처음 꺼낸 구슬을 확인한 후 주머니에 넣고 다시 한 번 꺼낼 때, 두 번 모두 흰 구슬이 나올 확률

(2) 처음 꺼낸 구슬을 다시 넣지 않고 또 한 개의 구슬을 꺼낼 때, 두 번 모두 흰 구슬이 나올 확률

유제 1-1 10개의 제비 중에 3개의 당첨 제비가 있다. 다음과 같이 2개의 제비를 연속하여 뽑을 때, 2개 모두 당첨 제비일 확률을 구하여라.

(1) 처음 뽑은 제비를 다시 넣을 때
(2) 처음 뽑은 제비를 다시 넣지 않을 때

유제 1-2 20개의 제비 중에 5개의 당첨 제비가 들어 있다. 먼저 A가 1개의 제비를 뽑아 확인하고 다시 집어 넣은 후 B가 1개의 제비를 뽑을 때, A, B 모두 당첨 제비를 뽑지 못할 확률을 구하여라.

STEP 1 개념 다지기

01 흰 구슬 4개, 검은 구슬 3개, 빨간 구슬 3개가 들어 있는 주머니에서 구슬을 한 개 꺼내 확인한 후 집어 넣은 다음 다시 한 개를 꺼낼 때, 2개 모두 흰 구슬일 확률은?

02 10개의 제비 중 당첨제비가 4개 있다. A, B, C 세 사람이 제비뽑기를 하는데, A, B가 먼저 뽑은 결과 모두 당첨되었다. 마지막으로 C가 뽑을 때 당첨될 확률은?

03 20개의 제비 중 당첨 제비가 7개 들어 있다. 유진이가 제비 1개를 뽑아 확인하고 다시 집어 넣은 후 승훈이가 1개를 뽑을 때, 유진이는 당첨되고 승훈이는 당첨되지 않을 확률은?

04 주머니 속에 푸른 구슬이 8개, 붉은 구슬이 7개 들어있다. 이 중에서 2개의 구슬을 꺼낼 때, 모두 붉은 구슬이 나올 확률은? (단, 꺼낸 구슬은 다시 넣지 않는다.)

05 주머니 속에 파란 공 5개, 빨간 공 4개, 노란 공 3개가 들어 있다. 연속하여 3개의 공을 꺼낼 때, 첫 번째와 두 번째는 파란 공이 나오고 세 번째는 빨간 공이 나올 확률을 구하여라. (단, 꺼낸 공은 다시 넣지 않는다.)

STEP 1 소단원 종합 학습

정답과 해설 62쪽

01 세 명의 남학생과 세 명의 여학생 중에 두 명을 대표로 뽑을 때, 여학생만 뽑힐 확률은?

① $\dfrac{1}{2}$ ② $\dfrac{1}{3}$ ③ $\dfrac{1}{4}$
④ $\dfrac{1}{5}$ ⑤ $\dfrac{1}{6}$

02 한 개의 주사위를 2번 던져서 처음에 나온 수를 x, 다음에 나온 수를 y라 할 때, $x+y=3$ 또는 $x-y=2$일 확률은?

① $\dfrac{1}{3}$ ② $\dfrac{1}{6}$ ③ $\dfrac{1}{12}$
④ $\dfrac{1}{36}$ ⑤ $\dfrac{5}{36}$

03 두 개의 주사위를 동시에 던질 때, 나오는 두 눈의 곱이 자연수의 제곱의 꼴이 될 확률은?

① $\dfrac{1}{9}$ ② $\dfrac{2}{9}$ ③ $\dfrac{1}{3}$
④ $\dfrac{4}{9}$ ⑤ $\dfrac{2}{3}$

04 명중률이 각각 $\dfrac{1}{3}$, $\dfrac{1}{2}$, $\dfrac{3}{4}$인 A, B, C 세 사람이 동시에 한 마리의 새를 총으로 쏘았다. 이 때, 새가 총에 맞을 확률은?

① $\dfrac{5}{6}$ ② $\dfrac{7}{8}$ ③ $\dfrac{11}{12}$
④ $\dfrac{14}{15}$ ⑤ $\dfrac{23}{24}$

05 동전 한 개를 네 번 연속해서 던질 때, 네 번 중 적어도 한 번은 뒷면이 나올 확률은?

① $\dfrac{3}{4}$ ② $\dfrac{5}{8}$ ③ $\dfrac{7}{8}$
④ $\dfrac{9}{16}$ ⑤ $\dfrac{15}{16}$

06 A 주머니에 흰 공이 3개, 검은 공이 5개가 들어있고, B 주머니에는 흰 공 4개, 검은 공 4개가 들어있다. A, B 주머니에서 공을 1개씩 꺼낼 때, 두 공이 모두 흰 공일 확률을 구하면,?

① $\dfrac{1}{16}$ ② $\dfrac{3}{16}$ ③ $\dfrac{5}{16}$
④ $\dfrac{7}{16}$ ⑤ $\dfrac{9}{16}$

STEP 1 소단원 종합 학습

07 주머니에 흰 바둑돌 4개와 검은 바둑돌 2개가 있다. 이 주머니에서 차례로 바둑돌 2개를 꺼낼 때, 모두 흰 바둑돌이 나올 확률은? (단, 처음에 꺼낸 돌은 다시 넣지 않는다.)

① $\dfrac{1}{3}$ ② $\dfrac{2}{5}$ ③ $\dfrac{7}{15}$
④ $\dfrac{3}{5}$ ⑤ $\dfrac{2}{3}$

08 A 주머니에 흰 구슬이 3개, 검은 구슬이 5개가 들어 있고, B 주머니에는 흰 구슬 6개, 검은 구슬 3개가 들어 있다. A, B 주머니에서 구슬을 1개씩 꺼낼 때, 두 구슬이 서로 다른 색일 확률은?

① $\dfrac{7}{8}$ ② $\dfrac{19}{13}$ ③ $\dfrac{17}{24}$
④ $\dfrac{5}{8}$ ⑤ $\dfrac{13}{24}$

09 상자 안에 들어 있는 10개의 제품 중에서 2개의 불량품이 섞여 있다. 이 상자에서 임의로 두 개의 제품을 꺼낼 때, 적어도 1개는 불량품일 확률은? (단, 제품은 한 개씩 차례대로 꺼내며 꺼낸 제품은 다시 넣지 않는다.)

① $\dfrac{1}{5}$ ② $\dfrac{2}{9}$ ③ $\dfrac{17}{45}$
④ $\dfrac{19}{45}$ ⑤ $\dfrac{28}{45}$

10 A, B 두 사람이 1회에는 A, 2회에는 B, 3회에는 A, 4회에는 B, …의 순서로 번갈아 주사위 1개를 한 번씩 던지는 놀이를 하고 있다. 5보다 작은 수의 눈이 먼저 나오는 사람이 이기는 것으로 할 때, A가 5회에서 이길 확률은?

① $\dfrac{1}{243}$ ② $\dfrac{2}{243}$ ③ $\dfrac{1}{81}$
④ $\dfrac{11}{81}$ ⑤ $\dfrac{20}{27}$

11 남학생 3명, 여학생 3명 중 2명의 대표를 선출할 때, 적어도 한 명은 남학생이 선출될 확률은?

① $\dfrac{1}{6}$ ② $\dfrac{1}{5}$ ③ $\dfrac{4}{5}$
④ $\dfrac{5}{6}$ ⑤ $\dfrac{14}{15}$

12 오른쪽 그림과 같은 도형에서 O을 출발하여 변을 따라 최단거리로 B까지 가고자 한다. 이때 A를 거쳐서 갈 확률을 구하면?

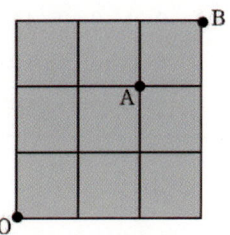

① $\dfrac{1}{3}$ ② $\dfrac{1}{4}$ ③ $\dfrac{3}{5}$
④ $\dfrac{6}{20}$ ⑤ $\dfrac{9}{20}$

13 갑, 을 두 사람이 어느 장소에서 만나기로 하였다. 갑,을이 그 장소에 나갈 확률이 각각 $\frac{7}{10}$, $\frac{9}{10}$일 때, 두 사람이 약속 장소에서 만나지 못할 확률?

① $\frac{3}{100}$ ② $\frac{7}{100}$ ③ $\frac{9}{100}$
④ $\frac{37}{100}$ ⑤ $\frac{63}{100}$

14 두 학생 A와 B가 가위 바위 보를 할 때, 승부가 결정될 확률을 구하면?

① $\frac{1}{3}$ ② $\frac{2}{3}$ ③ $\frac{1}{6}$
④ $\frac{5}{6}$ ⑤ $\frac{1}{2}$

15 0, 1, 2, 3, 4의 숫자가 각각 적힌 다섯 장의 카드로 두자리의 자연수를 만들었을 때, 그 자연수가 30이상일 확률을 구하면?

① $\frac{2}{5}$ ② $\frac{4}{5}$ ③ $\frac{1}{2}$
④ $\frac{1}{3}$ ⑤ $\frac{1}{8}$

16 10개의 제비 중에서 당첨 제비가 2개 있다. 이 제비를 A, B가 차례로 뽑을 때, A는 당첨되고, B는 당첨되지 않을 확률을 구하면? (단, 뽑은 제비는 다시 넣지 않기로 한다.)

① $\frac{1}{45}$ ② $\frac{7}{45}$ ③ $\frac{8}{45}$
④ $\frac{23}{45}$ ⑤ $\frac{44}{45}$

17 점 P는 동전 한 개를 던져서 앞면이 나오면 수직선을 따라 양의 방향으로 2만큼 이동하고, 뒷면이 나오면 음의 방향으로 1만큼 이동한다. 동전을 네 번 던져서 이동하였을 때, 점 P가 점 A에 위치할 확률은? (단, 점 P의 처음 위치는 0이다.)

① $\frac{1}{16}$ ② $\frac{1}{8}$ ③ $\frac{1}{4}$
④ $\frac{3}{8}$ ⑤ $\frac{3}{4}$

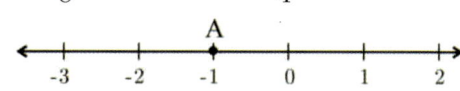

18 공을 던져 표적을 맞히면 상품을 주는 게임이 있다. 맞힐 확률이 각각 $\frac{1}{3}$, $\frac{2}{5}$인 A, B 두 사람이 동시에 공을 던질 때, 적어도 한 사람이 상품을 받을 확률은?

① $\frac{2}{5}$ ② $\frac{3}{5}$ ③ $\frac{2}{15}$
④ $\frac{11}{15}$ ⑤ $\frac{13}{15}$

STEP 1 소단원 종합 학습

서술형

19 주머니 속에 흰 공 3개와 붉은 공 2개가 들어 있다. 이 중에서 2개의 공을 한 개씩 차례로 꺼낼 때, 두 개의 색깔이 서로 다를 확률을 구하여라.
(단, 꺼낸 공은 다시 넣지 않는다.)

20 갑, 을, 병 세 사람이 어떤 시험에 합격할 확률이 각각 $\frac{1}{2}$, $\frac{3}{5}$, $\frac{2}{3}$일 때, 세 사람 중 두 사람 이상이 합격할 확률을 구하여라.

21 두 양의 정수 a, b가 짝수일 확률이 각각 $\frac{3}{4}$, $\frac{1}{3}$일 때, 두 수의 합 $a+b$가 짝수일 확률을 구하여라.

22 어느 건물의 엘리베이터는 1층부터 10층까지 운행된다. A와 B 두 사람이 1층에서 엘리베이터를 타고 서로 다른 층에서 내릴 확률을 구하여라. (단, 1층에서는 내리지 않는다.)

23 A의 명중률은 $\frac{1}{4}$이고, B의 명중률은 $\frac{2}{3}$라고 한다. A, B가 동시에 풍선을 향해 화살을 쏠 때, 이 풍선이 터질 확률을 구하여라.

24 주머니 속에 흰 구슬과 붉은 구슬이 합하여 10개 있다. 이 중에서 한 개를 꺼내 색을 확인하고 다시 넣은 후 한 개를 더 꺼낼 때, 두 번 중 적어도 한 번은 흰 구슬이 나올 확률은 $\frac{51}{100}$이다. 붉은 구슬의 개수를 구하여라.

80 등차수열의 일반항

정답과 해설 63쪽

(1) 수열의 뜻

일정한 규칙에 따라 차례로 나열된 수의 열을 수열이라고 하고, 수열을 이루고 있는 각 수를 그 수열의 항이라고 한다.

> 참고 1. 수열은 영어로 sequence라고 한다. 항은 term이라고 한다.
> 2. 홀수의 수열 1, 3, 5, 7, …의 일반항은 $a_n = 2n-1$이고, 짝수의 수열 2, 4, 6, 8, …의 일반항은 $a_n = 2n$이다.

(2) 수열의 일반항

① 일반적으로 수열을 나타낼 때에는 각 항에 번호를 붙여 $a_1, a_2, a_3, \cdots, a_n, \cdots$과 같이 나타내고 각 항을 앞에서부터 차례로 첫째항, 둘째항, 셋째항, …, n째항, … 또는 제1항, 제2항, 제3항, …, 제n항, …이라 한다.

② 일반항의 표기

특히, 제n항, a_n을 일반항이라 하고, 일반항이 a_n이 수열을 간단히 $\{a_n\}$으로 나타낸다.

> 예 1, 3, 5, 7, 9, …
> 위에서 $a_1 = 1, a_2 = 3, a_3 = 5, a_4 = 7, \cdots$이고 $a_n = 2n-1$ ($n \geq 1$인 자연수)이다.

(3) 등차수열

① 등차수열의 뜻

수열 1, 4, 7, 10, …

이와 같이 첫째항부터 차례로 일정한 수를 더하여 만들어지는 수열을 등차수열이라 하고, 더하는 일정한 수를 공차라 한다.

> 참고 1. 등차수열(차가 일정한 수열)은 영어로 Arithmetic Progression을 A.P.로 나타내기도 한다.
> 2. 또, 공차(공통적인 차이)는 영어로 common difference라고 하며 보통 d로 나타낸다.
>
> 예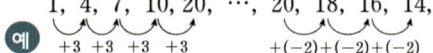
>
> 이와 같이 첫째항부터 차례로 일정한 수를 더하여 만들어지는 수열을 등차수열이라고 하고, 더하는 일정한 수를 공차라 한다.

② 등차수열의 일반항

첫째항이 a, 공차가 d인 등차수열의 일반항은 a_n은
$$a_n = a+(n-1)d, \ d = a_{n+1} - a_n \ (n=1, \ 2, \ 3, \ \cdots)$$

해설) 일반적으로 등차수열의 첫째항을 a, 공차를 d, 일반항을 a_n이라 하면

a_1	a_2	a_3	$\cdots$	a_n	$\cdots$
↓	↓	↓		↓	
a	$a+d$	$a+2d$	$\cdots$	$a+(n-1)d$	$\cdots$

에서 알 수 있듯이 다음이 성립한다.

$a_1 = a$
$a_2 = a_1 + d = a+d$
$a_3 = a_2 + d = (a+d)+d = a+2d$
$a_4 = a_3 + d = (a+2d)+d = a+3d$
$\vdots$
$a_n = a_{n-1} + d = a+(n-1)d$

여기서 $a_n = a+(n-1)d$를 등차수열 $\{a_n\}$의 일반항이라 한다.

한편, 수열 $\{a_n\}$이 공차가 d인 등차수열이면 $a_2 - a_1 = a_3 - a_2 = \cdots = a_{n+1} - a_n = d$

∴ $a_{n+1} - a_n = d$ (단, n은 자연수, d는 상수)

이 성립한다.

예 다음 등차수열의 일반항을 구하여라.
  (1) 첫째항이 10, 공차가 -4
  (2) 1, 4, 7, 10, 13, $\cdots$
  (3) 20, 15, 10, 5, 0, $\cdots$
  (4) 첫째항이 -2, 둘째항이 1

  해설) 첫째항 a, 공차가 d인 등차수열의 일반항을 a_n이라 하면
  $$a_n = a+(n-1)d, \ a_{n+1} - a_n = d$$
  (1) $a=10, \ d=-4$이므로 $a_n = 10+(n-1) \cdot (-4) = -4n+14$
  (2) $a=1, \ d=4-1=3$이므로 $a_n = 1+(n-1) \cdot 3 = 3n-2$
  (3) $a=20, \ d=15-20=-5$이므로 $a_n = 20+(n-1) \cdot (-5) = -5n+25$
  (4) $a=-2, \ a_2 = a+d = -2+d = 1$이므로 $d=3$
  $a_n = -2+(n-1) \cdot 3 = 3n-5$

예제 1 등차수열

나열된 수의 규칙을 찾아 47번째 항에 들어갈 알맞은 수는?

$$2,\ 5,\ 8,\ 11,\ 14,\ \cdots,\ \boxed{47\text{번째 항의 수}},\ \cdots$$

① 131　　　② 134　　　③ 137　　　④ 140

유제1 다음 물음에 답하시오.

(1) 나열된 수의 규칙을 찾아 50번째에 나오는 수를 구하면?

$$1,\ 5,\ 9,\ 13,\ 17,\ \cdots$$

① 197　　　② 201　　　③ 205　　　④ 209

(2) 나열된 수의 규칙을 찾아 30번째에 나오는 수를 구하면

$$6,\ 13,\ 20,\ 27,\ 34,\ 41,\ \cdots$$

① 202　　　② 209　　　③ 216　　　④ 223

예제 2

다음 나열한 수의 규칙을 찾은 후, 제10항을 구하여라.

(1) $1,\ 4,\ 7,\ 10,\ \cdots$ 　　　(2) $7,\ 1,\ -5,\ -11,\ \cdots$

(3) $5,\ 9,\ 13,\ 17,\ \cdots$ 　　　(4) $\dfrac{7}{2},\ 4,\ \dfrac{9}{2},\ 5,\ \cdots$

유제2 다음 나열한 수의 규칙을 찾은 후, 제10항을 구하여라.

(1) $5,\ 8,\ 11,\ 14,\ \cdots$ 　　　(2) $11,\ 7,\ 3,\ -1,\ \cdots$

(3) $7,\ 11,\ 15,\ 19,\ \cdots$ 　　　(4) $\dfrac{5}{3},\ 2,\ \dfrac{7}{3},\ \dfrac{8}{3},\ \cdots$

81 등비수열의 일반항

(1) 등비수열의 정의

수열 1, 3, 9, 27, …과 같이 첫째항부터 차례로 일정한 수 3을 곱하여 다음 항이 만들어지는 수열을 등비수열이라 하고, 곱하는 일정한 수를 공비라고 한다.

> **참고** 1. 등비수열(비가 일정한 수열)은 영어로 geometric progression이라고 하고, G.P로 나타내기도 한다.
> 2. 공비(공통적인 비)는 영어로 common ratio라고 하며, r로 나타낸다.
> 3. 등비수열에서는 (첫째항) $\neq 0$, (공비) $\neq 0$인 것으로 정한다.

해설) 수열 1, 3, 9, 27, …은 첫째항부터 차례로 일정한 수 3을 곱하여 다음 항이 만들어졌고,

수열 27, 9, 3, 1, …은 첫째항부터 차례로 일정한 수 $\frac{1}{3}$을 곱하여 다음 항이 만들어졌다.

$$1, \underset{\times 3}{3}, \underset{\times 3}{9}, \underset{\times 3}{27}, \cdots \qquad 27, \underset{\times \frac{1}{3}}{9}, \underset{\times \frac{1}{3}}{3}, \underset{\times \frac{1}{3}}{1}, \cdots$$

이와 같이 어떤 수에서 차례로 일정한 수를 곱하여 얻어지는 수열을 등비수열이라고 하고, 곱하는 일정한 수를 공비라고 한다. 그러므로 공비가 r인 등비수열 $\{a_n\}$의 이웃하는 두 항 사이에는 다음 관계가 성립한다.

$$a_{n+1} = ra_n \Leftrightarrow \frac{a_{n+1}}{a_n} = r \, (n=1, 2, 3, \cdots)$$

위에서 주어진 수열 1, 3, 9, 27, …의 첫째항은 1, 공비는 3이고, 수열 27, 9, 3, 1, …의 첫째항은 27, 공비는 $\frac{1}{3}$이다.

예 다음 수열의 등비수열을 이루도록 □ 안에 알맞은 수를 써 넣으시오.

(1) 2, -4, □, □, 32, … (2) 64, □, □, 8, 4, …

(3) 3, □, □, 24, … (4) $\frac{y}{x}$, □, $\frac{x}{y}$, □

풀이) (1) 공비가 $\frac{-4}{2} = -2$이므로 주어진 수열은 2, -4, 8, -16, 32, …

따라서 □ 안에 알맞은 수는 8, -16이다.

(2) 공비가 $\frac{4}{8} = \frac{1}{2}$이므로 주어진 수열은 64, 32, 16, 8, 4, …

따라서 □ 안에 알맞은 수는 32, 16이다.

(3) 공비를 r이라 하면 $3 \cdot r^3 = 24$, $r^3 = 8$, r은 실수이므로 $r = 2$

따라서 □ 안에 알맞은 수는 6, 12이다.

(4) 공비를 r이라 하면 $\frac{y}{x} \cdot r^2 = \frac{x}{y}$ $\therefore r^2 = \left(\frac{x}{y}\right)^2$, $r = \pm \frac{x}{y}$

따라서 □ 안에 알맞은 수는 ± 1, $\pm \frac{x^2}{y^2}$이다.

(2) 등비수열의 일반항

첫째항 a, 공비 r인 등비수열의 일반항을 a_n이라 하면

① $a_n = ar^{n-1}$ ($a_n =$ (첫째항) · (공비)$^{(\text{항의 수})-1}$

② $a_{n+1} = ra_n$ 특히, $a \neq 0$, $r \neq 0$일 때, $a_{n+1} \div a_n = r$

해설) 첫째항이 a이고 공비가 r인 등비수열의 일반항을 a_n이라 하면

$a_1 = a$
$a_2 = a_1 r = ar^1$
$a_3 = a_2 r = (ar)r = ar^2$
$\vdots$
$a_n = a_{n-1} r = (ar^{n-2})r = ar^{n-1}$
$\vdots$

$a_1, a_2, a_3, a_4, \cdots$
$\parallel \quad \parallel \quad \parallel \quad \parallel$
$a, \ ar, \ ar^2, \ ar^3, \cdots$
$\ \ \ \times r \ \ \times r \ \ \times r$

이다. 여기에서 알 수 있는 바와 같이 $a \neq 0$이고, $r \neq 0$일 때에는

$$\frac{a_2}{a_1} = \frac{a_3}{a_2} = \cdots = \frac{a_n}{a_{n-1}} = r, \ a_n = ar^{n-1}$$

인 사실을 알 수 있다.

예 다음 등비수열의 일반항을 구하시오.

(1) 첫째항이 4, 공비가 -1 (2) 첫째항이 5, 공비가 $\frac{1}{2}$

해설) (1) $a = 4$, $r = -1$이므로 $a_n = 4 \cdot (-1)^{n-1}$

(2) $a = 5$, $r = \frac{1}{2}$이므로 $a_n = 5 \cdot \left(\frac{1}{2}\right)^{n+1}$

예제 1 등비수열

다음은 처음의 수 $a(a \neq 0)$이 어떤 일정한 수 r을 곱하여 다음 항이 생긴다.

$$a, \ a \times r = 3, \ a \times r \times r, \ a \times r \times r \times r, \ a \times r \times r \times r \times r = 24, \ \cdots$$

위에 나타낸 것과 같이 두 번째 항이 3이고 5번째 항이 24일 때, 10번째 항의 수를 구하면?

① 192   ② 384   ③ 768   ④ 1536

유제1 나열된 수의 규칙을 찾아 10번째에 나올 수를 구하면?

$$448, \ 224, \ 112, \ 56, \ 28, \ \cdots$$

① $\frac{7}{16}$ ② $\frac{7}{8}$ ③ $\frac{7}{4}$ ④ $\frac{7}{2}$

82. 원리합계의 계산

1. 원리합계의 계산
(1) 원금과 이자를 더한 금액을 **원리합계**라 한다.
(2) 원금 a원을 연이율 r로 n년간 예금했을 때, 원리합계 S는 다음과 같은 두 가지 방법으로 계산한다.
 ① 단리법: 원금에 대해서만 이자를 더하여 계산하는 방법
$$S = a(1+rn) \leftarrow \text{공차가 } ar \text{인 등차수열}$$
 ② 복리법: 일정한 기간마다 이자를 원금에 더하여 그 원리합계를 다음 기간의 원금으로 계산하는 방법, 즉 이자에 다시 이자가 붙는 방법
$$S = a(1+r)^n \leftarrow \text{공비가 } 1+r \text{인 등비수열}$$

⇒ 원금 a원을 연이율 r로 예금할 때, 1년, 2년, …, n년 후의 원리합계를 구하면 다음과 같다.

	단리로 예금할 경우	복리로 예금할 경우
1년 후	$a + ar = a(1+r)$	$a + ar = a(1+r)$
2년 후	$a + ar + ar = a(1+2r)$	$a(1+r) + a(1+r)r = a(1+r)(1+r)$ $= a(1+r)^2$
3년 후	$a + ar + ar + ar = a(1+3r)$	$a(1+r)^2 + a(1+r)^2 r = a(1+r)^2(1+r)$ $= a(1+r)^3$
⋮	⋮	⋮
n년 후	$a + ar + \cdots + ar = a(1+nr)$	$a(1+r)(1+r)\cdots(1+r) = a(1+r)^n$

2. 적금(복리법)
(1) 적금 → 일정한 금액을 기간마다 계속해서 적립하는 것을 적금 또는 적립 예금이라 한다.
(2) 연이율 r, 1년마다 복리로 매년 a원씩 적립할 때, n년 말의 원리합계를 S라 하면
 ① 기수불: 각 기간의 초에 적립하는 것이다.
$$S = \frac{a(1+r)\{(1+r)^n - 1\}}{r}$$
 ② 기말불: 각 기간의 말에 적립하는 것이다.
$$S = \frac{a\{(1+r)^n - 1\}}{r}$$

(단, 기수불은 첫째항이 $a(1+r)$이고, 기말불은 첫째항이 a이다.)

예제 1 등비수열의 합의 응용
연이율 5%, 1년마다 복리로 매년 초에 100만 원씩 적립할 때, 10년 후의 원리합계를 구하시오. (단, $1.05^{10} ≒ 1.63$)

유제1 다음 물음에 답하시오.

(1) 연이율 6%, 매년마다 복리로 매년 초에 20000원씩 적립하면 10년 후의 원리합계는 얼마인가? (단, $1.06^{10} ≒ 1.7908$)

(2) 매년 말에 10만 원씩 적립할 때, 10년 말의 원리합계를 반올림하여 천의 자리까지 구하여라. (단, 연이율 12%, 1년 마다의 복리로 계산하고 $1.12^{10} ≒ 3.11$)

STEP 1 개념 다지기

01 나열된 수의 규칙을 추측할 때, 111은 몇 번째 나타내겠는가?

$$-3,\ 3,\ 9,\ 15,\ 21,\ \cdots$$

① 17번 째 ② 18번 째 ③ 19번 째 ④ 20번 째

02 나열된 수의 규칙을 볼 때, 처음으로 양수가 나타내는 항은 몇 번째 항이겠는가?

$$-88,\ -85,\ -82,\ -79,\ \cdots$$

① 제29항 ② 제31항 ③ 제32항 ④ 제33항

03 나열된 수의 규칙을 볼 때, 20번 째에 나오는 수를 구하면?

$$\sqrt{2},\ 2,\ 2\sqrt{2},\ 4,\ \cdots$$

① $256\sqrt{2}$ ② 512 ③ $512\sqrt{2}$ ④ 1024

04 중학교 1학년 때부터 연이율 5%의 복리로 매년 초에 50만 원씩 적립하면 고등학교를 졸업할 때의 적립 총액은?

(단, $1.05^6 = 1.34$)

① 326만 원 ② 330만 원 ③ 357만 원 ④ 400만 원

05 연이율 10%, 1년마다의 복리로 매년 초에 10만 원씩 적립하면 20년 후 연말에는 적립 총액이 대략 얼마나 되겠는가?

(단, $1.1^{20} = 7.73$)

① 약 710만 원 ② 약 720만 원 ③ 약 730만 원 ④ 약 740만 원

83 줄기와 잎그림

다음은 수진이네 반 학생 20명이 걸어서 학교로 가는 데 걸린 시간을 조사하여 나타낸 것이다.

【자료 1】   (단위 : 분)

12	25	26	19	24	23	17	11	30	18
24	17	25	27	21	32	14	23	19	27

(1) **변량** : <자료 1>의 사용 시간과 같이 자료를 수량으로 나타낸 것

(2) **줄기** : <표 1>과 같이 세로선의 왼쪽에 있는 수

(3) **잎** : <표 1>과 같이 세로 선의 오른쪽에 있는 수

(4) **줄기와 잎그림** : 줄기와 잎을 이용하여 자료를 나타낸 그림

<표 1> 걸은 시간

줄기	잎
1	1 2 4 7 7 8 9 9
2	1 3 3 4 4 5 5 6 7 7
3	0 2

→ 걸은 시간의 일의 자리의 숫자
↑ 세로선
→ 걸은 시간의 십의 자리의 숫자

※ **줄기와 잎그림 그리는 순서** :
① 변량을 줄기와 잎으로 구분한다.
② 세로선을 그리고 세로선의 왼쪽에 줄기의 값을 크기순으로 쓴다.
③ 세로선의 오른쪽에 각 줄기에 해당되는 잎의 숫자를 작은 값부터 차례로 쓴다.
④ □ | △가 뜻하는 것을 설명하고 줄기와 잎그림에 알맞은 제목을 붙인다.

예제 1 줄기와 잎그림

다음 자료는 두환이네 반 학생들의 윗몸일으키기 기록을 조사하여 나타낸 것이다.

18	22	31.	16	22	30
19	24	23.	24	26	29
28	30	14	7	32	8
31	8	18	29	19	10

줄기와 잎그림을 완성하여라. (2 | 3은 23회)

줄기	잎
0	
1	
2	
3	

유제 1 다음 자료는 태우네 반 학생들의 수학 시험 성적을 조사하여 나타낸 것이다.

88	66	58	80	92
78	70	60	56	72
76	88	96	60	52
64	84	78	66	90

줄기와 잎그림을 완성하여라. (5 | 6은 56점)

줄기	잎
5	
6	
7	
8	
9	

STEP 1 개념 다지기

01 다음 그림은 태현이네 반 학생들의 일년 동안의 독서량을 조사하여 나타낸 줄기와 잎 그림이다. 물음에 답하여라.

〈독서량〉 (1 | 5는 15권)

줄기	잎
0	5 7 8 9
1	0 2 2 6 6 8 8
2	0 0 4 6 8
3	0 2 8
4	0

(1) 줄기와 잎그림으로 나타낼 때 좋은점을 말하여라.

(2) 태현이네 반 학생은 몇 명인가?

(3) 독서량이 4번째로 많은 학생은 일년에 몇권을 읽었는지 구하여라.

02 다음 그림은 현주네 반 학생들의 국어 성적을 조사하여 나타낸 줄기와 잎그림이다. 물음에 답하여라.

〈국어 성적〉 (7 | 2는 72점)

줄기	잎
6	2 6 6 9
7	0 0 2 4 6 8 8
8	0 4 4 8 8 8
9	0 4 8

(1) 국어 성적이 9등인 학생의 점수를 구하여라.

(2) 성적이 가장 좋은 학생 3명의 평균 점수를 구하여라.

(3) 국어 성적이 74점 이상 84점 이하인 학생수를 구하여라.

03 다음 자료는 민주네 반 학생들의 허리둘레를 조사하여 나타낸 것이다. 물음에 답하여라.

(단위 : 인치)

| 37 | 24 | 25 | 19 | 27 | 32 | 20 | 31 | 19 | 23 |
| 18 | 19 | 24 | 30 | 31 | 20 | 25 | 21 | 23 | 30 |

(1) 허리둘레를 크기 순으로 정리하여 잎그림을 완성하라.

줄기	잎
1	8 9 9 9
2	0 0 1 3 3 4 4 5 5 7
3	0 0 1 2 7

(2) 허리둘레가 가장 큰 사람은 몇인치인지 구하여라.

(3) 허리둘레가 20인치 이상 23인치 이하인 학생은 전체의 몇 %인지 구하여라.

04 다음 자료는 민주네 반 학생들의 턱걸이 횟수를 조사하여 나타낸 것이다. 물음에 답하여라.

(단위 : 개)

| 15 | 23 | 17 | 33 | 45 | 60 | 21 | 18 | 20 | 11 |
| 64 | 58 | 42 | 48 | 18 | 36 | 44 | 29 | 28 | 40 |

(1) 위의 자료를 보고 줄기와 잎그림을 완성하여라.

줄기	잎
1	1 5 7 8 8
2	0 1 3 8 9
3	3 6
4	0 2 4 5 8
5	8
6	0 4

(2) 기록이 5번째로 좋은 학생이 속한 줄기를 쓰시오.

(3) 잎이 가장 적은 줄기는 무엇인가?

84 도수분포표

(1) **도수분포표** : 주어진 자료를 몇 개의 계급으로 나누고, 각 계급의 도수를 조사하여 나타낸 표
(2) **변량** : 자료를 수량으로 나타낸 것
(3) **계급** : 변량을 일정한 간격으로 나눈 구간
(4) **계급의 크기** : 구간의 폭(너비) 또는 계급의 양 끝값의 차
 (계급의 크기) = (계급의 큰 쪽 끝 값) - (계급의 작은 쪽 끝 값)
 > 예 도수분포표에서 계급의 크기는
 > $80-70=90-80=100-90=10$(점)이다.
(5) **계급의 개수** : 변량을 나눈 구간의 수
 > 예 오른쪽 도수 분포표에서 계급의 개수는 70점 이상 80점 미만, 80점 이상 90점 미만, 90점 이상 100점 미만의 3개이다.
(6) **계급값** : 계급을 대표하는 값으로 그 계급의 가운데 값
 $$(계급값) = \frac{(계급의 양끝값의 합)}{2}$$
 > 예 위의 도수분포표에서 계급값은 차례로 75점, 85점, 95점이다.
(7) **도수** : 각 계급에 속하는 변량(자료)의 개수

〈자료〉 (단위 : 점)

| 85 | 76 | 96 | 88 | 76 |
| 79 | 90 | 80 | 72 | 74 |

〈도수분포표〉

점수(점)	학생 수(명)
70 이상 ~ 80 이하	5
80 ~ 90	3
90 ~ 100	2
계	10

- 도수분포표에서 계급의 크기는 일정해야 한다.
- 계급을 나눌 때는 ~ 이상, ~ 미만 등의 용어를 사용하여 구간을 명확히 나눈다.

예제 1 도수 분포도

다음은 상원이네 반 학생 20명을 대상으로 하루 동안의 운동시간을 조사하여 나타낸 표이다. 다음 물음에 답하여라.

0	40	50	60	80
40	90	70	55	50
35	70	100	55	95
15	110	30	75	10

운동시간(분)	학생 수(명)
0 이상 ~ 20 이하	
20 ~ 40	
40 ~ 60	
60 ~ 80	
80 ~ 100	
100 ~ 120	
계	

(1) 도수분포표를 완성하여라.
(2) 계급의 크기를 구하여라.
(3) 도수가 가장 큰 계급을 구하여라.
(4) 도수가 4인 계급의 계급값을 구하여라.
(5) 운동시간이 1시간 이상인 학생은 전체의 몇 %인지 구하여라.

도수분포표 만드는 요령

① 가장 큰 변량과 가장 작은 변량 찾기
② 자료의 크기에 따라 5~15개 정도의 계급의 개수 정하기
③ 각 계급에 속하는 변량의 개수를 세어 계급의 도수 구하기

도수분포표의 첫 번째 구간만 40 이상~45 미만과 같이 이상, 미만을 표시해 주고 나머지 구간은 생략한다.

유제 1-1 다음 자료는 보민이네 반 학생 20명의 몸무게를 조사하여 나타낸 것이다. 물음에 답하여라

(단위 : 점)

40	50	54	60	51
46	61	53	62	45
57	64	56	58	49
54	48	52	55	59

몸무게(kg)	학생 수(명)
40이상~ 45미만	1
계	20

(1) 가장 큰 변량과 가장 작은 변량을 구하여라.

(2) 계급이 크기가 5kg이 되도록 도수분포표를 완성하고 몸무게가 53kg인 학생이 속한
계급의 도수를 구하여라.

유제 1-2 다음은 영민이네 반 학생들의 수학 성적이다. 다음 물음에 답하여라.

(단위 : 점)

86	64	64	81	89
71	90	80	55	67
97	56	77	68	99
92	95	75	73	74

수학성적(점)	학생 수(명)
50이상~ 60미만	
계	20

마지막 계급이 90점 이상 100점 미만인 경우, 엄밀히 말하면 100점은 그 계급에 포함되지 않지만 그 다음 계급이 없기 때문에 100점을 마지막 계급인 90점 이상 100점 미만에 넣는 것이 일반적이다.

(1) 가장 큰 변량과 가장 작은 변량을 차례대로 구하여라.

(2) 계급의 크기가 10점이 되도록 도수분포표를 완성하고 수학 성적이 50점 이상 80점 미만인 학생 수를 구하여라.

계급 a 이상 b 미만에서
① 계급의 크기 : $b-a$
② 계급값 : $\dfrac{a+b}{2}$

예제 2 도수분포표의 해석

오른쪽 표는 지훈이네 반 학생 25명의 방학 동안 봉사 활동 시간을 나타낸 도수분포표이다. 다음 물음에 답하여라.

(1) A의 값을 구하여라.

(2) 봉사 활동 시간이 5번째로 많은 학생이 속하는 계급을 구하여라.

(3) 봉사활동 시간이 4시간 이상 12시간 미만인 학생은 전체의 몇 %인지 구하여라.

봉사활동(시간)	학생수(명)
0이상~ 4미만	2
4 ~ 8	A
8 ~ 12	10
12 ~ 16	4
16 ~ 20	3
계	25

$(\%) = \dfrac{(\text{그 계급의 도수})}{(\text{도수의 총합})} \times 100$

유제 2 오른쪽 표는 현준이네 동네 주민 50명의 나이를 조사하여 나타낸 도수분포표이다. 다음 물음에 답하여라.

(1) 나이가 32세인 주민이 속하는 계급의 계급값을 구하여라

(2) 나이가 적은 쪽으로부터 11번째인 주민이 속하는 계급의 도수를 구하여라.

(3) 나이가 30세 이상 40세 미만인 주민은 전체의 몇 %인지 구하여라

나이(세)	주민 수(명)
15이상~ 20미만	3
20 ~ 25	6
25 ~ 30	
30 ~ 35	14
35 ~ 40	10
40 ~ 45	7
계	50

STEP 1 개념 다지기

01 오른쪽 표는 지숙이네 분단 16명의 수학 성적을 조사하여 만든 도수분포표이다. 다음 □안에 적당한 수는?

(단위:점)

57	71	□	80	74	63	82	89
76	68	85	65	86	78	59	97

① 63　② 77　③ 84　④ 91　⑤ 97

수학 성적(점)	학생 수(명)
50이상~ 60미만	2
60 ~ 70	3
70 ~ 80	5
80 ~ 90	5
90 ~ 100	1
계	16

[02~03] 오른쪽 표는 어느 중학교 1학년 학생 50명의 통학 시간을 조사하여 만든 도수분포표이다. 다음 물음에 답하여라.

통학 시간(분)	학생 수(명)
5이상~ 15미만	5
15 ~ 25	C
A	17
B	12
45 ~ 55	4
계	50

02 A, B, C에 들어갈 값이 차례로 바르게 짝지어진 것은?

① 25~30, 30~35, 10　② 25~30, 30~45, 10
③ 25~35, 35~40, 11　④ 25~35, 35~45, 11
⑤ 25~35, 35~45, 12

03 위의 표에서 알 수 <u>없는</u> 것은?

① 계급의 개수　② 계급의 크기
③ 각 계급의 계급값　④ 통학 시간이 가장 긴 학생의 통학 시간
⑤ 도수의 총합

[04~05] 오른쪽 표는 보은이네 반 학생 40명의 100m 달리기 기록을 조사한 것이다. 다음 물음에 답하여라.

달리기 기록(초)	학생 수(명)
11이상~ 13미만	1
13 ~ 15	A
15 ~ 17	18
17 ~ 19	B
19 ~ 21	4
계	40

04 계급의 개수를 X개, 계급의 크기를 Y초라 할 때, $X+Y$의 값을 구하여라.

05 100m 달리기 기록이 17초 이상인 학생이 전체의 45%일 때, A와 B의 값을 구하여라.

06 계급의 크기가 4인 도수분포표에서 어떤 계급이 A이상 B미만이고, 이 계급의 계급값이 40이다. 이 때, A, B의 값을 구하여라.

85 히스토그램

(1) **히스토그램** : 아래 그림과 같이 가로 축에 각 계급의 양 끝 값을, 세로 축에 도수를 표시하고, 각 계급의 크기를 가로로, 그 계급의 도수를 세로로 하는 직사각형을 그려 놓은 그래프
① 가로축에는 각 계급의 양 끝 값을 차례로 써 넣는다.
② 세로축에는 도수를 써 넣는다.
③ 각 계급의 크기를 가로로, 그 계급에 속하는 도수를 세로로 하는 직사각형을 차례로 그린다.

성적(점)	도수(명)
40이상~ 50미만	1
50 ~ 60	2
60 ~ 70	3
70 ~ 80	6
80 ~ 90	5
90 ~100	3
계	20

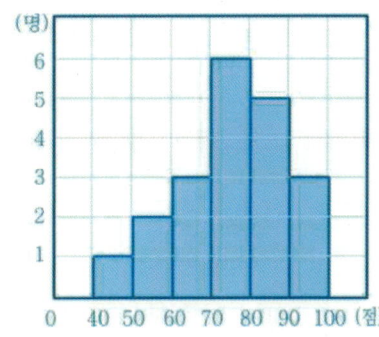

(2) 도수분포표에 비해 자료의 분포 상태를 한 눈에 쉽게 알아볼 수 있다.
(3) 히스토그램에서 각 직사각형의 넓이는 각 계급의 도수에 정비례한다.
  참고 (직사각형의 넓이) = (계급의 크기) × (그 계급의 도수)
  (직사각형의 넓이의 합)=(계급의 크기)×(도수의 총합)

---

① 가로축: 0, 계급의 양 끝값 표시
② 세로축: 도수 표시
③ 직사각형 그리기

예제 1 히스토그램 그리기

다음 도수분포표는 지윤이네 반 학생들의 하루 평균 인터넷 접속 시간을 조사하여 나타낸 것이다. 이것을 히스토그램으로 나타내어라.

접속 시간(분)	학생 수(명)
20이상~ 40미만	6
40 ~ 60	8
60 ~ 80	14
80 ~ 100	10
100 ~ 120	2
계	40

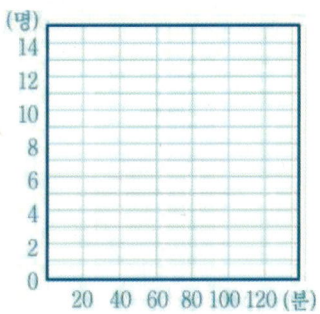

💡 **히스토그램의 구성**
① (계급의 크기)=(직사각형의 가로의 길이)
② (계급의 개수)=(직사각형의 개수)
③ (계급의 도수)=(직사각형의 세로의 길이)

유제 1 오른쪽 그림은 인희네 동네의 각 가정에서 한달간 사용한 전기요금을 조사하여 나타낸 히스토그램이다.

(1) 계급의 크기와 개수를 차례대로 구하여라.
(2) 전기 요금이 3만원 이상 5만원 미만인 계급의 가구 수는 전체의 몇 %인지 구하여라.

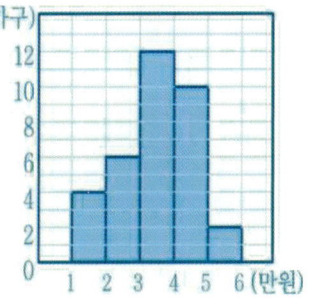

86 도수분포다각형

정답과 해설 66쪽

(1) **도수분포다각형** : 히스토그램에서 각 직사각형의 윗변의 중점을 차례대로 선분으로 연결하고, 양 끝은 도수가 0인 계급을 하나씩 추가하여 그 중점과 연결하여 그린 다각형 모양의 그래프

(2) **도수분포다각형의 특징**
  ① 자료의 분포상태를 연속적으로 관찰할 수 있다.
  ② (도수분포다각형과 가로축으로 둘러싸인 부분의 넓이)
    = (히스토그램의 직사각형들의 넓이의 합)

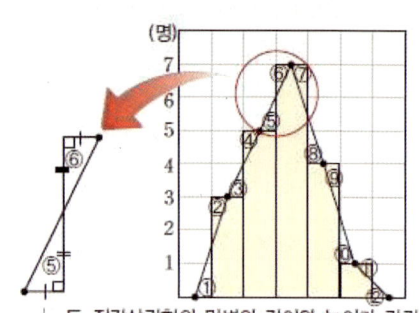

└ 두 직각삼각형의 밑변의 길이와 높이가 각각 같으므로 넓이가 같다. 따라서 도수분포다각형의 넓이와 히스토그램의 넓이는 같다.

알아두기 히스토그램의 각 직사각형의 윗변의 중점은 그 계급의 계급값을 의미한다.

히스토그램에서 양 끝에 도수가 0인 계급을 하나씩 추가하여 그 중점과 각 직사각형의 윗변의 중점을 차례로 연결한다.

예제 1 도수분포다각형 그리기

다음 표는 현정이네 학교 사진 동아리 학생들의 과학 성적을 조사하여 만든 도수분포표이다. 이 표를 도수분포다각형으로 나타내어라.

과학 성적(점)	학생 수(명)
50이상~60미만	2
60 ~ 70	6
70 ~ 80	12
80 ~ 90	8
90 ~ 100	4
계	32

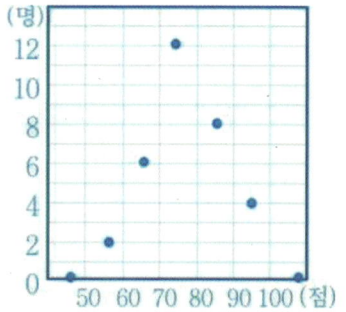

도수분포다각형에서 계급의 개수를 구할 때에는 양 끝의 도수가 0인 두 곳은 제외해야 한다.

유제 1 오른쪽 그림은 민경이네 반 학생들의 하루 TV 시청 시간을 도수분포다각형으로 나타낸 것이다. 다음 물음에 답하여라.

(1) 계급의 크기와 개수를 차례대로 구하여라.
(2) 전체 학생 수를 구하여라.
(3) 도수가 가장 작은 계급의 계급값을 구하여라.
(4) TV시청 시간이 많은 쪽에서 10번째인 학생이 속하는 계급을 구하여라.

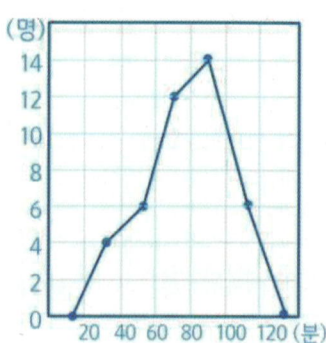

예제 2 두 집단의 도수분포다각형 비교

다음 그림은 신화중학교 1학년 남학생과 여학생의 키를 조사하여 나타낸 도수분포다각형이다. 다음 보기 중 옳은 것을 모두 고르면?

보기
㉠ 키가 160cm 이상인 경우 남학생이 여학생 보다 많다.
㉡ 여학생이 더 넓게 분포되어 있다.
㉢ 두 도수분포다각형의 넓이는 같다.
㉣ 남학생이 여학생보다 많다.
㉤ 계급값이 162.5cm인 학생은 여학생이 3명 더 많다.

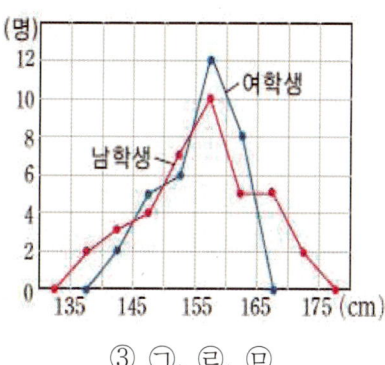

① ㉠, ㉡, ㉢
② ㉠, ㉢, ㉤
③ ㉠, ㉣, ㉤
④ ㉡, ㉢, ㉣
⑤ ㉢, ㉣, ㉤

유제 2 오른쪽 그림은 혜경이네 학급의 남녀 학생의 수학 성적을 나타낸 도수분포다각형이다. 옳지 않은 것은?

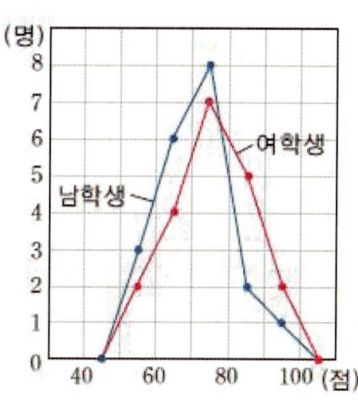

① 남학생과 여학생 수는 같다.
② 두 도수분포다각형은 모두 계급의 크기가 10점이다.
③ 여학생의 점수 중 최하 점수는 최소한 50점이다.
④ 두 도수분포다각형의 넓이는 다르다.
⑤ 점수가 80점 이상인 여학생 수는 반 전체 학생 수의 17.5%이다.

STEP 1 개념 다지기

01 다음 설명 중 옳은 것은?

① 도수분포표를 만들 때 계급의 크기는 작게 할수록 좋다.
② 계급값이 클수록 도수가 커진다.
③ 연속적인 변량의 분포 상태를 알아보기 쉽게 그래프로 나타내려면 막대그래프가 적당하다.
④ 도수분포다각형을 먼저 그리고 히스토그램을 그려야 한다.
⑤ 히스토그램의 직사각형의 넓이의 합과 도수분포다각형으로 둘러싸인 부분의 넓이는 같다.

02 오른쪽 그래프는 9월 한달 동안 우리 동네의 낮 기온을 조사하여 나타낸 도수분포다각형이다. 다음 설명 중 옳지 않은 것은?

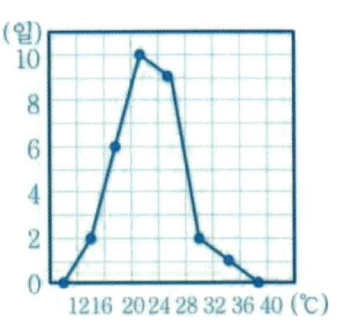

① 계급의 크기는 4℃이다.
② 계급은 모두 6개이다.
③ 조사한 날 수는 30일이다.
④ 낮 기온이 28℃ 이상인 날 수는 3일이다.
⑤ 도수가 가장 큰 계급의 계급값은 34℃이다.

03 오른쪽 표는 정수네 반 학생들의 영어성적을 조사하여 만든 도수분포표이다. 이것을 이용하여 히스토그램과 도수분포다각형을 그릴 때, 도수분포다각형 내부의 넓이는?

영어 성적(점)	학생 수(명)
50이상~60미만	5
60 ~ 70	7
70 ~ 80	20
80 ~ 90	14
90 ~ 100	10
계	56

① 56 ② 380 ③ 540
④ 560 ⑤ 580

[04~05] 오른쪽 그래프는 학생들이 윗몸일으키기를 한 횟수를 조사하여 도수분포다각형으로 나타낸 것이다. 다음 물음에 답하여라.

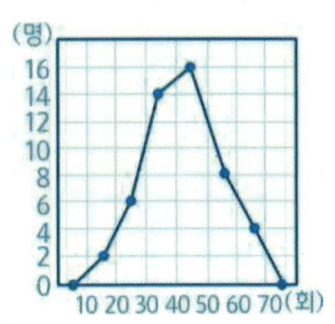

04 도수가 가장 큰 계급의 계급값은?

① 30회 ② 35회 ③ 40회
④ 45회 ⑤ 50회

05 이 도수분포다각형의 넓이는?

① 50 ② 200 ③ 300
④ 400 ⑤ 500

87 도수분포표에서의 평균

정답과 해설 67쪽

(1) **평균** : 변량의 총합을 변량의 개수로 나눈 값

$$(평균) = \frac{(변량)의\ 총합}{(변량)의\ 개수}$$

(2) **도수분포표에서의 평균**

$$(평균) = \frac{\{(계급값) \times (도수)\}의\ 총합}{(도수)의\ 총합}$$

(3) **도수분포표에서 평균 구하는 순서**
① 각 계급의 계급값을 구한다.
② (계급값)×(도수)를 구한다.
③ {(계급값)×(도수)}의 총합을 (도수)의 총합으로 나눈다.

> **알아두기** 도수분포표에서의 평균은 계급값을 이용하여 구하므로 실제평균과 차이가 있으나 대략적인 평균이라는 의미를 갖는다.

예제 1

다음은 어느 반 학생들의 하루 동안의 인터넷 이용시간을 조사하여 만든 도수분포표이다. 인터넷 이용시간의 평균을 구하면?

인터넷 이용시간(분)	학생 수(명)	(계급값)×(도수)
0 이상 ~ 20 미만	2	20
20 ~ 40	6	180
40 ~ 60	7	350
60 ~ 80	11	770
80 ~ 100	4	360
계	30	1,680

유제 1 다음 도수분포표에서 몸무게의 평균을 구하면?

몸무게 (kg)	도수
40 이상 ~ 50 미만	4
50 ~ 60	8
60 ~ 70	6
70 ~ 80	2
계	20

STEP 1 개념 다지기

01 다음 도수분포표는 어느 분단 학생들의 수학 성적을 나타낸 것이다. 평균은 얼마인가?

① 69점 ② 70점 ③ 71점
④ 72점 ⑤ 73점

점수	도수
50이상~ 60미만	1
60 ~ 70	3
70 ~ 80	4
80 ~ 90	2
계	10

02 오른쪽 표는 어느 반 학생 30명의 통학 시간을 나타낸 것이다. 이 학생들의 통학 시간 평균을 구하여라.

통학시간(분)	학생수
0이상~ 10미만	8
10 ~ 20	2
20 ~ 30	9
30 ~ 40	6
40 ~ 50	3
50 ~ 60	2
계	30

03 오른쪽 도수분포표에서 평균을 구하면?

① 82점 ② 83점 ③ 84점
④ 85점 ⑤ 86점

성적(점)	도수
60이상~ 70미만	2
70 ~ 80	3
80 ~ 90	□
90 ~ 100	4
계	10

[04~05] 다음은 어느 반 학생 10명의 수학 성적과 그에 대한 도수분포표이다.

04 A, B, C에 들어갈 값을 순서대로 써라.

> 78, 60, 91, 89, 90, 55, 80, 75, 85, 88

점수(점)	학생 수(명)
50이상~ 60미만	1
60 ~ 70	A
70 ~ 80	2
80 ~ 90	B
90 ~ 100	C
계	10

05 도수분포표를 이용하여 평균을 구하여라.

88 히스토그램과 도수분포다각형에서의 평균

히스토그램이나 도수분포다각형에서의 평균을 구하는 방법은 도수분포표에서의 평균을 구하는 방법과 같다.

① 각 계급의 계급값을 구한다.
② (계급값)×(도수)를 구한다.
③ ②의 총합을 도수의 총합으로 나눈다.

$$(평균) = \frac{\{(계급값) \times (도수)\}의 총합}{(도수)의 총합}$$

평균
$$= \frac{\{(계급값) \times (도수)\}의 총합}{(도수)의 총합}$$

예제 1 히스토그램에서 평균 구하기

아래 그림은 지원이네 반 학생들의 키를 조사하여 나타낸 히스토그램이다. 다음 물음에 답하여라.

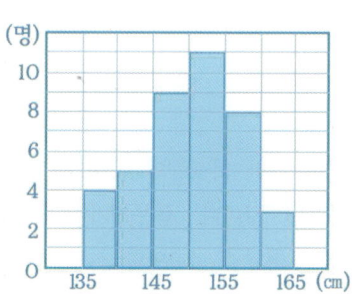

계급값(cm)	도수(명)	(계급값)×(도수)
137.5	4	137.5×4=550
142.5		142.5×5=712.5
147.5	9	147.5×9=1327.5
152.5		152.5×11=1677.5
157.5	8	157.5×8=1260
162.5	3	162.5×3=487.5
계	40	6015

(1) 빈 칸에 알맞은 수를 써 넣어라.
(2) 반 학생들의 평균 키를 구하여라. (단, 소수 둘째 자리에서 반올림한다.)

유제 1 오른쪽 그래프는 정현이 친구들의 한 달간 컬러링을 다운받은 횟수를 조사하여 나타낸 것이다. 평균 다운 횟수를 구하여라.

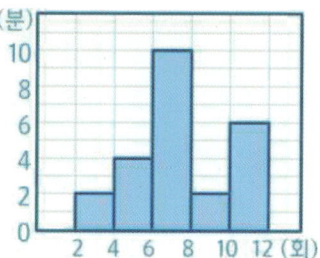

양 끝의 두 점을 제외한 나머지 점의 좌표는 (계급값, 도수)이다.

예제 2 도수분포다각형에서 평균구하기

아래 그림은 재홍이네 반 여학생 20명의 수학 수행평가 점수를 조사하여 나타낸 도수분포다각형이다. 표를 완성하고 수학 수행평가의 평균을 구하여라.

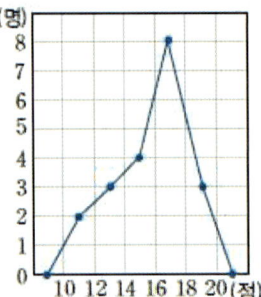

계급값(cm)	도수(명)	(계급값)×(도수)
11	2	11×2=22
13		13×3=39
15	4	15×4=60
17		17×8=136
19	3	19×3=57
계	20	314

유제 2 오른쪽 그림은 혜영이네 반 학생들의 몸무게를 도수분포다각형으로 나타낸 것이다. 몸무게가 45kg 이상인 학생들의 몸무게의 평균을 구하여라.

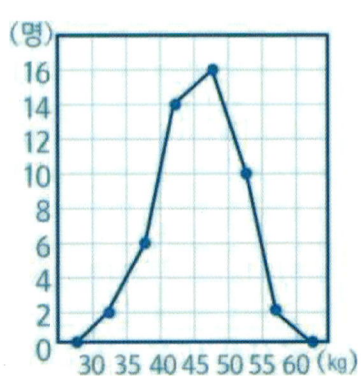

STEP 1 개념 다지기

01 오른쪽 그래프는 중학교 1학년 학생들의 수학 성적을 나타낸 것이다.
이 학생들의 평균을 구하면?

① 65점
② 68.5점
③ 70점
④ 72.5점
⑤ 75점

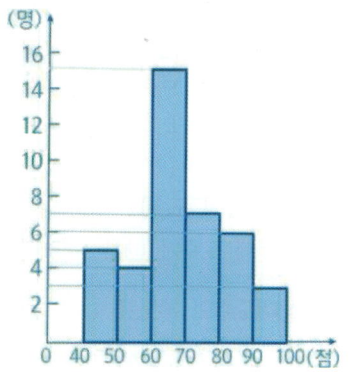

02 오른쪽 그림은 어느 학급 학생들의 몸무게를 히스토그램으로 나타낸 것이다.
이 학생들의 몸무게의 평균은?

① 50.5kg ② 52.5kg ③ 53.5kg
④ 54.5kg ⑤ 55.5kg

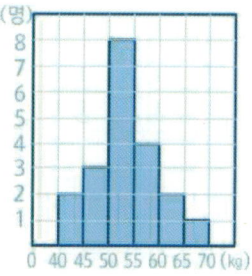

03 오른쪽 도수분포다각형은 유진이네 반 학생들이 등교하는 데 걸리는 시간을 조사하여 나타낸 것이다. 등교시간의 평균을 구하여라.

① 26분 ② 28분 ③ 30분
④ 32분 ⑤ 34분

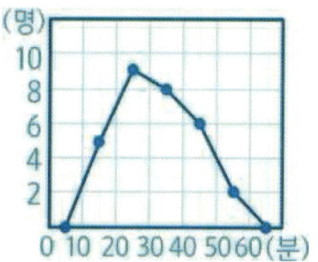

04 오른쪽 그림은 1학년 과학 동아리 반의 과학 성적을 조사하여 만든 도수분포다각형인데 일부가 찢겨져 나갔다. 전체 학생 수가 25명일 때, 과학 성적의 평균을 구하여라.

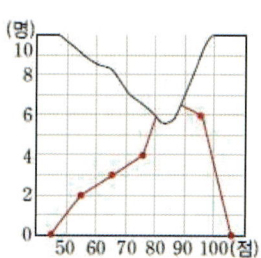

89 상대도수

(1) **상대도수** : 전체도수에 대한 각 계급의 도수의 비율

$$(상대도수) = \frac{(그\ 계급의\ 도수)}{(도수의\ 총합)}$$

(2) **상대도수의 성질**
① 상대도수의 총합은 항상 1이다.
② 각 계급의 상대도수는 그 계급의 도수와 정비례한다.
   (각 계급의 도수) = (도수의 총합) × (그 계급의 상대도수)
③ 전체 도수가 다른 두 집단의 분포상태를 비교할 때 편리하다.

(3) **상대도수의 분포표** : 각 계급의 상대도수를 나타낸 표

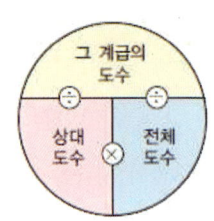

상대도수의 분포표

몸무게(kg)	학생 수(명)	상대도수
30이상 ~ 40미만	3	0.1
40 ~ 50	9	0.3
50 ~ 60	12	0.4
60 ~ 70	6	0.2
계	30	1

$$(상대도수) = \frac{(그\ 계급의\ 도수)}{(도수의\ 총합)}$$

① $\dfrac{도수의\ 총합}{(전체\ 도수)}$
  $= \dfrac{그\ 계급의\ 도수}{어떤\ 계급의\ 상대도수}$

② (그 계급의 도수)
  = (상대도수) × (도수의 총합)

③ 상대도수의 총합은 1이다.

예제 1 상대도수

오른쪽 표는 어느 중학교 1학년 1반, 3반에서 휴대폰을 가지고 있는 학생을 조사하여 나타낸 것이다. 어느 반 학생이 휴대폰을 상대적으로 많이 가지고 있는지 구하여라.

	1반	3반
휴대폰을 가진 학생	12명	15명
휴대폰을 가지지 않은 학생	18명	27명
계	30	42

예제 2 상대도수의 분포표

오른쪽 표는 정현이네 반 학생들의 수학 성적을 조사하여 만든 것이다. A, B, C의 값을 각각 구하여라.

수학성적(점)	학생 수(명)	상대도수
60이상 ~ 70미만	12	A
70 ~ 80	16	0.32
80 ~ 90	14	B
90 ~ 100	8	0.16
계	50	C

유제 2

오른쪽 표는 지영이네 반 학생들의 키를 조사하여 나타낸 것이다. 다음 물음에 답하여라.

(1) 반 전체 학생 수를 구하여라.
(2) 상대도수의 총합을 구하여라.
(3) 키가 160cm이상인 학생은 전체의 몇 %인지 구하여라.

키(cm)	학생 수(명)	상대도수
140이상 ~ 145미만	6	0.12
145 ~ 150	10	0.20
150 ~ 155	12	0.24
155 ~ 160	13	0.26
160 ~ 165	A	0.10
165 ~ 170	3	0.06
170 ~ 175	1	0.02

STEP 1 개념 다지기

01 어느 고등학교 학생들의 몸무게에 대한 상대도수를 구한 표이다. 아래 표에서 A+B+C의 값은?

① 27 ② 37 ③ 39
④ 47 ⑤ 49

몸무게(kg)	도수	상대도수
40이상~50미만	3	0.1
50 ~ 60	A	0.2
60 ~ 70		0.5
70 ~ 80		0.15
80 ~ 90		
계	B	C

[02~04] 다음 표는 수경이네 반 학생들의 하루 평균 운동시간을 조사한 것이다. 물음에 답하여라.

02 수경이네 반 학생은 모두 몇 명인가?

① 20명 ② 30명 ③ 40명
④ 45명 ⑤ 50명

운동시간(분)	도수	상대도수
0이상~20미만		0.20
20 ~ 40	B	0.18
40 ~ 60		0.26
60 ~ 80		A
80 ~ 100	6	0.12
100 ~ 120	4	0.08
계	C	

03 계급이 20이상 40미만인 학생의 도수 B를 구하면?

① 6명 ② 9명 ③ 12명
④ 15명 ⑤ 18명

04 계급이 60이상 80미만인 학생의 상대도수 A를 구하면?

① 0.16 ② 0.18 ③ 0.2
④ 0.25 ⑤ 0.3

90 상대도수의 그래프

정답과 해설 69쪽

(1) **상대도수분포의 그래프** : 가로축에는 계급 또는 계급값을, 세로축에는 상대도수를 써 넣고 히스토그램이나 도수분포다각형과 같은 모양으로 그린 그래프

(2) 상대도수의 분포표를 그래프로 나타내면 자료의 경향을 알아보거나 다른 자료와 비교하는데 편리하다.

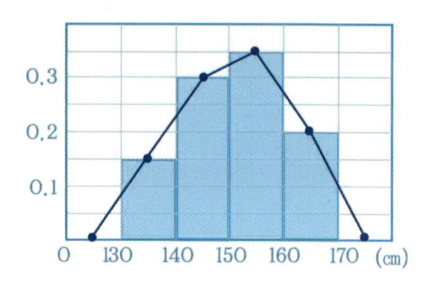

알아두기 상대도수의 분포다각형 모양의 그래프에서 각 계급의 가로눈금을 1이라 할 때, 그래프의 내부의 넓이의 합은 1이다.

상대도수의 그래프 그리기

① 가로축은 계급, 세로축은 상대도수를 써 놓는다.
② 각 계급의 계급값과 그 계급의 상대도수를 순서쌍으로 하는 점을 나타낸다. (계급값, 상대도수)
③ 양 끝에 상대도수가 0인 계급이 있는 것으로 생각하고 중점을 찍는다.
④ 각 점을 차례로 선분으로 연결한다.

예제 1 상대도수의 분포다각형

다음 표는 민정이네 학교 1학년 학생 50명의 여름방학 동안 봉사 활동 시간을 조사하여 나타낸 상대도수의 분포표이다. 이 표를 보고 상대도수의 분포다각형 모양의 그래프를 그려라.

봉사 활동(시간)	상대도수
3이상 ~ 6미만	0.04
6 ~ 9	0.12
9 ~ 12	0.16
12 ~ 15	0.28
15 ~ 18	0.20
18 ~ 21	0.16
21 ~ 24	0.04
계	1

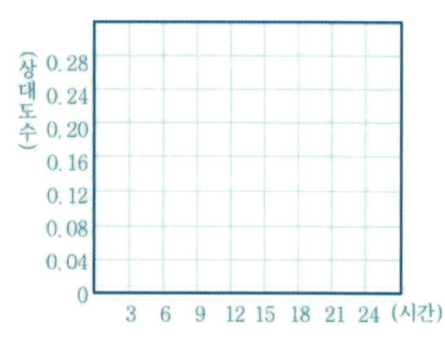

① 상대도수의 합은 항상 1이므로
 (다각형의 넓이)
 =(계급의 크기)×(상대도수의 합)
 =(계급의 크기)×1
 =(계급의 크기)

유제 1 오른쪽 그림은 상희네 반 학생들의 던지기 기록을 조사하여 나타낸 상대도수의 그래프이다. 다음 물음에 답하여라.

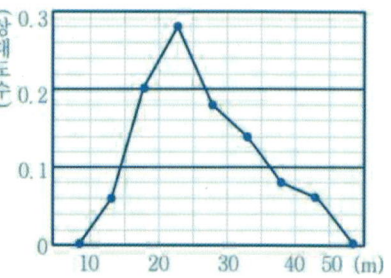

(1) 도수가 가장 큰 계급의 계급값을 구하여라.
(2) 전체 학생 수가 50명이라고 할 때, 30m이상을 던진 학생 수를 구하여라.
(3) 던지기 기록이 25m 미만인 학생은 전체의 몇 %인지 구하여라.
(4) 상대도수의 그래프와 가로축으로 둘러싸인 부분의 넓이를 구하여라.

91 두 상대도수의 그래프의 비교

(1) 상대도수분포의 그래프
전체 도수가 다른 두 자료를 비교 할 때는 도수를 그대로 비교하지 않고 상대 도수를 구하여 각 계급별로 비교한다.

(2) 상대도수의 그래프에서 두 집단의 자료비교
전체 도수가 다른 두 자료를 한 그래프에 나타내어 비교하면 한 눈에 두 자료의 분포 상태를 쉽게 알 수 있다.

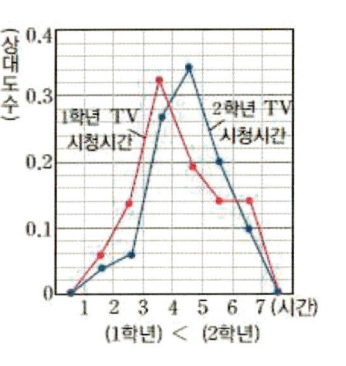

도수의 총합이 다른 두 자료를 비교할 때, 한 그래프에 나타내면 한 눈에 두 자료의 분포상태를 쉽게 알 수 있다.

예제 1 동시에 나타낸 두 상대도수의 그래프의 해석

오른쪽 그림은 갑 중학교 학생 100명과 을 중학교 학생 50명에 대한 몸무게를 조사하여 나타낸 상대도수의 그래프이다. 다음 물음에 답하여라.

(1) 두 학교의 상대도수가 같은 계급을 구하여라.
(2) 두 학교에서 몸무게가 50kg이상 55kg미만인 학생 수를 각각 구하여라.

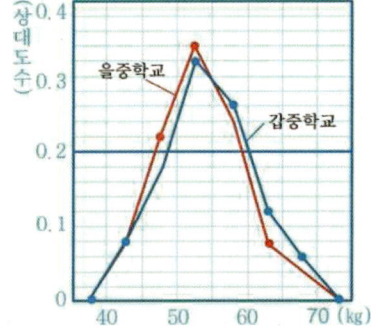

유제 1 오른쪽 그림은 진이네 중학교 A학급과 B학급의 과학 성적을 조사하여 나타낸 상대도수의 그래프이다. 다음 물음에 답하여라.

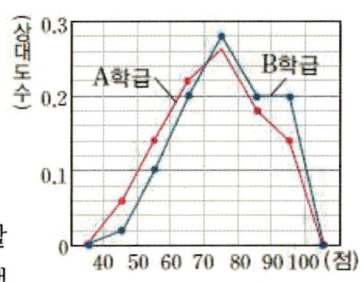

(1) A학급이 B학급보다 높은 계급의 개수를 구하면?
(2) A학급과 B학급 학생을 각각 50명으로 추정할 때, 과학 성적이 80점 이상 100점 미만인 학생을 모두 구하여라.
(3) 다음 설명 중 옳은 것을 모두 고르면? (정답 2개)
　① 두 학급의 계급의 개수와 계급의 크기가 각각 다르다.
　② B학급의 성적이 A학급의 성적보다 더 높은 편이다.
　③ 두 학급의 학생 수가 같다고 할 때, 40점 이상 50점 미만의 계급에서 어느 학급의 학생 수가 많은지 알 수 없다.
　④ B학급의 학생을 40명이라 할 때, 50점 이상 60점 미만인 학생은 1명이다.
　⑤ 상대도수의 그래프와 가로축으로 둘러쌓인 부분의 넓이는 두 학급 모두 같다.

STEP 1 개념 다지기

01 오른쪽 그림은 승호네 반 학생들의 던지기 기록을 상대도수의 그래프로 나타낸 것이다. 19m미만인 학생이 12명일 때, 전체 학생 수는?

① 25명　　② 30명
③ 40명　　④ 50명
⑤ 60명

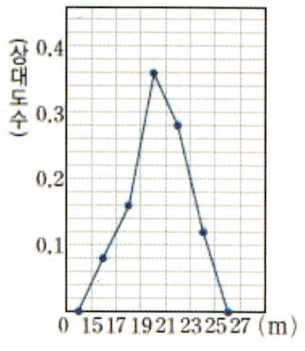

[02~03] 다음 그래프는 중학교 학생 500명을 대상으로 집에 있는 책의 수를 조사하여 만든 상대도수의 분포다각형 모양의 그래프이다. 다음 물음에 답하여라.

02 200권 이상 250권 미만의 책을 가지고 있는 학생은 전체의 몇 %인가?

① 10%　　② 20%
③ 26%　　④ 38%
⑤ 44%

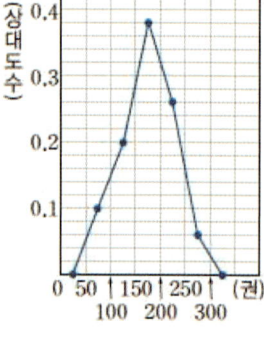

03 150권 미만의 책을 가지고 있는 학생 수를 구하면?

① 100명　　② 130명　　③ 150명
④ 280명　　⑤ 350명

04 다음 그림은 어느 학교 학생들의 성적을 상대도수의 그래프로 나타낸 것으로 그 일부가 찢어져 알아볼 수 없다. 이 때 찢어져 나간 60점 이상 70점 미만인 계급의 상대도수를 구해보면?

① 0.05　　② 0.1
③ 0.15　　④ 0.2
⑤ 0.25

STEP 1 소단원 종합 학습

[01~02] 다음은 수지네 반 학생들이 그동안 컴퓨터를 이용한 시간을 조사한 것이다. 다음 물음에 답하여라.

10	15	23	37	29
19	22	16	15	15
20	44	33	28	50
21	28	39	32	41

01 잎이 가장 많은 줄기는?

① 1 ② 2 ③ 3 ④ 4 ⑤ 5

02 반에서 컴퓨터를 5번째로 많이 한 학생의 컴퓨터 이용시간은?

① 37 ② 39 ③ 41 ④ 44 ⑤ 50

03 오른쪽 히스토그램은 어느 학생들의 3년간 봉사활동 시간을 나타낸 것이다. 다음 중 옳은 것은?

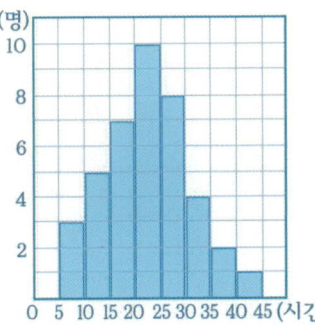

① 전체 학생 수는 50명이다.
② 계급의 크기는 1시간이다.
③ 도수가 가장 큰 계급의 계급값은 22.5시간이다.
④ 30시간 이상 봉사활동을 한 학생 수는 6명이다.
⑤ 30시간 이상 35시간 미만으로 봉사활동을 한 학생은 전체의 8%이다.

04 다음 빈칸에 들어갈 말을 순서대로 나열한 것은?

자료를 수량으로 나타낸 것을 ㉠ (이)라고 하고, ㉠ 을(를) 일정한 간격으로 나눈 구간을 ㉡, 구간의 너비를 ㉢, 각 ㉡ 에 속한 수를 그 ㉡ 의 ㉣ (이)라고 한다. 각 ㉡ 에 속하는 ㉣ 을(를) 조사하여 나타낸 표를 ㉣ 분포표라 한다.

① 도수 변량 계급값 계급
② 도수 계급 계급의 크기 변량
③ 변량 계급 계급의 크기 도수
④ 도수 변량 계급의 크기 계급값
⑤ 변량 계급 계급값 도수

05 다음 도수분포표는 어느 학급 학생 50명의 키를 조사하여 만든 것이다. 옳지 않은 것은?

키(cm)	학생 수(명)
130 이상 ~ 140 미만	15
140 ~ 150	16
150 ~ 160	A
160 ~ 170	5
170 ~ 180	2

① 계급의 크기는 10cm이다.
② A의 값은 12이다.
③ 도수가 가장 큰 계급의 계급값은 145이다.
④ 계급의 개수는 5개이다.
⑤ 키가 160cm이상인 학생은 5명이다.

06 다음은 A중학교 1학년 3반 학생 20명의 수학 성적에 대한 도수분포표이다. 학생들의 수학 평균 점수를 구하면?

키(cm)	학생 수(명)
50이상~ 60미만	2
60 ~ 70	2
70 ~ 80	10
80 ~ 90	4
90 ~ 100	2
계	20

① 76점 ② 78점 ③ 79점
④ 80점 ⑤ 82점

[07~09] 다음은 어느 학급의 학생들의 수학 점수를 조사하여 히스토그램으로 나타낸 것이다. 물음에 답하여라.

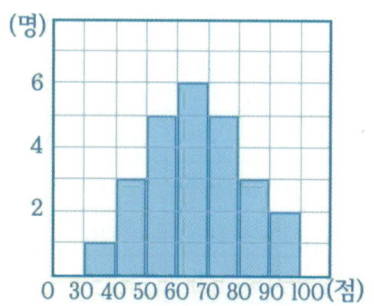

07 위의 그림에 대한 다음 설명 중 잘못된 것은?
① 계급의 크기는 10점이다.
② 도수가 가장 큰 계급은 60점 이상~70점 미만이다.
③ 90점 이상인 학생은 전체의 6%이다.
④ 전체 학생은 25명이다.
⑤ 80점 이상인 학생은 5명이다.

08 도수가 가장 큰 계급에 속한 학생들은 전체의 몇 %인가?
① 6% ② 12% ③ 20%
④ 24% ⑤ 30%

09 위의 히스토그램을 보고 70점 이상인 학생들의 평균을 구하여라.
① 80 ② 81 ③ 82
④ 83 ⑤ 84

[10~12] 다음 표는 어느 학급의 남학생 25명의 턱걸이 기록을 조사하여 기록한 것이다.

턱걸이(횟수)	학생 수(명)
0이상~ 4미만	3
4 ~ 8	A
8 ~ 12	8
12 ~ 16	B
16 ~ 20	2
20 ~ 24	1
계	25

10 표를 보고 4회 이상, 8회 미만의 기록을 낸 학생이 전체의 24%라고 할 때, 12회 이상 16회 미만의 도수를 구하면?
① 1 ② 2 ③ 3
④ 4 ⑤ 5

11. 표에서 도수가 가장 작은 계급의 계급값을 구하면?

① 22회　　② 18회　　③ 14회
④ 10회　　⑤ 6회

12. 위의 표에 대한 설명 중 옳은 것을 모두 고르면?
(답 2개)

① 도수가 가장 큰 계급은 12이상 16미만이다.
② 계급의 크기는 4회이다.
③ 남학생 25명의 턱걸이 평균은 10회이다.
④ 12회 이상의 기록을 낸 학생은 전체의 3.2%이다.
⑤ 4회 이상 8회 미만인 계급의 상대도수는 0.25이다.

[13~14] 오른쪽 그래프는 어느 학급 학생들의 수학성적에 대한 도수분포다각형이다. 물음에 답하여라.

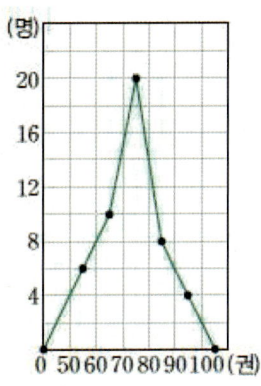

13. 다음 그래프에 대한 설명으로 옳은 것은?

① 히스토그램의 넓이와 도수분포다각형의 넓이는 같지 않다.
② 성적이 80점 이상인 학생은 전체 25%이다.
③ 도수가 가장 큰 계급의 계급값은 80점이다.
④ 수학 성적의 평균은 75점이다.
⑤ 이 학급의 전체 학생 수는 40명이다.

14. 높은 쪽에서부터 10번째 학생이 속하는 계급은?

① 50점~60점　　② 60점~70점
③ 70점~80점　　④ 80점~90점
⑤ 90점~100점

15 오른쪽의 그림은 어느 반 학생들의 100m 달리기 기록에 대한 도수분포다각형이다. 기록이 14초 이상 15초 미만으로 달린 학생은 전체의 몇 %인지 구하여라.

① 10 ② 15
③ 20 ④ 25
⑤ 30

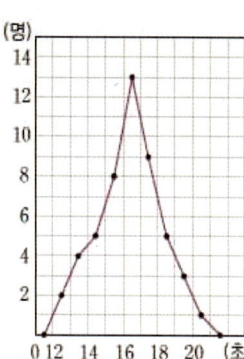

[16~17] 다음 그림은 어느 학급 학생 40명의 주당 TV시청 시간을 조사하여 상대도수의 분포다각형 모양의 그래프로 나타낸 것이다. 다음 물음에 답하여라.

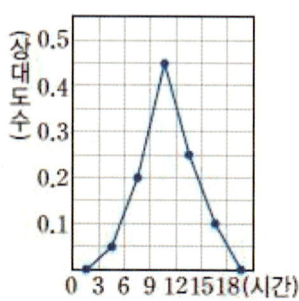

16 TV시청 시간이 12시간 이상인 학생은 전체의 몇 %인가?

① 10% ② 25% ③ 26%
④ 30% ⑤ 35%

17 상대도수가 가장 큰 계급에 속하는 학생 수는 몇 명인가?

① 9명 ② 10명 ③ 15명
④ 18명 ⑤ 20명

18 다음 표는 어느 반 학생 20명의 수학성적에 대한 상대도수의 분포표이다. 다음 중 옳은 것은?

수학점수(점)	도수(명)	상대도수
40이상 ~ 50미만	1	0.05
50 ~ 60	4	0.2
60 ~ 70	2	0.1
70 ~ 80	6	0.3
80 ~ 90	5	0.25
90 ~ 100	2	0.1
계	20	1

① 40점 이상 50점 미만인 계급의 상대도수는 0.5이다.
② 50점 이상 60점 미만인 계급의 도수는 4명이다.
③ 60점 이상 70점 미만인 학생은 전체의 20%이다.
④ 70점 이상 80점 미만인 계급의 도수는 3명이다.
⑤ 80점 이상 90점 미만인 계급의 상대도수는 0.05이다.

19 다음 자료는 승기네 반 학생들의 국어 성적을 조사하여 나타낸 것이다. 아래 자료를 보고 줄기와 잎 그림을 완성하여라.

84	76	64	72	88	96
88	76	68	84	60	76
68	92	80	92	72	80

(8 | 4는 84점)

줄기	잎

20 오른쪽 그림은 학생들의 몸무게를 조사하여 그린 히스토그램이다. 몸무게의 평균을 구하여라.

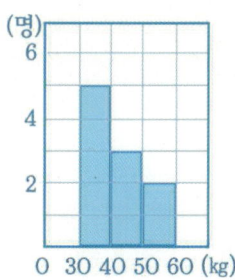

21 다음 도수분포다각형의 평균을 구하여라.

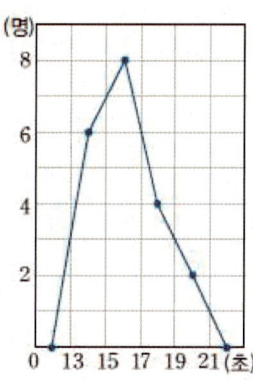

22 다음은 영수네 반 학생 20명의 100m 달리기 기록이다. 평균을 구하여라.

계급(초)	도수(명)
13이상 ~ 15미만	4
15 ~ 17	6
17 ~ 19	7
19 ~ 21	3
계	20

[23~24] 다음 도수분포다각형은 어느 중학교 1학년 학생들의 1일 평균 텔레비전 시청시간을 조사하여 만든것의 일부가 찢어져 보이지 않는다. 다음 물음에 답하여라.

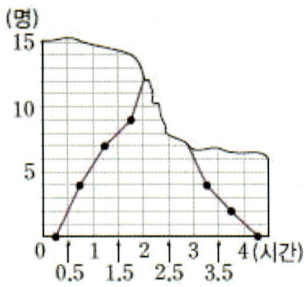

23 하루에 텔레비전을 2시간 미만을 보는 학생이 전체의 40%라 할 때, 학생 수를 구하여라.

24 2시간 이상 2.5시간 미만인 계급에 속하는 학생 수가 2.5시간 이상 3시간 미만인 계급에 속하는 학생 수의 2배가 될 때, 2시간 이상 2.5시간 미만으로 텔레비전을 보는 학생 수를 구하여라.

92 대푯값

(1) 대푯값 : 자료 전체의 특징을 하나의 수로 나타내어 전체 자료를 대표하는 값
(2) 대푯값의 종류 : 평균, 중앙값, 최빈값 등이 있으며 그 중에서 평균이 가장 많이 쓰인다.
(3) 평균 : 전체 변량의 값을 합하여 변량의 개수로 나눈 값을 말한다.

n개의 변량 $x_1+x_2+x_3+\cdots+x_n$의 평균을 m이라 하면

$$m = \frac{x_1+x_2+x_3+\cdots+x_n}{n}$$

$$평균 = \frac{(변량의\ 총합)}{(변량의\ 총\ 개수)} = \frac{(자료의\ 값의\ 총합)}{(자료의\ 총\ 개수)}$$

(4) 도수분포에서의 평균

계급값	x_1	x_2	$\cdots$	x_n	합계
도수	f_1	f_2	$\cdots$	f_n	N

$$(평균) = \frac{\{(계급값)\times(도수)\}의\ 총합}{(도수)의\ 총합} = \frac{x_1f_1+x_1f_2+\cdots+x_nf_n}{N}$$

예를 들어 윤서의 1학기 중간고사의 성적이 다음과 같을 때, 평균을 알아보자.
95점, 85점, 100점, 90점, 80점, 100점, 90점, 95점, 100점, 95점
변량의 개수는 10개이므로 변량의 총합을 변량의 개수로 나누면 평균을 구할 수 있다.

$$(평균) = \frac{95+85+100+90+80+100+90+95+100+95}{10} = \frac{930}{10} = 93점$$

예제 1 평균 구하기

6개의 변량 4, 6, 8, 10, 12, 14의 평균을 구하여라.

유제 1
다음 자료의 평균이 80일 때, x의 값을 구하여라.

> 86, 88, x, 71, 81

(5) 도수분포표에서 평균 구하기

$$(평균) = \frac{\{(계급값) \times (도수)\}의\ 총합}{(도수)의\ 총합}$$

다음 도수분포표는 혜연이네 반 학생들의 수학 성적을 조사한 표이다.
다음 순서에 의해 평균을 구해보자.

점수(점)	도수(명)	(ⅰ) 계급값	(ⅱ) (계급값)×(도수)
50이상 ~ 60미만	2	55	55×2=110
60 ~ 70	4	65	65×4=260
70 ~ 80	12	75	75×12=900
80 ~ 90	8	85	85×8=680
90 ~ 100	4	95	95×4=380
합계	30		(ⅲ) 2330

(ⅰ) 각 계급의 계급값을 구한다.
(ⅱ) 각 계급의 {(계급값)×(도수)}를 구한다.
(ⅲ) {(계급값)×(도수)}의 총합을 구한다.
(ⅳ) (ⅲ)에서 구한 값을 도수의 총합으로 나눈다.

$$(평균) = \frac{\{(계급값) \times (도수)\}의\ 총합}{(도수)의\ 총합} = \frac{2330}{30} ≒ 77.7(소수점\ 둘째\ 자리에서\ 반올림)$$

이와 같이 도수분포표를 이용해서 평균을 구할 때는 각 자료의 정확한 값을 알 수 없으므로 각 계급의 계급값을 변량으로 생각하고 평균을 구한다.
따라서 도수분포표에서의 참값이 아니라 근삿값임을 알 수 있다.

예제 2 도수분포표에서의 평균 구하기

오른쪽 표는 어느 분단 학생들의 수학 성적에 대한 도수분포표이다. 수학 성적의 평균을 구하여라.

수학성적(점)	도수(명)
70이상~80미만	3
80~90	5
90~100	2
계	10

유제 2 오른쪽 표는 20명 학생의 수학 성적에 대한 도수분포표이다. 평균을 구하여라.

수학성적(점)	도수(명)
60이상~70미만	4
70~80	8
80~90	6
90~100	2
계	20

STEP 1 개념 다지기

01 두 수 a, b의 평균이 10일 때, $2a-1$, $2b-1$의 평균을 구하면?

① 16   ② 17   ③ 18
④ 19   ⑤ 20

02 남학생 25명, 여학생 15명인 어떤 학급의 수학 시험 성적이 평균이 74점이고, 여학생들의 성적이 평균이 76점이었다면 남학생들의 성적의 평균은?

① 71   ② 71.2   ③ 72
④ 72.8   ⑤ 73

03 세 명의 점수가 l, m, n이고 평균이 M일 때, 세 명의 점수를 모두 a만큼씩 올렸을 때의 평균은?

① $M+a$ ② $M+3a$ ③ $3(M+a)$
④ $3M+a$ ⑤ $3M$

04 다음 도수분포표는 오래달리기 시간을 나타낸 것이다. 평균이 20초일 때, a의 값은?

계급값	15	18	21	24	27
도수	5	2	a	2	1

① 11   ② 12   ③ 13
④ 14   ⑤ 15

05 다음 표는 형우네 반 학생 일부를 대상으로 어제 저녁 TV 시청 시간을 조사한 것이다. 이 학생들의 평균 TV 시청 시간은?

시청시간(분)	0이상~30미만	30~60	60~90	90~120
학생 수	2	13	4	1

① 51분   ② 52분   ③ 53분
④ 54분   ⑤ 55분

93 중앙값과 최빈값

정답과 해설 71쪽

(1) 중앙값 : 자료를 작은 값에서부터 크기순으로 나열할 때 중앙에 위치한 값

① 자료의 개수 n이 홀수이면 $\frac{n+1}{2}$번째 자료값이 중앙값이다.

② 자료의 개수 n이 짝수이면 $\frac{n}{2}$번째와 $\left(\frac{n}{2}+1\right)$번째 자료의 값의 평균이 중앙값이다.

예) 자료가 3, 4, 5, 6, 7인 경우 변량의 개수가 홀수 개이므로 중앙값은 3번째 자료의 값인 5이다.

자료가 3, 4, 5, 6, 7, 8인 경우 변량의 개수가 6개(짝수)이므로 중앙값은 3번째 4번째 자료의 값의 평균인 $\frac{5+6}{2}=5.5$이다.

(2) 최빈값 : 자료의 값 중에서 가장 많이 나타난 값, 즉 도수가 가장 큰 값

① 자료의 값 중에서 도수가 가장 큰 값이 한 개 이상 있으면 그 값이 모두 최빈값이다.

② 각 자료의 값의 도수가 모두 같으면 최빈값은 없다.

예) 자료가 1, 2, 2, 3, 3, 3, 4인 경우 최빈값은 3이다.

자료가 1, 2, 2, 3, 3, 4인 경우 최빈값은 3, 4이다.

자료가 1, 1, 2, 2, 3, 3 인 경우 최빈값은 없다.

예제 1 중앙값, 최빈값

다음 자료의 중앙값과 최빈값을 각각 구하여라.

$$2,\ 3,\ 3,\ 3,\ 5,\ 6,\ 7$$

유제 1 다음 자료의 중앙값과 최빈값을 각각 구하여라.

(1) $\quad 1,\ 2,\ 2,\ 3,\ 3,\ 3$

(2) $\quad 1,\ 9,\ 2,\ 3,\ 3,\ 2,\ 2$

(3) $\quad 10,\ 10,\ 10,\ 20,\ 30,\ 40$

(4) $\quad 1,\ 2,\ 3,\ 4,\ 5,\ 6$

STEP 1 개념 다지기

01 6명이 수학시험을 봤는데 그 점수가 다음과 같았다. 이때의 최빈값을 구하여라.

학생	점수(점)	학생	점수(점)	학생	점수(점)
1번	50	3번	50	5번	50
2번	60	4번	70	6번	60

02 다음은 유리의 7번의 수행평가 점수를 나타낸 것이다. 평균값과 최빈값이 같다고 할 때, x의 값을 구하여라.
(단위 : 점)

$$7, \quad 8, \quad 8, \quad x, \quad 9, \quad 8, \quad 9$$

03 다음 10개의 수들이 나열되어 있다. 이때 평균, 중앙값, 최빈값의 합을 구하여라.

$$2, \quad 3, \quad 3, \quad 3, \quad 4, \quad 4, \quad 5, \quad 6, \quad 7, \quad 8$$

04 0, 1, 2, 3, 4, 4, 5, 5의 최빈값, 평균, 중앙값을 구하면?

① 평균 : 3   중앙값 : 3.5   최빈값 : 4
② 평균 : 3   중앙값 : 3.5   최빈값 : 4, 5
③ 평균 : 3   중앙값 : 3.5   최빈값 : 5
④ 평균 : 4   중앙값 : 4   최빈값 : 4, 5
⑤ 평균 : 4   중앙값 : 5   최빈값 : 4, 5

05 오른쪽 표는 수학경시대회 수학 점수를 표로 나타낸 것이다. 이때, 수학 점수의 평균, 중앙값, 최빈값을 a, b, c라 할 때, $a + \dfrac{c}{b}$의 값을 구하여라.

점수 (점)	도수(명)
45~49	3
50~54	6
55~59	7
60~64	4

94 산포도

(1) 산포도 : 대푯값을 중심으로 변량들이 흩어져 있는 정도를 하나의 수로 나타낸 값
⇨ 변량들이 대푯값으로부터 멀리 떨어져 있으면 산포도가 크고, 대푯값 가까이 집중되어 있으면 산포도가 작다.

(2) 산포도에는 여러 가지가 있으나 분산과 표준편차가 가장 많이 쓰인다.
산포도가 크다: 변령들이 평균으로부터 멀리 흩어져 있다.
산포도가 작다: 변량들이 평균 주위에 밀집되어 있다.

(3) 편차 : 어떤 자료의 각 변량에서 그 자료의 평균을 뺀 값.

$$(편차)=(변량)-(평균)$$

(4) 편차의 성질
① 편차의 총합은 항상 0이다.
② 평균보다 큰 변량의 편차는 양수이고, 평균보다 작은 변량의 편차는 음수이다.
③ 편차의 절댓값이 클수록 그 변량은 평균에서 멀리 떨어져 있고, 편차의 절댓값이 작을수록 평균과 가까이 있다. 편차가 0이면 그 변량이 평균이다.

예제 1 편차

다음은 A, B, C, D, E 5명의 학생의 턱걸이 횟수에 대한 편차이다.

사람	A	B	C	D	E
편차	-5	-1	0	2	4

C의 턱걸이 횟수가 8일 때, A와 E의 턱걸이 횟수의 합은?

유제 1

다음 표는 5명의 학생의 과학 성적의 평균 75점에 대한 편차를 나타낸 것이다. 다음 물음에 답하여라.

사람	A	B	C	D	E
편차(점)	-3	$+9$	-10	$+15$	x

(1) x의 값을 구하여라.

(2) D학생의 성적을 구하여라.

(5) 산포도가 크다, 작다

자료 전체의 특징을 하나의 수로 나타낸 값을 대푯값이라 하고, 대푯값 중에서 가장 많이 사용되는 것이 평균이다.
하지만 평균만으로는 자료들의 자세한 특징을 알 수가 없다.
왜냐하면 평균은 자료를 대표하는 값이지 자료들이 평균과 어느 정도 차이가 나는지를 나타내는 값은 아니기 때문이다.

따라서 자료의 특징을 충분히 이해하기 위해서는 평균뿐만 아니라 자료들의 분포 상태도 알아야 하는데 자료들의 분포 상태, 즉 흩어져 있는 정도를 하나의 수로 나타낸 값을 산포도라고 한다.
산포도에는 분산, 표준편차, 평균편차, 사분편차, 범위 등이 있으나 이 중에서 분산과 표준편차를 가장 많이 사용한다.
다음 표는 윤서와 태휘의 5회에 걸쳐 평가한 수학 성적을 나타낸 표이다.
이 표를 가지고 산포도를 설명해 보자.

횟수	1	2	3	4	5
윤서	95	50	100	55	50
태휘	75	80	70	65	60

두 학생의 수학 성적의 평균을 구하면

윤서: $\dfrac{95+50+100+55+50}{5}=70$점

태휘: $\dfrac{75+80+70+65+60}{5}=70$점

이와 같이 두 학생의 수학 성적의 평균은 70점으로 같지만 두 학생의 성적 분포가 같다고 말 할 수 없다.

두 학생의 성적 분포를 그래프로 나타내면 다음과 같다.

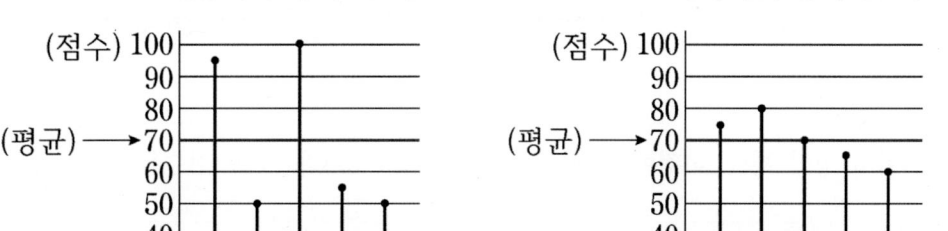

이 두 그래프를 통하여 두 학생의 수학 성적의 평균은 같지만, 분포 상태는 상당히 다르다는 것을 알 수 있다.
즉, 윤서의 성적 분포는 평균과 차이가 많이 나고, 태휘의 성적 분포는 평균과 차이가 적게 난다.
이를테면 윤서의 성적은 고르지 않고 안정성이 약한 반면에 태휘의 성적은 고르고 안정성이 강하다고 할 수 있다. 하지만 성적이 고르다는 것이 곧 성적이 좋다는 말이 아님을 유의하자.
따라서 다음과 같이 말 할 수 있다.
윤서 → 산포도가 크다, 태휘 → 산포도가 작다.

> 산포도가 크기: 성적이 고르지 않고, 안정성이 약하다.
> 산포도가 작다: 성적이 고르다, 안정성이 강하다.

STEP 1 개념 다지기

01 다음 중 편차에 대한 설명으로 옳지 않은 것은?

① 편차의 합은 0이다.
② 편차가 클수록 그 변량은 평균에서 멀리 떨어져 있다.
③ (편차)=(변량)−(평균)
④ 편차는 음수일 수도 있다.
⑤ 편차의 절댓값이 작을수록 그 변량은 평균에 가깝다.

02 다음 자료에서 편차의 합은?

53, 55, 60, 57, 62

① −2　　　　　　② −1　　　　　　③ 0
④ 1　　　　　　　⑤ 2

03 다음은 호동이의 월별 수학 성적의 편차를 나타낸 것이다. 평균이 70점이라 할 때, 호동이의 6월 수학 성적을 구하면?

학생	3월	4월	5월	6월	7월	8월
편차(점)	10	−30	0	x	−20	20

① 70점　　　　　　② 75점　　　　　　③ 80점
④ 85점　　　　　　⑤ 90점

04 다음은 상원이의 성적 평균 80점에 대한 편차를 나타낸 것이다. 수학 점수를 구하여라.

과목	국어	영어	수학	과학	사회
편차(점)	2	−8	$2x$	x	0

05 다음 세 자료 X, Y, Z의 산포도의 값을 x, y, z라 할 때, x, y, z의 대소관계로 옳은 것은?

X : 2, 3, 3, 3, 5　　Y : 4, 4, 4, 4, 4　　Z : 1, 3, 3, 3, 6

① $x<y<z$　　　　② $x<z<y$　　　　③ $y<x<z$
④ $y<z<x$　　　　⑤ $z<y<x$

95 분산과 표준편차

정답과 해설 72쪽

(1) 분산 : 각 변량의 편차의 제곱의 합을 전체 변량의 개수로 나눈 값, 즉 편차의 제곱의 평균

$$(분산) = \frac{(편차)^2의\ 총합}{(변량의\ 개수)} = \frac{\{(변량)-(평균)\}^2의\ 총합}{(변량의\ 개수)}$$

(2) 분산 S^2 : n개의 변량 $x_1, x_2, x_3, \cdots, x_n$의 평균을 m, 분산을 S^2이라 하면

$$S^2 = \frac{1}{n}\{(x_1-m)^2 + (x_2-m)^2 + \cdots + (x_n-m)^2\}$$

(3) 표준편차 : 분산의 음이 아닌 제곱근

$$(표준편차) = \sqrt{(분산)}$$

⇨ 표준편차의 단위는 주어진 변량의 단위와 같다.

(4) 자료의 분포 : 분산(표준편차)가 작을수록 평균 가까이에 모여 있는 것이므로 자료의 분포 상태가 고르다고 할 수 있다.

분산(표준편차) 구하는 순서

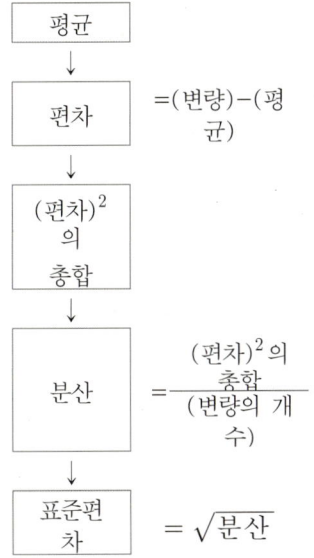

예제 1 분산과 표준편차

5개의 변량 1, 2, 3, 4, 5에 대한 분산과 표준편차를 각각 구하여라.

유제 1 다음 5개의 변량을 평균 m, 표준편차를 s라 할 때, $m+s$의 값을 구하여라.

| 5, 7, 11, 9, 8 |

유제 2 다음은 5명의 환자가 의사에게 진찰을 받는 데 소요되는 각각의 시간을 분으로 나타낸 것이다. 이들의 평균이 6분일 때, 이들 시간의 표준편차를 구하여라.

| 3, 4, 5, a, 10 |

STEP 1 개념 다지기

01 아래 표는 A, B, C, D, E 5명의 학생들이 턱걸이를 실시한 결과이다. 표준편차는?

학생	A	B	C	D	E
턱걸이(회)	2	3	5	1	4

① 2 ② $\sqrt{2}$ ③ $\dfrac{2}{3}$

④ $\dfrac{\sqrt{6}}{3}$ ⑤ 3

02 5개의 변량 3, 8, 6, 4, x의 평균이 6일 때, 표준편차를 구하여라.

03 세 변량 a, b, c의 평균이 8, 분산이 14일 때, $a-2$, $b-2$, $c-2$의 평균 m와 분산 S^2의 합은?

① 6 ② 14 ③ 20
④ 22 ⑤ 28

04 5개의 변량 1, 5, 9, a, b의 평균이 5이고 표준편차가 $2\sqrt{2}$일 때, ab의 값을 구하여라.

05 다음 표는 5명의 학생의 키의 편차를 나타낸 것이다. a의 값과 5명의 키의 표준편차를 구하면?

학생	A	B	C	D	E
편차(회)	a	-4	-3	1	4

① $a=2$, 표준편차 2 ② $a=2$, 표준편차 $\sqrt{9.2}$ ③ $a=1$, 표준편차 3
④ $a=1$, 표준편차 $\sqrt{9.2}$ ⑤ $a=3$, 표준편차 3

96 도수분포표에서의 분산과 표준편차

도수분포표에서의 분산과 표준편차 구하기

① {(계급값)×(도수)}의 총합을 구한다.
② (①에서 구한 총합)÷(도수의 총합)=(평균)을 구한다.
③ 편차를 구한다. {(편차)=(계급값)−(평균)}
④ {(편차)^2×(도수)}의 총합을 구한다.
⑤ (④에서 구한 총합)÷(도수의 총합)=(분산)을 구한다.
⑥ (표준편차)=$\sqrt{(분산)}$

계급	계급값	도수	(계급값)×(도수)	③ 편차	④ (편차)^2×(도수)
60이상~70미만	65	1	65	−18	324
70~80	75	2	150	−8	128
80~90	85	5	425	2	20
90~100	95	2	190	12	288
합계		10	① 830		760

② (평균)=$\frac{830}{10}$=83   ⑤ (분산)=$\frac{760}{10}$=76   ⑥ (표준편차)=$\sqrt{76}$=$2\sqrt{19}$

예제 1 도수분포표에서의 분산과 표준편차

다음 표는 학생 20명의 일주일 동안 컴퓨터를 사용한 시간을 조사하여 만든 도수분포표이다. 컴퓨터 사용 시간의 표준편차를 구하여라.

계급(시간)	도수(명)
0이상~4미만	1
4~8	4
8~12	10
12~16	4
16~20	1

유제 1 다음 도수분포표에서 분산을 구하시오.

계급값	학생 수(명)
6	2
7	15
8	28
9	11
10	4
합계	60

STEP 1 개념 다지기

01 다음은 남학생 10명의 턱걸이 횟수를 나타낸 표일 때, 분산을 구하여라.

횟수(회)	3	4	5	6	8	10	합계
학생 수(명)	1	1	3	2	2	1	10

02 다음 표는 10명의 수학 성적을 도수분포표로 나타낸 것이다. 표준편차는?

점수	6	7	8	9	10	합계
학생 수(명)	1	2	4	2	1	10

① 1   ② 2   ③ 1.2
④ $\sqrt{1.2}$ ⑤ $\sqrt{1.5}$

03 다음 도수분포표에서 분산은?

계급값	5	6	7	8	9	합계
도수	1	2	4	2	1	10

① 1.1   ② 1.2   ③ 1.3
④ $\sqrt{1.2}$ ⑤ $\sqrt{1.3}$

04 다음 표는 A, B조의 평균과 분산을 나타낸 것이다. A, B 두 조를 합친 20명에 대한 분산을 구하면?

구분	A조	B조
인원	8	12
평균	5	5
분산	4	10

05 다음은 20명의 학생의 영어 성적에 대한 도수분포표이다. 표준편차를 구하면?

점수	65	75	85	95	합계
도수	4	8	6	2	20

STEP 1 소단원 종합 학습

01 다음은 미희의 5회의 미술 실기 중 4회에 걸친 실기 점수를 나타낸 표이다. 평균이 80점이 되기 위해 다음 시험에서 받아야 할 점수는?

횟수(회)	1	2	3	4
점수(점)	70	80	75	85

① 80점   ② 85점   ③ 90점
④ 95점   ⑤ 100점

02 다음 자료에서 x, y가 자연수이고 $x < y < 14$일 때, 중앙값은?

$$16, x, 8, 13, 10, y, 15, 17, 19$$

① 10   ② 11   ③ 12
④ 13   ⑤ 14

03 다음 자료 중 중앙값이 가장 큰 것은?

① 1, 4, 3, 5, 6, 2
② 2, 4, 2, 6, 5, 4
③ 3, 2, 4, 5, 9, 6, 4
④ 3, 6, 2, 5, 1, 5, 6
⑤ 6, 2, 3, 4, 1, 5, 3

04 10개의 변량 3, 6, 7, 5, 10, 7, 2, 7, 8, 15에 한 개의 변량을 제거하였을 때 다음 보기 중 항상 옳은 것만을 있는 대로 고른 것은?

〈보기〉
ㄱ. 평균은 변하지 않는다.
ㄴ. 중앙값은 변하지 않는다.
ㄷ. 최빈값은 변하지 않는다.

① ㄴ   ② ㄷ   ③ ㄱ, ㄴ
④ ㄱ, ㄷ   ⑤ ㄴ, ㄷ

05 아래 표는 지하철 은정이가 5회에 걸쳐 실시한 음악 실기 평가 받은 점수를 나타낸 것이다. 다음 중 옳은 것은?

(단위: 점)

	1회	2회	3회	4회	5회
지혜	6	7	8	9	9
은정	10	9	9	8	5

① 지혜의 점수의 최빈값은 중앙값보다 높다.
② 은정이의 점수의 평균은 최빈값보다 높다.
③ 지혜의 점수의 평균과 은정이의 점수의 평균은 같다.
④ 지혜의 점수의 중앙값과 은정이의 점수의 중앙값은 같다.
⑤ 지혜의 점수의 최빈값은 은정이의 점수의 평균보다 낮다.

06 다음 표는 경진이네 반 학생들이 두 연극 A, B를 모두 관람한 후 적어낸 평점을 나타낸 것이다. A 연극의 평점의 최빈값을 a점, B 연극의 평점의 최빈값을 b점이라 할 때, $a+b$의 값은?

(단위: 명)

구분	1점	2점	3점	4점	5점
A	3	x	7	10	8
B	5	10	4	8	3

① 6 ② 7 ③ 8
④ 9 ⑤ 10

07 다음 막대그래프는 어느 반 학생 15명이 한 달 동안 읽은 책의 권수를 조사하여 나타낸 것이다. 이 자료의 평균을 a권, 중앙값을 b권, 최빈값을 c권이라고 할 때, $a+b+c$의 값은?

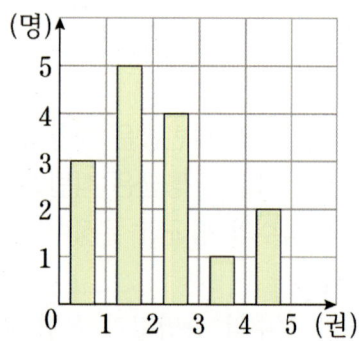

① 6 ② 6.3 ③ 6.6
④ 6.9 ⑤ 7.2

08 다음은 어느 학급 학생 35명이 1분 동안 실시한 윗몸 일으키기 횟수를 조사하여 만든 줄기와 잎 그림이다.

(줄기단위:10, 잎단위:1)

줄기	잎
1	6
2	2 3 5 7
3	1 1 2 4 6 8 9 9
4	0 1 3 3 4 5 6 7 7 8
5	1 2 2 4 5 5 7 7 9
6	0 2

이 그림에서 중앙값을 M_e, 최빈값을 M_o라 할 때, $M_e - M_o$의 값은?

① -5 ② -3 ③ 0
④ 3 ⑤ 5

09 4개의 변량 $a, 69, 37, 43$의 평균이 m, 중앙값이 47일 때, $a-m$의 값은?

① -1 ② 0 ③ 1
④ 2 ⑤ 3

10 다음은 어떤 모둠의 학생 7명의 필통에 있는 볼펜 수를 각각 적은 것이다.

$$3,\ 1,\ 9,\ 4,\ 8,\ 5,\ a$$

이 자료의 평균, 최빈값, 중앙값이 모두 같을 때, a의 값은?

① 3   ② 4   ③ 5
④ 6   ⑤ 7

11 다음은 혜경이가 일요일부터 토요일까지 일주일 동안 줄넘기를 한 횟수를 조사하여 나타낸 것이다. 이 자료의 평균과 최빈값이 같을 때, x의 값은?

(단위:회)

$$x,\ 21,\ 28,\ 25,\ 40,\ 41,\ 31$$

① 25   ② 28   ③ 31
④ 40   ⑤ 41

12 아래 표는 어느 반 학생 4명의 과학 점수에 대한 편차를 나타낸 것이다. 다음 보기 중 옳은 것을 있는 대로 고른 것은?

학생	호진	영우	지현	예지
편차(점)	3	-2	0	-1

[보기]

ㄱ. 점수가 가장 높은 학생은 호진이다.
ㄴ. 영우와 예지의 점수의 차는 3점이다.
ㄷ. 지현이의 점수는 평균과 같다.
ㄹ. 표준편차는 $\sqrt{2}$이다.

① ㄱ, ㄴ   ② ㄱ, ㄷ   ③ ㄴ, ㄷ
④ ㄷ, ㄹ   ⑤ ㄱ, ㄴ, ㄹ

13 다음은 A, B, C, D, E 5명의 학생들이 가지고 있는 게임 CD의 개수의 편차를 나타낸 표이다. 이때, 5명의 학생의 CD의 개수의 분산은?

학생	A	B	C	D	E
편차	-2	3	x	1	-4

① 6   ② 6.2   ③ 6.4
④ 6.6   ⑤ 6.8

14 다음 중 두 학급의 키의 산포도를 비교하여 알 수 있는 것은?

① 키가 더 큰 학급
② 키가 조금 더 작은 학급
③ 키가 가장 큰 학생이 속한 학급
④ 키가 가장 작은 학생이 속한 학급
⑤ 키가 더 고르게 분포한 학급

15 4개의 변량 a, b, c, d의 합이 16이고 각 변량의 제곱의 합이 72일 때, a, b, c, d의 표준편차는?

① $\sqrt{2}$ ② $\sqrt{3}$ ③ 2
④ $\sqrt{5}$ ⑤ $\sqrt{6}$

16 수미의 1학기 중간고사 5개 과목의 성적의 평균이 85점, 표준편차가 4점이고, 기말고사에서는 5개 과목 모두 점수가 3점씩 올랐다. 기말고사 5개 과목의 성적의 평균과 분산을 차례대로 구하면?
(단, 중간고사와 기말고사의 5개 과목은 동일하다.)

① 85점, 4
② 85점, 16
③ 88점, 4
④ 88점, 16
⑤ 91점, 16

17 어느 모둠의 학생 6명의 팔굽혀펴기 기록의 평균은 24회이고, 표준편차는 $\sqrt{5}$회이다. 6명 중에서 기록이 24회인 학생 1명이 다른 모둠으로 간 후, 나머지 학생 5명의 팔굽혀펴기 기록의 표준편차는?

① $\sqrt{5}$회
② $\sqrt{6}$회
③ $\sqrt{7}$회
④ $2\sqrt{2}$회
⑤ 3회

18 다음은 학생 8명의 기말고사 국어 성적을 조사하여 만든 것이다. 학생들 8명의 국어 성적의 표준편차는?

계급	도수
55이상 65미만	3
65이상 75미만	3
75이상 85미만	1
85이상 95미만	1
합계	8

① 10   ② 12   ③ 14
④ 16   ⑤ 20

19 다음 히스토그램은 우리 반 10명의 학생이 한달 동안 읽은 책의 수를 조사하여 나타낸 것이다. 이 자료의 분산은?

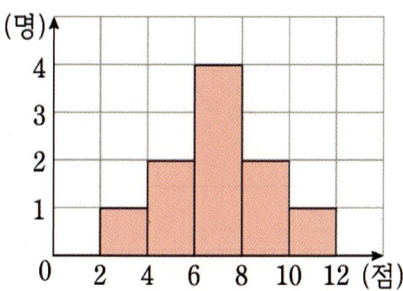

① 3.5 ② 3.7 ③ 3.9
④ 4.5 ⑤ 4.8

20 다음은 A, B 두 분단의 수학성적이다. A 분단의 평균은 80점이고, A, B 두 분단 전체의 평균은 75점일 때, $x-y$의 값은?

(단위: 점)

A분단	70	90	x	85	90	65
B분단	70	70	85	70	y	50

① 5 ② 7 ③ 9
④ 11 ⑤ 13

21 다음 표는 A, B 두 반의 학생 수, 음악 성적의 평균과 표준편차를 나타낸 것이다. 두 반 전체 학생의 음악 성적의 표준편차는?

반	A	B
학생 수	10	20
평균(점)	8	8
표준편차(점)	$\sqrt{3}$	3

① 2점 ② $\sqrt{5}$점 ③ $\sqrt{6}$점
④ $\sqrt{6}$점 ⑤ $2\sqrt{2}$점

22 다음 자료 중에서 표준편차가 가장 큰 것은?

① 1, 6, 1, 6, 2, 5
② 1, 4, 1, 4, 3, 2
③ 2, 4, 2, 4, 2, 4
④ 2, 4, 2, 4, 3, 3
⑤ 7, 7, 7, 7, 7, 7

23 아래 그림은 준석이네 반 학생 15명의 수학 점수와 과학 점수를 조사하여 나타낸 산점도이다. 다음 중 옳지 않은 것은?

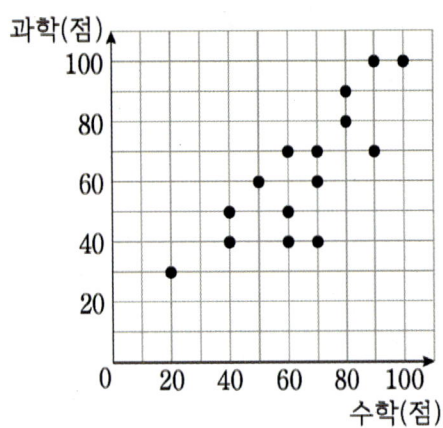

① 수학 점수가 60점 이상인 학생은 11명이다.
② 과학 점수가 50점 미만인 학생은 4명이다.
③ 수학 점수가 50점 이상 70점 이하인 학생은 7명이다.
④ 수학 점수와 과학 점수가 모두 80점 이상인 학생은 3명이다.
⑤ 과학 점수보다 수학 점수보다 높은 학생은 5명이다.

24 아래 산점도는 세진이네 학교 학생들의 줄넘기 기록과 턱걸이 기록을 조사하여 나타낸 것이다. 다음 중 옳지 않은 것은?

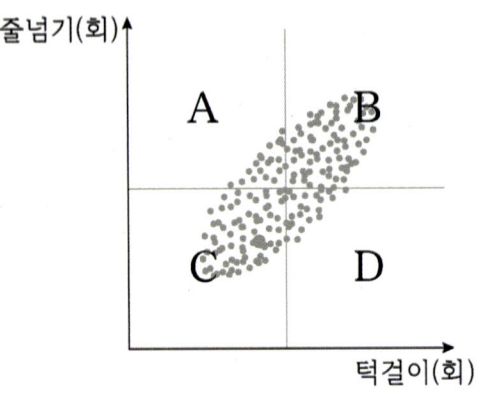

① A 영역에 있는 학생들은 턱걸이를 잘하는 편이다.
② B 영역에 있는 학생들은 두 종목을 모두 잘하는 편이다.
③ C 영역에 있는 학생들은 두 종목을 모두 못하는 편이다.
④ D 영역에 있는 학생들은 턱걸이보다 줄넘기를 못하는 편이다.
⑤ 줄넘기 기록과 턱걸이 기록 사이에는 양의 상관관계가 있다.

memo

memo

NCS 4U

개념편
수리

0부터 시작하는 NCS 수리 기초

정답과 해설

김계율, 박태영 지음

"이것부터 몰랐다고?" NCS 수리영역, 필요한 기초 개념만 쏙!
책만으론 부족하다! NCS 수리영역 기초, 무료 강의 무한 지원
개념·예제·무료 강의로 올바른 학습 설계

NCS 수리 −개념편

정답과 해설

01 정수와 유리수

예제 1 (1) -3000 (2) -3 (3) $+7$

유제 1 (1) $+12℃$ (2) $-6℃$ (3) $+9$ (4) -9

예제 2 (1) $+3$ (2) -5 (3) $+\dfrac{1}{2}$ (4) $-\dfrac{1}{3}$

유제 2-1 3개

유제 2-2 $A(-4), B(-3), C(+2), D(+4)$

유제 2-1 $-\dfrac{1}{2}, -\dfrac{1}{10}, -0.1$

02 정수와 유리수의 분류

예제 1 (1) $+3, +7, 8$ (2) $-1, -5$

유제 1 3개

예제 2 $-\dfrac{7}{3}, +\dfrac{3}{2}, +\dfrac{7}{3}$

유제 2 $-\dfrac{7}{3}, +\dfrac{1}{4}, +\dfrac{7}{4}$

예제 3 ⑤

유제 3 (1) × (2) ○ (3) ○ (4) ○ (5) × (6) × (7) ○ (8) ○

유제 1 $(-2)^2=4, 7, -\dfrac{8}{2}=-4$의 3개이다.

예제 3 ⑤ 분모가 0이 아닌 정수이어야 한다.

유제 3 (1) 정수는 양의 정수, 0, 음의 정수로 나뉜다.
(5) 이웃한 두 정수 사이에는 또 다른 정수가 없다.
(7) 유리수는 양의 유리수, 0, 음의 유리수로 되어 있다.

개념 다지기

01 (1)$+18℃$ (2)$-6℃$ (3)-4500원 (4)$+73000$원 (5) $+2744$m (6)-150m

02 (1) $+1, +\dfrac{6}{3}, +5$ (2) $-5, -\dfrac{9}{3}$ (3) 0
(4) $-3.5, -\dfrac{1}{4}, +\dfrac{2}{3}, +6.5$ **03** $A\left(-\dfrac{8}{3}\right), B\left(-\dfrac{1}{2}\right), C(0), D\left(+\dfrac{7}{3}\right)$

04 -2 **05** ④

04 수직선 위의 두 점 -8과 4 사이의 거리는 12이다.
따라서 구하는 수는 -8보다 6만큼에 있는 수이므로 -2이다.

03 수직선과 절댓값

예제 1 해설 참조

유제 1-1 ④

유제 1-2 해설 참조

예제 2 (1) 5 (2) 8 (3) 0 (4) $\dfrac{6}{7}$ (5) $\dfrac{4}{5}$ (6) 3.5

유제 2-1 (1) 6 (2) 15 (3) 4.7 (4) $\dfrac{2}{3}$

유제 2-2 해설 참조

예제 3 (1) $0, +1, -3, -4, +5, -6, 8, -9$
(2) $+5, -5$
(3) $\dfrac{1}{3}, \dfrac{1}{4}, 0, -\dfrac{1}{5}, -\dfrac{1}{2}$

유제 3 (1) $-\dfrac{4}{7}, -\dfrac{2}{7}, 0, +\dfrac{8}{7}, +1\dfrac{2}{7}$
(2) $1, -\dfrac{1}{2}, +\dfrac{1}{3}, -\dfrac{1}{4}, 0$
(3) $+3, -3$

예제 1

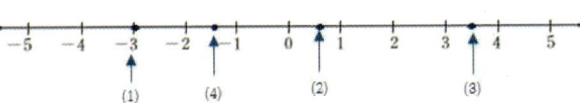

유제 1-1 ④ 점 D에 대응하는 수는 $+2\dfrac{1}{2}$, 즉 $+\dfrac{5}{2}$이다.
$\therefore D\left(+\dfrac{5}{2}\right)$

유제 1-2

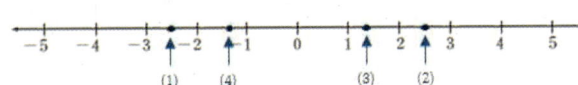

유제 2-2

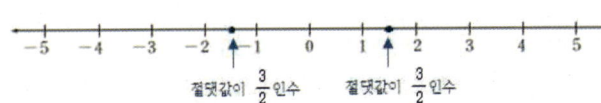

04 수의 대소관계

예제 1 (1) < (2) > (3) > (4) <

유제 1 (1) > (2) > (3) < (4) >

예제 2 $-\dfrac{2}{3}, -0.5, 0, +2, +\dfrac{7}{3}$

유제 2 $-4, -1, -\dfrac{1}{3}, 0, 0.1, \dfrac{2}{3}, 4$

개념 다지기

01 ④ 02 (1) 5 (2) 0 (3) 4.9 (4) $2\frac{1}{3}$ 03 (1) $+6, -6$

(2) $+\frac{1}{2}, -\frac{1}{2}$ (3) $-2, -1, 0, 1, 2$ (4) $6, -6$ 04 (1) $a \leq -5$

(2) $-3 \leq x < 2$ (3) $-\frac{1}{3} < x \leq 5$ (4) $-1 \leq x < 1$

05 $-1, -\frac{1}{3}, -0.3, 0, \frac{3}{2}, 2, \frac{8}{3}$

05 유리수의 덧셈

예제 1 (1) $+13$ (2) -3 (3) $+5$ (4) -10
(5) -6 (6) -12

유제 1-1 (1) $+11$ (2) -8
(3) -9 (4) -32

유제 1-2 0

예제 2 (1) $-\frac{1}{4}$ (2) 0 (3) $-\frac{13}{30}$ (4) $-\frac{11}{15}$

유제 2 (1) $+\frac{5}{6}$ (2) $+\frac{8}{35}$ (3) $-\frac{5}{12}$ (4) $-\frac{5}{14}$

예제 3 (1) -15 (2) -1 (3) $+\frac{6}{7}$ (4) $-\frac{4}{3}$

유제 3 (1) -20 (2) -3 (3) $-\frac{3}{4}$ (4) -2

유제 1-2 $a = (-2) + (+3) = 1$
$b = a + (-4) = 1 + (-4) = -3$
$c = b + (+5) = (-3) + (+5) = 2$
$\therefore a + b + c = 1 + (-3) + 2 = 0$

06 유리수의 뺄셈

예제 1 (1) -6 (2) $+12$ (3) -30 (4) $+5$

유제 1 (1) -15 (2) $+21$ (3) -16 (4) $+7$

예제 2 (1) $+\frac{7}{15}$ (2) $-\frac{14}{15}$ (3) $+\frac{1}{4}$ (4) $-\frac{1}{6}$

유제 2 (1) $-\frac{5}{12}$ (2) $+\frac{21}{20}$ (3) $-\frac{11}{18}$ (4) $-\frac{1}{3}$

예제 3 (1) -6 (2) -8
(3) $-\frac{29}{12}$ (4) 2.8

유제 3 (1) -2 (2) -7
(3) $\frac{1}{6}$ (4) 2

예제 4 (1) $+4$ (2) $+2$ (3) -3 (4) -5

유제 4 (1) -3 (2) -2 (3) $-6, +2$
(4) -4 (5) $+5, -1$ (6) -2

유제 1 (1) $(+6) - (+21) = (+6) + (-21) = -15$

(2) $(+13) - (-8) = (+13) + (+8) = +21$

(3) $(-10) - (+6) = (-10) + (-6) = -16$

(4) $(-10) - (-17) = (-10) + (+17) = +7$

개념 다지기

01 (1) -5 (2) $-\frac{11}{12}$ (3) $-\frac{11}{6}$ (4) -6 (5) -1 (6) $+1$

02 ③ 03 ⑤ 04 ② 05 ①

02
$(+8) + (-4) - (+16) - (-12) = (+8) + (-4) + (-16) + (+12)$
$= \{(+8) + (+12)\} + \{(-4) + (-16)\}$
$= (+20) + (-20) = 0$

03 ⑤에는 -3이 들어가야 한다.

04 $a = 5 + (-2) = 3$, $b = \frac{1}{3} - \frac{1}{2} = -\frac{1}{6}$

$\therefore a - b = 3 - \left(-\frac{1}{6}\right) = \frac{19}{6}$

05 (준식) $= -\frac{3}{2} - \frac{3}{4} + \frac{11}{4} - \frac{1}{2} + 3 - 1$

$= -\frac{3}{2} - \frac{1}{2} - \frac{3}{4} + \frac{11}{4} + 3 - 1$

$= \left(-\frac{3}{2} - \frac{1}{2}\right) + \left(-\frac{3}{4} + \frac{11}{4}\right) + (3 - 1)$

$= -2 + 2 + 2 = 2$

07 덧셈, 뺄셈의 혼합 계산

예제 1 (1) -2 (2) -16 (3) $+2$ (4) $+8$

유제 1 (1) -1 (2) $\frac{5}{3}$ (3) -6 (4) $\frac{5}{2}$

예제 2 (1) $-\frac{3}{4}$ (2) 0 (3) $-\frac{3}{4}$

유제 2 (1) $+2$ (2) 0 (3) -3.2 (4) $+\frac{4}{3}$

예제 1 (3) $\left(+\frac{5}{2}\right) + \left(-\frac{2}{3}\right) - \left(-\frac{1}{2}\right) - \left(+\frac{1}{3}\right)$

$= \left(+\frac{15}{6}\right) + \left(-\frac{4}{6}\right) + \left(+\frac{3}{6}\right) + \left(-\frac{2}{6}\right)$

$$=\frac{18}{6}-\frac{6}{6}=2$$

유제 1 (1) $7+(-4)+(+9)+(-13)=16+(-17)=-1$

(2) $\left(+\frac{9}{6}\right)+\left(-\frac{2}{6}\right)+\left(+\frac{3}{6}\right)=\frac{12}{6}+\left(-\frac{2}{6}\right)=\frac{10}{6}=\frac{5}{3}$

(4) $-\frac{3}{4}+\frac{6}{4}+3-\frac{5}{4}=\frac{18}{4}-\frac{8}{4}=\frac{10}{4}=\frac{5}{2}$

예제 2 (1) $\left(-\frac{7}{2}\right)-(-3)+\left(-\frac{1}{4}\right)=\left(-\frac{7}{2}\right)+(+3)+\left(-\frac{1}{4}\right)$

$$=\left\{\left(-\frac{7}{2}\right)+\left(-\frac{1}{4}\right)\right\}+(+3)=\left\{\left(-\frac{14}{4}\right)+\left(-\frac{1}{4}\right)\right\}+(+3)$$

$$=\left(-\frac{15}{4}\right)+(+3)=-\left(\frac{15}{4}-\frac{12}{4}\right)=-\frac{3}{4}$$

(2) $\left(-\frac{1}{2}\right)-\left(-\frac{3}{4}\right)+\left(-\frac{1}{4}\right)=\left(-\frac{1}{2}\right)+\left(+\frac{3}{4}\right)+\left(-\frac{1}{4}\right)$

$$=\left\{\left(-\frac{1}{2}\right)+\left(-\frac{1}{4}\right)\right\}+\left(+\frac{3}{4}\right)$$

$$=\left(-\frac{3}{4}\right)+\left(+\frac{3}{4}\right)=0$$

(3) $\left(-\frac{3}{4}\right)+2-\frac{3}{2}-1+\frac{1}{2}$

$$=\left(-\frac{3}{4}\right)+(+2)+(-1)+\left(-\frac{3}{2}\right)+\left(+\frac{1}{2}\right)$$

$$=\left(-\frac{3}{4}\right)+(+1)+(-1)=-\frac{3}{4}$$

개념 다지기

01 (1) $+6$ (2) $+10$ (3) -16 (4) $+20$

02 (1) -7.5 (2) $+2.5$ (3) $+\frac{7}{12}$ (4) $+1$

03 (1) -6 (2) -15 (3) -18 (4) -2

04 17 **05** ⑤

02 (4) $\left(-\frac{1}{4}\right)+\left(-\frac{3}{2}\right)-\left(+\frac{3}{4}\right)-\left(-\frac{7}{2}\right)$

$$=\left(-\frac{1}{4}\right)+\left(-\frac{3}{2}\right)+\left(-\frac{3}{4}\right)+\left(+\frac{7}{2}\right)$$

$$=(-1)+\left(-\frac{3}{2}\right)+\left(+\frac{7}{2}\right)=\left(-\frac{5}{2}\right)+\left(+\frac{7}{2}\right)=1$$

04 (i) $-5+10-7+9=-12+19=7$

(ii) $9+6-4+b=7$
$15-4+b=7$
$11+b=7$
$\therefore b=-4$

(iii) $-5+a+3-4=7$
$-9+3+a=7$
$-6+a=7 \quad \therefore a=13$
$\therefore a-b=13-(-4)=13+(+4)=17$

05 ① 0, ② -12, ③ -9, ④ $+1$, ⑤ -13이므로 ⑤가 가장 작다.

08 유리수의 곱셈

예제 1 (1) 40 (2) -40 (3) 40 (4) -40

유제 1 (1) 21 (2) -42 (3) -72 (4) 72

예제 2 (1) $\frac{5}{7}$ (2) $-\frac{3}{49}$ (3) 0 (4) $-\frac{5}{21}$

유제 2 (1) $-\frac{1}{8}$ (2) $-\frac{1}{4}$ (3) $\frac{3}{8}$ (4) 0

예제 3 (1) -24 (2) 24 (3) 72 (4) -216

유제 3 (1) -28 (2) 6 (3) -48 (4) 0

예제 4 (1) $-\frac{1}{5}$ (2) 3 (3) $-\frac{1}{10}$ (4) $-\frac{2}{27}$

유제 4 (1) $-\frac{1}{8}$ (2) $-\frac{27}{64}$ (3) -1

(4) 27 (5) $\frac{3}{4}$ (6) $-\frac{1}{16}$

유제 3 (1) $28\times 5\times\left(-\frac{1}{5}\right)=28\times(-1)=-28$

(2) $\left(-\frac{5}{3}\right)\times 4\times\left(-\frac{7}{5}\right)\times\frac{9}{14}=\left(\frac{5}{3}\times\frac{7}{5}\right)\times 4\times\frac{9}{14}$

$$=\left(\frac{7}{3}\times\frac{9}{14}\right)\times 4=\left(\frac{3}{2}\right)\times 4=6$$

(3) $(-12)\times(+4)=-48$

(4) $(-48)\times 0=0$

09 유리수의 나눗셈

예제 1 (1) -2 (2) 8 (3) -12 (4) 0

유제 1 (1) -6 (2) -9 (3) 8 (4) 0

예제 2 (1) $\frac{1}{3}$ (2) 4 (3) $-\frac{4}{3}$

(4) $\frac{3}{5}$ (5) $-\frac{10}{3}$ (6) $-\frac{1}{5}$

유제 2 (1) $-\frac{1}{3}$ (2) $-\frac{2}{7}$ (3) $-\frac{4}{7}$

예제 3 (1) $-\dfrac{9}{8}$ (2) $\dfrac{5}{3}$ (3) -6 (4) $-\dfrac{1}{2}$
(4) $\dfrac{5}{4}$ (5) 5 (6) $\dfrac{1}{7}$

유제 3-1 (1) $-\dfrac{2}{3}$ (2) $\dfrac{5}{7}$ (3) $\dfrac{5}{6}$ (4) $-\dfrac{2}{5}$

유제 3-2 ⑤

유제 3-1 (1) $\left(+\dfrac{3}{5}\right)\times\left(-\dfrac{9}{10}\right)=-\left(\dfrac{3}{5}\times\dfrac{10}{9}\right)=-\dfrac{2}{3}$

(2) $\left(-\dfrac{1}{2}\right)\div\left(-\dfrac{7}{10}\right)=+\left(\dfrac{1}{2}\times\dfrac{10}{7}\right)=\dfrac{5}{7}$

(3) $\left(+\dfrac{4}{9}\right)\div\left(-\dfrac{2}{3}\right)\div\left(-\dfrac{4}{5}\right)=+\left(\dfrac{4}{9}\times\dfrac{3}{2}\times\dfrac{5}{4}\right)=\dfrac{5}{6}$

(4) $\left(-\dfrac{9}{10}\right)\div(-3)\div\left(-\dfrac{3}{4}\right)=-\left(\dfrac{9}{10}\times\dfrac{1}{3}\times\dfrac{4}{3}\right)=-\dfrac{2}{5}$

유제 3-2 ① $\left(-\dfrac{4}{3}\right)\div(-24)=\left(-\dfrac{4}{3}\right)\times\left(-\dfrac{1}{24}\right)=+\dfrac{1}{18}$

② $(-2)\div 0.5=(-2)\div\dfrac{1}{2}=(-2)\times 2=-4$

③ $0\div(-5)=0$

④ $6\div\left(-\dfrac{12}{5}\right)=6\times\left(-\dfrac{5}{12}\right)=-\dfrac{5}{2}$

⑤ $\left(-\dfrac{3}{4}\right)\div\left(-\dfrac{3}{4}\right)=1$

개념 다지기

01 (1) -63 (2) 21 (3) $-\dfrac{4}{3}$ (4) 3 (5) 24
   (6) 9 (7) 3 (8) 45

02 (1) 8 (2) -7 (3) 10 (4) $-\dfrac{3}{5}$ (5) $\dfrac{5}{4}$ (6) $\dfrac{7}{8}$

03 (1) 18 (2) $-\dfrac{54}{25}$ (3) $\dfrac{1}{2}$ (4) 24

04 ④   05 $-\dfrac{9}{8}$

---

01 (8) $47\times\left\{\dfrac{5}{4}+\left(-\dfrac{1}{4}\right)\right\}=47\times 1=47$

04 $\dfrac{1}{4}$의 역수는 4, $-2\dfrac{1}{3}$의 역수는 $-\dfrac{3}{7}$, $\dfrac{4}{7}$의 역수는 $\dfrac{7}{4}$

$\therefore 4\times\left(-\dfrac{3}{7}\right)\times\dfrac{7}{4}=-3$

---

05 어떤 수를 x라 하면 $x\div\dfrac{3}{2}=-\dfrac{1}{2}$이므로 $x=\dfrac{3}{2}\times\left(-\dfrac{1}{2}\right)=-\dfrac{3}{4}$

바르게 계산하면 $-\dfrac{3}{4}\times\dfrac{3}{2}=-\dfrac{9}{8}$

10 곱셈과 나눗셈의 혼합 계산

예제 1 (1) 49 (2) -49 (3) $\dfrac{1}{4}$
(4) $-\dfrac{1}{8}$ (5) 1 (6) -1

유제 1 (1) 1 (2) -1 (3) $\dfrac{4}{9}$
(4) $-\dfrac{8}{27}$ (5) $\dfrac{4}{25}$ (6) $\dfrac{8}{125}$

예제 2 (1) $-\dfrac{15}{2}$ (2) 1 (3) $\dfrac{7}{3}$

유제 2 (1) -1 (2) $-\dfrac{1}{4}$ (3) $-\dfrac{7}{8}$

11 유리수의 혼합 계산

예제 1 (1) -20 (2) $+31$ (3) 1 (4) -2 (5) -1

유제 1 (1) 35 (2) -4 (3) $\dfrac{8}{81}$ (4) 12 (5) 3

예제 1 (1) $(-2)\times 6-(-16)\div(-2)=(-12)+(-8)=-20$

(2) $(-20)\div(-4)+\{(-5)-8\}\times(-2)$
$=(+5)+(-13)\times(-2)=(+5)+(+26)=+31$

(3) $\dfrac{3}{2}-\dfrac{3}{10}\div 1\left\{1-\dfrac{2}{5}\right\}=\dfrac{3}{2}-\dfrac{3}{10}\times\dfrac{5}{3}=\dfrac{3}{2}-\dfrac{1}{2}=1$

(4) $6\div\left\{(-6)+(15-6)\times\dfrac{1}{3}\right\}$
$=6\div\{(-6)+3\}=6\times\left(-\dfrac{1}{3}\right)=-2$

(5) $2-\left\{\dfrac{1}{2}+(-1)\div(6-10)\right\}\times 4=2-\left\{\dfrac{1}{2}+\left(\dfrac{1}{4}\right)\right\}\times 4$
$=2-3=-1$

유제 1 (1) $5-[6+2\times\{(-6)+(-12)\}]=5-[6+(-36)]$
$=5-(-30)=35$

(2) $\{-16-(-8)\}-(-4)=\{-16+(+8)\}+(+4)$
$=(-8)+(+4)=-4$

(3) $-8\div\{(-3)+(-6)\}\times\dfrac{1}{9}=-8\div(-9)\times\dfrac{1}{9}$
$=8\times\dfrac{1}{9}\times\dfrac{1}{9}=\dfrac{8}{81}$

(4) $7-6\div\{4+(3-4)\}\times\left(-\dfrac{1}{2}\right)+4$
$=7-6\div(3)\times\left(-\dfrac{1}{2}\right)+4=7-(-1)+4$
$=7+1+4=12$

(5) $\dfrac{21}{8} - \left\{\left(-\dfrac{3}{4}\right)+\left(-\dfrac{15}{8}\right)\right\} \div 3 - \dfrac{1}{2}$

$= \dfrac{21}{8} - \left(-\dfrac{21}{8}\right) \times \dfrac{1}{3} - \dfrac{1}{2}$

$= \dfrac{21}{8} - \left(-\dfrac{7}{8}\right) - \dfrac{1}{2} = \dfrac{28}{8} - \dfrac{1}{2} = 3$

개념 다지기
56쪽

01 (1) -25 (2) 11 (3) $\dfrac{27}{2}$ (4) -3 02 ③

03 (1) -12 (2) $\dfrac{3}{8}$ (3) 1 (4) $-\dfrac{21}{4}$ 04 2

01 (4) $-\left(\dfrac{5}{7} \times \dfrac{3}{10} \times \dfrac{14}{1}\right) = -3$

02 (가) $(-2)^3 \times (-2)^2 \times \left(-\dfrac{1}{2}\right)^2$

$= (-8) \times (+4) \times \left(+\dfrac{1}{4}\right) = -8$

(나)

$(-1)+(-1)^2+(-1)^3+(-1)^4+\cdots+(-1)^{2026}$
$=(-1)+(-1)^2+(-1)^3+(-1)^4+\cdots+(-1)^{2025}+(-1)^{2026}$
$=\{(-1)+(+1)\}+\{(-1)+(+1)\}+\cdots+\{(-1)+(+1)\}$
$=0+0+\cdots+0=0$

(다)
주어진 식에서 분자의 수는 1에서 9까지 변하므로 음수를 홀수 번 곱하므로 계산결과의 부호는 음수이다.

$\left(-\dfrac{1}{2}\right) \times \left(-\dfrac{2}{3}\right) \times \left(-\dfrac{3}{4}\right) \times \cdots \times \left(-\dfrac{9}{10}\right)$

$= -\left(\dfrac{1}{2} \times \dfrac{2}{3} \times \dfrac{3}{4} \times \cdots \times \dfrac{8}{9} \times \dfrac{9}{10}\right) = -\dfrac{1}{10}$

03 (1) $6 - 4 \times (-3) \times \left(-\dfrac{3}{2}\right) = 6 - 18 = -12$

(2) $\dfrac{3}{4} \div \left(-\dfrac{12}{5}\right) \times \left(-\dfrac{5}{6}\right) = +\left(\dfrac{3}{4} \times \dfrac{5}{12} \times \dfrac{6}{5}\right) = \dfrac{3}{8}$

(3) $\dfrac{9}{10} + 1 \div \left\{\left(\dfrac{2}{3} - \dfrac{3}{2}\right) \times (-12)\right\} = \dfrac{9}{10} + 1 \div \left\{\left(-\dfrac{5}{6}\right) \times (-12)\right\}$

$= \dfrac{9}{10} + \dfrac{1}{10} = \dfrac{10}{10} = 1$

(4) $8 - 2 \times \left[3 - \left\{\left(-\dfrac{27}{8}\right) - \dfrac{1}{4}\right\}\right]$

$= 8 - 2 \times \left\{3 - \left(-\dfrac{29}{8}\right)\right\} = 8 - 2 \times \dfrac{53}{8}$

$= 8 - \dfrac{53}{4} = -\dfrac{21}{4}$

04 $-2^2 \times \left[\left\{\left(\dfrac{4}{9} \div \left(-\dfrac{9}{6}\right)\right)\right\} + \square\right] + 4 = -\dfrac{76}{27}$

$-4 \times \left\{\left(-\dfrac{8}{27}\right) + \square\right\} = -\dfrac{76}{27} - 4 = -\dfrac{184}{27}$

$\left(-\dfrac{8}{27}\right) + \square = \left(-\dfrac{184}{27}\right) \times \left(-\dfrac{1}{4}\right) = +\dfrac{46}{27}$

$\square = \dfrac{46}{27} + \dfrac{8}{27} = \dfrac{54}{27} = 2$

12 단위 환산

예제 1 (1) 580 (2) 27 (3) 7600 (4) 9.6 (5) 3700 (6) 9.56

유제 1 (1) 38 (2) 0.5 (3) 89 (4) 13.25 (5) 850 (6) 0.89

예제 2 (1) 10000 (2) 0.08 (3) 1000000 (4) 4

유제 2 (1) 5000 (2) 0.16 (3) 2500000 (4) 0.2

예제 3 (1) 2000 (2) 5,000,000 (3) 3,000,000,000 (4) 5 (5) 0.3 (6) 8 (7) 08000 (8) 0.5

유제 3 (1) 1500 (2) 20,000,000 (3) 700,000,000 (4) 2 (5) 3 (6) 0.9 (7) 500 (8) 60

예제 4 (1) 2000 (2) 8000 (3) 2.5 (4) 25,000,000 (5) 15,000 (6) 0.75

유제 4 (1) 650 (2) 300 (3) 4.5 (4) 1000 (5) 6000 (6) 3.4

예제 1 (1) $580\text{cm} = 58\text{cm} \times \dfrac{100\text{m}}{1\text{cm}} = 580\text{mm}$

(2) $270\text{mm} = 270\text{mm} \times \dfrac{1\text{cm}}{10\text{mm}} = 27\text{cm}$

(3) $760\text{m} = 7.6\text{m} \times \dfrac{100\text{cm}}{1\text{m}} = 7600\text{cm}$

(4) $960\text{cm} = 960\text{cm} \times \dfrac{1\text{m}}{100\text{cm}} = 9.6\text{m}$

(5) $3.7\text{km} = 3.7\text{km} \times \dfrac{1000\text{m}}{1\text{km}} = 3700\text{m}$

(6) $9560\text{m} = 9560\text{m} \times \dfrac{1\text{km}}{1000\text{m}} = 9.56\text{km}$

유제 1 (1) $3.8\text{cm} = 3.8\text{cm} \times \dfrac{10\text{mm}}{1\text{cm}} = 38\text{mm}$

(2) $5\text{mm} = 5\text{mm} \times \dfrac{1\text{cm}}{10\text{mm}} = 0.5\text{cm}$

(3) $0.89\text{m} = 0.89\text{m} \times \dfrac{100\text{cm}}{1\text{m}} = 89\text{cm}$

(4) $1325\text{cm} = 1325\text{cm} \times \dfrac{1\text{m}}{100\text{cm}} = 13.25\text{m}$

(5) $0.85\text{km} = 0.85\text{km} \times \dfrac{1000\text{m}}{1\text{km}} = 850\text{m}$

(6) $890\text{m} = 890\text{m} \times \dfrac{1\text{km}}{1000\text{m}} = 0.89\text{km}$

예제 2 (1) $1\text{m}^2 = 1\text{m} \times 1\text{m} = 100\text{cm} \times 100\text{cm} = 10000\text{cm}^2$

(2) $800\text{cm}^2 = 800\text{cm}^2 \times \dfrac{1\text{m}^2}{10000\text{cm}^2} = 0.08\text{m}^2$

(3) $1\text{km}^2 = 1\text{km} \times 1\text{km} = 1000\text{m} \times 1000\text{m} = 1000000\text{m}^2$

(4) $4000000\text{m}^2 = 4000000\text{m}^2 \times \dfrac{1\text{km}^2}{1000000\text{m}^2} = 4\text{km}^2$

유제 2 (1) $0.5\text{m}^2 = 0.5\text{m}^2 \times \dfrac{100000\text{cm}^2}{1\text{m}^2} = 5000\text{cm}^2$

(2) $1600\text{cm}^2 = 1600\text{cm}^2 \times \dfrac{1\text{m}^2}{10000\text{cm}^2} = 0.16\text{m}^2$

(3) $2.5\text{km}^2 = 2.5\text{km}^2 \times \dfrac{1000000\text{m}^2}{1\text{km}^2} = 2500000\text{m}^2$

(4) $200000\text{m}^2 = 200000\text{m}^2 \times \dfrac{1\text{km}^2}{1000000\text{m}^2} = 0.2\text{km}^2$

예제 3 (1) $2\text{cm}^3 = 2\text{cm}^3 \times \dfrac{1000\text{mm}^3}{1\text{cm}^3} = 2000\text{mm}^3$

(2) $5\text{m}^3 = 5\text{m}^3 \times \dfrac{1{,}000{,}000\text{cm}^3}{1\text{m}^3} = 5{,}000{,}000\text{cm}^3$

(3) $3\text{km}^3 = 3\text{km}^3 \times \dfrac{1{,}000{,}000{,}000\text{m}^3}{1\text{km}^3} = 3{,}000{,}000{,}000\text{m}^3$

(4) $5000\text{m}^3 = 5000\text{mm}^3 \times \dfrac{1\text{cm}^3}{1000\text{mm}^3} = 5\text{cm}^3$

(5) $300{,}000\text{cm}^3 = 300{,}000\text{cm}^3 \times \dfrac{1\text{m}^3}{1{,}000{,}000\text{cm}^3} = 0.3\text{m}^3$

(6) $8{,}000{,}000{,}000\text{m}^3$
$\quad = 8{,}000{,}000{,}000\text{m}^3 \times \dfrac{1\text{km}^3}{1{,}000{,}000{,}000\text{m}^3} = 8\text{km}^3$

(7) $8\text{L} = 8\text{L} \times \dfrac{1000\text{mL}}{1\text{L}} = 8000\text{mL}$

(8) $500\text{mL} = 500\text{mL} \times \dfrac{1\text{L}}{1000\text{mL}} = 0.5\text{L}$

유제 3 (1) $1.5\text{cm}^3 = 1.5\text{cm}^3 \times \dfrac{1000\text{mm}^3}{1\text{cm}^3} = 1500\text{mm}^3$

(2) $20\text{m}^3 = 20\text{m}^3 \times \dfrac{1{,}000{,}00\text{cm}^3}{1\text{m}^3} = 20{,}000{,}000\text{cm}^3$

(3) $0.7\text{km}^3 = 0.7\text{km}^3 \times \dfrac{1{,}000{,}000{,}000\text{m}^3}{1\text{km}^3} = 700{,}000{,}000\text{m}^3$

(4) $2000\text{m}^3 = 2000\text{mm}^3 \times \dfrac{1\text{cm}^3}{1000\text{mm}^3} = 2\text{cm}^3$

(5) $3{,}000{,}000\text{cm}^3 = 3{,}000{,}000\text{cm}^3 \times \dfrac{1\text{m}^3}{1{,}000{,}000\text{cm}^3} = 3\text{m}^3$

(6) $900{,}000{,}000\text{m}^3$
$\quad = 900{,}000{,}000\text{m}^3 \times \dfrac{1\text{km}^3}{1{,}000{,}000{,}000\text{m}^3} = 0.9\text{km}^3$

(7) $0.5\text{L} = 0.5\text{L} \times \dfrac{1000\text{mL}}{1\text{L}} = 500\text{mL}$

(8) $60{,}000\text{mL} = 60{,}000\text{mL} \times \dfrac{1\text{L}}{1000\text{mL}} = 60\text{L}$

예제 4 (1) $2\text{kg} = 2\text{kg} \times \dfrac{1000\text{g}}{1\text{kg}} = 2000\text{g}$

(2) $8\text{t} = 8\text{t} \times \dfrac{1000\text{kg}}{1\text{t}} = 8000\text{kg}$

(3) $2500\text{kg} = 2500\text{kg} \times \dfrac{1\text{t}}{1000\text{kg}} = 2.5\text{t}$

(4) $25\text{t} = 25\text{t} \times \dfrac{1000\text{kg}}{1\text{t}} = 25000\text{kg} \times \dfrac{1000}{1\text{kg}}$
$\quad = 25{,}000{,}000 g$

(5) $15\text{g} = 15\text{g} \times \dfrac{1000\text{mg}}{1\text{g}} = 15{,}000\text{mg}$

(6) $750\text{g} = 750\text{g} \times \dfrac{1\text{kg}}{1000\text{g}} = 0.75\text{kg}$

유제 4 (1) $0.65\text{kgg} = 0.65\text{kg} \times \dfrac{1000\text{g}}{1\text{kg}} = 650\text{g}$

(2) $0.3\text{t} = 0.3\text{t} \times \dfrac{1000\text{kg}}{1\text{t}} = 300\text{kg}$

(3) $4500\text{kg} = 45000\text{kg} \times \dfrac{1\text{t}}{1000\text{kg}} = 4.5\text{t}$

(4) $1\text{t} = 1\text{t} \times \dfrac{1000\text{kg}}{1\text{t}} = 1000\text{kg}$

(5) $6\text{g} = 6\text{g} \times \dfrac{1000\text{mg}}{1\text{g}} = 6000\text{mg}$

(6) $3400\text{g} = 3400\text{g} \times \dfrac{1\text{kg}}{1000\text{g}} = 3.4\text{kg}$

개념 다지기

01 (1) 760mm (2) 350cm (3) 42195m (4) 25.4cm
 (5) 0.5m (6) 7km

02 (1) 1.5m^2 (2) $10{,}000\text{cm}^2$ (3) $0.01\pi\text{km}^2$ (4) 200cm^2

03 (1) 8m^3 (2) 27000cm^3 (3) 500mL (4) 4L

04 (1) 800g (2) 1500kg (3) 0.5톤 (4) 1,000,000g
 (5) 20,000mg (6) 0.3kg

---

01 (1) $760\text{cm} = 760\text{cm} \times \dfrac{10\text{mm}}{1\text{cm}} = 760\text{mm}$

(2) $3.5\text{m} = 3.5\text{m} \times \dfrac{100\text{cm}}{1\text{m}} = 350\text{cm}$

(3) $42.195\text{km} = 42.195\text{km} \times \dfrac{1000\text{m}}{1\text{km}} = 43195\text{m}$

(4) $10\text{인치} = 10\text{인치} \times \dfrac{2.54\text{cm}}{1\text{인치}} = 25.4\text{cm}$

(5) $50\text{cm} = 50\text{cm} \times \dfrac{1\text{m}}{100\text{cm}} = 0.5\text{m}$

(6) $7000\text{m} = 7000\text{m} \times \dfrac{1\text{km}}{1000\text{m}} = 7\text{km}$

02 (1) (직사각형의 넓이)=(가로의 길이)×(세로의 길이)
$\qquad\qquad = 300\text{cm} \times 50\text{cm} = 3\text{m} \times 0.5\text{m} = 1.5\text{m}^2$

(2) (삼각형의 넓이)$= \dfrac{1}{2} \times$(밑변의 길이)×(높이)
$\qquad\qquad = \dfrac{1}{2} \times 2\text{m} \times 1\text{m} = \dfrac{1}{2} \times 200\text{cm} \times 100\text{cm}$
$\qquad\qquad = 10{,}000\text{cm}^2$

(3) (원의 넓이)=(반지름)×(반지름)×π
$\qquad\qquad = 100\text{m} \times 100\text{m} \times \pi$
$\qquad\qquad = 0.1\text{km} \times 0.1\text{km} \times \pi = 0.01\pi\,\text{km}^2$

(4) (직사각형의 넓이)=(골의 길이)×(세로의 길이)
$\qquad\qquad = 200\text{mm} \times 100\text{mm}$
$\qquad\qquad = 20\text{cm} \times 10\text{cm} = 200\text{cm}^2$

03 (1) (정육면체의 부피)=(한 모서리의 길이)^3
$\qquad\qquad = (200\text{cm})^3 = (2\text{m})^3 = 8\text{m}^3$

(2) (정육면체의 부피)=(한 모서리의 길이)^3
$\qquad\qquad = (0.3\text{m})^3 = (30\text{cm})^3 = 27000\text{cm}^3$

(3) $0.5\text{L} = 0.5\text{L} \times \dfrac{1000\text{mL}}{1\text{L}} = 500\text{mL}$

(4) $4000\text{mL} = 4000\text{mL} \times \dfrac{1\text{L}}{1000\text{mL}} = 4\text{L}$

04 (1) $0.8\text{kg} = 0.8\text{kg} \times \dfrac{1000\text{g}}{1\text{kg}} = 800\text{g}$

(2) $1.5\text{t} = 1.5\text{t} \times \dfrac{1000\text{kg}}{1\text{t}} = 1500\text{kg}$

(3) $500\text{kg} = 500\text{kg} \times \dfrac{1\text{t}}{1000\text{kg}} = 0.5\text{t}$

(4) $1t = 1t \times \dfrac{1000kg}{1t} = 1000kg \times \dfrac{1000g}{1kg} = 1,000,000g$

(5) $20g = 20g \times \dfrac{1000mg}{1g} = 20,000mg$

(6) $300g = 300g \times \dfrac{1kg}{1000g} = 0.3kg$

소단원 종합 학습 (1)

01	①	02	③	03	①	04	⑤	05	⑤
06	④	07	④	08	①	09	③	10	③
11	②	12	④	13	②	14	④	15	②
16	①	17	③	18	②	19	④	20	②
21	61	22	3.5	23	24	24	$-\dfrac{45}{16}$	25	3

01 ① $2 = \dfrac{2}{1}, -3 = -\dfrac{3}{1}$ 이다. 따라서 정수는 분수들로 표현할 수 있으므로 유리수.

04 ⑤ $\dfrac{2}{7}$의 역수는 $\dfrac{7}{2}$, -7의 역수는 $-\dfrac{1}{7}$

$\therefore a = \dfrac{7}{2}, b = -\dfrac{1}{7}, a \times b = -\dfrac{1}{2}$

06 ④ $|A|$은 4보다 5만큼 크므로 $|A| = 4+5$ $\therefore A$는 9또는 -9

또한 $A \times 4 < 0$이므로 $A < 0$ 따라서 $A = -9$

07 $f(0.2) = 0, f\left(\dfrac{9}{3}\right) = 1, f\left(-\dfrac{0}{5}\right) = 1, f(4) = 1$

$0 + 1 + 1 + 1 = 3$

08 ① $\left(+\dfrac{7}{8}\right) - \left(-\dfrac{5}{8}\right) = \left(+\dfrac{7}{8}\right) + \left(+\dfrac{5}{8}\right) = +\dfrac{12}{8} = +\dfrac{3}{2}$

09 ③ $\left(+\dfrac{2}{3}\right) \div \left(-\dfrac{4}{6}\right) = -\left(\dfrac{2}{3} \times \dfrac{6}{4}\right) = -1$

10 ③ $\left(-\dfrac{1}{8}\right) \div \left(-\dfrac{1}{4}\right) \times \left(-\dfrac{8}{5}\right) = -\left(\dfrac{1}{8} \times \dfrac{4}{1} \times \dfrac{8}{5}\right) = -\dfrac{4}{5}$

11 ② $(-2)^3 = (-2) \times (-2) \times (-2) = -8$

$(-3)^2 = (-3) \times (-3) = +9$

$(-2)^3 \times (-3)^2 = (-8) \times (+9) = -72$

12 ④ $-\dfrac{5}{3} - \left(-\dfrac{7}{12}\right) + \left(-\dfrac{1}{4}\right) - \left(-\dfrac{5}{6}\right)$

$= -\dfrac{20}{12} + \left(+\dfrac{7}{12}\right) + \left(-\dfrac{3}{12}\right) + \left(+\dfrac{10}{12}\right) = -\dfrac{6}{12} = -\dfrac{1}{2}$

13 ② $(-1)^n = -1, (-1)^{200} = +1, (-1)^{89} = -1, (-1)^{99} = -1$

$(-1) \times (+1) + (+1) \div (-1) = (-1) + (-1) = -2$

14 $\dfrac{1}{3} \div \left(-\dfrac{1}{6}\right)^2 - \dfrac{3}{8} \times (-2)^3$

$= \dfrac{1}{3} \div \left(+\dfrac{1}{36}\right) - \dfrac{3}{8} \times (-8)$

$= \dfrac{1}{3} \times 36 + 3 = 12 + 3 = 15$

15 ② $a \div (-2) \times (-3)$

$a = (-3) \times (-2) = 6$

$b + (-2) = (-3)$

$b = (-3) - (-2) = -1$

$\therefore a + b = 6 + (-1) = 5$

16 ① $(6 - \square) \times 4 - (+8) = 12$

$(6 - \square) \times 4 = 12 + 8$

$6 - \square = 20 \div 4, -\square = 5 - 6$

$\therefore \square = 1$

18 ① $3cm^3 = 3m^3 \times \dfrac{1000mm^3}{1cm^2} = 3000mm^3$

② $5L = 5L \times \dfrac{1000mL}{1L} = 5000mL$

③ $1.3t = 1.3t \times \dfrac{1000kg}{1t} = 1300kg$

④ $0.35kg = 0.35kg \times \dfrac{100g}{1kg} = 350g$

⑤ $8g = 8g \times \dfrac{1000mg}{1g} = 8000mg$

19 ④ $a \times b > 0 \to a, b$는 같은 부호

$a + b < 0 \to a < 0, b < 0$ $b \times c < 0 \to c > 0$

20 $x \div (y \div z) = x \div \dfrac{y}{z} = x \times \dfrac{z}{y} = \dfrac{xz}{y}$

① $(x \times y) \times z = xyz$ ② $x \div y \times z = x \times \dfrac{1}{y} \times z = \dfrac{xz}{y}$

③ $x \div (y \times z) = x \div yz = \dfrac{x}{yz}$ ④ $x \times \left(y \times \dfrac{1}{z}\right) = \dfrac{xy}{z}$

⑤ $(x \times y) \div z = xy \times \dfrac{1}{z} = \dfrac{xy}{z}$

서술형

21 $\left(-\dfrac{2}{3}\right)^2 + \dfrac{9}{4} \div (-3)^2 = \dfrac{4}{9} + \dfrac{9}{4} \div (+9) = \dfrac{4}{9} + \dfrac{9}{4} \times \left(+\dfrac{1}{9}\right)$

$= \dfrac{4}{9} + \left(+\dfrac{1}{4}\right) = \dfrac{16 + 9}{36} = \dfrac{25}{36}$ $\therefore 25 + 36 = 61$

22 $\left\langle 1, -\dfrac{3}{2} \right\rangle - \left\langle -\dfrac{5}{2}, 2\dfrac{3}{2} \right\rangle = 1 - \left(-\dfrac{5}{2}\right)$

$= 1 + \left(+\dfrac{5}{2}\right) = \dfrac{7}{2} = 3.5$

23 $M = 7 - (-5) = 7 + (+5) = 12$,

$N = -7 - (+5) = -12$

$\therefore M - N = -(-12) = 12 + 12 = 24$

24 $a = \dfrac{10}{8}, b = -\dfrac{4}{9}, a \div b = \dfrac{10}{8} \div \left(-\dfrac{4}{9}\right) = \dfrac{10}{8} \times \left(-\dfrac{9}{4}\right) = -\dfrac{45}{16}$

25 $\dfrac{1}{3} - \left\{\dfrac{1}{3} - \left(-\dfrac{14}{5}\right) \div (-8-6) \div \dfrac{1}{15}\right\}$

$= \dfrac{1}{3} - \left\{\dfrac{1}{3} - \left(-\dfrac{14}{5}\right) \div (-14) \div \dfrac{1}{15}\right\}$

$= \dfrac{1}{3} - \left\{\dfrac{1}{3} - \left(-\dfrac{14}{5}\right) \times \left(-\dfrac{1}{14}\right) \times \dfrac{15}{1}\right\}$

$= \dfrac{1}{3} - \left\{\dfrac{1}{3} - (+3)\right\} = \dfrac{1}{3} - \dfrac{1}{3} + 3 = 3$

소단원 종합 학습 (2)

01 ⑤	02 ②	03 ④⑤	04 ②	05 ④
06 ③	07 ②	08 ①	09 ③	10 ③
11 ④	12 ②	13 ③	14 ②	15 ④
16 ①	17 ①	18 ⑤	19 ③	20 ②
21 7	22 3	23 -14	24 $-\frac{32}{3}$	25 4

01 -7보다 4 큰 수는 $-7+4=-3$, b보다 -2 작은 수는
$b-(-2)=b+2$이다. 따라서 $-3=b+2$, $b=-5$

02 ① $-5-(-3)=-5+3=-2$
② $-4-(+5)=-4-5=-9$
③ 음의 정수는 수직선에서 왼쪽으로 갈수록 절댓값이 커진다. 양의 정수에서는 왼쪽으로 갈수록 수가 작아진다.
④ $0 \div a = \frac{0}{a}=0$, 즉, 몫이 0이다.(단, $a \neq 0$)
⑤ $-8-(-8)=-8+8=0$

03 ① 정수는 모두 3개이다.
② 유리수는 모두 6개이다.
③ 양의 유리수는 5, $+\frac{1}{2}$의 2개이다.

04 ② 유리수는 a, b가 정수이고 $b \neq 0$일 때 $\frac{a}{b}$로 나타낼 수 있는 수이다. 즉 $\frac{2}{0}$은 유리수가 아니다.

05 $-2 < x \leq 4$를 만족하는 x의 값은 $-1, 0, 1, 2, 3, 4$이다.
따라서 $|-1|+|0|+|1|+|2|+|3|+|4|$
$=1+0+1+2+3+4=11$

06 절댓값이 가장 큰 수는 $|-2|=2$
절댓값이 가장 작은 수는 $|-0|=0$
따라서 $(-2)+0=-2$

07 $\frac{1}{6}-(-0.25)-\frac{2}{3}-\left(+\frac{1}{2}\right)+(-0.5)$
$=\frac{1}{6}-\left(-\frac{1}{4}\right)-\frac{2}{3}-\left(\frac{1}{2}\right)+\left(-\frac{1}{2}\right)$
$=\frac{2}{12}+\frac{3}{12}-\frac{8}{12}-\frac{6}{12}-\frac{6}{12}=-\frac{5}{4}$

08 $\left(-\frac{3}{2}\right) \times a < 0$에서 a는 양수. $b \div \frac{3}{4} < 0$에서 b는 음수
① $a \times b$에서 (양수)×(음수)<0
② $a \div b$에서 (양수)÷(음수)<0
③ $a+b$는 양수인지 음수인지 알 수 없다.
④ $2a \times b$에서 $2a$는 양수, b는 음수이므로 $a \times b < 0$
⑤ $a^2 \times b$에서 a^2는 양수, b는 음수이므로 $a^2 \times b < 0$

09 ( )→{ }→[ ] 순으로 계산
(준식) $= 15-[12+\{4-(-12)\div(-3)\}]$
$= 15-\{12+(4-4)\}$
$= 15-12=3$

10 ① $2.5L = 2.5L \times \frac{1000mL}{1L} = 2500mL$
② $1cm^3$(부피) $= 1mL$(들이) $= 1g(4℃$의 물의 무게)
$750cm^3 = 750cm^3 \times \frac{1mL}{1cm^3} = 750mL$
③ $500mg = \frac{1g}{1000mg} = 0.5g$
④ $2.5t = 2.5t \times \frac{1000kg}{1t} = 2500kg$
⑤ $0.85kg = 0.85kg \times \frac{1000g}{1kg} = 850g$

11 $A=(-4)-(-3)=-1$, $B=\left(-\frac{4}{7}\right)$
$\therefore A \times B = (-1) \times \left(-\frac{4}{7}\right) = \frac{4}{7}$

12 ③ $(a \div b) \div c = \left(a \times \frac{1}{b}\right) \times \frac{1}{c} = \frac{a}{bc}$
$a \div (b \div c) = a \div \left(b \times \frac{1}{c}\right) = a \div \frac{b}{c} = a \times \frac{c}{b} = \frac{ac}{b}$
따라서 $(a \div b) \div c \neq a \div (b \div c)$

13 $(-8) \times 4 - 6 \div (-3) = -32 + (-6) \times \left(-\frac{1}{3}\right) = -32+2=-30$

14 (소괄호) → {중괄호} → [대괄호] 순으로 푼다.
괄호 안에서는 곱셈, 나눗셈을 먼저 계산한다.

15 (ⅰ) $a*1 = \frac{a}{1} = a$: 정수 (참)
(ⅱ) $\frac{(-a)}{(-b)} = \frac{a}{b} = a*b$이다. (거짓)
(ⅲ) $ab<0$이면, a, b의 부호는 다르다. 따라서 $a*b = \frac{a}{b} < 0$ (참)

16 $|A|=|B|$ $A=-B$, $A=B+\frac{5}{4}$ 따라서 $-B=B+\frac{4}{5}$
$\therefore B=-\frac{2}{5}, A=\frac{2}{5}$

17 -2의 역수는 $-\frac{1}{2}$ 즉 $a=-\frac{1}{2}$
$0.25 = \frac{25}{100} = \frac{1}{4}$ 0.25의 역수는 $\frac{4}{1}=4$ 즉 $b=4$
$\therefore b \div a = -4 \div \left(-\frac{1}{2}\right) = 4 \times (-2) = -8$

18 $\left\{-\frac{7}{3}+(-2) \times \left(-\frac{5}{6}\right)\right\} \div \left\{\left(-\frac{2}{3}\right)+(-1)\right\}$
$= \left\{-\frac{7}{3}+\frac{5}{3}\right\}+\left(-\frac{5}{3}\right) = \left(-\frac{2}{3}\right) \div \left(-\frac{5}{3}\right)$
$= +\left(\frac{2}{3} \times \frac{3}{5}\right) = \frac{2}{5}$

19 $= \left(\frac{9}{4}\right) \div \left(\frac{9}{4}\right) + \frac{7}{2} \times \left\{\left(-\frac{4}{7}\right)+2\frac{7}{4}\right\}$
$= \frac{9}{4} \times \frac{4}{9} + \frac{7}{2} \times \left\{\left(-\frac{4}{7}\right)+2\frac{7}{4}\right\}$
$= 1+\frac{7}{2} \times \left(-\frac{4}{18}+\frac{49}{14}\right)+1+\frac{7}{2} \times \frac{41}{14} = 1+\frac{41}{4} = \frac{45}{4}$

20 $2 \times \left[\left\{\left(-\frac{1}{8}\right) \div \left(-\frac{1}{5}\right)\right\}+\square-3\right] = -\frac{11}{4}$
$2 \times \left\{\left(\frac{5}{8}+\square\right)-3\right\} = -\frac{11}{4}$
$\left(\frac{5}{8}+\square\right)-3 = -\frac{11}{8}$, $\left(\frac{5}{8}+\square\right) = \frac{13}{8}$
$\therefore \square = 1$

21 $\left(-\dfrac{7}{2}\right) \div 4 - \dfrac{7}{3} \times \left(-\dfrac{3}{2}\right)^3 = \left(-\dfrac{8}{7}\right) - \dfrac{7}{3} \times \left(-\dfrac{27}{8}\right) = \left(-\dfrac{7}{8}\right) + \dfrac{63}{8} = 7$

22 $3.5 - 2.4 + 5.5 - 3.6 = 3.6 + 5.5 - 2.4 - 3.6 = 9 - 6 = 3$

23 $R\left(\dfrac{19}{5}\right) + R\left(-\dfrac{25}{2}\right) + R(-4) = 3 + (-13) + (-4) = -14$

24 $a = -4, b = \dfrac{3}{8}, a \div b = (-4) \div \dfrac{3}{8} = (-4) \times \dfrac{8}{3} = -\dfrac{32}{3}$

25 $\left(-\dfrac{3}{8}\right) \div \left(-\dfrac{1}{8}\right) + 6 \times \left\{\dfrac{2}{3} - 2 \times \dfrac{1}{4}\right\}$

$= 3 + 6 \times \left(\dfrac{2}{3} - \dfrac{1}{2}\right)$

$= 3 + 6 \times \dfrac{1}{6} = 3 + 1 = 4$

13 소수와 합성수

예제 1 ①, ④

유제 1 소수 : 7, 13, 23, 29 / 합성수 : 8, 15, 21, 27, 49

예제 2 ④

유제 2 ④

예제 2
① 2는 소수 중에서 유일한 짝수이다.
② $4 = 1 \times 4 = 2 \times 2$이므로 4의 약수는 1, 2, 4, 3개이다.
③ 가장 작은 소수는 2이다.
⑤ 1보다 큰 자연수 중에서 소수가 아닌 수를 합성수라고 한다. 즉 합성수는 약수가 3개 이상인 자연수이다.

유제 2
① 2는 소수 중에서 유일한 짝수이다.
② 소수는 약수가 2개 뿐인 자연수이다. 1은 소수가 아니다.
③ 11은 약수가 1과 11뿐이므로 소수이다.
⑤ 2보다 크고 10보다 작은 소수는 {3, 5, 7}의 3개이다.

14 거듭제곱

예제 1 (1) 2^3 (2) 3^5 (3) a^4 (4) $2^2 \times 5^4$

유제 1 (1) 4^3 (2) b^4 (3) $\left(\dfrac{1}{3}\right)^4$ (4) $2^2 \times 5 \times 7^3$

예제 2 (1) 2^3 (2) 2^4 (3) 2^5 (4) 2^6

유제 2 (1) 3^3 (2) 3^4 (3) 3^5 (4) 3^6

개념 다지기

01 소수 : 2, 3, 11, 19 합성수 : 9, 12, 15, 21, 39 **02** ③
03 (1) $2^4 \times 3^2$ (2) $3 \times 5^4 \times 7^3$ (3) 3^3 (4) 2^6 **04** 2, 3, 5, 7, 11, 13, 17, 19, 23, 29, 31, 37, 41, 43, 47 **05** ④

01 소수는 약수가 2개인 수, 합성수는 약수가 3개 이상인 수

02 ① 가장 작은 소수는 2이다.
② 2는 소수 중에서 유일한 짝수이다.
③ 소수가 아닌 수는 1 또는 합성수이다.
④ 자연수는 1, 소수, 합성수의 배수는 합성수로 나뉜다
⑤ 모든 소수의 배수는 합성수이다.

04 2의 배수는 2를 제외하고 모두 합성수이고, 3의 배수는 3을 제외하고 모두 합성수이다. 즉, 소수의 배수는 그 소수를 제외하면 모두 합성수이다. 그리고, 1은 소수도 합성수도 아니다.

05 ① 2는 소수 중에서 유일한 짝수이다.
② $39 = 1 \times 39 = 3 \times 13$에서 39의 약수는 1, 3, 13, 39로 4개이므로 합성수이다.
③ 9의 약수는 1, 3, 9의 3개이다.
④ 11보다 작은 소수는 2, 3, 5, 7의 4개이다.
⑤ 39는 소수가 아니다.

15 소인수분해

예제 1 (1) 2, 5 (2) 2, 3
(3) 2, 3 (4) 2, 5

유제 1 (1) 2, 3 (2) 2, 19
(3) 2, 3 (4) 2, 5, 7

예제 1 (1) $40 = 2^3 \times 5$ (2) $54 = 2 \times 3^3$
(3) $72 = 2^3 \times 3^2$ (4) $100 = 2^2 \times 5^2$

유제 1 (1) $36 = 2^2 \times 3^2$ (2) $76 = 2^2 \times 19$
(3) $108 = 2^2 \times 3^3$ (4) $280 = 12^3 \times 5 \times 7$

16 소인수분해를 이용하여 약수 구하기

예제 1 해설 참조

유제 1 8개(해설 참조)

예제 2 (1) 9개 (2) 24개 (3) 36개 (4) 15개

유제 2 (1) 8개 (2) 12개 (3) 30개 (4) 9개

예제 1

×	1	3	3^2	3^3
1	1	3	9	27
2	2	6	18	54
2^2	4	12	36	108

유제 1

×	1	2	2^2	2^3
1	1	2	4	8
5	5	10	20	40

예제 2 (1) $36 = 2^2 \times 3^2$이므로 $(2+1) \times (2+1) = 9$

(2) $600 = 2^3 \times 3 \times 5^2$이므로 $(3+1) \times (1+1) \times (2+1) = 24$

(3) $1800 = 2^3 \times 3^2 \times 5^2$이므로
$(3+1) \times (2+1) \times (2+1) = 36$

(4) $144 = 2^4 \times 3^2$이므로 $(4+1) \times (2+1) = 15$

유제 2 (2)
2) 675
3) 225
3) 75
5) 25
　　 5

$3^3 \times 5^2$이므로 $(3+1) \times (2+1) = 4 \times 3 = 12$(개)

개념 다지기

01 (1) $2^4 \times 3$ (2) 2^6 (3) $2^4 \times 3^2$ (4) $2^4 \times 3 \times 5^2$

02 2, 3, 5

03 (1) 1, 2, 3, 4, 6, 8, 9, 12, 18, 24, 36, 72
(2) 1, 2, 4, 5, 10, 20, 25, 50, 100

04 (1) 5개 (2) 12개 (3) 15개 (4) 12개 (5) 8개 (6) 15개

05 5

02
2) 240
2) 120
2) 60
2) 30
3) 15
　　 5

$240 = 2^4 \times 3 \times 5$이므로 240의 소인수는 2, 3, 5이다.

04 (3) 4^2를 2^4로 바꾸어서 계산한다.

(6) 15개 $144 = 2^4 \times 3^2$이므로 약수의 개수는
$(4+1) \times (2+1) = 5 \times 3 = 15$(개)

2) 144
2) 72
2) 36
2) 18
3)   9
　　　3

05 2) 180 $180 = 2^2 \times 3^2 \times 5$이므로 5만 곱하면 제곱수 900이 된다.
　2) 90
　3) 45
　3) 15
　　　 5

17₅ 공약수와 최대공약수

예제 1 1, 2, 3, 6

유제 1 4개

예제 2 ④

유제 2 ②

예제 3 (1) 1,2,3,6 (2) 1,3,5,15 (3) 1,2,4

유제 3 ③

예제 4 (1) 2 (2) 18 (3) 15 (4) 18

유제 4 (1) 8 (2) 12 (3) 6 (4) 30

예제 1 18의 약수 : 1, 2, 3, 6, 9, 18

60의 약수 : 1, 2, 3, 4, 5, 6, 10, 12, 15, 20, 30, 60

따라서 18과 60의 공약수는 1, 2, 3, 6 이다.

유제 1 45의 약수 : 1, 3, 5, 9, 15, 45

75의 약수 : 1, 3, 5, 15, 25, 75

따라서 45와 75의 공약수는 1, 3, 5, 15의 4개이다.

예제 2 서로소는 두 수의 최대공약수가 1인 두 자연수이다.

유제 2 두수의 최대공약수가 1인 수는 ② 32, 81이다.
$32 = 2^5, 81 = 3^4$

예제 3 (1) 18의 약수 : 1, 2, 3, 6, 9, 18

30의 약수 : 1, 2, 3, 5, 6, 10, 15, 30

(2) 45의 약수 : 1, 3, 5, 9, 15, 45

60의 약수 : 1, 2, 3, 4, 5, 6, 10, 12, 15, 20, 30, 60

75의 약수 : 1, 3, 5, 15, 25, 75

(3) 12의 약수 : 1, 2, 3, 4, 6, 12

16의 약수 : 1, 2, 4, 8, 16

24의 약수 : 1, 2, 3, 4, 6, 8, 12, 24

유제 3 48의 약수 : 1, 2, 3, 4, 6, 8, 12, 16, 24, 48

60의 약수 : 1, 2, 3, 4, 5, 6, 10, 12, 15, 20, 30, 60

84의 약수 : 1, 2, 3, 4, 6, 7, 12, 14, 21, 28, 42, 84

따라서 공약수는 1, 2, 3, 4, 6, 12

∴ $1+2+3+4+6+12 = 28$

예제 4 (4) 2) 54, 72, 108　　∴ $2 \times 3 \times 3 = 18$(최대공약수)
　　　　3) 27, 36, 54
　　　　3) 9, 12, 18
　　　　　　3, 4,   6

유제 4 (4) 2) 30, 60, 120　　∴ $2 \times 3 \times 5 = 30$(최대공약수)
　　　　3) 15, 20, 60
　　　　5) 5, 10, 20
　　　　　　1, 2,   4

18 최대공약수 구하기

예제 1 (1) 2 (2) 12 (3) 4 (4) 18
유제 1 (1) 12 (2) 15 (3) 15 (4) 18
예제 2 (1) 18 (2) 70
유제 2 (1) 315 (2) 10
예제 3 20cm, 35장
유제 3 21명

유제 1 (4) 2)54, 72, 108
　　　　　　3)27, 36, 54
　　　　　　3) 9, 12, 18
　　　　　　　 3　4　6
∴ $2 \times 3 \times 3 = 18$ (최대공약수)

예제 2 (1) $18 \leftarrow 2 \times 3^2$
(2) $70 = 2 \times 5 \times 7$

유제 2 (1) $315 \leftarrow 3^2 \times 5 \times 7$　(2) $10 \leftarrow 2 \times 5$

유제 3 (3) 3)147, 105, 84
　　　　　　7) 49, 35, 28
　　　　　　　7, 5, 4　∴ $3 \times 7 = 21$ (최대공약수)

개념 다지기

01 (1) 16 (2) 12 (3) $2 \times 3^2 \times 5$ (4) $2^2 \times 3^2 \times 7^2$
02 ④ 03 ④ 04 ③ 05 ⑤

03 ④ 12의 약수인 1, 2, 3, 4, 6, 12가 공약수가 된다. ∴ 6개
04 2)360
　　2)180
　　2) 90
　　3) 45
　　3) 15
　　　　5
$360 = 2^3 \times 3^2 \times 5$
∴ 360의 약수의 개수는 $(3+1) \times (2+1) \times (1+1) = 24$(개)
따라서 $2 \times (2+1) \times (n+1) = 24$ ∴ $n = 3$

19 공배수와 최소공배수

예제 1 (1) 8, 16, 24, 32, 40, 48, 56, 67, 72, 80
(2) 12, 24, 36, 48, 60, 72, 84
(3) 24, 48, 72
(4) 24
유제 1-1 (1) 4, 8, 12, 16, 20, 24, 28, 32, 36, 40
(2) 6, 12, 18, 24, 30, 36, 42
(3) 12, 24, 36
(4) 12
(5) 같다
유제 1-2 6개

유제 1-2 공배수는 최소공배수의 배수이므로 16, 32, 48, 64, 80, 96의 6개

20 최소공배수 구하기

예제 1 (1) 24 (2) 120 (3) 180 (4) 324
유제 1 (1) 60 (2) 180 (3) 360 (4) 144
예제 2 (1) $2^2 \times 3^2 \times 5$ (2) $2^2 \times 3^2 \times 5^2 \times 7$
유제 2 (1) $2^2 \times 3^2 \times 5 \times 7$ (2) $2^2 \times 3 \times 5 \times 7$

예제 1 (3) 3)12, 45, 60
　　　　　　4) 4, 15, 20
　　　　　　5) 1, 15, 5
　　　　　　　 1, 3, 1
∴ 12, 45, 60의 최소공배수는
$3 \times 4 \times 5 \times 1 \times 3 \times 1 = 180$

유제 1 (4) 6)24, 36, 48
　　　　　　2) 4, 6, 8
　　　　　　2) 2, 3, 4
　　　　　　　 1, 3, 2
∴ 24, 36, 48의 최소공배수는
$6 \times 2 \times 2 \times 1 \times 3 \times 2 = 144$

개념 다지기

01 (1) 240 (2) 108 (3) $2^2 \times 3^2 \times 5 \times 7$ (4) $2^2 \times 3^2 \times 7$
(5) $3^2 \times 5 \times 7$ (6) $2 \times 3 \times 5 \times 7 \times 11$　02 ④
03 35바퀴 04 ② 05 216장

01 (3) 2)84　$84 = 2^2 \times 3 \times 7$
　　2)42
　　3)21
　　　 7

03 8)72, 120, 168
　 3) 9, 15, 21
　　　3, 5, 7

72, 120, 168의 최소공배수는 $8 \times 3 \times 3 \times 5 \times 7$ A는 $8 \times 3 \times 3$
∴ $(8 \times 3 \times 3 \times 5 \times 7) \div (8 \times 3 \times 3) = 35$(바퀴)
04 4, 5, 6의 최소공배수는 60→세 자리 자연수: 120

∴ 120+2 = 122

05 2) 18, 12, 8
    2) 9, 6, 4
    3) 9, 3, 2
        3, 1, 2

8, 12, 18의 최소공배수는 $2\times 2\times 3\times 3\times 1\times 2 = 72$이다.

∴ 필요한 벽돌 수는 $4\times 6\times 9 = 216$(장)

21 몫과 나머지에 관한 공배수 문제

예제 1 61
유제 1-1 17
유제 1-2 63
유제 1-3 118

예제 1 구하는 자연수는 3, 4, 5의 최소공배수에 1을 더한 수이다. 3, 4, 5의 최소공배수가 60이므로 구하는 두 자리의 자연수는 $60+1=61$

유제 3-1 구하는 자연수를 x라 하면 $x+1$은 6, 9의 최소공배수이다. 즉, $x+1=18$이므로 $x=17$

유제 3-2 $x=4\times\square+3=5\times\bigcirc+3=6\times\triangle+3$

구하는 자연수를 x라 하면 $x-3$은 4, 5, 6으로 나누어 떨어지므로 4, 5, 6의 최소공배수이다.

4, 5, 6의 최소공배수는 $2\times 2\times 5\times 3 = 60$이므로

$x-3=60$ ∴ $x=63$

유제 3-3 구하는 자연수를 x라 하면 $x+2$는 4, 5, 6의 공배수이다. 4, 5, 6의 최소공배수는 60이므로 가장 작은 세 자리의 공배수는 120

∴ $x+2=120$ ∴ $x=118$

22 몫과 나머지에 관한 공약수 문제

예제 1 7   유제 1-1 6   유제 1-2 8   유제 1-3 8

예제 1 구하는 수는 $22-1=21$, $52-3=49$의 최대공약수이다.

유제 1-1 어떤 수로 49, 67, 85를 나누면 나머지가 모두 1이므로 어떤 수로 $49-1, 67-1, 85-1$을 나누면 모두 나누어 떨어진다. 즉 구하는 수는 48, 66, 84의 공약수 중 가장 큰 수이므로 세 수의 최대공약수인 6이다.

유제 1-2 구하는 수는 $47-7=40$, $61-5=56$, $74-2=72$의 공약수이어야 한다. 40, 56, 72의 최대공약수가 8이므로 공약수는 1, 2, 4, 8이다. 구하는 자연수는 7보다 커야 하므로 8이다.

유제 1-3 어떤 수로 59를 나누면 3이 남으므로 어떤 수로 $59-3$을 나누면 떨어진다. 같은 방법으로 어떤 수로

$65-1$을 나누면 나누어 떨어진다. 56과 64의 최대공약수가 8이므로 56과 64의 공약수는 1, 2, 4, 8이다. 이 중에서 가장 큰 수는 8이다.

개념 다지기
23쪽

01 ①   02 121   03 12   04 101   05 12명

01 어떤 수는 $172-4=168$과 $118-6=112$의 공약수이다. 168과 112의 최대공약수 56의 약수 중 6보다 큰 수는 7, 8, 14, 28, 56이다.

02 3, 4, 5로 나누어 떨어지는 수는 3, 4, 5의 최소공배수이다. 3, 4, 5의 최소공배수는 60

60의 배수 60, 120, 180, … 중 가장 작은 세 자리 정수는 120이므로 구하는 수는 $120+1=121$

03 어떤 자연수는 96의 약수임과 동시에 84의 약수이다.

즉, 96과 84의 공약수 중 가장 큰 수를 구하면 두 수의 최대공약수인 12이다.

04 8, 12, 16의 최소공배수에 5를 더한 수이다. $48+5, 96+5, 144+5, \cdots$

가장 작은 세 자리 자연수는 $96+5=101$이다.

05 부족한 경우와 남는 경우의 의미를 정확하게 이해한다. 부족하면 더하고 남으면 빼 준다.

구하는 학생 수는 $21+3(=24), 38-2(=36), 56+4(=60)$의 최대공약수는 12명이다.

소단원 종합 학습(1)

01	③	02	②	03	③	04	①	05	②
06	①	07	②	08	②	09	③	10	③
11	②	12	①	13	②	14	②	15	④
16	③	17	①	18	①	19	③	20	③
21	1	22	47	23	437	24	16명		

02 ② 3, 11, 19, 23, 31, 41

04 540을 소인수분해하면 $540 = 2^2\times 3^3\times 5$

∴ 구하는 소인수는 2, 3, 5이다.

05 144를 소인수 분해하면 $144 = 2^4\times 3^2$이므로 약수의 개수는

$(4+1)\times(2+1)=15$(개)

06 54, 63의 최대공약수를 구하면 $3\times 3 = 9$, 9의 약수는 1, 3, 9

∴ $1+3+9=13$

07 서로소는 두 수의 최대공약수가 1이므로 각각에 주어진 두 수의 최대공약수를 구하면
① 3 ② 1 ③ 2 ④ 2 ⑤ 7

09 4, 5, 6의 최소공배수 : 60
60의 배수=60, 120, …이므로 두 자리의 수는 60이고 4를 더해서 60이 되므로 그 수는 56이다.

10 $100-2=98$, $50-1=49$
98과 49의 최대공약수=49
① 49의 약수는 3개이다.
② 49는 7의 제곱수이다.
③ 49는 합성수이다.
④ 49는 3의 배수가 아니다.

11 4, 6, 8의 최대공배수=24
그런데 나머지가 1이므로 24+1=25

12 $\underline{)\ 3 \times a\ \ 4 \times a\ \ 5 \times a}$
　　　　3　　4　　5
$3 \times 4 \times 5 \times a = 180$　∴ $a=3$
∴ 최대공약수는 a이고 $a=3$

14 25, 15, 10의 최소공배수를 구하면 $5 \times 5 \times 3 \times 2 = 150$
∴ 필요한 블록의 개수는 $6 \times 10 \times 15 = 900$(개)

15 $A = 2^3 \times 3 \times 5$
$\underline{)\ B = 2^2 \times 3^2}$
　　$= 2^3 \times 3^2 \times 5$
∴ (최소공배수) $= 2^3 \times 3^2 \times 5$

16 ① $2^2 \times 5^2 \times 6 = 600$
② $2^2 \times 3^2 \times 7 = 252$
③ $2^2 \times 3^2 \times 5 = 180$
④ $2^3 \times 3^2 \times 5 = 360$
⑤ $2 \times 3 \times 5^3 = 750$
따라서 최소공배수가 가장 작은 것은 ③이다.

17 (최대공약수) $= 2 \times 2 = a = 4$
(최소공배수) $= 2^4 \times 3 \times 5 = b = 240$
∴ $b \div a = 240 \div 4 = 60$

```
2) 40  48  60
2) 20  24  30
2) 10  12  15
5)  5   6  15
3)  1   6   3
    1   2   1
```

18 $\underline{a)\ 4 \times a\ \ 6 \times a\ \ 10 \times a}$
　$\underline{2)\ \ \ 4\ \ \ \ \ \ 6\ \ \ \ \ \ 10}$
　　　　2　　3　　5
즉, (최소공배수) $= a \times 2^2 \times 3 \times 5 = 420$
$60a = 420$, $a = 7$
∴ (최대공약수) $= 7 \times 2 = 14$

19 (정육면체 한 변의 길이)
$=(12, 20, 6$의 최소공배수$)$

```
2) 12  20   6
2)  6  10   3
3)  3   5   3
    1   5   1
```

∴ (최소공배수)
$= 2^2 \times 3 \times 5 = 60(cm)$

20 (타일의 한 변의 길이)
$=(72$와 90의 최대공약수$)$
$= 2 \times 3^2 = 18$
따라서, 필요한 타일의 개수는
$(72 \div 18) \times (90 \div 18) = 4 \times 5 = 20$(장)

```
2) 72  90
3) 36  45
3) 12  15
    4   5
```

서술형

21 $a \div b = 18 \cdots 28$
$a = 18b + 28$, $(18b+28) \div 9 = (2b+3) \cdots 1$

22 $\dfrac{b}{a}$에서 a는 10과 5의 최대공약수인 5, b는 21과 14의 최소공배수인 42
∴ $a + b = 5 + 42 = 47$

23 18, 24의 최소공배수는 $6 \times 3 \times 4 = 72$
500이하의 자연수 중 가장 큰 72의 배수는 432
∴ $432 + 5 = 437$

24 학생 수는 $46+2=48$과 $59+5=64$의 공약수이고, 부족한 과일의 수가 2개, 5개이므로 학생 수는 5보다 커야 한다. 48과 64의 최대공약수가 16이므로 16의 약수 1, 2, 4, 8, 16 중에서 5보다 큰 수는 8과 16
따라서, 구하는 최대 학생 수는 16명이다.

소단원 종합 학습 (2)

01	④	02	③	03	②	04	③	05	③
06	⑤	07	③	08	④	09	②	10	①
11	④	12	④	13	③	14	①	15	②
16	⑤	17	④	18	①	19	③	20	④
21	84	22	7	23	91	24	122		

01 ④
$a = b \times 7 + 5$이므로 $a + 2 = b \times 7 + 5 + 2 = b \times 7 + 7 = 7(b+1)$
따라서 항상 7의 배수가 된다.

02 ① $36 = 2^2 \times 3^2$　　② $48 = 2^4 \times 3$
③ $90 = 2 \times 3^2 \times 5$　　④ $144 = 2^4 \times 3^2$
⑤ $162 = 2 \times 3^4$

03 N은 114의 약수이면 된다.
$114 = 2 \times 3 \times 19$
$(1+1) \times (1+1) \times (1+1) = 8$

04
```
4) 12   20   24
3)  3    5    6
    1    5    2
```
최소공배수는 $4 \times 3 \times 5 \times 2 = 120$(분)

정답과 해설 ⊃ 15

05 ③ 두 수를 A, B라 하면, 최대공약수가 8이므로
$A = 8 \times a, B = 8 \times b$ (a, b는 서로소)
또, 두 수의 곱이 560이므로 $A \times B = 8^2 \times a \times b$
최소공배수는 $8 \times a \times b$이므로 $560 \div 8 = 70$

06 ⑤

×	1	P	P^2
1	1	$1 \times P$	$1 \times P^2$
2	2	$2 \times P$	$2 \times P^2$

07 $180 \times x = y^2$
$2^2 \times 3^2 \times 5 \times x = y^2$
$\therefore x = 5, y = (2 \times 3 \times 5) = 30$
$\therefore m + n = 5 + 30 = 35$

08 ④
9) 126, 153
    14, 17   ∴ 9

09 4, 5, 6의 최소공배수에 1을 더하면 세 수로 나누었을 때 나머지가 1인 가장 작은 자연수가 된다.
4, 5, 6의 최소공배수는 120, 여기에 1을 더하면 121이다.

10 분모는 8과 12의 최대공약수, 분자는 5, 7의 최소공배수가 되어야 한다. 8, 12의 최대공약수는 4이고 5, 7의 최소공배수는 35이므로 $\dfrac{35}{4}$를 곱해야 한다.

11 ④ 18) 36, N, 90
              2   a 5
∴ 최소공배수 $= 18 \times 2 \times a \times 5 = 540$
$a = 3$ ∴ $N = 18 \times a = 54$

12 ④
12) 12, 36, 60
     1, 3, 5
∴ 12

13 최대공배수가 $3 \times 5 \times 4 \times 3 = 180(cm)$이므로
$12 \times 15 \times 20 = 3600$(개)가 된다.

14 48과 60의 최대공약수는 12이다. 12m 간격으로 나무를 심으면 된다. 그런데 양 끝에 나무가 심어져 있으므로 48m 안에는 3그루, 60m 안에는 4그루만 심으면 된다.

15 (두 수의 곱)=(최대공약수)×(최소공배수)이므로
$36 \times N = 12 \times 144$
$\therefore N = 48$

16 (최대공약수)$= 2 \times 5 = 10$
(최대공약수)$= 2^2 \times 3^2 5 = 180$
$\therefore 10 + 180 = 190$

17 (가장 큰 정사각형 모양의 타일의 한 변의 길이)
= (135, 90의 최대공약수)
$= 3^2 \times 5 = 45(cm)$

3) 135 90
3) 45 30
5) 15 10
     3   2

18 두 톱니바퀴 A, B가 한 번 맞물린 후 같은 톱니에서 다시 맞물릴 때는 54와 72의 최소공배수이다.
즉, 최소공배수는 $2 \times 3^3 \times 4 = 216$
이 때, B가 맞물릴 때까지 회전했던 바퀴 수는 최소공배수 216을 B의 톱니의 수로 나눈 값이므로
$\therefore 216 \div 72 = 3$(바퀴)

2) 54 72
3) 27 36
3) 9 12
    3   4

19 60, 106, 138을 어떤 수 x로 나누었을 때의 나머지가 각각 4, 8, 12이므로 $60 - 4 = 56$, $106 - 8 = 98, 138 - 12 = 126$
이 때, x의 값 중 가장 큰 값은 세 수 56, 98, 126의 최대공약수이므로
$\therefore$ (최대공약수) $= 2 \times 7 = 14$

2) 56 98 126
7) 28 49   63
    4   7   9

20 예원이와 재원이가 다시 만나는데까지 걸린 시간은 45와 60의 최소공배수이다.
즉, 최소공배수는 $3 \times 4 \times 5 = 180$
이 때, 예원이가 운동장을 돈 바퀴 수는 최소공배수 180을 예원이가 운동장을 한 바퀴 도는 데 걸리는 시간으로 나눈 값이므로
$\therefore 180 \div 45 = 4$(바퀴)

3) 45 60
5) 15 20
    3   4

서술형

21 일주일은 7일이므로 4, 6, 7의 최소공배수를 구하면 된다.
4, 6, 7의 최소공배수 = 84

22 $24 + 4 = 28$ $40 - 5 = 35$, 119
28, 35, 119의 최대공약수는 7

23 26◎169 = (26과 129의 최대공약수) = 13
13◎91 = (13과 91의 최소공배수) = $7 \times 13 = 91$
∴ (26◎169)△91 = 91

24 구하는 수를 x라 하면
$x - 2 = (5, 6, 8$의 최소공배수$)$
$= 2 \times 3 \times 4 \times 5 = 120$
$\therefore x - 2 = 120$ $\therefore x = 122$

23 지수법칙(1)

예제 1 (1) x^6 (2) x^8 (3) a^6 (4) $x^6 y^3$

유제 1 (1) $a^6 b^8$ (2) $a^{10} b^5$ (3) $x^{10} y^3$ (4) $x^{12} y^5$

예제 2 (1) x^{15} (2) y^{14} (3) a^{25} (4) $a^{14} x^8$

유제 2 (1) $x^4 y^6$ (2) $a^{12} b^4$ (3) $a^{18} b^{12}$ (4) $a^9 y^6$

예제 3 (1) a^{21} (2) x^{22} (3) x^{22} (4) a^{34}

유제 3 (1) a^9y^{12} (2) $a^{19}x^{16}$ (3) $x^{10}y^7$ (4) $a^{20}x^{10}$

24 지수법칙(2)

예제 1 (1) a^4 (2) 1 (3) $\dfrac{1}{x^2}$ (4) 1 (5) a^5 (6) x^7

유제 1 (1) a^3 (2) $\dfrac{1}{x^5}$ (3) a^{10} (4) $\dfrac{1}{a^7}$

예제 2 (1) x^{14} (2) $\dfrac{1}{a^6}$ (3) x^3 (4) $\dfrac{1}{a}$

유제 2 (1) a^{16} (2) 1 (3) a^{10} (4) x^8

25 지수법칙의 확장

예제 1 (1) a^2b^2 (2) x^6y^{12} (3) $a^3b^9c^6$ (4) $9x^6y^8$

유제 1 (1) x^4y^6 (2) $a^{10}b^6$ (3) $x^7y^8z^{14}$ (4) $a^{21}b^{14}c^{13}$

예제 2 (1) $\dfrac{a^2}{b^2}$ (2) $\dfrac{y^{10}}{x^5}$ (3) $\dfrac{x^4y^4}{z^2}$ (4) $\dfrac{x^4y^8}{z^4}$

유제 2 (1) $\dfrac{x^6}{y^3}$ (2) y^4 (3) $\dfrac{a^4}{b^6}$ (4) $\dfrac{x^6}{y^{12}}$

개념 다지기

01 (1) a^6 (2) a^4b^5 (3) a^{12} (4) x^{12} (5) a^3 (6) 1 (7) $\dfrac{1}{x}$ (8) $\dfrac{1}{a^3}$ (9) x^8y^7 (10) $x^{10}y^3$

02 (1) 6 (2) 12 (3) 12 (4) $12y^2$ (5) $\dfrac{7x^3}{y}$ (6) 2, -8, / 2, 9

03 ⑤   04 ④   05 $2x^3y$

03 ⑤ $9^2=81=3^4$, $9^2\times 3^{\square}=3^4\times 3^{\square}=3^6$
  $\therefore \square = 2$
  ①, ②, ③, ④는 모두 4

04 ① $2^n \times 2^{n+2}=2^n\times 2^n\times 2^2=A\times A\times 4=4A^2$
  ② $2^{n+3}\div 2^n=2^n\times 2^3\div 2^n=8$
  ③ $2^n+2^{n+2}=2^n+2^n\times 2^2=A+4A=5A$
  ④ $6^n=(2\times 3)^n=2^n\times 3^n=3^nA$
  ⑤ $16^n=(2^4)^n=(2^n)^4=A^4$

05 $(x^2y^6)\div\square^2=\dfrac{27}{4}x^9y^{13}\div(3xy)^3=\dfrac{x^6y^4}{4}$
  $\square^2=(x^2y)^6\div\dfrac{x^6y^4}{4}=4x^6y^2$
  $\therefore \square=2x^3y$

26 지수법칙의 활용

예제 1 ④

유제 1 ②

예제 2 ①

예제 3 ④

유제 3-1 ④

유제 3-2 ③

예제 1 $2\text{TB}=2\times 2^{40}(\text{B})=2^{41}(\text{B})$
  $1024\text{MB}=1024\times 2^{20}(\text{B})=2^{10}\times 2^{20}(\text{B})=2^{30}(\text{B})$
  이 때, $2^{41}\div 2^{30}=2^{11}$이므로
  용량이 2TB인 메모리 카드에는 용량이 1024MB인 동영상을 2^{11}편까지 저장할 수 있다.

유제 1 $2\text{TB}=2\times 2^{40}(\text{B})=2^{41}(\text{B})$
  $512\text{MB}=512\times 2^{20}(\text{B})=2^9\times 2^{20}(\text{B})=2^{29}(\text{B})$
  이 때, $2^{41}\div 2^{29}=2^{12}$이므로
  용량이 2TB인 메모리 카드에는 용량이 512MB인 전공 서적을 2^{12}권까지 저장할 수 있다.

예제 2 $4\text{TB}=4\times 2^{40}(\text{B})=2^2\times 2^{40}(\text{B})=2^{42}(\text{B})$
  $16\text{GB}=16\times 2^{30}(\text{B})=2^4\times 2^{30}(\text{B})=2^{34}(\text{B})$
  이 때, $2^{42}\div 2^{34}=2^8=256$이므로
  용량이 4TB인 메모리 카드에는 용량이 16GB인 고화질 용량의 영화를 256편까지 저장할 수 있다.

예제 3 $9^3+9^3+9^3=3\times 9^3=3\times(3^2)^3=3\times 3^6=3^7$ $\therefore a=7$
  $5^2\times 5^2\times 5^2=5^{2+2+2}=5^6$ $\therefore b=6$
  $((11^2)^3)^4=11^{2\times 3\times 4}=11^{24}$ $\therefore c=24$
  $\therefore a+b+c=37$

유제 3-1 $4^5+4^5+4^5+4^5=4\times 4^5=4^6=(2^2)^6=2^{12}$ $\therefore a=12$
  $3^3\times 3^3\times 3^3=3^{3+3+3}=3^9$ $\therefore b=9$
  $((5^2)^3)^4=5^{2\times 3\times 4}=5^{24}$ $\therefore c=24$
  $\therefore a+b+c=12+9+24=45$

유제 3-2 $16^3+16^3=2\times 16^3=2\times(2^4)^3=2\times 2^{12}=2^{13}$
  $\therefore a=13$
  $3^3\times 3^4\times 3^5=3^{3+4+5}=3^{12}$ $\therefore b=12$
  $((5^2)^2)^2=5^{2\times 2\times 2}=5^8$ $\therefore c=8$
  $\therefore a+b+c=13+12+8=33$

27 단항식의 곱셈

예제 1 (1) $-10x^5$ (2) $-27y^7$ (3) $8x^{10}$ (4) $\dfrac{3}{4}a^6$

유제 1 (1) $-56a^6$ (2) $-84x^7$ (3) $-8x^8$ (4) $-6y^9$

예제 2 (1) $25x^2 \times 8x^6 = 200x^8$ (2) $(-8x^3) \times 4x^4 = -32x^7$
(3) $x^8 \times (-27x^9) = -27x^{17}$ (4) $3y^4 \times 9y^4 = 27y^8$

유제 2 (1) $x^8 \times 4x^6 \times (-4x^5) = -16x^{19}$
(2) $4a^6 \times 9a^4 \times a^8 = 36a^{18}$
(3) $4a^4 \times 4a^3 \times (-a^3) = -16a^{10}$
(4) $-27a^6 \times 4a^4 \times (-a^6) = 108a^{16}$

예제 3 (1) $20a^5b^2c^3$ (2) $21a^2x^5$
(3) $-10a^3b^7$ (4) $36a^2b^2 \times 4a^{10}b^6 = 144a^{12}b^8$

유제 3-1 (1) $-10a^3b^7$
(2) $3a^2b \times (-8a^{15}b^9) = -24a^{17}b^{10}$
(3) $a^3b^8 \times (-8a^9b^6) \times 4a^2b^2 = -32a^{14}b^{16}$
(4) $-5a^2bc \times (-8a^9b^3c^6) \times (-2abc^5) = -80a^{12}b^5c^{12}$

유제 3-2 (1) (준식)$= x^4y^2 \times \left(-\dfrac{8y^2}{x^3}\right) = -8xy^5$
(2) (준식)$= a^2b^4 \times \dfrac{a^8}{b^{12}} \times \dfrac{b^8}{a^{10}} = \dfrac{a^{10}b^{12}}{a^{10}b^{12}} = 1$
(3) (준식)$= -3x^2 \times \dfrac{9}{4}y^2 \times \dfrac{4}{3}xy^2 = -9x^3y^4$
(4) (준식)$= \dfrac{1}{4}a^4b^2 \times \dfrac{4a^2}{b^4} \times \left(-\dfrac{8b^9}{a^6}\right) = -8b^7$

28 단항식의 나눗셈

예제 1 (1) $-8a^4$ (2) $3a^3$ (3) $-9x^3$ (4) $\dfrac{1}{4y^2}$

유제 1 (1) $-6x$ (2) $-2x^6$ (3) x^2 (4) $2y^5$

예제 2 (1) $4x^6$ (2) $\dfrac{x^6}{2}$ (3) $162a$ (4) $-\dfrac{5}{a}$

유제 2 (1) $36x^6 \div 4x^2 = 9x^4$ (2) $16x^8 \div 4x^6 = 4x^2$
(3) $-8x^6 \times \left(-\dfrac{1}{12x^6}\right) \times \dfrac{2}{3x} = \dfrac{2}{3} \times \dfrac{2}{3x} = \dfrac{4}{9x}$
(4) $64x^9 \div 4x^6 \div (-x^3) = 16x^3 \div (-x^3) = -16$

예제 3 (1) $81x^{12}y^4 \div (-27x^9y^6) = -\dfrac{3x^3}{y^2}$
(2) $8x^6y^9 \div x^2y^4 = 8x^4y^5$
(3) $8x^{12}y^6 \div 16x^6y^2 = \dfrac{1}{2}x^6y^4$
(4) $4x^4y^{10} \div (-8x^{12}y^3) = -\dfrac{y^7}{2x^8}$

유제 3 (1) $-8x^6y^6z^2 \div x^4y^2z^6 = -\dfrac{8x^2y^4}{z^3}$
(2) $-8x^6y^{12} \times \dfrac{4}{x^6y^{10}} = -32y^2$
(3) $-32a^3b^6 \times \dfrac{1}{4b^2} \times \dfrac{1}{8a^2b^2} = -ab^2$
(4) $\dfrac{9}{4}a^6b^4 \div \left(-\dfrac{1}{8}a^3b^6\right) = \dfrac{9a^6b^4}{4} \times \left(-\dfrac{8}{a^3b^6}\right) = -\dfrac{18a^3}{b^2}$

29 단항식의 곱셈과 나눗셈의 혼합계산

예제 1 (1) $-a^3$ (2) y^5 (3) $8a^2b$

유제 1 (1) $-\dfrac{8a^3}{3b}$ (2) x^3y^4 (3) $-\dfrac{b}{2}$

예제 2 (1) $4x^3$ (2) $5a^3b$ (3) $-4a^2$

유제 2 (1) $-6x^2$ (2) x^6 (3) $-12ab^3$

예제 1 (2) $-x^3y^6 \div x^3y^3 \times (-y^2) = (-y^3) \times (-y^2) = y^5$

유제 1 (1) $\dfrac{4}{9}a^2b^2 \times \dfrac{3}{4}a \times \left(-\dfrac{8}{b^3}\right) = -\dfrac{8a^3}{3b}$
(2) $\dfrac{xy^2}{4} \times \dfrac{1}{x^2y^2} \times 4x^4y^4 = x^3y^4$
(3) $\dfrac{ab^2}{6} \times \left(\dfrac{9a^4b^2}{4}\right) \times \left(-\dfrac{4}{3a^5b^3}\right) = \dfrac{-a^5b^4}{2a^5b^3} = -\dfrac{b}{2}$

예제 2 (2) $-5a^4b^3 \times \boxed{} = (25a^6b^2) \times (-ab^2)$
$\boxed{} = \dfrac{-25a^7b^4}{-5a^4b^3} = 5a^3b$
(3) $-\dfrac{6ab^2}{8ab} \times \boxed{} = 3a^2b$ $\boxed{} = 3a^2b \times \left(-\dfrac{8ab}{6ab^2}\right)$
$\therefore \boxed{} = -4a^2$

유제 2 (1) $\boxed{} = -42x^3 \div 7x = -6x^2$
(2) $x^{10} \div \boxed{} = x^2 \times x^2$,
$\boxed{} = x^{10} \div x^4 = x^6$
(3) $64ab^2 \div \boxed{} = \dfrac{16ab}{-3ab^2} = \dfrac{16}{-3b}$,
$\boxed{} = 64ab^2 \times \left(\dfrac{-3b}{16}\right) = -12ab^3$

개념 다지기

01 (1) $6x^3y^2$ (2) $24a^8$ (3) $144x^6y^4$ (4) $4x$ (5) $64b^4$ (6) $-32y^3$

02 (1) $-3x^5$ (2) $-\dfrac{3}{4}xy^2$ (3) $12y^2$ (4) $-2x^3y^2$

03 ② **04** $2b$ **05** ③

01 (3) $-8x^3 \times 9y^2 \times (-2x^3y^2) = 144x^6y^4$
(4) $16x^3y^4 \div 4x^2y^4 = 4x$
(5) $16a^2b^6 \times \dfrac{4}{a^2b^2} = 64b^4$
(6) $-32x^3y^5 \times \dfrac{4}{x^2} \times \dfrac{1}{4xy^2} = -32y^3$

03 (준식)$= -\dfrac{27}{64}x^3y^6z^6 \times 64x^4y^2z^2 \div 9x^2y^2z^4$
$= -27x^7y^8z^8 \div 9x^2y^2z^4$
$= -3x^5y^6z^4$
$\therefore A = -3,\ B = 5,\ C = 6,\ D = 4$
$\therefore A + B + C + D = 12$

04 높이를 h라 하면 직육면체의 부피 V는
$V = 4a^2b \times 7ab^2 \times h = 56a^3b^4$
$\therefore h = 2b$

05 $-a^3b^6 \times a^6b^6 \div ab^2 = -a^9b^{12} \div ab^2 = -a^8b^{10}$

소단원 종합 학습(1)

01 ④	02 ⑤	03 ⑤	04 ⑤	05 ②
06 ④	07 ③	08 ③	09 ⑤	10 ⑤
11 ①	12 ③	13 ③	14 ②	15 ④
16 ②	17 ①	18 ③	19 ④	20 ②
21 18	22 5	23 1000000(또는 10^6)		
24 15	25 0			

03 (준식) $= a \times 3a^4 \times (-8a^9) = -24a^{14}$

04 $4x^4y^2z^4 \times \dfrac{1}{8xy^3z} \times xy^2 = \dfrac{4x^5y^4z^4}{8xy^3z} = \dfrac{x^4yz^3}{2}$

06 $4^x = (2\times 2)^x = 2^x \times 2^x = 2^{x+x} = 2^{2x}$
$4^x \div 2^4 = 2^{2x} \div 2^4 = 2^{2x-4} = 2^6$
$\therefore 2x-4=6 \quad x=5$

07 $(a^2 \times a^6)^2 \div a^4 = (a^8)^2 \div a^4 = a^{16} \div a^4 = a^{16-4} = a^{12}$

08 $a^4b^6 \times \dfrac{a^6}{b^3} \times \dfrac{1}{a^4b} = \dfrac{a^{10}b^6}{a^4b^4} = a^6b^2$

09 $x^2y^4 \times \left(-\dfrac{1}{x^2y^6}\right) \times (-x^6y^3) = \dfrac{x^8y^7}{x^2y^6} = x^6y$

10 $3^{x-5+2} = 81 = 3^4 \quad \therefore x-5+2 = 4$
$\therefore x = 7$

11 48을 소인수분해하면 $2^4 \times 3$
$(2^4 \times 3)^4 = 2^{16} \times 3^4 = 2^{4x} \times 3^4 = 2^y \times 3^z$
$x = 4, \ y = 16, \ z = 4$
$\therefore x+y+z = 24$

12 $\dfrac{x^{10}y^{5B}}{x^{5A}y^{15}} = \dfrac{x^5}{y^{10}}$
$5A = 5 \quad \therefore A = 1, \quad 5B = 5 \quad \therefore B = 1$

13 $x^{15} \div x^{2\square} = x^{15-2\square} = x^7 \quad 15-2\square = 7 \quad \therefore \square = 4$

14 $\square^2 = \dfrac{-12x^6y^8}{-3x^2y^2} = 4x^4y^6 = (\pm 2x^2y^3)^2$

15 $\left(-\dfrac{4}{3}a^2bc\right)^3 \div [\ ] = \dfrac{16a^2b^4c^4}{9} \times \left(-\dfrac{2}{ab^2}\right)$
$= -\dfrac{32a^2b^4c^4}{9ab^2} = -\dfrac{32ab^2c^4}{9}$
$[\ ] = -\dfrac{64}{27}a^6b^3c^3 \div \left(-\dfrac{32ab^2c^4}{9}\right) = \dfrac{64}{27}a^6b^3c^3 \times \dfrac{9}{32ab^2c^4} = \dfrac{2a^5b}{3c}$

16 $-12a^5b^5 \div \square = 2a^2b$
$\square = -12a^5b^5 \div 2a^2b = -6a^3b^4$

17 $a^{6x} \times b^{3y} \times b^{3x} = a^{6x} \times b^{3y+3x} = a^{36} \times b^{24}$
$6x = 36, \ 3x+3y = 24 \quad \therefore x=6, \ y=2 \quad \therefore x+y = 8$

18 ① $a^5 \times a^4 = a^9$ \quad ② a \quad ④ $\dfrac{1}{a^5} \times \dfrac{1}{a^4} = \dfrac{1}{a^9}$ \quad ⑤ $\dfrac{1}{a} \times \dfrac{1}{a} = \dfrac{1}{a^2}$

19 $\dfrac{1}{27^3} = \dfrac{1}{(3\times 3\times 3)^3} = \dfrac{1\times 3}{3^9 \times 3} = \dfrac{3}{3^{10}} = \dfrac{3}{A}$

20 $8a^3b^8 \times (-8a^9b^6) \div (8a^3b^3) = \dfrac{-64a^{12}b^{14}}{8a^3b^3} = -8a^9b^{11}$

서술형

21 $(4a^4)^p = 4^p a^{4p} = qa^8$
$\therefore p = 2, \ q = 16 \quad p+q = 18$

22 $\dfrac{a^2bx}{2} \times \dfrac{4a^2b^2y^2}{9} \times \dfrac{9b^2x^2y^2}{16} = \dfrac{1}{8}a^4b^5x^3y^4$
$\therefore \square = 5$

23 $4^{10} = (2\times 2)^{10} = 2^{10} \times 2^{10} = 1000 \times 1000 = 1000000 = 10^6$

24 $2 \times 3 \times 2^2 \times 5 \times (2\times 3) \times 7 \times 2^3 \times 3^2 \times (2\times 5) = 2^8 \times 3^4 \times 5^2 \times 7$

25 n이 홀수이면 $n+1$은 짝수
(준식) $= a^n + a^{n+1} - a^{n+1} - a^n = 0$

30 다항식의 곱셈

예제 1
(1) $3x^2 + 3xy$ (2) $-6a^2 + 4a$ (3) $2x^2 + 6xy - 2xz$
(4) $2x^2 - 4x$

유제 1
(1) $2x^3 + 4x^2y$ \quad (2) $8x^2 - 10xy$
(3) $2x - y + \dfrac{1}{2}$ \quad (4) $-3x^2 - 6xy + 9xz$

예제 2
(1) $2ac + 6ad + bc + 3bd$ \quad (2) $2ac - 6ad + bc - 3bd$
(3) $2ac + 6ad - bc - 3bd$ \quad (4) $2ac - 6ad - bc + 3bd$

유제 2
(1) $8ac + 2ad + 12bc + 3bd$ \quad (2) $8ac + 2ad - 12bc - 3bd$
(3) $2xy - 6x + 4y - 12$ \quad (4) $6y + 2 - 9xy - 3x$

예제 3
(1) $11x + 5y - 3$ \quad (2) $8x^2 - 36x$
(3) $9x^2 - 7x + 6$ \quad (4) $-7x^2 + 12x + 23$

유제 3
(1) $14x - 13y$ \quad (2) $-3x^2 - 8x$
(3) $5x^2 - 5x + 2$ \quad (4) $-12x^2 + 16x + 29$

예제 4
(1) $x^2 + 6x + 8$ \quad (2) $2x^2 + 5x - 12$
(3) $4x^2 - 5x - 6$ \quad (4) $5x^2 - 19x + 12$

유제 4
(1) $x^2 + 8x + 15$ \quad (2) $6x^2 - 19x + 8$
(3) $3a^2 - 17ab - 28b^2$ \quad (4) $2x^2 - xy - 6y^2$

예제 5 해설 참조 \qquad **유제 5** 해설 참조

예제 6 해설 참조

유제 6
(1) $x^2 + 2xy - 3y^2 - x + y$
(2) $2x^2 - 7xy + 3y^2 + 3x - 9y$

(3) x^3+3x^2-x-3 (4) $6x^3-5x^2-9x-2$

예제 3
(1) $5(x+4y)+3(2x-5y-1)$
$=5x+20y+6x-15y-3=11x+5y-3$
(2) $4x(x-7)+2x(2x-4)=4x^2-28x+4x^2-8x$
$=8x^2-36x$
(3) $(6x^2-5x+5)-(-3x^2+2x-1)$
$=6x^2-5x+5+3x^2-2x+1=9x^2-7x+6$
(4) $-3(2x^2-3x-7)-(x^2-3x-2)$
$=-6x^2+9x+21-x^2+3x+2=-7x^2+12x+23$

유제 3
(1) $8(x-2y)+3(2x+y)=8x-16y+6x+3y$
$=14x-13y$
(2) $3x(x-6)-2x(3x-5)=3x^2-18x-6x^2+10x$
$=-3x^2-8x$
(3) $(2x^2-3x+1)-(-3x^2+2x-1)$
$=2x^2-3x+1+3x^2-2x+1=5x^2-5x+2$
(4) $-5(2x^2-3x-5)-(2x^2-x-4)$
$=-10x^2+15x+25-2x^2+x+4=-12x^2+16x+29$

예제 4
(1) $(x+2)(x+4)=x^2+(2+4)x+2\times 4=x^2+6x+8$
(2) $(2x-3)(x+4)=2x^2+8x-3x-12=2x^2+5x-12$
(3) $(4x+3)(x-2)=4x^2+3x-8x-6=4x^2-5x-6$
(4) $(x-3)(5x-4)=5x^2-4x-15x+12$
$=5x^2-19x+12$

유제 4
(1) $(x+5)(x+3)=x^2+(5+3)x+5\times 3=x^2+8x+15$
(2) $(3x-8)(2x-1)=(3\times 2)x^2+(-3-16)x+8$
$=6x^2-19x+8$
(3) $(a-7b)(3a+4b)=3a^2+(4-21)ab-7b\times 4b$
$=3a^2-17ab-28b^2$
(4) $(2x+3y)(x-2y)=2x^2+(3-4)xy+3y\times(-2y)$
$=2x^2-xy-6y^2$

예제 5
(1) $(x-7)(y+3)=xy+3x-7y-21$ x항의 계수: 3
(2) $(2+x)(4-3x)=8-6x+4x-3x^2$
$=-3x^2-2x+8$ x^2항의 계수: -3
(3) $(x+3)(x-9)=x^2-6x-27$ x항의 계수: -6
(4) $(x+3)(2y-1)=2xy-x+6y-3$ y항의 계수: 6

유제 5
(1) $(2x-y)(3x-4y)=6x^2-11xy+4y^2$
xy항의 계수: -11
(2) $(x^2-x+2)(x-2)=x^3-2x^2-x^2+2x+2x-4$
$=x^3-3x^2+4x-4$
x^2항의 계수: -3
(3) $(3x+2y)(x^2-2x+3)$
$=3x^3-6x^2+9x+2x^2y-4xy+6y$
xy항의 계수: -4
(4) $(x-2y)(x+2y)=x^2-4y^2$ y^2항의 계수: -4

예제 6
(1) $(x+y)=M$으로 치환
$=M(x+2y+3)=xM+2yM+3M$
$=x(x+y)+2y(x+y)+3(x+y)$
$=x^2+xy+2xy+2y^2+3x+3y$
$=x^2+3x+3xy+2y^2+3y$
(2) $(x+1)=M$으로 치환
$=M(x^2+3x+1)=x^2M+3xM+M$
$=x^2(x+1)+3x(x+1)+(x+1)$
$=x^3+x^2+3x^2+3x+x+1$
$=x^3+4x^2+4x+1$
(3) $(x+1)=M$으로 치환
$=M(x^2-2x+3)=x^2M-2xM+3M$
$=x^2(x+1)-2x(x+1)+3(x+1)$
$=x^3+x^2-2x^2-2x+3x+3=x^3-x^2+x+3$
(4) $2x+1=M$으로 치환
$=M(x^2-2x+1)=x^2M-2xM+M$
$=x^2(2x+1)-2x(2x+1)+(2x+1)$
$=2x^3+x^2-4x^2-2x+2x+1=2x^3-3x^2+1$

유제 6
(1) $(x+3y-1)(x-y)=x^2-xy+3xy-3y^2-x+y$
$=x^2+2xy-3y^2-x+y$
(2) $(2x-y+3)(x-3y)=2x^2-6xy-xy+3y^2+3x-9y$
$=2x^2-7xy+3y^2+3x-9y$
(3) $(x^2+2x-3)(x+1)=x^3+x^2+2x^2+2x-3x-3$
$=x^3+3x^2-x-3$
(4) $(2x^2-3x-1)(3x+2)$
$=6x^3+4x^2-9x^2-6x-3x-2$
$=6x^3-5x^2-9x-2$

31 합의 제곱, 차의 제곱 (곱셈공식)

예제 1
(1) $x^2+10x+25$ (2) $x^2+4xy+4y^2$ (3) $9x^2+6xy+y^2$
(4) $4x^2+12xy+9y^2$

유제 1
(1) x^2+4x+4 (2) $x^2+10xy+25y^2$
(3) $9x^2+6xy+y^2$ (4) $9x^2+12xy+4y^2$

예제 2
(1) x^2-2x+1 (2) $x^2-4xy+4y^2$
(3) $4x^2-12xy+9y^2$ (4) $x^2-\frac{3}{2}x+\frac{9}{16}$

유제 2-1
(1) $x^2-8x+16$ (2) $9x^2-24xy+16y^2$
(3) $25a^2-30ab+9b^2$ (4) $x^2+xy+\frac{1}{4}y^2$

유제 2-2 (1) ㉠ 8 ㉡ 64   (2) ㉠ $2a$ ㉡ 25

유제 2-3 (1) 2, 4 (2) 2, 4 (3) 3, 9 (4) 3, 9

예제 2
(1) $(x-1)^2=x^2-2x+1$
(2) $(x-2y)^2=x^2-2\times x\times 2y+(2y)^2=x^2-4xy+4y^2$
(3) $(2x-3y)^2=(2x)^2-2\times 2x\times 3y+(3y)^2$
$=4x^2-12xy+9y^2$
(4) $\left(x-\frac{3}{4}\right)^2=x^2-2\times x\times\frac{3}{4}+\left(\frac{3}{4}\right)^2=x^2-\frac{3}{2}x+\frac{9}{16}$

유제 2-1
(1) $(x-4)^2=x^2-2\times 4\times x+4^2=x^2-8x+16$
(2) $(3x-4y)^2=(3x)^2-2\times 3x\times 4y+(4y)^2$

$$= 9x^2 - 24xy + 16y^2$$
(3) $(5a-3b)^2 = (5a)^2 - 2 \times 5a \times 3b + (3b)^2$
$$= 25a^2 - 30ab + 9b^2$$
(4) $\left(-x-\frac{1}{2}y\right)^2 = (-x)^2 + 2 \cdot (-x) \cdot \left(-\frac{1}{2}y\right) + \left(-\frac{1}{2}y\right)^2$
$$= x^2 + xy + \frac{1}{4}y^2$$

32 합, 차의 곱 (곱셈공식)

예제 1 (1) $x^2 - y^2$ (2) $x^2 - (2y)^2 = x^2 - 4y^2$
(3) $4x^2 - \frac{4}{9}$ (4) $\frac{1}{4} - a^2$

유제 1 (1) $9x^2 - 25y^2$ (2) $4x^2 - \frac{1}{4}$
(3) $a^2 - 36b^2$ (4) $(-2a)^2 - b^2 = 4a^2 - b^2$

예제 1 (1) $(x+y)(x-y) = x^2 - y^2$
(2) $(x+2y)(x-2y) = x^2 - (2y)^2 = x^2 - 4y^2$
(3) $\left(2x+\frac{2}{3}\right)\left(2x-\frac{2}{3}\right) = (2x)^2 - \left(\frac{2}{3}\right)^2 = 4x^2 - \frac{4}{9}$
(4) $\left(\frac{1}{2}-a\right)\left(\frac{1}{2}+a\right) = \left(\frac{1}{2}\right)^2 - a^2 = \frac{1}{4} - a^2$

유제 1 (1) $(3x+5y)(3x-5y) = (3x)^2 - (5y)^2 = 9x^2 - 25y^2$
(2) $\left(2x+\frac{1}{2}\right)\left(2x-\frac{1}{2}\right) = (2x)^2 - \left(\frac{1}{2}\right)^2 = 4x^2 - \frac{1}{4}$
(3) $(-a-6b)(-a+6b) = (-a)^2 - (6b)^2 = a^2 - 36b^2$
(4) $(b-2a)(-2a-b) = (-2a+b)(-2a-b)$
$$= (-2a)^2 - b^2 = 4a^2 - b^2$$

개념 다지기

01 (1) $x^2 + 5x + 6$ (2) $x^2 - 3x - 28$ (3) $2x^2 + 5x + 3$
(4) $x^2 + 2xy + y^2$ (5) $-3a^2 + 13ab - 12b^2$ (6) $a^2 + ab - 6b^2$

02 (1) $x^2 + 2xy + y^2$ (2) $\frac{1}{4}x^2 + 3xy + 9y^2$ (3) $9x^2 - 6xy + y^2$
(4) $36a^2 + 60a + 25$

03 $A = \frac{1}{3}y$, $B = \frac{1}{6}xy$이거나 $A = -\frac{1}{3}y$, $B = -\frac{1}{6}xy$

04 (1) $x^2 - 2xy + y^2$ (2) $\frac{1}{4}x^2 - 3xy + 9y^2$ (3) $9x^2 + 6xy + y^2$
(4) $36a^2 - 60a + 25$

05 (1) $x^4 - y^4$ (2) $x^8 - 2x^4y^4 + y^8$ (3) $\frac{1}{4}a^2 - \frac{1}{9}b^2$
(4) $a^2 + 4ab + 4b^2 - 9$

01 (1) (준식) $= x^2 + (2+3)x + 2 \times 3 = x^2 + 5x + 6$
(2) (준식) $= x^2 + (4-7)x + 4 \times (-7) = x^2 - 3x - 28$
(3) (준식) $= 2x^2 + (3+2)x + 1 \times 3 = 2x^2 + 5x + 3$
(4) (준식) $= x^2 + 2 \times x \times y + y^2 = x^2 + 2xy + y^2$

02 (1) (준식) $= x^2 + 2 \times x \times y + y^2 = x^2 + 2xy + y^2$
(2) (준식) $= \left(\frac{1}{2}x\right)^2 + 2 \times \frac{1}{2}x \times 3y + (3y)^2 = \frac{1}{4}x^2 + 3xy + 9y^2$
(3) (준식) $= (-3x)^2 + 2 \times (-3x) \times y + y^2 = 9x^2 - 6xy + y^2$
(4) (준식) $= (6a)^2 + 2 \times 6a \times 5 + 5^2 = 36a^2 + 60a + 25$

03 (준식) $= \left(\frac{1}{4}x\right)^2 + 2 \times \frac{1}{4}x \times A + A^2$
$$= \frac{1}{16}x^2 + \frac{1}{2}xA + A^2$$
$$= \frac{1}{16}x^2 + B + \frac{1}{9}y^2$$
$A^2 = \frac{1}{9}y^2$이므로 $A = \pm\frac{1}{3}y$이고, $\frac{1}{2}x \times A = B$이므로

i) $A = \frac{1}{3}y$일 때 $B = \frac{1}{2}x \times \frac{1}{3}y = \frac{1}{6}xy$

ii) $A = -\frac{1}{3}y$일 때 $B = \frac{1}{2}x \times \left(-\frac{1}{3}\right)y = -\frac{1}{6}xy$

$\therefore A = \frac{1}{3}y$, $B = \frac{1}{6}xy$이거나 $A = -\frac{1}{3}y$, $B = -\frac{1}{6}xy$

04 (1) (준식) $= x^2 - 2 \times x \times y + y^2 = x^2 - 2xy + y^2$
(2) (준식) $= \left(\frac{1}{2}x\right)^2 - 2 \times \frac{1}{2}x \times 3y + (3y)^2 = \frac{1}{4}x^2 - 3xy + 9y^2$
(3) (준식) $= (-3x)^2 - 2 \times (-3x) \times y + (-y)^2 = 9x^2 + 6xy + y^2$
(4) (준식) $= (6a)^2 - 2 \times 6a \times 5 + 5^2 = 36a^2 - 60a + 25$

05 (1) $x^4 - y^4$
(2) $\{(x+y)(x-y)\}^2(x^2+y^2)^2$
$$= \{(x^2-y^2)(x^2+y^2)\}^2$$
$$= (x^4-y^4)^2 = x^8 - 2x^4y^4 + y^8$$
(3) $= \left(\frac{1}{2}a\right)^2 - \left(\frac{1}{3}b\right)^2 = \frac{1}{4}a^2 - \frac{1}{9}b^2$
(4) $a+2b$를 A로 치환
$(A-3)(A+3) = A^2 - 9 = (a+2b)^2 - 9 = a^2 + 4ab + 4b^2 - 9$

33 두 일차식의 곱 (곱셈공식)

예제 1 (1) $x^2 + 7x + 10$ (2) $x^2 - 2x - 8$
(3) $x^2 + 2x - 15$ (4) $x^2 - 8x + 12$

유제 1 (1) $x^2 + 14x + 48$ (2) $x^2 + x - 6$
(3) $x^2 - x - 20$ (4) $x^2 - 11x + 24$

예제 2 (1) $8x^2 + 22x + 15$ (2) $6x^2 + 11x - 10$
(3) $6x^2 - x - 15$ (4) $12x^2 - 23x + 10$

유제 2 (1) $6x^2 + 17x + 5$ (2) $12x^2 - 7x - 10$
(3) $-10x^2 + 11x + 6$ (4) $10x^2 - 19x + 6$

예제 3 (1) $15x^2 + 14xy - 8y^2$ (2) $4x^2 - 23xy + 15y^2$
(3) $6x^2 - xy - 2y^2$ (4) $6x^2 - 7xy + 2y^2$

유제 3 (1) $6x^2 + 7xy + 2y^2$ (2) $6x^2 + xy - 2y^2$
(3) $x^2 - 3xy + 2y^2$ (4) $6x^2 + 5xy - 6y^2$

예제 1
(1) $x^2+(2+5)x+2\times 5=x^2+7x+10$
(2) $x^2+(2-4)x+2\times(-4)=x^2-2x-8$
(3) $x^2+(-3+5)x+(-3)\times 5=x^2+2x-15$
(4) $x^2+(-2-6)x+(-2)\times(-6)=x^2-8x+12$

유제 1
(1) (준식)$=x^2+(8+6)x+8\times 6=x^2+14x+48$
(2) (준식)$=x^2+(3-2)x+3\times(-2)=x^2+x-6$
(3) (준식)$=x^2+(-5+4)x+(-5)\times 4=x^2-x-20$
(4) (준식)$=x^2+(-3-8)x+(-3)\times(-8)$
$=x^2-11x+24$

예제 2
(1) (준식)$=(2\times 4)x^2+(2\times 5+3\times 4)x+3\times 5$
$=8x^2+22x+15$
(2) (준식)$=(2\times 3)x^2+(2\times(-2)+5\times 3)x+5\times(-2)$
$=6x^2+11x-10$
(3) (준식)$=(3\times 2)x^2+(3\times 3+(-5)\times 2)x+(-5)\times 3$
$=6x^2-x-15$
(4) (준식)$=(3\times 4)x^2+(3\times(-5)+(-2)\times 4)x$
$+(-2)\times(-5)=12x^2-23x+10$

유제 2
(1) (준식)$=(2\times 3)x^2+(2\times 1+5\times 3)x+1\times 5$
$=6x^2+17x+5$
(2) (준식)$=(3\times 4)x^2+(3\times(-5)+2\times 4)x+(-5)\times 2$
$=12x^2-7x-10$
(3) (준식)$=(-2\times 5)x^2+((-2)\times 2+3\times 5)x+2\times 3$
$=-10x^2+11x+6$
(4) (준식)$=\{(-2)\times(-5)\}x^2+\{(-2)\times 2+3\times(-5)\}x$
$+3\times 2=10x^2-19x+6$

예제 3
(1) (준식)$=(3\times 5)x^2+\{3\times(-2)+4\times 5\}xy$
$+\{(-2)\times 4\}y^2=15x^2+14xy-8y^2$
(2) (준식)$=(4\times 1)x^2+\{4\times(-5)+(-3)\times 1\}xy$
$+\{(-3)\times(-5)\}y^2=4x^2-23xy+15y^2$
(3) (준식)$=(2\times 3)x^2+\{2\times(-2)+1\times 3\}xy$
$+(-2)y^2=6x^2-xy-2y^2$
(4) (준식)$=(2\times 3)x^2+\{2\times(-2)+(-1)\times 3\}xy$
$+\{(-1)\times(-2)\}y^2=6x^2-7xy+2y^2$

유제 3
(1) (준식)$=(2\times 3)x^2+(2\times 2+1\times 3)xy+(1\times 2)y^2$
$=6x^2+7xy+2y^2$
(2) (준식)$=(2\times 3)x^2+\{2\times 2+(-1)\times 3\}xy$
$+\{(-1)\times 2\}y^2=6x^2+xy-2y^2$
(3) (준식)$=x^2+(-2-1)xy+\{(-1)\times(-2)\}y^2$
$=x^2-3xy+2y^2$
(4) (준식)$=(2\times 3)x^2+\{2\times(-2)+3\times 3\}xy$
$+\{(-2)\times 3\}y^2=6x^2+5xy-6y^2$

개념 다지기

01 (1) $x^2+8x+15$ (2) $x^2-4x-12$ (3) $x^2+2xy-48y^2$
(4) $x^2-\dfrac{5}{6}x+\dfrac{1}{6}$ 02 $A=4$, $B=-1$ 03 (1) $15x^2+19x+6$
(2) $8x^2+2x-15$ (3) $18x^2-9x-20$ (4) $6x^2-2x+\dfrac{1}{6}$
(5) $6x^2-23x+15$ (6) $6x^2+13xy-5y^2$ 04 (1) ⓐ$=2$, ⓑ$=5$
(2) ⓐ$=6$, ⓑ$=5$ 05 풀이 참조

01 (1) (준식)$=x^2+(3+5)x+3\times 5$
$=x^2+8x+15$
(2) (준식)$=x^2+(2-6)x+2\times(-6)$
$=x^2-4x-12$
(3) (준식)$=x^2+(-6+8)xy+(-6)\times 8\times y^2$
$=x^2+2xy-48y^2$
(4) (준식)$=x^2+\left(-\dfrac{1}{2}-\dfrac{1}{3}\right)x+\left(-\dfrac{1}{2}\right)\times\left(-\dfrac{1}{3}\right)$
$=x^2-\dfrac{5}{6}x+\dfrac{1}{6}$

02 (준식)$=x^2+(3-A)x-3A=x^2+Bx-12$
$-3A=-12$, $A=4$
$B=3-A=3-4=-1$
$\therefore A=4$, $B=-1$

03 (1) (준식)$=(3\times 5)x^2+(3\times 3+2\times 5)x+2\times 3$
$=15x^2+19x+6$
(2) (준식)$=(2\times 4)x^2+\{2\times(-5)+3\times 4\}x+(-5)\times 3$
$=8x^2+2x-15$
(3) (준식)$=(3\times 6)x^2+\{3\times 5+(-4)\times 6\}x+(-4)\times 5$
$=18x^2-9x-20$
(4) (준식)$=(2\times 3)x^2+\left\{2\times\left(-\dfrac{1}{2}\right)+\left(-\dfrac{1}{3}\right)\times 3\right\}x$
$+\left(-\dfrac{1}{3}\right)\times\left(-\dfrac{1}{2}\right)=6x^2-2x+\dfrac{1}{6}$
(5) (준식)$=15-5x-18x+6x^2=6x^2-23x+15$
(6) (준식)$=(2\times 3)x^2+\{3\times 5+(-1)\times 2\}xy+\{(-1)\times 5\}y^2$
$=6x^2+13xy-5y^2$

04 (1) $x^2+(a+3)x+3a=x^2+bx+6$
$3a=6$이므로 $a=2$
$b=a+3=2+3=5$
$a=2$, $b=5$
(2) $x^2+(a-1)x-a=x^2+bx-6$
$a=6$
$b=a-1=6-1=5$

05 $a^2x^2+2abxy+b^2y^2 = x^2 - \dfrac{1}{2}xy+cy^2$

$a^2=1$이므로 $a=\pm 1$, $2ab=-\dfrac{1}{2}$, $b^2=c$

i) $a=+1$이면 $b=-\dfrac{1}{4}$, $c=\left(-\dfrac{1}{4}\right)^2=\dfrac{1}{16}$

ii) $a=-1$이면 $b=\dfrac{1}{4}$, $c=\left(\dfrac{1}{4}\right)^2=\dfrac{1}{16}$

$\begin{cases} a=1, \ b=-\dfrac{1}{4}, \ c=\dfrac{1}{16} \\ a=-1, \ b=\dfrac{1}{4}, \ c=\dfrac{1}{16} \end{cases}$

34 공통부분이 있는 식의 전개

예제 1 (1) $4x^2+4xy+y^2+10x+5y+6$
(2) $9x^2-4y^2+12y-9$

유제 1 (1) $9a^2+12ab+4b^2+3a+2b-2$
(2) $4x^2-9y^2+12y-4$

예제 1 (1) $2x+y=A$로 놓으면
$(2x+y+3)(2x+y+2) = (A+3)(A+2)$
$= A^2+5A+6$
$= (2x+y)^2+5(2x+y)+6$
$= 4x^2+4xy+y^2+10x+5y+6$

(2) $(3x-2y+3)(3x+2y-3)$
$= \{3x-(2y-3)\}\{3x+(2y-3)\}$
($2y-3=A$로 놓으면)
$= (3x-A)(3x+A)$
$= 9x^2-A^2 = 9x^2-(2y-3)^2$
$= 9x^2-(4y^2-12y+9)$
$= 9x^2-4y^2+12y-9$

유제 1 (1) $3a+2b=A$로 놓으면
$(3a+2b+2)(3a+2b-1) = (A+2)(A-1)$
$= A^2+A-2$
$= (3a+2b)^2+(3a+2b)-2$
$= 9a^2+12ab+4b^2+3a+2b-2$

(2) $(2x-3y+2)(2x+3y-2)$
$= \{2x-(3y-2)\}\{2x+(3y-2)\}$
($3y-2=A$로 놓으면)
$= (2x-A)(2x+A) = 4x^2-A^2$
$= 4x^2-(3y-2)^2$
$= 4x^2-(9y^2-12y+4)$
$= 4x^2-9y^2+12y-4$

35 곱셈공식을 이용한 수의 계산

예제 1 (1) 10201 (2) 9604 (3) 4899 (4) 20910

유제 1 (1) 10609 (2) 9216 (3) 9999 (4) 31710

예제 2 (1) $\dfrac{3}{2}$ (2) 5 (3) 1 (4) $\dfrac{5}{2}$

유제 2 (1) 12 (2) 14 (3) 12 (4) 28

예제 1 (1) (준식) $= (100+1)^2 = 100^2+2\times 100+1^2$
$= 10000+200+1 = 10201$

(2) (준식) $= (100-2)^2 = 100^2+2\times 100\times(-2)+(-2)^2$
$= 10000-400+4 = 9604$

(3) (준식) $= (70-1)(70+1) = 70^2-1^2$
$= 4900-1 = 4899$

(4) (준식) $= (100+2)(2\times 100+5)$
$= 2\times 100^2+(1\times 5+2\times 2)100+2\times 5$
$= 20000+900+10 = 20910$

유제 1 (1) (준식) $= (100+3)^2 = 100^2+2\times 100\times 3+3^2$
$= 10000+600+9 = 10609$

(2) (준식) $= (100-4)^2 = 100^2+2\times 100\times(-4)+(-4)^2$
$= 10000-800+16 = 9216$

(3) (준식) $= (100-1)(100+1) = 100^2-1^2$
$= 10000-1 = 9999$

(4) (준식) $= (100+5)(3\times 100+2)$
$= 3\times 100^2+(1\times 2+5\times 3)100+5\times 2$
$= 30000+1700+10 = 31710$

예제 2 (1) $\dfrac{1}{x}+\dfrac{1}{y} = \dfrac{(y+x)}{xy} = \dfrac{3}{2}$

(2) $x^2+y^2 = (x+y)^2-2xy = 3^2-2\times 2 = 5$

(3) $(x-y)^2 = (x+y)^2-4xy = 3^2-4\times 2 = 1$

(4) $\dfrac{y}{x}+\dfrac{x}{y} = \dfrac{y^2+x^2}{xy}$
$= \dfrac{(x+y)^2-2xy}{xy}$
$= \dfrac{3^2-2\times 2}{2} = \dfrac{5}{2}$

유제 2 (1) $\dfrac{3}{x}+\dfrac{3}{x} = \dfrac{3y+3x}{xy} = \dfrac{3(x+y)}{xy} = \dfrac{3\times 4}{1} = 12$

(2) $x^2+y^2 = (x+y)^2-2xy = 4^2-2 = 14$

(3) $(x-y)^2 = (x+y)^2-4xy = 4^2-4 = 12$

(4) $\dfrac{2y}{x}+\dfrac{2x}{y} = \dfrac{2y^2+2x^2}{xy}$
$= \dfrac{2(x^2+y^2)}{xy}$
$= \dfrac{2\{(x+y)^2-2xy\}}{xy}$
$= \dfrac{2(4^2-2)}{1} = 2\times 14 = 28$

개념 다지기

01 (1) 9409　(2) 9996　(3) 48.99　(4) 10
02 (1) 10　(2) $\dfrac{10}{3}$　(3) $\dfrac{82}{9}$　**03** ②　**04** ④　**05** ③

---

01 (1) (준식)$=(100-3)^2=100^2-2\times100\times3+3^2$
$=10000-600+9=9409$

(2) (준식)$=(100-2)(100+2)=100^2-2^2$
$=10000-4=9996$

(3) (준식)$=(7+0.1)(7-0.1)=7^2-(0.1)^2$
$=49-0.01=48.99$

(4) (준식)$=(2\sqrt{3})^2-(\sqrt{2})^2=12-2=10$

02 (1) (준식)$=(a+b)^2-2ab=4^2-2\times3=10$

(2) (준식)$=\dfrac{b^2+a^2}{ab}=\dfrac{(a+b)^2-2ab}{ab}=\dfrac{4^2-2\times3}{3}=\dfrac{10}{3}$

(3) (준식)$=\dfrac{b^4+a^4}{a^2b^2}=\dfrac{(a^2+b^2)^2-2a^2b^2}{a^2b^2}=\dfrac{10^2-2\times3^2}{3^2}=\dfrac{82}{9}$

03 $(a+b)^2=a^2+b^2+2ab$
$1^2=4+2ab$
$2ab=-3,\ ab=-\dfrac{3}{2}$
$\dfrac{1}{a}+\dfrac{1}{b}=\dfrac{a+b}{ab}=\dfrac{1}{-\dfrac{3}{2}}=-\dfrac{2}{3}$

04 (준식)$=3\{(x+y)^2-2xy\}-5xy$
$=3\{(-3)^2-2\}-5\times1=21-5=16$

05 $\left(x-\dfrac{1}{x}\right)^2=16$　$x^2-2\times x\times\dfrac{1}{x}+\left(\dfrac{1}{x}\right)^2=16$
$x^2+\dfrac{1}{x^2}=18$　(주어진 식)$=18-8=10$

36 분모의 유리화

예제 1 (1) $\dfrac{\sqrt{5}-1}{4}$ (2) $\dfrac{3+\sqrt{5}}{4}$ (3) $8+3\sqrt{7}$ (4) $\dfrac{5-\sqrt{21}}{2}$

유제 1 (1) $\dfrac{\sqrt{6}-2}{2}$ (2) $\dfrac{5+\sqrt{3}}{22}$ (3) $\dfrac{3+\sqrt{5}}{2}$ (4) $\dfrac{9-2\sqrt{14}}{5}$

예제 2 (1) 4 (2) $-6\sqrt{7}$

유제 2 (1) 10 (2) $\sqrt{5}$

예제 1 (1) $\dfrac{1}{\sqrt{5}+1}=\dfrac{\sqrt{5}-1}{(\sqrt{5}+1)(\sqrt{5}-1)}$
$=\dfrac{\sqrt{5}-1}{(\sqrt{5})^2-1^2}=\dfrac{\sqrt{5}-1}{4}$

(2) $\dfrac{1}{3-\sqrt{5}}=\dfrac{3+\sqrt{5}}{(3-\sqrt{5})(3+\sqrt{5})}$
$=\dfrac{3+\sqrt{5}}{3^2-(\sqrt{5})^2}=\dfrac{3+\sqrt{5}}{4}$

(3) $\dfrac{3+\sqrt{7}}{3-\sqrt{7}}=\dfrac{(3+\sqrt{7})^2}{(3-\sqrt{7})(3+\sqrt{7})}=\dfrac{9+6\sqrt{7}+7}{3^2-(\sqrt{7})^2}$
$=\dfrac{16+6\sqrt{7}}{2}=8+3\sqrt{7}$

(4) $\dfrac{\sqrt{7}-\sqrt{3}}{\sqrt{7}+\sqrt{3}}=\dfrac{(\sqrt{7}-\sqrt{3})^2}{(\sqrt{7}+\sqrt{3})(\sqrt{7}-\sqrt{3})}$
$=\dfrac{7-2\sqrt{7}\cdot\sqrt{3}+3}{(\sqrt{7})^2-(\sqrt{3})^2}=\dfrac{10-2\sqrt{21}}{4}$
$=\dfrac{5-\sqrt{21}}{2}$

유제 1 (1) $\dfrac{1}{\sqrt{6}+2}=\dfrac{\sqrt{6}-2}{(\sqrt{6}+2)(\sqrt{6}-2)}$
$=\dfrac{\sqrt{6}-2}{(\sqrt{6})^2-2^2}=\dfrac{\sqrt{6}-2}{2}$

(2) $\dfrac{1}{5-\sqrt{3}}=\dfrac{5+\sqrt{3}}{(5-\sqrt{3})(5+\sqrt{3})}$
$=\dfrac{5+\sqrt{3}}{5^2-(\sqrt{3})^2}=\dfrac{5+\sqrt{3}}{22}$

(3) $\dfrac{5+\sqrt{5}}{5-\sqrt{5}}=\dfrac{(5+\sqrt{5})^2}{(5-\sqrt{5})(5+\sqrt{5})}=\dfrac{25+10\sqrt{5}+5}{5^2-(\sqrt{5})^2}$
$=\dfrac{30+10\sqrt{5}}{20}=\dfrac{3+\sqrt{5}}{2}$

(4) $\dfrac{\sqrt{7}-\sqrt{2}}{\sqrt{7}+\sqrt{2}}=\dfrac{(\sqrt{7}-\sqrt{2})^2}{(\sqrt{7}+\sqrt{2})(\sqrt{7}-\sqrt{2})}$
$=\dfrac{7-2\sqrt{7}\cdot\sqrt{2}+2}{(\sqrt{7})^2-(\sqrt{2})^2}=\dfrac{9-2\sqrt{14}}{5}$

예제 2 (1) $\dfrac{\sqrt{6}+2\sqrt{2}}{\sqrt{6}-\sqrt{2}}+\dfrac{\sqrt{6}-\sqrt{2}}{\sqrt{6}+\sqrt{2}}$
$=\dfrac{(\sqrt{6}+\sqrt{2})^2}{(\sqrt{6}-\sqrt{2})(\sqrt{6}+\sqrt{2})}+\dfrac{(\sqrt{6}-\sqrt{2})^2}{(\sqrt{6}+\sqrt{2})(\sqrt{6}-\sqrt{2})}$
$=\dfrac{6+2\sqrt{6}\cdot\sqrt{2}+2}{4}+\dfrac{6-2\sqrt{6}\cdot\sqrt{2}+2}{4}$
$=\dfrac{8+2\sqrt{12}}{4}+\dfrac{8-2\sqrt{12}}{4}=\dfrac{16}{4}=4$

(2) $\dfrac{3-\sqrt{7}}{3+\sqrt{7}}-\dfrac{3+\sqrt{7}}{3-\sqrt{7}}$
$=\dfrac{(3-\sqrt{7})^2}{(3+\sqrt{7})(3-\sqrt{7})}-\dfrac{(3+\sqrt{7})^2}{(3-\sqrt{7})(3+\sqrt{7})}$
$=\dfrac{9-6\sqrt{7}+7}{2}-\dfrac{9+6\sqrt{7}+17}{2}$
$=\dfrac{16-6\sqrt{7}}{2}-\dfrac{16+6\sqrt{7}}{2}$
$=\dfrac{16-6\sqrt{7}-16-6\sqrt{7}}{2}$
$=-\dfrac{12\sqrt{7}}{2}=-6\sqrt{7}$

유제 2 (1) $\dfrac{3\sqrt{2}+2\sqrt{3}}{3\sqrt{2}-2\sqrt{3}}+\dfrac{3\sqrt{2}-2\sqrt{3}}{3\sqrt{2}+2\sqrt{3}}$

$$= \frac{(3\sqrt{2}+2\sqrt{3})^2}{(3\sqrt{2}-2\sqrt{3})(3\sqrt{2}+2\sqrt{3})}$$
$$+ \frac{(3\sqrt{2}-2\sqrt{3})^2}{(3\sqrt{2}+2\sqrt{3})(3\sqrt{2}-2\sqrt{3})}$$
$$= \frac{18+12\sqrt{2}\cdot\sqrt{3}+12}{(3\sqrt{2})^2-(2\sqrt{3})^2} + \frac{18-12\cdot\sqrt{2}\cdot\sqrt{3}+12}{(3\sqrt{2})^2-(2\sqrt{3})^2}$$
$$= \frac{30+12\sqrt{6}}{6} + \frac{30-12\sqrt{6}}{6}$$
$$= \frac{60}{6} = 10$$

(2) $\frac{5+\sqrt{5}}{5-\sqrt{5}} - \frac{5-\sqrt{5}}{5+\sqrt{5}}$

$$= \frac{(5+\sqrt{5})^2}{(5-\sqrt{5})(5+\sqrt{5})} - \frac{(5-\sqrt{5})^2}{(5+\sqrt{5})(5-\sqrt{5})}$$
$$= \frac{25+10\sqrt{5}+5}{5^2-(\sqrt{5})^2} - \frac{25-10\sqrt{5}+5}{5^2-(\sqrt{5})^2}$$
$$= \frac{30+10\sqrt{5}}{20} - \frac{30-10\sqrt{5}}{20}$$
$$= \frac{30+10\sqrt{5}-30+10\sqrt{5}}{20}$$
$$= \frac{20\sqrt{5}}{20} = \sqrt{5}$$

개념 다지기

01 $2\sqrt{10}$ 02 35 03 14 04 16 05 24

01 $\frac{3}{\sqrt{10}+\sqrt{7}} + \frac{3}{\sqrt{10}-\sqrt{7}}$
$$= \frac{3(\sqrt{10}-\sqrt{7})}{(\sqrt{10}+\sqrt{7})(\sqrt{10}-\sqrt{7})} + \frac{3(\sqrt{10}+\sqrt{7})}{(\sqrt{10}-\sqrt{7})(\sqrt{10}+\sqrt{7})}$$
$$= \frac{3(\sqrt{10}-\sqrt{7})}{(\sqrt{10})^2-(\sqrt{7})^2} + \frac{3(\sqrt{10}+\sqrt{7})}{(\sqrt{10})^2-(\sqrt{7})^2}$$
$$= \sqrt{10}-\sqrt{7}+\sqrt{10}+\sqrt{7}$$
$$= 2\sqrt{10}$$

02 $\frac{2(3-\sqrt{5})}{3+\sqrt{5}} = \frac{2(3-\sqrt{5})^2}{(3+\sqrt{5})(3-\sqrt{5})} = \frac{2(9-6\sqrt{5}+5)}{3^2-(\sqrt{5})^2}$
$$= \frac{2(14-6\sqrt{5})}{9-5} = \frac{28-12\sqrt{5}}{4}$$
$$= 7-3\sqrt{5}$$

∴ $a=7$, $b=5$
∴ $ab = 7 \times 5 = 35$

03 $\frac{1}{x} = \frac{1}{7+4\sqrt{3}} = \frac{(7-4\sqrt{3})}{(7+4\sqrt{3})(7-4\sqrt{3})}$
$$= \frac{7-4\sqrt{3}}{7^2-(4\sqrt{3})^2} = \frac{7-4\sqrt{3}}{49-48} = 7-4\sqrt{3}$$

∴ $x + \frac{1}{x} = (7+4\sqrt{3}) + (7-4\sqrt{3}) = 14$

04 $x = \frac{2}{\sqrt{5}+\sqrt{3}} = \frac{2(\sqrt{5}-\sqrt{3})}{(\sqrt{5}+\sqrt{3})(\sqrt{5}-\sqrt{3})}$
$$= \frac{2(\sqrt{5}-\sqrt{3})}{(\sqrt{5})^2-(\sqrt{3})^2} = \sqrt{5}-\sqrt{3}$$
$y = \frac{2}{\sqrt{5}-\sqrt{3}} = \frac{2(\sqrt{5}+\sqrt{3})}{(\sqrt{5}-\sqrt{3})(\sqrt{5}+\sqrt{3})}$
$$= \frac{2(\sqrt{5}+\sqrt{3})}{(\sqrt{5})^2-(\sqrt{3})^2} = \sqrt{5}+\sqrt{3}$$

∴ $x^2+y^2 = (x+y)^2 - 2xy$
$$= \{(\sqrt{5}-\sqrt{3})+(\sqrt{5}+\sqrt{3})\}^2 - 2(\sqrt{5}-\sqrt{3})(\sqrt{5}+\sqrt{3})$$
$$= (2\sqrt{5})^2 - 2\times 2 = 20 - 4 = 16$$

05 $x = \frac{1}{5-2\sqrt{6}} = \frac{5+2\sqrt{6}}{(5-2\sqrt{6})(5+2\sqrt{6})}$
$$= \frac{5+2\sqrt{6}}{5^2-(2\sqrt{6})^2} = 5+2\sqrt{6}$$

$x = 5+2\sqrt{6}$에서 $x-5 = 2\sqrt{6}$ … ㉠
㉠의 양변을 제곱하면 $x^2-10x+25 = 24$

소단원 종합 학습

01 ④	02 ③	03 ④	04 ④	05 ⑤
06 ③	07 ①	08 ④	09 ②	10 ④
11 ⑤	12 ①	13 ⑤	14 ①	15 ①
16 ⑤	17 ①	18 ①	19 $\frac{9}{4}$	20 $\frac{3}{8}$
21 $10x^2+9x-9$	22 26	23 $2\sqrt{6}$		

01 $\left(2x-\frac{1}{2}\right)^2 = (2x^2) - 2\times 2x \times \left(\frac{1}{2}\right) + \left(\frac{1}{2}\right)^2 = 4x^2 - 2x + \frac{1}{4}$

02 $(x-3y)(Ax+5y) = Ax^2 + (5-3A)xy - 15y^2 = 3x^2 + Bxy - 15y^2$
따라서 $A=3$, $5-3A=B$
∴ $A=3$, $B=-4$
∴ $A+B = 3+(-4) = -1$

03 $3(9x^2+6x+1) - 4(6x^2-x-2)$
$$= 27x^2+18x+3-24x^2+4x+8$$
$$= 3x^2+22x+11$$

04 $x+\frac{1}{x} = 3+\sqrt{5}$의 양변을 제곱하면
$$\left(x+\frac{1}{x}\right)^2 = (3+\sqrt{5})^2$$
$$x^2 + 2\times x \times \frac{1}{x} + \frac{1}{x^2} = 9+6\sqrt{5}+5$$
$$x^2 + 2 + \frac{1}{x^2} = 14+6\sqrt{5}$$
$$x^2 + \frac{1}{x^2} = 12+6\sqrt{5}$$

05 $(4+2\sqrt{2})(a-5\sqrt{2}) = 4a - 20\sqrt{2} + 2a\sqrt{2} - 20$

$= (4a-20) + (2a-20)\sqrt{2}$ ······ ㉠

㉠이 유리수이므로 $2a-20=0$ ∴ $a=10$

06 전체를 전개하지 않고 y와 상수항만 곱한 계수를 이용한다.

$$(5x+y-3)(x-3y+1)$$

$y+9y=(1+9)y=10$

07 (주어진 식) $=(9+4\sqrt{5})(9-4\sqrt{5})(5\sqrt{2}-2)(5\sqrt{2}+2)$
$= \{9^2 - (4\sqrt{5})^2\}\{(5\sqrt{2})^2 - 2^2\}$
$= (81-80)(50-4) = 46$

08 ④ $308 \times 305 = (300+8)(300+5) = (x+a)(x+b)$

09 $2024 = x$라고 놓으면

$$\frac{2022 \times 2026 + 4}{2024} = \frac{(x-2)(x+2)+4}{x} = \frac{x^2-4+4}{x} = x = 2024$$

10 $a - \dfrac{1}{a} = 10$의 양변을 제곱하면

$\left(a - \dfrac{1}{a}\right)^2 = 100$, $a^2 - 2 \times a \times \dfrac{1}{a} + \dfrac{1}{a^2} = 100$

$a^2 - 2 + \dfrac{1}{a^2} = 100$ ∴ $a^2 + \dfrac{1}{a^2} = 102$

11 $(2x-3)(x+a) = 2x^2 + 2ax - 3x - 3a = 2x^2 + (2a-3)x - 3a$

x의 계수가 7이므로 $2a-3=7$ ∴ $a=5$

상수항 $-3a$에 $a=5$를 대입하면 $-3a = -15$

12 $x = \dfrac{4}{\sqrt{5}+1} = \dfrac{4(\sqrt{5}-1)}{(\sqrt{5}+1)(\sqrt{5}-1)} = \dfrac{4(\sqrt{5}-1)}{(\sqrt{5})^2-1^2} = \sqrt{5}-1$

$y = \dfrac{4}{\sqrt{5}-1} = \dfrac{4(\sqrt{5}+1)}{(\sqrt{5}-1)(\sqrt{5}+1)} = \dfrac{4(\sqrt{5}+1)}{(\sqrt{5})^2-1^2} = \sqrt{5}+1$

$x^2 + y^2$
$= (x+y)^2 - 2xy = (2\sqrt{5})^2 - 2(\sqrt{5}-1)(\sqrt{5}+1)$
$= 20 - 2 \times 4 = 12$

13 $(3x+5-2y)(3x-5-2y) = (3x-2y+5)(3x-2y-5)$
$= \{(3x-2y)+5\}\{(3x-2y)-5\}$
$= (3x-2y)^2 - 5^2$
$= 9x^2 - 12xy + 4y^2 - 25$

14 $x = 5 + 2\sqrt{6}$에서 $x-5 = 2\sqrt{6}$

양변을 제곱하면

$x^2 - 10x + 25 = 24$, $x^2 - 10x = -1$

∴ $x^2 - 10x + 10 = -1 + 10 = 9$

15 그림에서 길을 제외한 땅의 넓이는

$(5x+2-1)(3x-1-1)$
$= (5x+1)(3x-2)$
$= 15x^2 - 10x + 3x - 2$
$= 15x^2 - 7x - 2$

16 $x - \dfrac{1}{x} = 7$의 양변을 제곱하면

$\left(x - \dfrac{1}{x}\right)^2 = 7^2$, $x^2 - 2 \times x \times \dfrac{1}{x} + \dfrac{1}{x^2} = 49$

$x^2 - 2 + \dfrac{1}{x^2} = 49$, $x^2 + \dfrac{1}{x^2} = 51$

∴ $\left(x + \dfrac{1}{x}\right)^2 = x^2 + 2 \times x \times \dfrac{1}{x} + \dfrac{1}{x^2} = x^2 + 2 + \dfrac{1}{x^2} = 51+2 = 53$

17 $x = \dfrac{1}{7-4\sqrt{3}} = \dfrac{(7+4\sqrt{3})}{(7-4\sqrt{3})(7+4\sqrt{3})} = \dfrac{7+4\sqrt{3}}{7^2-(4\sqrt{3})^2}$
$= 7+4\sqrt{3}$

$x = 7+4\sqrt{3}$에서 $x-7 = 4\sqrt{3}$ ······ ㉠

㉠의 양변을 제곱하면

$x^2 - 14x + 49 = 48$

∴ $x^2 - 14x + 9 = 8$

18 $f(x) = \dfrac{1}{\sqrt{x+1}+\sqrt{x}}$

$= \dfrac{\sqrt{x+1}-\sqrt{x}}{(\sqrt{x+1}+\sqrt{x})(\sqrt{x+1}-\sqrt{x})}$

$= \dfrac{\sqrt{x+1}-\sqrt{x}}{x+1-x}$

$= \sqrt{x+1} - \sqrt{x}$

∴ $f(1) + f(2) + f(3) + \cdots + f(15)$
$= (\sqrt{2}-\sqrt{1}) + (\sqrt{3}-\sqrt{2}) + (\sqrt{4}-\sqrt{3}) + \cdots + (\sqrt{16}-\sqrt{15})$
$= -\sqrt{1} + \sqrt{16} = -1 + 4 = 3$

19 $\left(2x + \dfrac{1}{2}y\right)^2 = (2x)^2 + 2(2x)\left(\dfrac{1}{2}y\right) + \left(\dfrac{1}{2}y\right)^2 = 4x^2 + 2xy + \dfrac{1}{4}y^2$

$A = 2$, $B = \dfrac{1}{4}$

∴ $A + B = \dfrac{9}{4}$

20 $a + b = 6$의 양변을 제곱하면

$a^2 + 2ab + b^2 = 36$ ······ ㉠

㉠에 $a^2 + b^2 = 4$를 대입하면 $2ab + 4 = 36$

$ab = 16$

∴ $\dfrac{1}{a} + \dfrac{1}{b} = \dfrac{b+a}{ab} = \dfrac{6}{16} = \dfrac{3}{8}$

서술형

21 $(2x+a)(3x-5) = 6x^2 - x - 15$에서 $a = 3$

따라서 바르게 계산하면

$(2x+3)(5x-3) = 10x^2 - 6x + 15x - 9 = 10x^2 + 9x - 9$

22 $\dfrac{501 \times 499 + 99^2 + 200}{100^2}$

$= \dfrac{(500+1)(500-1) + (100-1)^2 + 200}{10000}$

$= \dfrac{250000 - 1 + 10000 - 200 + 1 + 200}{10000} = \dfrac{260000}{10000} = 26$

23 $\dfrac{5}{\sqrt{11}-\sqrt{6}} - \dfrac{5}{\sqrt{11}+\sqrt{6}}$

$= \dfrac{5(\sqrt{11}+\sqrt{6})}{(\sqrt{11}-\sqrt{6})(\sqrt{11}+\sqrt{6})} - \dfrac{5(\sqrt{11}-\sqrt{6})}{(\sqrt{11}+\sqrt{6})(\sqrt{11}-\sqrt{6})}$

$= \dfrac{5(\sqrt{11}+\sqrt{6})}{(\sqrt{11})^2-(\sqrt{6})^2} - \dfrac{5(\sqrt{11}-\sqrt{6})}{(\sqrt{11})^2-(\sqrt{6})^2}$

$= (\sqrt{11}+\sqrt{6}) - (\sqrt{11}-\sqrt{6})$

$= 2\sqrt{6}$

37 인수분해의 뜻

예제 1 (1) x (2) a (3) m (4) $3x$

유제 1 (1) y (2) xy (3) $4ab$ (4) $4my$

예제 2 (1) $a(x+y)$ (2) $m(b-c)$ (3) $ax(b+c)$
(4) $2x(x-2)$ (5) $ab(1+ab+a)$ (6) $3m(x^2+2y^2+3a^2)$
(7) $4a(a^2-3a+1)$ (8) $xy(x+2y-3z)$

유제 2 (1) $3ab(2a-b)$ (2) $-3a(1-4b)$ (3) $4ab(2ab+3)$
(4) $-3xy(3x+2y^2)$ (5) $-xy(x+y-z)$
(6) $ab(abc+b-c^2)$ (7) $-7a(2a+4b-1)$
(8) $5xy(2x-5y+2z)$

예제 3 (1) $(x-y)(a+b)$ (2) $(x-y)(m-n)$
(3) $(3x-y)(a-b+c)$ (4) $(x+1)(y-1)$
(5) $(a-1)(b-2)$ (6) $(y+2z)(2x-3y-1)$

유제 3 (1) $(a-b)(x+y)$ (2) $(a-b)(a-c)$
(3) $(a-b)(x-1)$ (4) $(x+1)(x^2+3)$
(5) $(x+2)(x^2+1)$

예제 4 (1) $(a+1)(2a-3)$ (2) $2x(x-1)$
(3) $(x+y)(x+y+1)$ (4) $(a-b)(a-b-1)$

유제 4 (1) $-2(x+3)$ (2) $(a-1)(2a-1)$
(3) $(2a-b)(2a-b+3)$ (4) $(x+1)\{(x+1)^2-3\}$

예제 4 (1) (준식)$=(a+1)(a-2+a-1)=(a+1)(2a-3)$
(2) (준식)$=(x-1)(x+2+x-2)=2x(x-1)$
(3) (준식)$=(x+y)(x+y+1)$
(4) (준식)$=(a-b)(a-b-1)$

유제 4 (1) (준식)$=(x+3)(x-3-x+1)=-2(x+3)$
(2) (준식)$=(a-1)(a+3-4+a)=(a-1)(2a-1)$
(3) (준식)$=(2a-b)(2a-b+3)$
(4) (준식)$=(x+1)\{(x+1)^2-3\}$

38 완전제곱식을 이용한 인수분해

예제 1 (1) $(x+3)^2$ (2) $(x+5)^2$ (3) $(x-6)^2$
(4) $(x+7)^2$ (5) $(x-4y)^2$ (6) $(a-2b)^2$

유제 1 (1) $(a+10)^2$ (2) $(x-4)^2$ (3) $(a+10b)^2$
(4) $(x-11y)^2$ (5) $(a+3b)^2$ (6) $(p-3q)^2$

예제 2 (1) $m(a+2)^2$ (2) $2(x^2+14x+49)=2(x+7)^2$
(3) $3(x-1)^2$ (4) $a(a+b)^2$

유제 2 (1) $a(x+1)^2$ (2) $a(x-2)^2$ (3) $2a(x-3)^2$
(4) $a(b-1)^2$ (5) $-a(x-3)^2$ (6) $a(x-6y)^2$

예제 3 (1) $(3a+2b)^2$ (2) $(3x-2)^2$ (3) $(5a+2b)^2$
(4) $(4x+1)^2$ (5) $\left(x+\dfrac{1}{2}\right)^2$ (6) $(xy-11)^2$

유제 3 (1) $(6x-5y)^2$ (2) $2(3a+5b)^2$ (3) $\left(a-\dfrac{1}{3}b\right)^2$ (4) $(xy-1)^2$

예제 4 (1) 9 (2) 36 (3) $\dfrac{1}{4}$ (4) $\dfrac{1}{16}$
(5) $36x^2$ (6) y^2

유제 4 (1) 49 (2) 25 (3) $\dfrac{1}{36}$ (4) y^2
(5) $\dfrac{1}{9}$ (6) $\dfrac{3}{4}y^2$

예제 5 (1) ± 6 (2) ± 10 (3) $\pm 8ab$ (4) $\pm 6ab$

유제 5 (1) ± 8 (2) $\pm 8p$ (3) $\pm 8xy$ (4) $\pm 16xy$
(5) $\dfrac{1}{9}p^2$ (6) $\pm \dfrac{2}{3}ab$

예제 2 (1) (준식)$=m(a^2+4a+4)=m(a+2)^2$
(2) (준식)$=2(x^2+14x+49)=2(x+7)^2$
(3) (준식)$=3(x^2-2x+1)=3(x-1)^2$
(4) (준식)$=a(a^2+2ab+b^2)=a(a+b)^2$

유제 2 (1) (준식)$=a(x^2+2x+1)=a(x+1)^2$
(2) (준식)$=a(x^2-4x+4)=a(x-2)^2$
(3) (준식)$=2a(x^2-6x+9)=2a(x-3)^2$
(4) (준식)$=a(b^2-2b+1)=a(b-1)^2$
(5) (준식)$=-a(x^2-6x+9)=-a(x-3)^2$
(6) (준식)$=a(x^2-12xy+36y^2)=a(x-6y)^2$

유제 3 (2) (준식)$=2(9a^2+30ab+25b^2)=2(3a+5b)^2$

예제 4 (1) (준식)$=x^2+2\cdot x\cdot 3+\square$ ∴ $\square=3^2=9$
(2) (준식)$=x^2+2\cdot x\cdot 6+\square$ ∴ $\square=6^2=36$
(3) (준식)$=x^2+2\cdot x\cdot \dfrac{1}{2}+\square$ ∴ $\square=\left(\dfrac{1}{2}\right)^2=\dfrac{1}{4}$
(4) (준식)$=x^2+2\cdot x\cdot\left(-\dfrac{1}{4}\right)+\square$
∴ $\square=\left(-\dfrac{1}{4}\right)^2=\dfrac{1}{16}$
(5) (준식)$=y^2+2\cdot y\cdot 6x+\square$ ∴ $\square=(6x)^2=36x^2$
(6) (준식)$=(2x)^2+2\cdot 2x\cdot y+\square$ ∴ $\square=y^2$

유제 4 (1) (준식)$=x^2+2\cdot x\cdot 7+\square$ ∴ $\square=7^2=49$
(2) (준식)$=y^2-2\cdot y\cdot 5+\square$ ∴ $\square=5^2=25$
(3) (준식)$=a^2-2\cdot a\cdot \dfrac{1}{6}+\square$ ∴ $\square=\left(\dfrac{1}{6}\right)^2=\dfrac{1}{36}$
(4) (준식)$=(3x)^2-2\cdot 3x\cdot y+\square$ ∴ $\square=y^2$
(5) (준식)$=x^2-2\cdot x\cdot \dfrac{1}{3}+\square$ ∴ $\square=\left(\dfrac{1}{3}\right)^2=\dfrac{1}{9}$
(6) (준식)$=3\left(x^2-xy+\dfrac{\square}{3}\right)=3\left(x^2-2\cdot x\cdot \dfrac{y}{2}+\dfrac{\square}{3}\right)$
$\dfrac{\square}{3}=\left(\dfrac{y}{2}\right)^2=\dfrac{y^2}{4}$ ∴ $\square=\dfrac{3}{4}y^2$

예제 5 (1) (준식)$=a^2+\square a+(\pm 3)^2$ ∴ $\square=2(\pm 3)=\pm 6$
(2) (준식)$=x^2+\square x+(\pm 5)^2$ ∴ $\square=2(\pm 5)=\pm 10$
(3) (준식)$=a^2+\square+(\pm 4b)^2$

$$\therefore \boxed{} = 2 \cdot a \cdot (\pm 4b) = \pm 8ab$$
(4) (준식)$= a^2 - \boxed{} + (\pm 3b)^2$
$$\therefore \boxed{} = 2 \cdot a \cdot (\pm 3b) = \pm 6ab$$

유제 5 (1) (준식)$= x^2 + \boxed{} x + (\pm 4)^2 \quad \therefore \boxed{} = 2 \cdot (\pm 4) = \pm 8$
(2) (준식)$= x^2 + \boxed{} x + (\pm 4p)^2$
$$\therefore \boxed{} = 2 \cdot (\pm 4p) = \pm 8p$$
(3) (준식)$= x^2 - \boxed{} + (\pm 4y)^2$
$$\therefore \boxed{} = 2 \cdot x \cdot (\pm 4y) = \pm 8xy$$
(4) (준식)$= (8x)^2 - \boxed{} + y^2$
$$\therefore \boxed{} = 2 \cdot 8x \cdot (\pm y) = \pm 16xy$$
(5) (준식)$= \boxed{} + 2 \cdot \left(\pm \dfrac{1}{3}p\right) \cdot (\pm 3q) + (\pm 3q)^2$
$$\therefore \boxed{} = \left(\pm \dfrac{1}{3}p\right)^2 = \dfrac{1}{9}p^2$$
(6) (준식)$= \left(\dfrac{1}{2}b\right)^2 + \boxed{} + \left(\pm \dfrac{2}{3}a\right)^2$
$$\therefore \boxed{} = 2 \cdot \left(\dfrac{1}{2}b\right) \cdot \left(\pm \dfrac{2}{3}a\right) = \pm \dfrac{2}{3}ab$$

개념 다지기

01 (1) $x(a+b)$ 공통인수: x (2) $a(x-y)$ 공통인수: a
(3) $y(y+1)$ 공통인수: y (4) $3x(x-2)$ 공통인수: $3x$
(5) $ab(ab-b-2)$ 공통인수: ab (6) $y(x^2+5x-37)$ 공통인수: y
02 (1) 16 (2) ± 16 (3) 1 (4) ± 1 (5) $\pm 20xy$ (6) $25y^2$
03 (1) $2(x+2)^2$ (2) $-6(x+y)^2$ (3) $b(2a+b)^2$
(4) $a(3x+4y)^2$
04 ① **05** ④

---

02 (1) $x^2 + 2 \cdot x \cdot 4 + \boxed{} \quad \therefore \boxed{} = 4^2 = 16$
(2) $x^2 - \boxed{} x + (\pm 8)^2 \quad \therefore \boxed{} = 2 \cdot (\pm 8) = \pm 16$
(3) $x^2 + 2 \cdot x \cdot 1 + \boxed{} \quad \therefore \boxed{} = 1^2 = 1$
(4) $a^2 - \boxed{} a + \left(\pm \dfrac{1}{2}\right)^2 \quad \therefore \boxed{} = 2 \cdot \left(\pm \dfrac{1}{2}\right) = \pm 1$
(5) $(\pm 5x)^2 + \boxed{} + (\pm 2y)^2 \quad \therefore \boxed{} = 2 \cdot (\pm 5x) \cdot (\pm 2y) = \pm 20xy$
(6) $(\pm 6)^2 - 2 \cdot (\pm 6x) \cdot (\pm 5y) + \boxed{} \quad \therefore \boxed{} = (\pm 5y)^2 = 25y^2$
03 (1) $2(x^2+4x+4) = 2(x+2)^2$
(2) $-6(x^2+2xy+y^2) = -6(x+y)^2$
(3) $b(4a^2+4ab+b^2) = b(2a+b)^2$
(4) $a(9x^2+24xy+16y^2) = a(3x+4y)^2$
04 $(a-b)x + a(a-b) = (a-b)(x+a) = A(a-b)$
$\therefore A = x+a$
05 $3x(x-2)$
인수는 $3, x, x-2, 3x, 3(x-2), x(x-2), 3x(x-2)$이므로 $x+2$는 인수가 아니다.

---

39 인수분해 공식 $a^2 - b^2 = (a+b)(a-b)$

예제 1 (1) $(x+3)(x-3)$ (2) $\left(x+\dfrac{1}{2}\right)\left(x-\dfrac{1}{2}\right)$
(3) $(3x+2)(3x-2)$ (4) $(5x+9y)(5x-9y)$
(5) $\left(\dfrac{1}{2}a+\dfrac{1}{3}b\right)\left(\dfrac{1}{2}a-\dfrac{1}{3}b\right)$ (6) $(5a+1)(5a-1)$

유제 1 (1) $(x+8)(x-8)$ (2) $(a+11b)(a-11b)$
(3) $\left(2a+\dfrac{1}{2}\right)\left(2a-\dfrac{1}{2}\right)$ (4) $(7x+8y)(7x-8y)$
(5) $\left(3a+\dfrac{b}{4}\right)\left(3a-\dfrac{b}{4}\right)$ (6) $\left(\dfrac{2}{3}x+\dfrac{1}{4}y\right)\left(\dfrac{2}{3}x-\dfrac{1}{4}y\right)$

예제 2 (1) $2(x+5)(x-5)$ (2) $3a(x+4y)(x-4y)$
(3) $a(a+1)(a-1)$ (4) $a(3x+y)(3x-y)$
(5) $-(x+4y)(x-4y)$ (6) $2(2a+1)(2a-1)$

유제 2 (1) $5(x+3y)(x-3y)$ (2) $x^2(x+2)(x-2)$
(3) $10(x+3y)(x-3y)$ (4) $-2(a+7b)(a-7b)$
(5) $-3(x+7y)(x-7y)$ (6) $4xy(x+3y)(x-3y)$

예제 1 (1) (준식)$= (x+3)(x-3)$
(2) (준식)$= \left(x+\dfrac{1}{2}\right)\left(x-\dfrac{1}{2}\right)$
(3) (준식)$= (3x+2)(3x-2)$
(4) (준식)$= (5x+9y)(5x-9y)$
(5) (준식)$= \left(\dfrac{1}{2}a+\dfrac{1}{3}b\right)\left(\dfrac{1}{2}a-\dfrac{1}{3}b\right)$
(6) (준식)$= (5a+1)(5a-1)$

유제 1 (1) (준식)$= (x+8)(x-8)$
(2) (준식)$= (a+11b)(a-11b)$
(3) (준식)$= \left(2a+\dfrac{1}{2}\right)\left(2a-\dfrac{1}{2}\right)$
(4) (준식)$= (7x+8y)(7x-8y)$
(5) (준식)$= \left(3a+\dfrac{b}{4}\right)\left(3a-\dfrac{b}{4}\right)$
(6) (준식)$= \left(\dfrac{2}{3}x+\dfrac{1}{4}y\right)\left(\dfrac{2}{3}x-\dfrac{1}{4}y\right)$

예제 2 (1) (준식)$= 2(x^2-25)$
$= 2(x+5)(x-5)$
(2) (준식)$= 3a(x^2-16y^2)$
$= 3a(x+4y)(x-4y)$
(3) (준식)$= a(a^2-1)$
$= a(a+1)(a-1)$
(4) (준식)$= a(9x^2-y^2)$
$= a(3x+y)(3x-y)$
(5) (준식)$= -(x^2-16y^2)$
$= -(x+4y)(x-4y)$
(6) (준식)$= 2(4a^2-1)$
$= 2(2a+1)(2a-1)$

40 x^2의 계수가 1인 이차식의 인수분해

예제 1 해설 참조 **유제 1** 해설 참조

예제 2 해설 참조 **유제 2** 해설 참조

예제 3
(1) $(x+2)(x+4)$ (2) $(x+1)(x+6)$
(3) $(x-5)(x-7)$ (4) $(x-1)(x-3)$

유제 3
(1) $(x+4)(x+6)$ (2) $(x+1)(x+3)$
(3) $(x-2)(x-7)$ (4) $(x-3)(x-4)$

예제 4
(1) $(x-5)(x+3)$ (2) $(x-3)(x+2)$
(3) $(x+8)(x-3)$ (4) $(x+9)(x-4)$

유제 4
(1) $(x-2)(x+3)$ (2) $(x-4)(x+7)$
(3) $(x+2)(x-7)$ (4) $(x+5)(x-7)$

예제 5
(1) $3a(x+1)(x-5)$ (2) $-(x+4)(x+9)$
(3) $a(y+3)(y-2)$ (4) $3x(x-1)(x-3)$

유제 5
(1) $2a(x+4)(x-3)$ (2) $-2(x+4)(x-5)$
(3) $2(ab-8)^2$ (4) $7b(a+5c)(a-c)$

예제 1
(1) 3, 2 (2) $-3, -2$
(3) 4, 3 (4) $-2, -5$

유제 1
(1)

곱 -8	합 7
1, -8	×
$-1, 8$	○
2, -4	×
$-2, 4$	×

$-1, 8$

(2)

곱 -24	합 10
1, -24	×
$-1, 24$	×
2, -12	×
$-2, 12$	○
3, -8	×
$-3, 8$	×
4, -6	×
$-4, 6$	×

$-2, 12$

(3)

곱 -3	합 -2
1, -3	○
$-1, 3$	×

$1, -3$

(4)

곱 -10	합 -3
1, -10	×
$-1, 10$	×
2, -5	○
$-2, 5$	×

$2, -5$

예제 2
(1) $x^2+Ax+6=(x+B)(x+3)$로 놓으면
$3B=6, B=2 \quad A=B+3=2+3=5$
∴ $A=5, B=2$
(2) $x^2+Ax+3=(x+1)(x+B)$로 놓으면
$1 \times B=3, B=3 \quad A=1+B=1+3=4$
∴ $A=4, B=3$
(3) $x^2+Ax+6=(x-B)(x-2)$로 놓으면
$2B=6, B=3$
$-A=-B-2=-3-2=-5, A=5$
∴ $A=5, B=3$

(4) $x^2-Ax+9=(x-B)(x-3)$로 놓으면
$3B=9, B=3$
$-A=-B-3=-3-3=-6, A=6$
∴ $A=6, B=3$

유제 2
(1) $x^2+Ax-6=(x+B)(x-1)$로 놓으면
$-B=-6, B=6$
$A=B-1=6-1=5$
∴ $A=5, B=6$
(2) $x^2+Ax-15=(x+B)(x-3)$로 놓으면
$-3B=-15, B=5$
$A=B-3=5-3=2$
∴ $A=2, B=5$
(3) $x^2-Ax-6=(x-B)(x+1)$로 놓으면
$-B=-6, B=6$
$-A=-B+1=-6+1=-5, \ A=5$
∴ $A=5, B=6$
(4) $x^2-Ax-12=(x-B)(x+4)$로 놓으면
$-4B=-12, B=3$
$-A=-B+4=-3+4=1, \ A=-1$
∴ $A=-1, B=3$

예제 3
(1) (준식)$=x^2+(2+4)x+2 \cdot 4=(x+2)(x+4)$
(2) (준식)$=x^2+(1+6)x+1 \cdot 6=(x+1)(x+6)$
(3) (준식)$=x^2+(-5-7)x+(-5) \cdot (-7)$
$=(x-5)(x-7)$
(4) (준식)$=x^2+(-1-3)x+(-1) \cdot (-3)$
$=(x-1)(x-3)$

유제 3
(1) (준식)$=x^2+(4+6)x+4 \cdot 6=(x+4)(x+6)$
(2) (준식)$=x^2+(1+3)x+1 \cdot 3=(x+1)(x+3)$
(3) (준식)$=x^2+(-2-7)x+(-2) \cdot (-7)$
$=(x-2)(x-7)$
(4) (준식)$=x^2+(-3-4)x+(-3) \cdot (-4)$
$=(x-3)(x-4)$

예제 5
(1) (준식)$=3a(x^2-4x-5)=3a(x+1)(x-5)$
(2) (준식)$=-(x^2+13x+36)=-(x+4)(x+9)$
(3) (준식)$=a(y^2+y-6)=a(y+3)(y-2)$
(4) (준식)$=3x(x^2-4x+3)=3x(x-1)(x-3)$

유제 5
(1) (준식)$=2a(x^2+x-12)=2a(x+4)(x-3)$
(2) (준식)$=-2(x^2-x-20)=-2(x+4)(x-5)$
(3) (준식)$=2(a^2b^2-16ab+64)=2(ab-8)^2$
(4) (준식)$=7b(a^2+4ac-5c^2)=7b(a+5c)(a-c)$

개념 다지기

01 해설 참조 02 ④ 03 (1) $(x+1)(x+3)$
(2) $(x-6)(x+4)$ (3) $(y-3)(y+2)$ (4) $(a+9)(a-7)$
04 2 05 $(x+4)(x-5)$

01 (1) (준식) $=(x+3)(x-3)$
(2) (준식) $=-2a(x^2-25y^2)=-2a(x+5y)(x-5y)$
(3) (준식) $=(3ax+4by^2)(3ax-4by^2)$
(4) (준식) $=(a^2+1)(a^2-1)=(a^2+1)(a+1)(a-1)$

02 $x^2-y^2=(x+y)$의 양변을 $x+y(\neq 0)$로 나누면 $x-y=1$
∴ $x-y-1=0$

04 $(2a)^2-(3b)^2=-6$
$(2a+3b)(2a-3b)=-6$
$3b-2a=3 \rightarrow 2a-3b=-3$
∴ $2a+3b=2$

05 A가 상수항은 올바르게 보았으므로 상수항은 -20
B는 일차항의 계수는 올바로 보았으므로 일차항의 계수는 -1
주어진 이차식은 $x^2-x-20=(x+4)(x-5)$

41 x^2의 계수가 1이 아닌 이차식의 인수분해

예제 1 (1) $(2x+5)(3x+1)$ (2) $(2x+1)(3x+1)$
(3) $(2x+1)(x+2)$ (4) $(2x-1)(3x-2)$

유제 1 (1) $(3x-4)(x-2)$ (2) $(2x-3)(2x+1)$
(3) $(3x-1)(x-3)$ (4) $(7x+1)(x-2)$

예제 2 (1) $(2x-3y)(x-2y)$ (2) $5(2x+y)(x-3y)$
(3) $(5x+4y)(x+2y)$ (4) $a(2x+1)(3x+4)$

유제 2 (1) $(2x-3y)(3x-4y)$ (2) $-2(5x-3)(x+2)$
(3) $2(x+2)(4x-3)$ (4) $3(5x-3y)(x-2y)$

예제 1 (1) (준식) $=2\cdot 3x^2+(2\cdot 1+3\cdot 5)x+5\cdot 1$
$=(2x+5)(3x+1)$
(2) (준식) $=2\cdot 3x^2+(2\cdot 1+3\cdot 1)x+1\cdot 1$
$=(2x+1)(3x+1)$
(3) (준식) $=2\cdot 1x^2+(2\cdot 2+1\cdot 1)x+1\cdot 2$
$=(2x+1)(x+2)$
(4) (준식)
$=2\cdot 3x^2+(2\cdot(-2)+(-1)\cdot 3)x+(-1)\cdot(-2)$
$=(2x-1)(3x-2)$

예제 2 (2) $5(2x^2-5xy-3y^2)=5(2x+y)(x-3y)$
(4) $a(6x^2+11x+4)=a(2x+1)(3x+4)$

유제 2 (2) $-2(5x^2+7x-6)=-2(5x-3)(x+2)$
(3) $2(4x^2+5x-6)=2(x+2)(4x-3)$
(4) $3(5x^2-13xy+6y^2)=3(5x-3y)(x-2y)$

개념 다지기

01 (1) $(2x+3y)(5x-2y)$ (2) $(2x-y)(3x-5y)$ (3) $3(5x-3)(x-2)$
(4) $-2(x+3y)(4x-9y)$ 02 ① 03 ④ 04 ② 05 -1

01 (3) (준식) $=3(5x^2-13x+6)=3(5x-3)(x-2)$
(4) (준식) $=-2(4x^2+3xy-27y^2)=-2(x+3y)(4x-9y)$

02 $9a^2-12ab+4b^2=(3a-2b)^2=0$
따라서 $3a-2b=0$, $a=\dfrac{2}{3}b$

$\dfrac{9a^2-28b^2}{3ab}=\dfrac{9\times\left(\dfrac{2}{3}b\right)^2-28b^2}{3\times\dfrac{2}{3}b\times b}=\dfrac{4b^2-28b^2}{2b^2}=-12$

03 $Ax^2+3x-B=(2x+5)(x-C)=2x^2+(5-2C)x-5C$
$A=2$, $5-2C=3$, $-B=-5C$
∴ $C=1$, $B=5$
∴ $A+B+C=2+5+1=8$

04 $2x^2+Ax-12=(x+1)(Bx+C)$로 인수분해 되어진다.
이 때 $B=2$, $C=-12$
∴ $A=B+C=2-12=-10$

05 $6x^2+Ax-15=(2x+3)(Bx+C)$로 인수분해 되어 진다.
이 때 $2B=6$, $B=3$
$3C=-15$, $C=-5$
∴ $A=3B+2C=3\cdot 3+2\cdot(-5)=9-10=-1$

42 치환을 이용한 인수분해

예제 1 풀이 참조 **유제 1** 풀이 참조

예제 1 (1) $x+1=A$로 놓으면
$=A^2-9$
$=(A+3)(A-3)$
$=(x+1+3)(x+1-3)$
$=(x+4)(x-2)$
(2) $3x-2=A$로 놓으면
$=16-A^2$
$=(4+A)(4-A)$
$=(4+3x-2)(4-3x+2)$
$=(3x+2)(-3x+6)$
$=-(3x+2)(3x-6)$
(3) $x+3=A$로 놓으면
$=A^2-5A+6$

$= (A-2)(A-3)$
$= (x+3-2)(x+3-3)$
$= x(x+1)$

(4) $a+b = A$로 놓으면
$= A^2 + 6A + 9$
$= (A+3)^2$
$= (a+b+3)^2$

유제 1 (1) $x+2y = A$로 놓으면
$= A^2 - y^2$
$= (A+y)(A-y)$
$= (x+2y+y)(x+2y-y)$
$= (x+3y)(x+y)$

(2) $2x-3 = A$로 놓으면
$= 25 - A^2$
$= (5+A)(5-A)$
$= (5+2x-3)(5-2x+3)$
$= (2x+2)(-2x+8)$
$= -4(x+1)(x-4)$

(3) $x-3 = A$로 놓으면
$= 16x^2 - A^2$
$= (4x+A)(4x-A)$
$= (4x+x-3)(4x-x+3)$
$= (5x-3)(3x+3)$
$= 3(5x-3)(x+1)$

(4) $x+5 = A$로 놓으면
$= A^2 - 10A + 16$
$= (A-2)(A-8)$
$= (x+5-2)(x+5-8)$
$= (x+3)(x-3)$

(5) $x+3 = A$로 놓으면
$= A^2 - A - 2$
$= (A+1)(A-2)$
$= (x+3+1)(x+3-2)$
$= (x+4)(x+1)$

(6) $x+y = A$로 놓으면
$= A^2 - Ay - 2y^2$
$= (A+y)(A-2y)$
$= (x+y+y)(x+y-2y)$
$= (x+2y)(x-y)$

43 복잡한 식의 인수분해

 1 풀이 참조

유제 1-1 풀이 참조   **유제 1-2** 풀이 참조

예제 1 (1) (준식) $= x(y+1) + y + 1 = (x+1)(y+1)$

(2) (준식) $= a(b-1) - (b-1) = (a-1)(b-1)$
(3) (준식) $= x(y-1) - 2(y-1) = (x-2)(y-1)$
(4) (준식) $= x^2(y+3) - x(y+3) = (x^2-x)(y+3)$
$= x(x-1)(y+3)$

유제 1-1 (1) (준식) $= a(a-b) + a - b = (a+1)(a-b)$
(2) (준식) $= x(3y+1) + 2(3y+1) = (x+2)(3y+1)$
(3) (준식) $= 3x(2z-1) + 5y(2z-1) = (3x+5y)(2z-1)$
(4) (준식) $= x^2(y-1) - 4(y-1) = (x^2-4)(y-1)$
$= (x+2)(x-2)(y-1)$

유제 1-2 (1) (준식) $= a^2 - (b^2+4b+4) = a^2 - (b+2)^2$
$= (a+b+2)(a-b-2)$

(2) 주어진 다항식을 c에 대한 내림차순으로 정리하면
$ac - a^2b^2 + a^3 - b^2c = c(a-b^2) + a^2(a-b^2)$
$= (a-b^2)(c+a^2)$

(3) $a^2 - 4b^2 - 4bc - c^2 = a^2 - (4b^2 + 4bc + c^2)$
$= a^2 - (2b+c)^2 = \{a-(2b+c)\}\{a+(2b+c)\}$
$= (a-2b-c)(a+2b+c)$

(4) $x^2 - xy - 6x + 3y + 9 = (-x+3)y + x^2 - 6x + 9$
$= -(x-3)y + (x-3)^2 = (x-3)(x-y-3)$

44 인수분해를 이용한 수의 계산

예제 1 풀이 참조   **유제 1** 풀이 참조

예제 2 풀이 참조   **2** 풀이 참조

예제 1 (1) (준식) $= (95+85)(95-85) = 180 \cdot 10 = 1800$
(2) (준식) $= 20(16^2 - 10^2) = 20(16+10)(16-10)$
$= 20 \cdot 26 \cdot 6 = 3120$
(3) $\sqrt{(25+15)(25-15)} = \sqrt{40 \cdot 10} = \sqrt{400} = 20$
(4) $(7.2+2.8)^2 = 10^2 = 100$

유제 1 (1) $(75+25)(75-25) = 100 \cdot 50 = 5000$
(2) $\{(\sqrt{3}+1)+(1-\sqrt{3})\}\{(\sqrt{3}+1)-(1-\sqrt{3})\}$
$= 2 \cdot 2\sqrt{3} = 4\sqrt{3}$
(3) $\sqrt{(55+45)(55-45)} = \sqrt{100 \cdot 10} = \sqrt{1000} = 10\sqrt{10}$
(4) $(3+1)(3-1) + (7+5)(7-5)$
$+ (11+9)(11-9) + (15+13)(15-13)$
$= 4 \cdot 2 + 12 \cdot 2 + 20 \cdot 2 + 28 \cdot 2$
$= 8 + 24 + 40 + 56 = 128$

예제 2 (1) (준식) $= (x+1)^2 = (\sqrt{3}-1+1)^2 = (\sqrt{3})^2 = 3$
(2) (준식) $= x+y = \sqrt{3}+\sqrt{2}+\sqrt{3}-\sqrt{2} = 2\sqrt{3}$
$x^2 + 2xy + y^2 = (x+y)^2 = (2\sqrt{3})^2 = 12$
(3) (준식) $= x^2 - 2x + 1 - y^2 = (x-1)^2 - y^2$
$= (x+y-1)(x-y-1) = (6-1)(\sqrt{2}-1)$
$= -5 + 5\sqrt{2}$

유제 2 (1) $(x-2)^2 = (2-\sqrt{3}-2)^2 = (-\sqrt{3})^2 = 3$

(2) $(a+b)(a-b) = \left(\dfrac{99}{100}+\dfrac{1}{100}\right)\left(\dfrac{99}{100}-\dfrac{1}{100}\right)$
$= \dfrac{98}{100} = \dfrac{49}{50}$

(3) $(x+y)(x-y)-(x+y) = (x+y)(x-y-1)$
$= 1 \times (-1-1) = -2$

개념 다지기

01 해설 참조 **02** (1) 600 (2) $4\sqrt{5}$ (3) 30 (4) 75
03 해설 참조 **04** 6000 **05** 5

01 (1) $x+5=A$로 놓으면
(준식) $= A^2+4Ay+4y^2 = (A+2y)^2$
$= (x+5+2y)^2 = (x+2y+5)^2$

(2) $(x-y)^2-8(x-y)+16$
$x-y=A$로 놓으면
(준식) $= A^2-8A+16 = (A-4)^2$
$= (x-y-4)^2$

(3) $(x^2+4x)^2+8(x^2+4x)+16$
$x^2+4x=A$로 놓으면
(준식) $= A^2+8A+16 = (A+4)^2$
$= (x^2+4x+4)^2 = (x+2)^4$

02 (1) $(35+25)(35-25) = 60 \cdot 10 = 600$

(2) $(\sqrt{5}+1+1-\sqrt{5})(\sqrt{5}+1-1+\sqrt{5}) = 2 \cdot 2\sqrt{5} = 4\sqrt{5}$

(3) $\sqrt{(50+40)(50-40)} = \sqrt{90 \cdot 10} = \sqrt{900} = 30$

(4) $2.5(6.5^2-3.5^2) = 2.5(6.5+3.5)(6.5-3.5)$
$= 2.5 \times 10 \times 3 = 75$

03 (1) $x(y-1)-(y-1) = (x-1)(y-1)$

(2) $(2x+1)^2-(x^2-4x+4) = (2x+1)^2-(x-2)^2$
$= (2x+1+x-2)(2x+1-x+2) = (3x-1)(x+3)$

(3) $x^2-2xy+y^2-(a^2-2ab+b^2)$
$= (x-y)^2-(a-b)^2$
$= (x-y+a-b)(x-y-a+b)$

04 $501^2-499^2+502^2-498^2$
$= (501+499)(501-499)+(502+498)(502-498)$
$= 1000 \cdot 2+1000 \cdot 4 = 6000$

05 x^2-5x-y^2+5y를 인수분해하면
$x^2-5x-y^2+5y = x^2-y^2-5x+5y = (x-y)(x+y)-5(x-y)$
$= (x-y)(x+y-5)$
$x+y=5+\sqrt{5}, x-y=\sqrt{5}$를 이 식에 대입하면
$(x-y)(x+y-5) = \sqrt{5}(5+\sqrt{5}-5) = 5$

소단원 종합 학습 (1)

01 ④ **02** ② **03** ③ **04** ① **05** ①
06 ⑤ **07** ⑤ **08** ⑤ **09** ⑤ **10** ①
11 ⑤ **12** ④ **13** ⑤ **14** ④ **15** ①
16 ② **17** ③ **18** ① **19** ① **20** ⑤
21 5 **22** -2 **23** $(x+8)(x-1)$ **24** 18 **25** -12

01 $a^3+a^2-a-1 = (a-1)(a+1)^2$
$= (a-1)(a+1)(a+1) = (a^2-1)(a+1)$

02 $6x(x+3-4y)$

03 공통부분이 2개일 경우 → 서로 다른 문자로 치환한다.
$x+1=A, y-1=B$로 놓으면
(주어진 식) $= A^2+3AB+2B^2 = (A+2B)(A+B)$
$= \{(x+1)+2(y-1)\}\{(x+1)+(y-1)\}$
$= (x+2y-1)(x+y)$
이므로 $a=2, b=-1, c=1$ ∴ $a+b+c=2$

04 $x^2+x-12+10 = x^2+x-2 = (x+2)(x-1)$

05 $x^2+Ax-36 = (x-4)(x+B)$
$-4B=-36, B=9$
$A=B-4=9-4=5$ ∴ $A=5$

06 $x^2+6x+8-24 = x^2+6x-16 = (x+8)(x-2)$

07 $x^2+ax+6 = (x+2)(x+b)$에서 $2b=6, b=3$
$a=2+b=2+3=5$ ∴ $a=5, b=3$
∴ $a+b=8$

08 $x^2-\dfrac{1}{4}x+a = x^2-2 \cdot x \cdot \dfrac{1}{8}+a$
∴ $a = \left(\dfrac{1}{8}\right)^2 = \dfrac{1}{64}$

09 $a<b<0$이므로 $a-b<0, a+b<0$
∴ $\sqrt{a^2-2ab+b^2}-\sqrt{a^2+2ab+b^2}$
$= \sqrt{(a-b)^2}-\sqrt{(a+b)^2} = -(a-b)-\{-(a+b)\}$
$= -a+b+a+b$
$= 2b$

10 ㉮ $3x^2+6x = 3x(x+2)$
㉯ x^2+3x+9
㉰ $x^2-4 = (x+2)(x-2)$
㉱ $2x^2-7x+6 = (2x-3)(x-2)$
㉲ $(x+2)^2-3(x+2)+2 = (x+2-1)(x+2-2)$
$= x(x+1)$
∴ $x+2$를 인수로 갖는 다항식 : ㉮, ㉰

11 $x^2+3xy-18y^2=0$
$(x-3y)(x+6y)=0$
$x-3y=0$ 또는 $x+6y=0$
$\begin{cases} x-3y=0 & x=3y & \dfrac{x}{y}=3 \\ x+6y=0 & x=-6y & \dfrac{x}{y}=-6 \end{cases}$
$x>0, y>0$이므로 ∴ $\dfrac{x}{y}=3$

12 ① $x^2+14x+49=(x+7)^2$
② $25x^2+10xy+y^2=(5x+y)^2$
③ $4x^2-12xy+9y^2=(2x-3y)^2$
⑤ $\frac{1}{4}x^2-\frac{1}{3}xy+\frac{1}{9}y^2=\left(\frac{1}{2}x-\frac{1}{3}y\right)^2$

13 $3\{(x-2)^2-25\}=3(x-2+5)(x-2-5)$
$=3(x+3)(x-7)$
$\therefore a+b+c=3+3-7=-1$

14 ① $x^2-4x-21=(x+3)(x-7)$
② $x^2-49=(x+7)(x-7)$
③ $x^2-\frac{1}{9}=\left(x+\frac{1}{3}\right)\left(x-\frac{1}{3}\right)$
⑤ $x^2-1=(x+1)(x-1)$

15 $(a+1)^2-(a+1)=(a+1)(a+1-1)=a(a+1)$

16 $(a+b)(a-b)=-(a+b)$
$a-b=-1,\ b-a=1$

17 $x(x-y)+y(x-y)=(x+y)(x-y)$

18 $2x^2-5x+3=(x-1)(2x-3)$ ……①
$3x^2-2x-1=(x-1)(3x+1)$ ……②
①과 ②에서 공통인수는 $x-1$이다.

19 $(2x+1+x-2)(2x+1-x+2)=(3x-1)(x+3)$에서
$a=-1,\ b=3$ $\therefore a-b=-1-3=-4$

20 $(x-3y)^2+4=4^2+4=20$

서술형

21 $2x^2+5x-3=(2x-1)(x+3)$
$a+b+c+d=2-1+1+3=5$

22 $x^2+Ax-8=(x-4)(x+B)$에서
$-4B=-8$ $B=2$
$A=B-4=2-4=-2$
$\therefore A=-2$

23 철수는 상수항을 올바르게 보았으므로
$(x+2)(x-4)=x^2-2x-8$에서 상수항은 -8이다.
수진이는 x의 계수를 바르게 보았으므로
$(x+3)(x+4)=x^2+7x+12$에서 x의 계수는 7이다.
따라서 처음 이차식은 x^2+7x-8이므로 바르게
인수분해하면 $x^2+7x-8=(x+8)(x-1)$

24 $(ax-2+4x-1)(ax-2-4x+1)$
$=\{(a+4)x-3\}\{(a-4)x-1\}$
$a-4=3$ $\therefore a=7$
$b=a+4=7+4=11$
$\therefore a+b=7+11=18$

25 $(2x)^2+Ax+(\pm 3)^2$
$Ax=2\cdot 2x\cdot(\pm 3)=\pm 12x$
$A=\pm 12(A<0)$ $\therefore A=-12$

소단원 종합 학습 (2)

01 ②	02 ④	03 ②	04 ①	05 ⑤
06 ④	07 ⑤	08 ③	09 ④	10 ⑤
11 ①	12 ②	13 ⑤	14 ①	15 ⑤
16 ⑤	17 ①	18 ④	19 ②	20 ④
21 -4	22 -1	23 1	24 $-2a$	25 1

01 $x+4=A$로 놓으면
$=A^2+2A-8$
$=(A+4)(A-2)$
$=(x+4+4)(x+4-2)$
$=(x+8)(x+2)$

02 $(x+y)^2-5(x+y)+4$
$x+y=A$로 놓으면
$=A^2-5A+4$
$=(A-4)(A-1)$
$=(x+y-1)(x+y-4)$

03 $(x+1)^2(x-1)^2=\{(x+1)(x-1)\}^2=(x^2-1)^2$ 이므로
(준식) $=(x^2+1)^2(x^2-1)^2$
$=\{(x^2+1)(x^2-1)\}^2$
$=(x^4-1)^2=x^8-2x^4+1$
$\therefore A=-2x^4$

04 $(x^2-4)(x^2-9)=(x+2)(x-2)(x+3)(x-3)$
인수가 아닌 것은 $x-4$이다.

05 $(a-b)^2-(x^2+4x+4)$
$=(a-b)^2-(x+2)^2$
$=(a-b+x+2)(a-b-x-2)$
$\therefore \square =a-b-x-2$

06 $(x^2+1)(x^2-1)=(x^2+1)(x+1)(x-1)$

07 $(1+3)(1-3)+(5+7)(5-7)+(9+11)(9-11)$
    $+(13+15)(13-15)+(17+19)(17-19)$
$=4\cdot(-2)+12\cdot(-2)+20\cdot(-2)+28\cdot(-2)+36\cdot(-2)$
$=-8-24-40-56-72=-200$

08 $\sqrt{(3-x)^2}-\sqrt{(x+2)^2}$ 에서 $3-x<0$이므로
$-(3-x)-(x+2)=-3+x-x-2=-5$

09 $x^3+Ax^2+Bx+1=(x+1)(x-2)(x+c)$
$=(x^2-x-2)(x+c)$에서 $-2c=1$ $c=-\frac{1}{2}$ 이고,
$A=c-1=-\frac{1}{2}-1=-\frac{3}{2},\ B=-c-2=\frac{1}{2}-2=-\frac{3}{2}$
$\therefore A+B=-\frac{3}{2}-\frac{3}{2}=-\frac{6}{2}=-3$

10 $x^2+5x=A$로 놓으면
$=A^2+10A+24=(A+4)(A+6)$
$=(x^2+5x+4)(x^2+5x+6)$

$= (x+1)(x+4)(x+2)(x+3)$
$= (x+1)(x+2)(x+3)(x+4)$
$a \cdot b \cdot c \cdot d = 1 \times 2 \times 3 \times 4 = 24$

11 $\sqrt{(0.965+0.475)(0.965-0.475)}$
$= \sqrt{1.44 \times 0.49} = \sqrt{1.2^2 \times 0.7^2}$
$\sqrt{(1.2 \times 0.7)^2} = 1.2 \times 0.7 = 0.84$

12 $(2x)^2 + \Box xy + \left(\pm \dfrac{1}{2}y\right)^2$

$xy = 2 \cdot 2x \cdot \left(\pm \dfrac{1}{2}y\right) = \pm 2xy$

$\Box = \pm 2$

13 $x - 2y = A$로 놓으면
$= A(A-4) - 12 = A^2 - 4A - 12$
$= (A+2)(A-6)$
$= (x-2y+2)(x-2y-6)$
$a = -2,\ b = 2,\ c = -6$
∴ $a+b+c = -2+2-6 = -6$

14 $ab + a - b - 1 = a(b+1) - (b+1)$
$\qquad\qquad\qquad = (a-1)(b+1)$ ······①
$1 - a - b + ab = 1 - a - b(1-a)$
$\qquad\qquad\qquad = (a-1)(b-1)$ ······②
①, ②에서 공통인수는 $a-1$이다.

15 $x^2 + 3x - 9 = 0$
$x^2 + 3x = 9$로 정리된다.
$(x-1)(x-2)(x+4)(x+5)$
$= (x-1)(x+4)(x-2)(x+5)$
$= (x^2+3x-4)(x^2+3x-10)$
$= (9-4)(9-10) = -5$

16 $a^2 - 2ab + b^2 + ac - bc$
$= (a-b)^2 + c(a-b) = (a-b)(a-b+c)$ ······①
$ab + ac - (b^2 - c^2)$
$= a(b+c) - (b+c)(b-c) = (b+c)(a-b+c)$ ······②
①, ②에서 공통 인수는 $a-b+c$ 이다.

17 $2^{40} - 1 = (2^{20}+1)(2^{20}-1)$
$\qquad\qquad = (2^{20}+1)(2^{10}+1)(2^{10}-1)$
$\qquad\qquad = (2^{20}+1)(2^{10}+1)(2^5+1)(2^5-1)$
에서 $2^5 + 1 = 32 + 1 = 33$
$\qquad 2^5 - 1 = 32 - 1 = 31$
∴ 두 자연수의 합 $33+31=64$

18 $x^2 + 4x + 4 - y^2 + 2y - 1$
$= (x+2)^2 - (y^2 - 2y + 1)$
$= (x+2)^2 - (y-1)^2$
$= (x+2+y-1)(x+2-y+1)$
$= (x+y+1)(x-y+3)$

19 $(a+b)(a-b) + 3(a-b)$
$= (a-b)(a+b+3)$

20 $x^2 - xy - 2y^2 - 3x + 6y$
$= (x+y)(x-2y) - 3(x-2y)$
$= (x-2y)(x+y-3)$

서술형

21 $2y(x^2 - 6x - 7)$
$= 2y(x+1)(x-7)$
∴ $a+b+c+d = 1+1+1-7 = -4$

22 $x^2 - (y^2 - 6y + 9)$
$= x^2 - (y-3)^2$
$= (x+y-3)(x-y+3)$
∴ $abcd = 1 \cdot 1 \cdot 1 \cdot (-1) = -1$

23 $x^2 + 3x - y^2 + y + 2$
$= x^2 + 3x - (y^2 - y - 2)$
$= x^2 + 3x - (y-2)(y+1)$
$= (x-y+2)(x+y+1)$
$a = 1,\ b = -1,\ c = 1$
∴ $a+b+c = 1-1+1 = 1$

24 $\sqrt{(a+b)^2} - \sqrt{(a-b)^2}$
$a+b < 0,\ a-b > 0$ 이므로
$-(a+b) - (a-b) = -a-b-a+b = -2a$

25 $x^2 - xy + 2x - 2y^2 + 5y - 3$
$= x^2 - x(y-2) - (2y^2 - 5y + 3)$
$= x^2 - (y-2)x - (2y-3)(y-1)$
$= (x-2y+3)(x+y-1)$
∴ $a+b+c+d = -2+3+1-1 = 1$

45 제곱근의 곱셈과 나눗셈

예제 1 (1) $\sqrt{14}$ (2) $\sqrt{26}$ (3) $\sqrt{55}$ (4) $\sqrt{21}$

유제 1 (1) $\sqrt{16}$ (2) $\sqrt{36}$

(3) $\sqrt{\dfrac{5}{6} \times \dfrac{4}{5}} = \sqrt{\dfrac{2}{3}}$ (4) $\sqrt{\dfrac{36}{7} \times \dfrac{7}{9}} = \sqrt{4}$

예제 2 (1) $\sqrt{7}$ (2) $\sqrt{\dfrac{27}{12}} = \sqrt{\dfrac{9}{4}}$ (3) $\sqrt{\dfrac{42}{6}} = \sqrt{7}$ (4) $\sqrt{\dfrac{50}{10}} = \sqrt{5}$

유제 2 (1) $\sqrt{\dfrac{20}{5}} = \sqrt{4}$ (2) $\sqrt{\dfrac{32}{2}} = \sqrt{16}$

(3) $\sqrt{\dfrac{50}{2}} = \sqrt{25}$ (4) $\sqrt{\dfrac{14}{11} \times \dfrac{22}{7}} = \sqrt{4}$

46 근호가 있는 식의 변형

예제 1 (1) $\sqrt{45}$ (2) $\sqrt{32}$ (3) $-\sqrt{75}$ (4) $-\sqrt{72}$

유제 1 (1) $\sqrt{50}$ (2) $-\sqrt{300}$ (3) $\sqrt{\dfrac{5}{3}}$ (4) $-\sqrt{405}$

예제 2 (1) < (2) < (3) > (4) <

유제 2 (1) < (2) < (3) > (4) <

예제 3 (1) $2\sqrt{7}$ (2) $2\sqrt{10}$ (3) $6\sqrt{3}$ (4) $5\sqrt{5}$

유제 3 (1) $7\sqrt{2}$ (2) $5\sqrt{7}$ (3) $-3\sqrt{3}$ (4) $-7\sqrt{3}$

예제 4 (1) $\dfrac{4}{5}\sqrt{\dfrac{2}{5}}$ (2) $\dfrac{3\sqrt{3}}{11}$ (3) $\dfrac{\sqrt{5}}{4}$ (4) $\dfrac{3}{50}\sqrt{5}$

유제 4 (1) $\dfrac{1}{2}\sqrt{30}$ (2) $\dfrac{1}{6}\sqrt{30}$ (3) $5\sqrt{\dfrac{2}{3}}$ (4) $2\sqrt{6}$

예제 1 (1) $\sqrt{3^2 \times 5} = \sqrt{45}$ (2) $\sqrt{4^2 \times 2} = \sqrt{32}$
(3) $-\sqrt{5^2 \times 3} = -\sqrt{75}$ (4) $-\sqrt{6^2 \times 2} = -\sqrt{72}$

유제 1 (1) $\sqrt{5^2 \times 2} = \sqrt{50}$ (2) $-\sqrt{10^2 \times 3} = -\sqrt{300}$
(3) $\sqrt{\dfrac{15}{9}} = \sqrt{\dfrac{5}{3}}$ (4) $-\sqrt{9^2 \times 5} = -\sqrt{405}$

예제 2 (1) $2\sqrt{3}\ \boxed{<}\ 3\sqrt{2}$ $\sqrt{12} < \sqrt{18}$
(2) $5\sqrt{3}\ \boxed{<}\ 4\sqrt{5}$ $\sqrt{75} < \sqrt{80}$
(3) $5\sqrt{3}\ \boxed{>}\ 2\sqrt{3}\sqrt{6}$ $\sqrt{75} > \sqrt{72}$
(4) $4\sqrt{3}\ \boxed{<}\ 7$ $\sqrt{48} < \sqrt{49}$

유제 2 (1) $4\sqrt{3}\ \boxed{<}\ 5\sqrt{2}$ $\sqrt{48} < \sqrt{50}$
(2) $-\sqrt{18}\ \boxed{<}\ -4$ $-\sqrt{18} < -\sqrt{16}$
(3) $3\sqrt{5}\ \boxed{>}\ 2\sqrt{11}$ $\sqrt{45} > \sqrt{44}$
(4) $2+\sqrt{5}-(7-\sqrt{5}) = 2+\sqrt{5}-7+\sqrt{5} = 2\sqrt{5}-5$
  $= \sqrt{20}-\sqrt{25} < 0$ ∴ $2+\sqrt{5} < 7-\sqrt{5}$

예제 3 (1) $\sqrt{28} = \sqrt{2^2 \times 7} = 2\sqrt{7}$
(2) $\sqrt{40} = \sqrt{2^2 \times 10} = 2\sqrt{10}$
(3) $\sqrt{108} = \sqrt{2^2 \times 3^2 \times 3} = 6\sqrt{3}$
(4) $\sqrt{125} = \sqrt{5^2 \times 5} = 5\sqrt{5}$

유제 3 (1) $\sqrt{98} = \sqrt{7^2 \times 2} = 7\sqrt{2}$
(2) $\sqrt{175} = \sqrt{5^2 \times 7} = 5\sqrt{7}$
(3) $-\sqrt{27} = -\sqrt{3^2 \times 3} = -3\sqrt{3}$
(4) $-\sqrt{147} = -\sqrt{7^2 \times 3} = -7\sqrt{3}$

예제 4 (1) $\sqrt{\dfrac{32}{125}} = \sqrt{\dfrac{2^5}{5^3}} = \dfrac{4}{5}\sqrt{\dfrac{2}{5}}$
(2) $\sqrt{\dfrac{27}{121}} = \sqrt{\dfrac{3^3}{11^2}} = \dfrac{3\sqrt{3}}{11}$
(3) $\sqrt{\dfrac{5}{16}} = \sqrt{\dfrac{5}{4^2}} = \dfrac{\sqrt{5}}{4}$
(4) $\sqrt{0.018} = \sqrt{\dfrac{180}{10000}} = \dfrac{3}{50}\sqrt{5}$

유제 4 (1) $\sqrt{\dfrac{45}{6}} = \sqrt{\dfrac{3^2 \times 5}{2 \times 3}} = \sqrt{\dfrac{15}{2}}$
(2) $\sqrt{\dfrac{60}{72}} = \sqrt{\dfrac{2^2 \times 3 \times 5}{2^3 \times 3^2}} = \sqrt{\dfrac{5}{6}} = \dfrac{1}{6}\sqrt{30}$
(3) $\sqrt{\dfrac{50}{3}} = \sqrt{\dfrac{5^2 \times 2}{3}} = 5\sqrt{\dfrac{2}{3}}$
(4) $\sqrt{\dfrac{48}{2}} = \sqrt{24} = \sqrt{2^3 \times 3} = 2\sqrt{6}$

개념 다지기

01 (1) $4\sqrt{3}$ (2) $5\sqrt{2}$ (3) $-3\sqrt{6}$ (4) $-3\sqrt{2}$ (5) $\dfrac{\sqrt{5}}{7}$ (6) $\dfrac{\sqrt{2}}{10}$

02 (1) $3\sqrt{15}$ (2) $6\sqrt{7}$ (3) $\sqrt{2}$ (4) 5 (5) 2 (6) 18

03 ⑤   04 ⑤   05 ③

---

01 (1) $\sqrt{48} = \sqrt{4^2 \times 3} = 4\sqrt{3}$
(2) $\sqrt{50} = \sqrt{5^2 \times 2} = 5\sqrt{2}$
(3) $-\sqrt{54} = -\sqrt{3^2 \times 6} = -3\sqrt{6}$
(4) $-\sqrt{18} = -\sqrt{3^2 \times 2} = -3\sqrt{2}$
(5) $\sqrt{\dfrac{5}{49}} = \sqrt{\dfrac{5}{7^2}} = \dfrac{\sqrt{5}}{\sqrt{7^2}} = \dfrac{\sqrt{5}}{7}$
(6) $\sqrt{0.02} = \sqrt{\dfrac{2}{100}} = \sqrt{\dfrac{2}{10^2}} = \dfrac{\sqrt{2}}{\sqrt{10^2}} = \dfrac{\sqrt{2}}{10}$

02 (1) $3\sqrt{15} \times \sqrt{3} = 3 \times \sqrt{5 \times 3} = 3\sqrt{15}$
(2) $\sqrt{12} \times \sqrt{21} = 2\sqrt{3} \times \sqrt{21} = 2\sqrt{63} = 2\sqrt{3^2 \times 7} = 6\sqrt{7}$
(3) $\sqrt{48} \div 2\sqrt{6} = \sqrt{48} \div \sqrt{24} = \sqrt{\dfrac{48}{24}} = \sqrt{2}$
(4) $\sqrt{50} \div 2\sqrt{6} \times \sqrt{12} = \sqrt{50} \div \sqrt{24} \times \sqrt{12}$
  $= \sqrt{\dfrac{50}{24} \times 12} = \sqrt{25} = 5$
(5) $\sqrt{6} \times \sqrt{2} \div \sqrt{3} = \sqrt{6 \times 2} \div \sqrt{3} = \sqrt{\dfrac{12}{3}} = \sqrt{4} = 2$
(6) $3\sqrt{21} \times 2\sqrt{3} \div \sqrt{7} = 6\sqrt{63} \div \sqrt{7} = 6\sqrt{9} = 18$

03 $\sqrt{50} \div 2\sqrt{6} \times \sqrt{12} = \sqrt{50} \div \sqrt{24} \times \sqrt{12}$
  $= \sqrt{\dfrac{50}{24} \times 12} = \sqrt{25} = 5$

04 $\sqrt{a^2+b^2} \neq \sqrt{a^2} + \sqrt{b^2} = a+b$

05 (주어진 식) $= \dfrac{3\sqrt{3}}{\sqrt{2}} \times \dfrac{\sqrt{5}}{\sqrt{2} \times \sqrt{3}} \times \dfrac{2\sqrt{2}}{3\sqrt{2}} = \sqrt{5}$

---

47 분모의 유리화

예제 1 (1) $\dfrac{\sqrt{2}}{2}$ (2) $\dfrac{\sqrt{10}}{5}$ (3) $\dfrac{3\sqrt{2}}{2}$ (4) $\dfrac{\sqrt{6}}{4}$

유제 1 (1) $\dfrac{\sqrt{10}}{15}$ (2) $2\sqrt{3}$ (3) $\dfrac{\sqrt{3}}{5}$ (4) $\dfrac{\sqrt{6}}{2}$

예제 2 (1) 1.732 (2) 3.464 (3) 0.433 (4) 4.33

유제 2 (1) 2.121 (2) 2.309 (3) 1.061 (4) 0.192

예제 1 (1) $\dfrac{\sqrt{2}}{\sqrt{2} \cdot \sqrt{2}} = \dfrac{\sqrt{2}}{2}$ (2) $\dfrac{\sqrt{2} \cdot \sqrt{5}}{\sqrt{5} \cdot \sqrt{5}} = \dfrac{\sqrt{10}}{5}$
(3) $\dfrac{3\sqrt{2}}{\sqrt{2} \cdot \sqrt{2}} = \dfrac{3\sqrt{2}}{2}$ (4) $\dfrac{3\sqrt{6}}{2\sqrt{6} \cdot \sqrt{6}} = \dfrac{3\sqrt{6}}{12} = \dfrac{\sqrt{6}}{4}$

유제 1 (1) $\dfrac{\sqrt{2} \cdot \sqrt{5}}{3\sqrt{5} \cdot \sqrt{5}} = \dfrac{\sqrt{10}}{15}$ (2) $\dfrac{6\sqrt{3}}{\sqrt{3} \cdot \sqrt{3}} = \dfrac{6\sqrt{3}}{3} = 2\sqrt{3}$
(3) $\dfrac{\sqrt{6} \cdot \sqrt{2}}{5\sqrt{2} \cdot \sqrt{2}} = \dfrac{2\sqrt{3}}{10} = \dfrac{\sqrt{3}}{5}$
(4) $\dfrac{3\sqrt{2}}{\sqrt{12}} = \dfrac{3\sqrt{2}}{2\sqrt{3}} = \dfrac{3\sqrt{2} \cdot \sqrt{3}}{2\sqrt{3} \cdot \sqrt{3}} = \dfrac{3\sqrt{6}}{6} = \dfrac{\sqrt{6}}{2}$

예제 2

(1) $\dfrac{3\sqrt{3}}{\sqrt{3}\cdot\sqrt{3}}=\dfrac{3\sqrt{3}}{3}=\sqrt{3}≒1.732$

(2) $\dfrac{6\sqrt{3}}{\sqrt{3}\cdot\sqrt{3}}=\dfrac{6\sqrt{3}}{3}=2\sqrt{3}=2\times1.732=3.464$

(3) $\dfrac{3\sqrt{3}}{4\sqrt{3}\cdot\sqrt{3}}=\dfrac{3\sqrt{3}}{12}=\dfrac{\sqrt{3}}{4}=\dfrac{1.732}{4}=0.433$

(4) $\dfrac{15\sqrt{3}}{2\sqrt{3}\cdot\sqrt{3}}=\dfrac{15\sqrt{3}}{6}=\dfrac{5}{2}\times1.732=4.330$

유제 2

(1) $\dfrac{3\sqrt{2}}{\sqrt{2}\cdot\sqrt{2}}=\dfrac{3\sqrt{2}}{2}=\dfrac{3\times1.414}{2}=2.121$

(2) $\dfrac{4\sqrt{3}}{\sqrt{3}\cdot\sqrt{3}}=\dfrac{4\sqrt{3}}{3}=\dfrac{4\times1.732}{3}=2.309$

(3) $\dfrac{3\sqrt{2}}{2\sqrt{2}\cdot\sqrt{2}}=\dfrac{3\sqrt{2}}{4}=\dfrac{3\times1.414}{4}=1.061$

(4) $\dfrac{\sqrt{3}}{3\sqrt{3}\cdot\sqrt{3}}=\dfrac{\sqrt{3}}{9}=\dfrac{1.732}{9}=0.192$

개념 다지기

01 해설참조　02 (1) $\dfrac{\sqrt{15}}{3}$　(2) $3\sqrt{6}$　(3) $\dfrac{9\sqrt{14}}{7}$　(4) $\dfrac{\sqrt{30}}{6}$

03 ①　　04 ①　　05 ⑤

01 (1) $\dfrac{5\sqrt{3}}{\sqrt{3}\times\sqrt{3}}=\dfrac{5\sqrt{3}}{3}$　(2) $\dfrac{\sqrt{7}\times\sqrt{5}}{\sqrt{5}\times\sqrt{5}}=\dfrac{\sqrt{7\times5}}{5}=\dfrac{\sqrt{35}}{5}$

(3) $-\sqrt{\dfrac{7}{4}}=-\dfrac{\sqrt{7}}{\sqrt{4}}=-\dfrac{\sqrt{7}}{\sqrt{2^2}}=-\dfrac{\sqrt{7}}{2}$

(4) $\dfrac{4\sqrt{3}}{\sqrt{8}}=\dfrac{4\sqrt{3}}{2\sqrt{2}}=\dfrac{2\sqrt{3}\times\sqrt{2}}{\sqrt{2}\times\sqrt{2}}=\dfrac{2\sqrt{6}}{2}=\sqrt{6}$

02 (1) $\dfrac{\sqrt{10}}{\sqrt{6}}=\sqrt{\dfrac{10}{6}}=\sqrt{\dfrac{5}{3}}=\dfrac{\sqrt{5}}{\sqrt{3}}=\dfrac{\sqrt{5}\times\sqrt{3}}{\sqrt{3}\times\sqrt{3}}=\dfrac{\sqrt{15}}{3}$

(2) $\sqrt{27}\times5\sqrt{6}\div5\sqrt{3}=\dfrac{3\sqrt{3}\times5\sqrt{6}}{5\sqrt{3}}=3\sqrt{6}$

(3) $3\sqrt{\dfrac{6}{5}\times\dfrac{15}{7}}=3\sqrt{\dfrac{18}{7}}=\dfrac{3\sqrt{18}}{\sqrt{7}}=\dfrac{9\sqrt{2}\times\sqrt{7}}{\sqrt{7}\times\sqrt{7}}=\dfrac{9\sqrt{14}}{7}$

(4) $\dfrac{2}{\sqrt{10}}\times\sqrt{50}\div\sqrt{24}=\dfrac{2\times\sqrt{50}}{\sqrt{10}\times2\sqrt{6}}=\dfrac{\sqrt{5}\sqrt{6}}{\sqrt{6}\sqrt{6}}=\dfrac{\sqrt{30}}{6}$

03 $\dfrac{6}{\sqrt{12}}=\dfrac{6}{2\sqrt{3}}=\dfrac{3\times\sqrt{3}}{\sqrt{3}\times\sqrt{3}}=\sqrt{3}$　∴ $a=1$

$\dfrac{\sqrt{12}}{\sqrt{40}}=\dfrac{2\sqrt{3}}{2\sqrt{10}}=\dfrac{\sqrt{3}\sqrt{10}}{\sqrt{10}\sqrt{10}}=\dfrac{\sqrt{30}}{10}=\dfrac{1}{10}\sqrt{30}$

∴ $b=\dfrac{1}{10}$　　∴ $a+10b=1+10\times\dfrac{1}{10}=2$

04 $\dfrac{3}{\sqrt{18}}=\dfrac{3}{3\sqrt{2}}=\dfrac{\sqrt{2}}{\sqrt{2}\times\sqrt{2}}=\dfrac{\sqrt{2}}{2}$

48 제곱근의 덧셈과 뺄셈

예제 1 해설참조　**유제 1** 해설참조

예제 2 해설참조　**유제 2** 해설참조

예제 1

(1) $3\sqrt{2}+4\sqrt{2}=(3+4)\sqrt{2}=7\sqrt{2}$

(2) $6\sqrt{2}+4\sqrt{5}+6\sqrt{2}+7\sqrt{5}=(6+6)\sqrt{2}+(4+7)\sqrt{5}$
$=12\sqrt{2}+11\sqrt{5}$

(3) $2\sqrt{5}-6\sqrt{5}=(2-6)\sqrt{5}=-4\sqrt{5}$

(4) $5\sqrt{2}+4\sqrt{2}-6\sqrt{2}=(5+4-6)\sqrt{2}=3\sqrt{2}$

유제 1

(1) $5\sqrt{7}+3\sqrt{7}=(5+3)\sqrt{7}=8\sqrt{7}$

(2) $4\sqrt{3}+2\sqrt{3}+\sqrt{5}+3\sqrt{3}=(4+2+3)\sqrt{3}+\sqrt{5}$
$=9\sqrt{3}+\sqrt{5}$

(3) $8\sqrt{2}-7\sqrt{3}-3\sqrt{2}+\sqrt{3}=(8-3)\sqrt{2}+(-7+1)\sqrt{3}$
$=5\sqrt{2}-6\sqrt{3}$

(4) $\dfrac{2\sqrt{6}}{3}-\dfrac{3\sqrt{6}}{4}=\dfrac{8\sqrt{6}}{12}-\dfrac{9\sqrt{6}}{12}=\dfrac{(8-9)\sqrt{6}}{12}=-\dfrac{\sqrt{6}}{12}$

예제 2

(1) $\sqrt{12}-\sqrt{48}=\sqrt{2^2\times3}-\sqrt{4^2\times3}=2\sqrt{3}-4\sqrt{3}$
$=(2-4)\sqrt{3}=-2\sqrt{3}$

(2) $\sqrt{98}+\sqrt{2}+\sqrt{72}=\sqrt{7^2\times2}+\sqrt{2}+\sqrt{6^2\times2}$
$=7\sqrt{2}+\sqrt{2}+6\sqrt{2}$
$=(7+1+6)\sqrt{2}=14\sqrt{2}$

(3) $3\sqrt{20}+\sqrt{80}+\sqrt{48}+2\sqrt{27}$
$=3\sqrt{2^2\times5}+\sqrt{4^2\times5}+\sqrt{4^2\times3}+2\sqrt{3^2\times3}$
$=6\sqrt{5}+4\sqrt{5}+4\sqrt{3}+6\sqrt{3}$
$=(6+4)\sqrt{5}+(4+6)\sqrt{3}$
$=10\sqrt{5}+10\sqrt{3}$

(4) $\sqrt{20}-\sqrt{32}+2\sqrt{18}-3\sqrt{5}$
$=\sqrt{2^2\times5}-\sqrt{4^2\times2}+2\sqrt{3^2\times2}-3\sqrt{5}$
$=2\sqrt{5}-4\sqrt{2}+6\sqrt{2}-3\sqrt{5}$
$=(-4+6)\sqrt{2}+(2-3)\sqrt{5}$
$=2\sqrt{2}-\sqrt{5}$

유제 2

(1) $2\sqrt{2}-\sqrt{18}=2\sqrt{2}-\sqrt{3^2\times2}=2\sqrt{2}-3\sqrt{2}=-\sqrt{2}$

(2) $2\sqrt{54}-\dfrac{5}{2}\sqrt{6}=2\sqrt{3^2\times6}-\dfrac{5}{2}\sqrt{6}$
$=6\sqrt{6}-\dfrac{5}{2}\sqrt{6}=\dfrac{7}{2}\sqrt{6}$

(3) $\sqrt{98}-\sqrt{50}+\sqrt{2}-\sqrt{75}$
$=\sqrt{7^2\times2}-\sqrt{5^2\times2}+\sqrt{2}-\sqrt{5^2\times3}$
$=7\sqrt{2}-5\sqrt{2}+\sqrt{2}-5\sqrt{3}$
$=(7-5+1)\sqrt{2}-5\sqrt{3}$
$=3\sqrt{2}-5\sqrt{3}$

(4) $3\sqrt{20}+\sqrt{80}-\sqrt{48}-2\sqrt{27}$
$=3\sqrt{2^2\times5}+\sqrt{4^2\times5}-\sqrt{4^2\times3}-2\sqrt{3^2\times3}$
$=6\sqrt{5}+4\sqrt{5}-4\sqrt{3}-6\sqrt{3}$
$=(6+4)\sqrt{5}+(-4-6)\sqrt{3}$
$=10\sqrt{5}-10\sqrt{3}$

49 근호가 있는 복잡한 식의 계산방법

예제 1 해설참조　**유제 1** 해설참조

예제 1

(1) $2\sqrt{3}(2\sqrt{3}+6) = 2\sqrt{3} \times 2\sqrt{3} + 2\sqrt{3} \times 6$
$= 2^2 \times (\sqrt{3})^2 + 12\sqrt{3} = 12 + 12\sqrt{3}$

(2) $\sqrt{5}(3\sqrt{5}-2\sqrt{15}) = 3 \times (\sqrt{5})^2 - 2\sqrt{5 \times 15}$
$= 15 - 10\sqrt{3}$

(3) $(3\sqrt{18}-\sqrt{12}) \div \sqrt{2} = \dfrac{3\sqrt{18}}{\sqrt{2}} - \dfrac{\sqrt{12}}{\sqrt{2}} = 3\sqrt{9} - \sqrt{6}$
$= 3\sqrt{3^2} - \sqrt{6} = 9 - \sqrt{6}$

(4) $(2\sqrt{27}-\sqrt{15}) \div \sqrt{3} = \dfrac{2\sqrt{27}}{\sqrt{3}} - \dfrac{\sqrt{15}}{\sqrt{3}} = 2\sqrt{9} - \sqrt{5}$
$= 2\sqrt{3^2} - \sqrt{5} = 6 - \sqrt{5}$

(5) $(\sqrt{2}+1)(\sqrt{2}+3)$에서 $\sqrt{2}+3=A$라 놓으면
$(\sqrt{2}+1)A = \sqrt{2}A + A$
A 대신 $\sqrt{2}+3$을 대입하면
$\sqrt{2}(\sqrt{2}+3)+(\sqrt{2}+3) = 2+3\sqrt{2}+\sqrt{2}+3$
$= 5+4\sqrt{2}$

(6) $(\sqrt{3}+\sqrt{2})^2 = (\sqrt{3}+\sqrt{2})(\sqrt{3}+\sqrt{2})$에서
$(\sqrt{3}+\sqrt{2}) = A$라 놓으면
$(\sqrt{3}+\sqrt{2})A = \sqrt{3}A + \sqrt{2}A$
A 대신 $\sqrt{3}+\sqrt{2}$을 대입하면
$\sqrt{3}(\sqrt{3}+\sqrt{2})+\sqrt{2}(\sqrt{3}+\sqrt{2})$
$= 3+\sqrt{6}+\sqrt{6}+2 = 5+2\sqrt{6}$

유제 1

(1) $\sqrt{2}(1+\sqrt{6}) = \sqrt{2}+\sqrt{12} = \sqrt{2}+\sqrt{2^2 \times 3}$
$= \sqrt{2}+2\sqrt{3}$

(2) $6(\sqrt{2}+3) - \sqrt{3}(\sqrt{6}+\sqrt{3})$
$= 6\sqrt{2}+18 - \sqrt{18}-3$
$= 6\sqrt{2}+18-3\sqrt{2}-3 = 3\sqrt{2}+15$

(3) $\dfrac{2}{\sqrt{2}} + \dfrac{6}{\sqrt{3}} + \sqrt{18} - \sqrt{12}$
$= \dfrac{2 \times \sqrt{2}}{\sqrt{2} \times \sqrt{2}} + \dfrac{6 \times \sqrt{3}}{\sqrt{3} \times \sqrt{3}} + \sqrt{3^2 \times 2} - \sqrt{2^2 \times 3}$
$= \dfrac{2\sqrt{2}}{2} + \dfrac{6\sqrt{3}}{3} + 3\sqrt{2} - 2\sqrt{3}$
$= \sqrt{2}+2\sqrt{3}+3\sqrt{2}-2\sqrt{3} = 4\sqrt{2}$

(4) $\dfrac{5}{\sqrt{2}} - \dfrac{5}{2}\sqrt{2} + \dfrac{2}{\sqrt{3}} - \dfrac{2}{3}\sqrt{3}$
$= \dfrac{5 \times \sqrt{2}}{\sqrt{2} \times \sqrt{2}} - \dfrac{5}{2}\sqrt{2} + \dfrac{2 \times \sqrt{3}}{\sqrt{3} \times \sqrt{3}} - \dfrac{2}{3}\sqrt{3}$
$= \dfrac{5\sqrt{2}}{2} - \dfrac{5\sqrt{2}}{2} + \dfrac{2\sqrt{3}}{3} - \dfrac{2\sqrt{3}}{3} = 0$

(5) $\dfrac{4}{\sqrt{2}} - \sqrt{2}(4+2\sqrt{2})$
$= \dfrac{4 \times \sqrt{2}}{\sqrt{2} \times \sqrt{2}} - 4\sqrt{2} - 2\sqrt{2} \times \sqrt{2}$
$= 2\sqrt{2} - 4\sqrt{2} - 4 = (2-4)\sqrt{2} - 4 = -2\sqrt{2} - 4$

(6) $2\sqrt{3}(1-\sqrt{3}) + \dfrac{3}{\sqrt{3}}$
$= 2\sqrt{3} - 2\sqrt{3} \times \sqrt{3} + \dfrac{3 \times \sqrt{3}}{\sqrt{3} \times \sqrt{3}}$
$= 2\sqrt{3} - 6 + \sqrt{3} = 3\sqrt{3} - 6$

개념 다지기

01 해설참조 02 해설참조 03 ④ 04 ④ 05 ①

01 (1) $4\sqrt{3}+\sqrt{27}+5\sqrt{2}-5\sqrt{8}$
$= 4\sqrt{3}+\sqrt{3^2 \times 3}+5\sqrt{2}-5\sqrt{2^2 \times 2}$
$= 4\sqrt{3}+3\sqrt{3}+5\sqrt{2}-10\sqrt{2} = 7\sqrt{3}-5\sqrt{2}$

(2) $2\sqrt{6}-\sqrt{3}+\sqrt{48}-\sqrt{54}$
$= 2\sqrt{6}-\sqrt{3}+\sqrt{4^2 \times 3}-\sqrt{3^2 \times 6}$
$= 2\sqrt{6}-\sqrt{3}+4\sqrt{3}-3\sqrt{6} = 3\sqrt{3}-\sqrt{6}$

(3) $\sqrt{3}-5\sqrt{6}-\sqrt{12}+3\sqrt{24}$
$= \sqrt{3}-5\sqrt{6}-2\sqrt{3}+6\sqrt{6} = -\sqrt{3}+\sqrt{6}$

(4) $2\sqrt{5}(\sqrt{5}-2\sqrt{10})$
$= 2\sqrt{5} \times \sqrt{5} - 2\sqrt{5} \times 2\sqrt{10}$
$= 2(\sqrt{5})^2 - 4\sqrt{5 \times 10}$
$= 10 - 4 \times 5\sqrt{2} = 10 - 20\sqrt{2}$

(5) $2\sqrt{18}-\sqrt{2}(1+2\sqrt{6})+\sqrt{32}$
$= 2\sqrt{18}-\sqrt{2}-2\sqrt{12}+\sqrt{32}$
$= 2\sqrt{3^2 \times 2} - \sqrt{2} - 2\sqrt{2^2 \times 3} + \sqrt{4^2 \times 2}$
$= 6\sqrt{2}-\sqrt{2}-4\sqrt{3}+4\sqrt{2}$
$= (6-1+4)\sqrt{2}-4\sqrt{3} = 9\sqrt{2}-4\sqrt{3}$

(6) $\sqrt{2}(2\sqrt{3}+6) - \dfrac{4\sqrt{3}-2}{\sqrt{2}}$
$= 2\sqrt{6}+6\sqrt{2} - \dfrac{4\sqrt{6}-2\sqrt{2}}{2}$
$= 2\sqrt{6}+6\sqrt{2}-(2\sqrt{6}-\sqrt{2})$
$= 2\sqrt{6}+6\sqrt{2}-2\sqrt{6}+\sqrt{2} = 7\sqrt{2}$

02 분모를 유리화 한 다음 간단히 한다.
$\dfrac{\sqrt{12}-\sqrt{3}}{\sqrt{6}} - \dfrac{3(1-\sqrt{2})}{\sqrt{2}}$
$= \dfrac{2\sqrt{3}-\sqrt{3}}{\sqrt{6}} - \dfrac{3-3\sqrt{2}}{\sqrt{2}}$
$= \dfrac{\sqrt{3}}{\sqrt{6}} - \dfrac{3\sqrt{2}-6}{2} = \dfrac{\sqrt{2}}{2} - \dfrac{3\sqrt{2}-6}{2}$
$= \dfrac{\sqrt{2}-3\sqrt{2}+6}{2} = \dfrac{6-2\sqrt{2}}{2} = 3-\sqrt{2}$

03 (주어진 식) $= \dfrac{\sqrt{24}}{3} - \left(\sqrt{9}+\sqrt{\dfrac{3}{2}}\right) + 2\sqrt{6}+3$
$= \dfrac{2\sqrt{6}}{3} - 3 - \dfrac{\sqrt{6}}{2} + 2\sqrt{6}+3$
$= \dfrac{4\sqrt{6}-3\sqrt{6}+12\sqrt{6}}{6} = \dfrac{13}{6}\sqrt{6}$

04 $\sqrt{3}(a-2b) - 2\sqrt{2}b$
$= \sqrt{3}\left\{3\sqrt{2}+\dfrac{7\sqrt{3}}{2} - 2\left(\sqrt{2}+\dfrac{\sqrt{3}}{2}\right)\right\} - 2\sqrt{2}\left(\sqrt{2}+\dfrac{\sqrt{3}}{2}\right)$
$= \sqrt{3}\left(\sqrt{2}+\dfrac{5\sqrt{3}}{2}\right) - 4 - \sqrt{6}$
$= \sqrt{6} + \dfrac{15}{2} - 4 - \sqrt{6} = \dfrac{7}{2}$

05 $\dfrac{2+3\sqrt{2}}{\sqrt{2}} + \sqrt{2}(5\sqrt{2}+7)$
$= \dfrac{(2+3\sqrt{2}) \times \sqrt{2}}{\sqrt{2} \times \sqrt{2}} + 10 + 7\sqrt{2}$
$= \dfrac{2\sqrt{2}+6}{2} + 10 + 7\sqrt{2} = \sqrt{2}+3+10+7\sqrt{2}$
$= 13+8\sqrt{2}$
$\therefore a=13, \ b=8 \quad a-2b = 13-16 = -3$

50 제곱근의 값

예제 1 (1) 0.3 (2) 0.11 (3) 0.2 (4) 0.03
유제 1 (1) 0.25 (2) 2.5 (3) 1.2 (4) 0.014
예제 2 (1) 3.162 (2) 3.937 (3) 4.266 (4) 5.225
유제 2 (1) 4.123 (2) 5.422 (3) 5.840 (4) 3.391
예제 3 해설 참조   **유제 3** 해설 참조

예제 1 (1) $\sqrt{\dfrac{9}{100}} = \sqrt{\left(\dfrac{3}{10}\right)^2} = \dfrac{3}{10} = 0.3$

(2) $\sqrt{\dfrac{121}{10000}} = \sqrt{\left(\dfrac{11}{100}\right)^2} = \dfrac{11}{100} = 0.11$

(3) $\sqrt{\dfrac{4}{100}} = \sqrt{\left(\dfrac{2}{10}\right)^2} = \dfrac{2}{10} = 0.2$

(4) $\sqrt{\dfrac{9}{10000}} = \sqrt{\left(\dfrac{3}{100}\right)^2} = \dfrac{3}{100} = 0.03$

유제 1 (1) $\sqrt{\dfrac{625}{10000}} = \sqrt{\left(\dfrac{25}{100}\right)^2} = \dfrac{25}{100} = 0.25$

(2) $\sqrt{\dfrac{625}{100}} = \sqrt{\left(\dfrac{25}{10}\right)^2} = \dfrac{25}{10} = 2.5$

(3) $\sqrt{\dfrac{144}{100}} = \sqrt{\left(\dfrac{12}{10}\right)^2} = \dfrac{12}{10} = 1.2$

(4) $\sqrt{\dfrac{196}{1000000}} = \sqrt{\left(\dfrac{14}{1000}\right)^2} = \dfrac{14}{1000} = 0.014$

예제 3 (1) $\sqrt{300} = \sqrt{3 \times 10^2} = 10\sqrt{3} = 10 \times 1.732 = 17.32$

(2) $\sqrt{3000} = \sqrt{30 \times 10^2} = 10\sqrt{30} = 10 \times 5.447 = 54.47$

(3) $\sqrt{30000} = \sqrt{3 \times 100^2} = 100\sqrt{3} = 100 \times 1.732 = 173.2$

(4) $\sqrt{300000} = \sqrt{30 \times 100^2} = 100\sqrt{30}$
     $= 100 \times 5.447 = 544.7$

(5) $\sqrt{0.3} = \sqrt{\dfrac{30}{100}} = \dfrac{\sqrt{30}}{10} = \dfrac{5.447}{10} = 0.5447$

(6) $\sqrt{0.03} = \sqrt{\dfrac{3}{100}} = \dfrac{\sqrt{3}}{10} = \dfrac{1.732}{10} = 0.1732$

(7) $\sqrt{0.003} = \sqrt{\dfrac{30}{10000}} = \dfrac{\sqrt{30}}{100} = \dfrac{5.447}{100} = 0.05447$

(8) $\sqrt{0.0003} = \sqrt{\dfrac{3}{10000}} = \dfrac{\sqrt{3}}{100} = \dfrac{1.732}{100} = 0.01732$

유제 3 (1) $\sqrt{345} = \sqrt{3.45 \times 10^2} = 10\sqrt{3.45} = 10 \times 1.857 = 18.57$

(2) $\sqrt{3450} = \sqrt{34.5 \times 10^2} = 10\sqrt{34.5} = 10 \times 5.874 = 58.74$

(3) $\sqrt{34500} = \sqrt{3.45 \times 100^2} = 100\sqrt{3.45}$
     $= 100 \times 1.857 = 185.7$

(4) $\sqrt{345000} = \sqrt{34.5 \times 100^2} = 100\sqrt{34.5}$
     $= 100 \times 5.874 = 587.4$

(5) $\sqrt{0.345} = \sqrt{\dfrac{3450}{10000}} = \dfrac{\sqrt{3450}}{100} = \dfrac{58.74}{100} = 0.5874$

(6) $\sqrt{0.0345} = \sqrt{\dfrac{345}{10000}} = \dfrac{\sqrt{345}}{100} = \dfrac{18.57}{100} = 0.1857$

(7) $\sqrt{0.00345} = \sqrt{\dfrac{3450}{1000000}} = \dfrac{\sqrt{3450}}{1000} = \dfrac{58.74}{1000} = 0.05874$

(8) $\sqrt{0.000345} = \sqrt{\dfrac{345}{1000000}} = \dfrac{\sqrt{345}}{1000} = \dfrac{18.57}{1000} = 0.01857$

개념 다지기

01 (1) 5.874 (2) 1.972 (3) 18.57 (4) 62.37 (5) 0.2646
(6) 0.08367 **02** ③, ④ **03** $\sqrt{5} - \sqrt{7}$ **04** $4 + 3\sqrt{7}$ **05** ④

01 (1) $\sqrt{34.5}$ 는 제곱근표에서 세로줄의 34와 가로줄의 5가 만나는 수를 읽는다.

(2) $\sqrt{3.89}$ 는 제곱근표에서 세로줄의 3.8과 가로줄의 9가 만나는 수를 읽는다.

(3) $\sqrt{345} = \sqrt{3.45 \times 10^2} = 10\sqrt{3.45} = 10 \times 1.857 = 18.57$

(4) $\sqrt{3890} = \sqrt{38.9 \times 10^2} = 10\sqrt{38.9} = 10 \times 6.237 = 62.37$

(5) $\sqrt{0.07} = \sqrt{\dfrac{7}{100}} = \dfrac{\sqrt{7}}{10} = \dfrac{2.646}{10} = 0.2646$

(6) $\sqrt{0.007} = \sqrt{\dfrac{70}{10000}} = \dfrac{\sqrt{70}}{100} = \dfrac{8.367}{100} = 0.08367$

02 ③ $\sqrt{5000} = \sqrt{50 \times 10^2} = 10\sqrt{50}$

   $\sqrt{5000}$ 의 근삿값은 제곱근표의 $\sqrt{50}$ 의 근삿값을 이용하여 구할 수 있다.

④ $\sqrt{0.5} = \sqrt{\dfrac{50}{100}} = \dfrac{\sqrt{50}}{10} = \dfrac{1}{10} \times \sqrt{50}$

03 $2^2 < (\sqrt{5})^2 < (\sqrt{7})^2 < 3^2$이므로 $\sqrt{5}, \sqrt{7}$ 의 정수부분은 모두 2이다.

$\sqrt{5}$ 의 소수부분은 $\sqrt{5} - 2$ … a
$\sqrt{7}$ 의 소수부분은 $\sqrt{7} - 2$ … b
∴ $a - b = \sqrt{5} - 2 - (\sqrt{7} - 2) = \sqrt{5} - \sqrt{7}$

04 $\sqrt{4} < \sqrt{7} < \sqrt{9}$, $2 < \sqrt{7} < 3$이므로
$5 < 3 + \sqrt{7} < 6$
$3 + \sqrt{7}$ 의 정수 부분 $a = 5$, 소수 부분 $b = 3 + \sqrt{7} - 5 = \sqrt{7} - 2$
∴ $2a + 3b = 2 \times 5 + 3(\sqrt{7} - 2) = 10 + 3\sqrt{7} - 6 = 4 + 3\sqrt{7}$

05 $\sqrt{2} ≒ 1.414$ $3 - \sqrt{2} ≒ 3 - 1.414 = 1.586$
∴ $3 - \sqrt{2}$ 의 정수부분은 1, 소수부분은 $3 - \sqrt{2} - 1 = 2 - \sqrt{2}$
∴ $a = 1, b = 2 - \sqrt{2}$
$\dfrac{2a}{b - 2a} = \dfrac{2 \times 1}{2 - \sqrt{2} - 2 \times 1} = \dfrac{2}{-\sqrt{2}} = -\sqrt{2}$

소단원 종합 학습(1)

01 ③	02 ②	03 ⑤	04 ②	05 ③,④
06 ③	07 ③	08 ④	09 ③	10 ⑤
11 ③	12 ④	13 ①	14 ⑤	15 ③
16 ④	17 ②	18 ③	19 ①	20 ⑤
21 12	22 15	23 -5	24 44.72	25 15

01 $a>0, b>0$일 때, $\sqrt{a}\times\sqrt{b}=\sqrt{a\times b}=\sqrt{ab}$

02 ① $\sqrt{200}=\sqrt{2\times 100}=10\sqrt{2}$
③ $5\sqrt{3}=\sqrt{5^2}\times\sqrt{3}=\sqrt{75}$
④ $9\sqrt{2}=\sqrt{9^2}\times\sqrt{2}=\sqrt{162}$
⑤ $\sqrt{120}=\sqrt{2^2\times 30}=2\sqrt{30}$, $10\sqrt{12}=\sqrt{10^2}\times\sqrt{12}=\sqrt{1200}$

03 $-\sqrt{98}=-\sqrt{7^2\times 2}=-7\sqrt{2}$

04 $\sqrt{a^2}+\sqrt{b^2}=a+b$

05 ① $\sqrt{4}+\sqrt{9}=\sqrt{2^2}+\sqrt{3^2}=2+3=5$
② $\sqrt{16}+\sqrt{9}=\sqrt{4^2}+\sqrt{3^2}=4+3=7$
③ $\sqrt{16}\div\sqrt{4}=\sqrt{4^2}\div\sqrt{2^2}=4\div 2=2$
④ $\sqrt{4}+\sqrt{25}=\sqrt{2^2}+\sqrt{5^2}=2+5=7$
⑤ $\sqrt{3}\times 6=\sqrt{3}\times\sqrt{36}=\sqrt{108}$

06 $-\sqrt{180}=-\sqrt{6^2\times 5}=-6\sqrt{5}$
∴ $a=-6, b=5$
∴ $a+b=-6+5=-1$

07 $-\sqrt{52}=-\sqrt{2^2\times 13}=-2\sqrt{13}$

08 $\sqrt{5}=\sqrt{2+3}=\sqrt{(\sqrt{2})^2\times(\sqrt{3})^2}=\sqrt{a^2+b^2}$

09 ① $\dfrac{\sqrt{2}\times\sqrt{5}}{\sqrt{5}\times\sqrt{5}}=\dfrac{\sqrt{10}}{5}$ ② $\dfrac{2\times\sqrt{3}}{\sqrt{3}\times\sqrt{3}}=\dfrac{2\sqrt{3}}{3}$
④, ⑤ $\dfrac{6\times\sqrt{3}}{\sqrt{3}\times\sqrt{3}}=\dfrac{6\sqrt{3}}{3}=2\sqrt{3}$

10 ① $\dfrac{(\sqrt{3}-\sqrt{2})\times\sqrt{2}}{\sqrt{2}\times\sqrt{2}}=\dfrac{\sqrt{6}-2}{2}$

11 ① $\dfrac{9\sqrt{a}\times\sqrt{6}}{2\sqrt{6}\times\sqrt{6}}=\dfrac{9\sqrt{6a}}{12}=\dfrac{3}{4}\sqrt{6a}$ ∴ $6a=42$ $a=7$

12 ④ 넓이가 $5\,cm^2, 45\,cm^2, 125\,cm^2$인 세 정사각형의 한 변의 길이는 각각
$\sqrt{5}\,cm, 3\sqrt{5}\,cm, 5\sqrt{5}\,cm$
따라서 새로 만들어진 도형의 둘레의 길이는
$2(\sqrt{5}+3\sqrt{5}+5\sqrt{5})+2\times 5\sqrt{5}$
$=18\sqrt{5}+10\sqrt{5}$
$28\sqrt{5}$ (cm)

13 $\sqrt{6}\sqrt{10}\sqrt{30}=\sqrt{2\times 3}\sqrt{2\times 5}\sqrt{2\times 3\times 5}$
$=\sqrt{2^3\times 3^2\times 5^2}=\sqrt{2}\times\sqrt{2^2}\times\sqrt{3^2}\times\sqrt{5^2}=30\sqrt{2}$

14 $(\sqrt{2})^2=a^2=2$
$(\sqrt{3})^2=b^2=3$
$\sqrt{36}=\sqrt{6^2}=6=2\times 3=a^2b^2$

15 ① $\dfrac{\sqrt{5}\times\sqrt{2}}{\sqrt{2}\times\sqrt{2}}=\dfrac{\sqrt{10}}{2}=\dfrac{3.162}{2}=1.581$

16 $\sqrt{32}-\sqrt{18}+3\sqrt{2}=\sqrt{4^2\times 2}-\sqrt{3^2\times 2}+3\sqrt{2}$
$=4\sqrt{2}-3\sqrt{2}+3\sqrt{2}=4\sqrt{2}$

17 $\sqrt{0.2}=\sqrt{\dfrac{20}{100}}=\dfrac{\sqrt{20}}{10}=\dfrac{1}{10}\times\sqrt{20}=\dfrac{1}{10}\times y=0.1y$

18 $\dfrac{2}{\sqrt{48}}-\dfrac{1}{\sqrt{3}}=\dfrac{2}{4\sqrt{3}}-\dfrac{1}{\sqrt{3}}=\dfrac{2\sqrt{3}}{4\sqrt{3}\sqrt{3}}-\dfrac{\sqrt{3}}{\sqrt{3}\sqrt{3}}$
$=\dfrac{2\sqrt{3}}{12}-\dfrac{\sqrt{3}}{3}=\dfrac{\sqrt{3}-2\sqrt{3}}{6}=-\dfrac{\sqrt{3}}{6}$

19 $\sqrt{\dfrac{5}{3}}-\sqrt{\dfrac{3}{5}}=\dfrac{\sqrt{5}\sqrt{3}}{\sqrt{3}\sqrt{3}}-\dfrac{\sqrt{3}\sqrt{5}}{\sqrt{5}\sqrt{5}}=\dfrac{\sqrt{15}}{3}-\dfrac{\sqrt{15}}{5}$
$=\dfrac{5\sqrt{15}-3\sqrt{15}}{15}=\dfrac{2}{15}\sqrt{15}$

20 $\sqrt{72}-\dfrac{2}{\sqrt{2}}=\sqrt{6^2\times 2}-\dfrac{2\sqrt{2}}{\sqrt{2}\sqrt{2}}=6\sqrt{2}-\dfrac{2\sqrt{2}}{2}$
$=6\sqrt{2}-\sqrt{2}=5\sqrt{2}$
∴ $k=5$

21 $\dfrac{6}{\sqrt{2}}\div\dfrac{\sqrt{3}}{4}\times\left(-\dfrac{1}{2\sqrt{2}}\right)=\dfrac{6}{\sqrt{2}}\times\dfrac{4}{\sqrt{3}}\times\left(-\dfrac{1}{2\sqrt{2}}\right)$
$=-\dfrac{6\times 4}{\sqrt{2}\times\sqrt{3}\times 2\sqrt{2}}=-\dfrac{24\times\sqrt{3}}{4\sqrt{3}\times\sqrt{3}}=-2\sqrt{3}$
∴ $\square^2=(-2\sqrt{3})^2=12$

22 $\sqrt{5}\times\sqrt{a}=\sqrt{5a}$
$5\sqrt{3}=\sqrt{5^2\times 3}=\sqrt{75}$
∴ $5a=75$ $a=15$

23 $\sqrt{3}(\sqrt{2}-\sqrt{3})-\sqrt{2}(\sqrt{3}+\sqrt{2})=\sqrt{6}-3-\sqrt{6}-2=-5$

24 $\sqrt{2000}=\sqrt{10^2\times 20}=10\sqrt{20}=10\times 4.472=44.72$

25 $3<\sqrt{x}<5$의 각 변을 제곱하면 $9<x<25$
∴ $x=10, 11, 12, \cdots, 23, 24$

소단원 종합 학습(2)

01 ①	02 ③	03 ①	04 ⑤	05 ④
06 ②	07 ④	08 ①	09 ⑤	10 ③
11 ③	12 ④	13 ②	14 ③	15 ③
16 ③	17 ②	18 ①	19 ③	20 ②
21 0	22 $2\sqrt{10}+2\sqrt{3}$ (cm^2)	23 22	24 8	
25 -1				

01 $-5\sqrt{147}=-5\sqrt{7^2\times 3}=-35\sqrt{3}$ ∴ $a=-35$
$2a+b^2=2\times(-35)+(6\sqrt{2})^2=-70+72=2$

02 $-\sqrt{180}=-\sqrt{6^2\times 5}=-6\sqrt{5}$ ∴ $a=-6, b=5$
$a+b=(-6)+5=-1$

03 $5\sqrt{3} - 2\sqrt{3} \div \sqrt{6} \times \sqrt{2} = 5\sqrt{3} - \dfrac{2\sqrt{3} \times \sqrt{2}}{\sqrt{6}} = 5\sqrt{3} - 2$

04 $\sqrt{225} = \sqrt{15^2} = 15$ $\sqrt{(-6)^2} = \sqrt{6^2} = 6$
$\sqrt{(-3)^4} = \sqrt{3^4} = \sqrt{9^2} = 9$ $\sqrt{(-5)^4} = \sqrt{5^4} = \sqrt{25^2} = 25$
(주어진 식) $= \sqrt{15^2} - 2\sqrt{6^2} + \sqrt{9^2 \times 2^2} - \sqrt{25^2}$
$\quad\quad\quad = 15 - 12 + 18 - 25 = -4$

06 $\sqrt{0.7} = \sqrt{\dfrac{70}{100}} = \dfrac{\sqrt{70}}{10}$

즉, $\sqrt{0.7}$의 근삿값을 구하려면 $\sqrt{70}$의 값을 알아야 한다.

07 $\sqrt{15} ≒ 3.873$ 양변에 100을 곱하면
$100 \times \sqrt{15} ≒ 100 \times 3.873$ $\sqrt{100^2 \times 15} ≒ 387.3$
$\therefore x = 100^2 \times 15 = 150000$

08 $\sqrt{100a} = \sqrt{100} \times \sqrt{a} = \sqrt{10^2} \times \sqrt{a} = 10\sqrt{a}$

09 $\sqrt{2} ≒ 1.414$ $\therefore a = 1, b = \sqrt{2} - 1$
$\dfrac{b}{a+b} - a = \dfrac{\sqrt{2}-1}{1+(\sqrt{2}-1)} - 1 = \dfrac{(\sqrt{2}-1) \times \sqrt{2}}{\sqrt{2} \times \sqrt{2}} - 1$
$= \dfrac{2-\sqrt{2}}{2} - 1 = 1 - \dfrac{\sqrt{2}}{2} - 1 = -\dfrac{\sqrt{2}}{2}$

10 $\dfrac{3\sqrt{12}}{\sqrt{2}} + \sqrt{24} = 3\sqrt{6} + 2\sqrt{6} = 5\sqrt{6} = 5 \times \sqrt{2} \times \sqrt{3} = 5ab$

11 $\dfrac{9}{\sqrt{3}} + \dfrac{4}{\sqrt{2}} + \sqrt{3}(2-\sqrt{6})$
$= \dfrac{9 \times \sqrt{3}}{\sqrt{3} \times \sqrt{3}} + \dfrac{4 \times \sqrt{2}}{\sqrt{2} \times \sqrt{2}} + 2\sqrt{3} - \sqrt{18}$
$= 3\sqrt{3} + 2\sqrt{2} + 2\sqrt{3} - 3\sqrt{2} = 5\sqrt{3} - \sqrt{2}$

12 넓이가 5cm^2, 45cm^2, 125cm^2인 세 정사각형의 한 변의 길이는 각각
$\sqrt{5}$ cm, $3\sqrt{5}$ cm, $5\sqrt{5}$ cm
따라서 새로 만들어진 도형의 둘레의 길이는
$2(\sqrt{5} + 3\sqrt{5} + 5\sqrt{5}) + 2 \times 5\sqrt{5} = 18\sqrt{5} + 10\sqrt{5}$
$\quad\quad\quad\quad\quad\quad\quad\quad\quad\quad\quad\quad = 28\sqrt{5}$ (cm)

13 $\sqrt{3} \times \sqrt{a} = \sqrt{3a}$가 양의 정수가 되려면 $3a$가 제곱수이어야 한다.
$\sqrt{3} \times \sqrt{a} = \sqrt{3a}$가 양의 정수가 되려면 근호 안의 수가 제곱수이어야 한다.
$a = 3k^2$ (단, $k \neq 0$인 정수)이라 하면
$100 \leq 3k^2 \leq 200$, $\dfrac{100}{3} \leq k^2 \leq \dfrac{200}{3}$
따라서, 부등식을 만족하는 k^2의 값은 36, 49, 64이므로
a는 108, 147, 192의 3개이다.

14 $\dfrac{\sqrt{a}}{2} - \dfrac{\sqrt{b}}{\sqrt{2}} > 0$ $\dfrac{\sqrt{a}}{2} > \dfrac{\sqrt{b}}{\sqrt{2}}$ 양변을 제곱하면
$\dfrac{a}{4} > \dfrac{b}{2}$ 양변에 4를 곱하면 $a > 2b$

15 $a\sqrt{\dfrac{b}{a}} + b\sqrt{\dfrac{a}{b}} = \sqrt{a^2 \times \dfrac{b}{a}} + \sqrt{b^2 \times \dfrac{a}{b}}$
$= \sqrt{ab} + \sqrt{ab} = 2\sqrt{ab} = 2\sqrt{8} = 2 \times 2\sqrt{2} = 4\sqrt{2}$

16 ㉠ $8\sqrt{21} = \sqrt{8^2 \times 21} = \sqrt{1344}$
㉡ $14\sqrt{7} = \sqrt{14^2 \times 7} = \sqrt{1372}$
㉢ $8\sqrt{21} > 8\sqrt{19}$ $\therefore$ ㉡ → ㉠ → ㉢

17 $\overline{AB} = (5\sqrt{3}+2) - (-2-2\sqrt{3}) = 5\sqrt{3} + 2 + 2\sqrt{3} = 4 + 7\sqrt{3}$

18 $\sqrt{43000} = \sqrt{4.3 \times 100^2} = 100\sqrt{4.3}$

19 $\sqrt{6000} = \sqrt{100 \times 60} = 10\sqrt{60}$이므로
$A = 10$
$\dfrac{\sqrt{0.6}}{\sqrt{60}} = \sqrt{\dfrac{0.6}{60}} = \sqrt{\dfrac{1}{100}} = \dfrac{1}{10}$이므로
$B = \dfrac{1}{10}$

따라서 $AB = 10 \times \dfrac{1}{10} = 1$

20 $\sqrt{15} ≒ 3.873$ 양변에 10을 곱하면 $10 \times \sqrt{15} ≒ 38.73$
$\sqrt{10^2 \times 15} ≒ 38.73$ 양변을 제곱하면 $1500 ≒ 38.73^2$

22 사다리꼴 ABCD의 넓이는
$\{\sqrt{5} + (\sqrt{5} + \sqrt{6})\} \times 2\sqrt{2} \times \dfrac{1}{2}$
$= (2\sqrt{5} + \sqrt{6}) \times \sqrt{2}$
$= 2\sqrt{10} + \sqrt{12}$
$= 2\sqrt{10} + 2\sqrt{3}$ (cm^3)

25 $\sqrt{24}\left(\dfrac{\sqrt{3}}{6} - \sqrt{6}\right) - \dfrac{a}{\sqrt{2}}(\sqrt{32} - 2)$
$= 2\sqrt{6}\left(\dfrac{\sqrt{3}}{6} - \sqrt{6}\right) - \dfrac{a}{\sqrt{2}}(4\sqrt{2} - 2)$
$= \dfrac{\sqrt{18}}{3} - 12 - 4a + \dfrac{2a}{\sqrt{2}}$
$= \sqrt{2} - 12 - 4a + a\sqrt{2}$
$= -12 - 4a + (1+a)\sqrt{2}$
그런데 a가 유리수이므로 $-12 - 4a + (1+a)\sqrt{2}$가 유리수가 되려면 $1+a = 0$이어야 한다.
따라서 $a = -1$

서술형

21 $\sqrt{3}(\sqrt{6} + \sqrt{12}) - \sqrt{2}(\sqrt{18} + \sqrt{9})$
$= \sqrt{18} + \sqrt{36} - \sqrt{36} - \sqrt{18} = 0$

22 $x = \sqrt{3} - \sqrt{6} < 0$이므로
$\dfrac{\sqrt{2x^2}}{x} - \dfrac{x}{\sqrt{3}} = \dfrac{-x\sqrt{2}}{x} - \dfrac{x}{\sqrt{3}} = -\sqrt{2} - \left(\dfrac{\sqrt{3}}{\sqrt{3}} - \dfrac{\sqrt{6}}{\sqrt{3}}\right)$
$= -\sqrt{2} - (1 - \sqrt{2}) = -\sqrt{2} - 1 + \sqrt{2} = -1$

23 $\sqrt{2} ≒ 1.414$
$3\sqrt{2} - 2 ≒ 3 \times 1.4 - 2 = 2.2$
$a = 2$, $b = (3\sqrt{2} - 2) - 2 = 3\sqrt{2} - 4$
$a^2 + (b+4)^2 = 2^2 + (3\sqrt{2} - 4 + 4)^2 = 4 + 18 = 22$

24 $2\sqrt{2} - 3 < 0$, $3 - 2\sqrt{2} > 0$, $-2 - 4\sqrt{2} < 0$이므로
(주어진 식) $= (3 - 2\sqrt{2}) + (3 - 2\sqrt{2}) + (2 + 4\sqrt{2})$
$\quad\quad\quad\quad = 3 + 3 + 2 - 2\sqrt{2} - 2\sqrt{2} + 4\sqrt{2} = 8$

25 $\sqrt{24}\left(\dfrac{\sqrt{3}}{6} - \sqrt{6}\right) - \dfrac{a}{\sqrt{2}}(\sqrt{32} - 2)$
$= 2\sqrt{6}\left(\dfrac{\sqrt{3}}{6} - \sqrt{6}\right) - \dfrac{a}{\sqrt{2}}(4\sqrt{2} - 2)$

$$= \frac{\sqrt{18}}{3} - 12 - 4a + \frac{2a}{\sqrt{2}}$$
$$= \sqrt{2} - 12 - 4a + a\sqrt{2}$$
$$= -12 - 4a + (1+a)\sqrt{2}$$

그런데 a가 유리수이므로 $-12-4a+(1+a)\sqrt{2}$가 유리수가 되려면 $1+a=0$이어야 한다.
따라서 $a=-1$

51 방정식과 항등식

예제 1
(1) 등호(=)가 없으므로 등식이 아니다.
(2) 등호(=)가 없으므로 등식이 아니다.
(3) 좌변 : $7x+5$, 우변 : 12
(4) 등호(=)가 없으므로 등식이 아니다.
(5) 좌변 : $3x$ 우변 : $x-3$

유제 1
(1) $5x+y=4,000$, 좌변 : $5x+y$, 우변 : $4,000$
(2) $a \geq 8$. 등식이아니다
(3) $3x-10=20$ 등식, 좌변:$3x-10$,우변:20

예제 2 ③   **유제 2** ②

예제 3 ③

유제 3 (1) $x=4$ (2) $x=2$ (3) $x=1$ (4) $x=1$

예제 4 (1) $5x=3x+8$ (2) $162=x+5$
(3) $45+x=2(14+x)$

유제 4 (1) $x-4=2x$ (2) $a=7b+4$
(3) $a=10b+c$

예제 5 ④   **유제 5** ①

예제 6 ①   **유제 6** ⑤

예제 7 ③   **유제 7** $a=5, b=-10$

예제 2 x에 2를 대입해서 참과 거짓을 판단한다.

유제 2 x에 -5를 대입해서 참과 거짓을 판단한다.

예제 3 x에 -3을 대입하여 거짓인 경우를 찾는다.

유제 3 x대신 1, 2, 3, 4를 대입해서 참인 경우가 해가 된다.

예제 5 ④ $ax=b$에서 ($a \neq 0$) 경우 $x=\frac{b}{a}$를 대입하여 참이 되는 등식을 찾는다.
① 항등식 ② 부등식 ③ 등식이 아니다. ④ $x=2$를 대입하면 참이 되므로 방정식 ⑤ 항등식

유제 5 ①$x=1$일때만 성립하므로 방정식
② 항등식   ③ 부등식   ④ 부등식   ⑤ 항등식

유제 7 $5x-10=ax+b$주어진 등식이 항등식이 되려면 $a=5, b=-10$

52 등식의 성질

예제 1 (1) $b+7$ (2) $b-5$ (3) $-4b$ (4) $\frac{b}{3}$

유제 1 (1) $b+c$ (2) $a-c$ (3) bc (4) $\frac{a}{c}$

예제 2 (1) $x=22$ (2) $x=18$ (3) $x=6.2$ (4) $x=7$

유제 2 (1) $x=-\frac{1}{2}$ (2) $x=6$ (3) $x=4.3$ (4) $x=7$

예제 3 (1) $x=12$ (2) $x=9$ (3) $x=-3$ (4) $x=-9$

유제 3 (1) $x=6$ (2) $x=-12$ (3) $x=-\frac{35}{4}$ (4) $x=-12$

예제 4 (1) $x=9$ (2) $x=20$ (3) $x=-15$ (4) $x=-\frac{4}{5}$

유제 4 (1) $x=8$ (2) $x=\frac{1}{10}$ (3) $x=\frac{21}{2}$ (4) $x=-3$

개념 다지기

01 ③   02 ②   03 ④   04 $x+6=5x-18$ 05 8

01 ③ $2x-4=2x-4$는 x가 어떤 값을 갖더라도 항상 참이 된다.
03 ④ 양변을 10과 15의 최소공배수 30으로 나누어 주면
$\frac{x}{3} = \frac{y}{2}$ 가 된다.
04 $x+6=5x-18$
05 $x=8$ 양변에 6을 곱해주면
$2x-4=12$ $2x=16$ $\therefore x=8$

53 일차방정식의 풀이

예제 1 (1) $6x=15-9$ (2) $2x-3-4=x$
(3) $7+2x-3x=-1$ (4) $3x+9-15=0$

유제 1 (1) $3x=2x+5$ (2) $2x=3x-1+2$
(3) $2-1=2x+4x$ (4) $3=5x+x$

예제 2 ③

유제 2 ②, ③, ⑤

예제 3 해설 참조

유제 3-1 해설 참조
유제 3-2 해설 참조

예제 4 (1) $x=2$ (2) $x=-1$ (3) $x=2$ (4) $x=-12$

유제 4 (1) $x=1$ (2) $x=-3$ (3) $x=-2$ (4) $x=-4$

예제 3

(1) $7x=24+3x$
$7x-\boxed{3x}=24$
$\boxed{4x}=24$

(2) $3x-2=19$
$3x=19+\boxed{2}$
$3x=\boxed{21}$

(3) $6x-3=2x+9$
$6x-\boxed{2x}=9+\boxed{3}$
$\boxed{4}x=\boxed{12}$
$x=\boxed{3}$

(4) $4x+13=-5+2x$
$4x-\boxed{2}x=-5-\boxed{13}$
$\boxed{2}x=\boxed{-18}$
$x=\boxed{-9}$

유제 3-1

(1) 양변에 $\boxed{8}$ 을 더하면
$5x-8+\boxed{8}=7+\boxed{8}$
$5x=15$

(2) 양변을 $\boxed{5}$ 로 나누면
$\dfrac{5x}{\boxed{5}}=\dfrac{15}{5}$
$\therefore x=\boxed{3}$

유제 3-2

(1) 양변에 $\boxed{4}$ 을 빼면
$\dfrac{5}{8}x+4-\boxed{4}=-6-\boxed{4}$
$\dfrac{5}{8}x=-10$

(2) 양변을 $\boxed{\dfrac{5}{8}}$ 로 나누면
$\dfrac{5}{8}x\div\boxed{\dfrac{5}{8}}=-10\div\boxed{\dfrac{5}{8}}$
$\therefore x=\boxed{-16}$

54 괄호가 있는 일차방정식의 풀이

예제 1 (1) $x=-11$ (2) $x=-1$ (3) $x=5$ (4) $x=\dfrac{4}{3}$

유제 1-1 (1) $x=18$ (2) $x=-4$ (3) $x=9$ (4) $x=6$

유제 1-2 (1) $x=1$ (2) $x=4$ (3) $x=5$ (4) $x=-1$

예제 1
(1) $-3x+2x-6=5,\ -x=5+6$ ∴ $x=-11$
(2) $7x=-6+3x+2,\ 7x-3x=-4$ ∴ $x=-1$
(3) $3x-6-5x+10=-6,\ -2x=-10$ ∴ $x=5$
(4) $-2+3x+6x-10=0,\ 9x=12$ ∴ $x=\dfrac{4}{3}$

유제 1-1
(1) $4x-12=60,\ 4x=72$ ∴ $x=18$
(2) $7x-3x-3=-19,\ 4x=-16$ ∴ $x=-4$
(3) $-x-2+3=-2x+10,\ x=10-1$ ∴ $x=9$
(4) $9x-8x+6=6x-24,\ -5x=-30$ ∴ $x=6$

유제 1-2
(1) $x-\{2x-5(2x-3x+1)\}=-1$
$x-\{2x-5(-x+1)\}=-1$
$x-(2x+5x-5)=-1$
$-6x=-6$ ∴ $x=1$
(2) $5x-\{8x+(4-3x)\}=2x-12,\ 5x-(5x+4)=2x-12$
$-4=2x-12,\ 8=2x$ ∴ $x=4$
(3) $x-[4x-\{3x-(-2x+3)-5\}]=2$
$x-\{4x-(5x-8)\}=2,\ x-(-x+8)=2$
$2x-8=2,\ 2x=10$ ∴ $x=5$
(4) $3x-[3-2\{x-1+(4-2x)\}]=2$,
$3x-\{3-2(-x+3)\}=2,\ 3x-(2x-3)=2,$
$3x-2x+3=2$ ∴ $x=-1$

개념 다지기

01 ③ 02 ② 03 (1) $x=2$ (2) $x=-2$ (3) $x=-2$
(4) $x=-4$ 04 (1) $x=2$ (2) $x=-4$ (3) $x=\dfrac{2}{5}$
(4) $x=5$ 05 ①

05 ① $x=-2$이므로 이것을 주어진 식에 대입하면
$a(2\times(-2)+1)=-2+5$
$-3a=3$
$a=-1$

55 복잡한 일차방정식의 풀이

예제 1 (1) $x=\dfrac{16}{3}$ (2) $x=-20$ (3) $x=-13$ (4) $x=2$

유제 1 (1) $x=-3$ (2) $x=2$ (3) $x=-8$ (4) $x=1$

예제 2 (1) $x=-10$ (2) $x=3$ (3) $x=\dfrac{6}{5}$ (4) $x=\dfrac{10}{7}$

유제 2 (1) $x=-2$ (2) $x=18$ (3) $x=1$ (4) $x=4$

예제 3 (1) $x=3$ (2) $x=-2$

유제 3-1 (1) $x=-2$ (2) $x=17$ (3) $x=\dfrac{7}{2}$ (4) $x=-3$

유제 3-2 (1) $x=\dfrac{16}{5}$ (2) $x=\dfrac{2}{3}$ (3) $x=-10$ (4) $x=-\dfrac{61}{4}$

유제 3-1 (3) 양변에 분모의 최소공배수 24를 곱하면
$4(x-5)=3(2x-1)-24$
$4x-20=6x-3-24,\ 4x-20=6x-27$
$4x-6x=-27+20,\ -2x=-7$
$\therefore x=\dfrac{7}{2}$

(4) 양변에 분모의 최소공배수 15를 곱하면
$15x-3(4x-3)=-15-5x$
$15x-12x+9=-15-5x$
$3x+9=-15-5x$
$3x+5x=-15-9$
$8x=-24$
$\therefore x=-3$

유제 3-2 (1) $\dfrac{1}{2}x+0.3=x-1.3$의 양변에 10을 곱하면
$5x+3=10x-13$
$16=5x \quad \therefore \dfrac{16}{5}=x$

(2) $\dfrac{1}{2}x+1.5=\dfrac{4x+1}{2}$
$x+3=4x+1$
$2=3x \quad \therefore x=\dfrac{2}{3}$

(3) $0.7x+\dfrac{12}{5}=0.3x-\dfrac{8}{5}$
$7x+24=3x-16$
$4x=-40 \quad \therefore x=-10$

(4) 준식의 양변에 3, 2, 10의 최소공배수 30을 곱하면

$$20(1-2x)-30 = 15-36(x-1)$$
$$20-40x-30 = 15-36x+36$$
$$-40x-10 = -36x+51$$
$$-40x+36x = 51+10$$
$$-4x = 61 \quad \therefore x = -\frac{61}{4}$$

56 여러가지 일차방정식

예제 1 (1) $x=\frac{7}{4}$ (2) $x=2$

유제 1 (1) $x=2$ (2) $x=\frac{11}{5}$

예제 2 $a=-3$

유제 2-1 $b=-5$

유제 2-2 $a=-2$

예제 1
(1) $3(2x-1) = 2(x+2)$
$6x-3 = 2x+4$
$\therefore x = \frac{7}{4}$

(2) $4 \times \frac{3x-1}{2} = 2(x+3)$
$6x-2 = 2x+6$
$\therefore x = 2$

유제 1
(1) $2(3x-1) = 2(x+3)$
$6x-2 = 2x+6$
$\therefore x = 2$

(2) $6\frac{3x-1}{2} = 4(x+2)$
$9x-3 = 4x+8$
$\therefore x = \frac{11}{5}$

예제 2 주어진 해 -3을 x에 대입하면
$4\{2 \times (-3) - a\} = 3 + 5 \times (-3)$
$-24-4a = -12, \quad -4a = 12 \quad \therefore a = -3$

유제 2-1 $x=-2$를 대입하면 $3(-4-b) = 1-(-2)$
$-12-3b = 3, \quad -3b = 15 \quad \therefore b = -5$

유제 2-2 $x=6$을 주어진 방정식에 대입하면
$\frac{3}{4} \times (6+2) + a = \frac{2}{3} \times 6, \quad 6+a=4$
$\therefore a = -2$

개념 다지기

01 (1) $x=8$ (2) $x=59$ (3) $x=10$ (4) $x=-6$
02 (1) $x=-12$ (2) $x=3$ (3) $x=2$ (4) $x=-2$
03 (1) $x=-2$ (2) $x=\frac{1}{4}$ (3) $x=-\frac{1}{2}$ (4) $x=\frac{9}{7}$
04 ④
05 ①

01 (1) 양변에 10을 곱해서 정리하면
$3x+9 = 6x-15, \quad 3x-6x = -15-9, \quad -3x = -24, \quad \therefore x = 8$

(2) 양변에 10을 곱해서 정리하면 $3(x+3) = 4x-50, \quad \therefore x=59$

(3) 양변에 100을 곱해서 정리하면 $9x-30 = 5(x+2), \quad 4x=40,$
$\therefore x=10$

(4) $-0.02x+0.3 = -0.06x+0.06$ 양변에 100을 곱해서 정리

하면 $-2x+30 = -6x+6, \quad 4x=-24, \quad \therefore x=-6$

02 (1) $\frac{1}{2}x+2 = \frac{1}{3}x$
양변에 분모의 최소공배수 6을 곱하면
$6(\frac{1}{2}x+2) = 6 \times \frac{1}{3}x$
$3x+12 = 2x, \quad 3x-2x = -12$
$\therefore x = -12$

(2) $\frac{x+1}{2} = \frac{3x-1}{4}$
양변에 분모의 최소공배수 4를 곱하면
$4(\frac{x+1}{2}) = 4(\frac{3x-1}{4})$
$2(x+1) = 3x-1, \quad 2x+2 = 3x-1$
$2x-3x = -1-2, \quad -x = -3$
$\therefore x = 3$

(3) $1-\frac{x-2}{5} = \frac{x}{2}$
양변에 분모의 최소공배수 10을 곱하면
$10(1-\frac{x-2}{5}) = 10 \times \frac{x}{2}, \quad 10-2(x-2) = 5x$
$10-2x+4 = 5x, \quad -2x-5x = -14$
$-7x = -14 \quad \therefore x = 2$

(4) $\frac{5}{6}x = -\frac{7}{6} + \frac{2}{3}x$
양변에 분모의 최소공배수 12를 곱하면
$12 \times \frac{4}{5}x = 12(-\frac{7}{6} + \frac{2}{3}x)$
$15x = -14+8x, \quad 15x-8x = -14$
$7x = -14 \quad \therefore x = -2$

03 (2) 양변에 6을 곱해서 정리하면 $2(x-1) = 3(2x-1),$
$2x-2 = 6x-3, \quad 4x=1 \quad \therefore x=\frac{1}{4}$

(4) 양변에 30을 곱해서 정리하면 $3x-6(x-1) = 15-10x,$
$3x-6x+6 = 15-10x \quad 7x=9 \quad \therefore x=\frac{9}{7}$

04 ④ ㉠을 먼저 풀어보면 $4(x+7) = 9(x-3) \quad 4x+28 = 9x-27$
$-5x = -55 \quad \therefore x=11$ 따라서 ㉡의 해는 33이다.
$33a-6 = \frac{2}{3}+33b \quad 33(a-b) = \frac{2}{3}+6 \quad 33(a-b) = \frac{2}{3}+6 = \frac{20}{3}$
$\therefore a-b = \frac{20}{99}$

05 $\frac{3}{4}x+1 = \frac{1}{2}x+\frac{1}{4}$ 양변에 4를 곱하면
$3x+4 = 2x+1, \quad x=-3 \quad \therefore a=-3$
$0.3(x+2)+0.2 = 0.8(x-4)$의 양변에 10을 곱하면
$3(x+2)+2 = 8(x-4), \quad 3x+8 = 8x-32 \quad -5x = -40, \quad x=8,$
$\therefore b=8$

57 일차방정식의 활용

예제 1 $25-x = 3x-31$

유제 1 13살

예제 2 7권

유제 2 18권

예제 3 310명

유제 3 남학생 : 981명, 여학생 : 954명

예제 4 50, 52, 54   유제 4 37

예제 5 4, 5, 6   유제 5 37, 38, 39

유제 1 동우의 현재 나이를 x라 하면 20년 후의 나이는 $20+x$ 또 현재의 나이의 2배에 7을 더한 식은 $2x+7$
∴ $20+x=2x+7$ ∴ $x=13$(살)

예제 2 $57-x=2(18+x)$, $57-x=36+2x$, $3x=21$ ∴ $x=7$(권)

유제 2 동수에게 x권을 준다면 동준이는 $x-6$권은 주게 되므로 $x+(x-6)=30$, $2x=36$ ∴ $x=18$(권)

예제 4 연속된 세 짝수 중 가장 작은 수를 x라 놓으면 세 수는 $x, x+2, x+4$이다. 이 세수의 합이 156이므로
$x+(x+2)+(x+4)=156$, $3x+6=156$
∴ $x=50$ 구하는 세수는 50, 52, 54

유제 4 연속된 세 홀수 중 가장 큰 수를 x라 놓으면 세 수는 $x, x-2, x-4$이다. 이 세수의 합이 105이므로
$x+(x-2)+(x-4)=105$, $3x=111$, ∴ $x=37$

개념 다지기

01 ②   02 ④   03 ③   04 ④   05 ②

01 x년 후에 아버지의 나이가 아들의 나이의 2배가 된다고 하면 $45+x=2(12+x)$, $45+x=24+2x$, ∴ $x=21$,
∴ $2006+21=2027$

02 연속된 세 자연수를 $x, x+1, x+2$라 놓으면
$3(x+2)=x+(x+1)+12$, $3x+6=2x+13$, $x=7$
따라서, 가장 큰 수는 $x+2$이므로 $7+2=9$

03 ③ 학생 수를 x라 놓고 방정식을 세우면 $4x+8=5x-6$,
$4x-5x=-6-8$, $-x=-14$, ∴ $x=14$

04 남학생 수를 x라 하면 여학생 수는 $36-x$이다.
{(남학생의 총점)+(여학생의 총점)}÷$36=68$(점) 이므로
$\{63x-72(36-x)\}=68\times36$
$63x+72\times36-72x=68\times36$
$63x-72x=68\times36-72\times36$
$-9x=-4\times36$, ∴ $x=16$
따라서, 남학생 수는 16명이다.

05 A가 하는 하루 일의 양 : $\frac{1}{20}$

B가 하는 하루 일의 양 : $\frac{1}{12}$

A가 4일 동안 한 후에 A, B가 함께 x일 동안 했다면
$\frac{1}{20}\times4+\frac{1}{20}\times x+\frac{1}{12}\times x=1$ 양변에 60을 곱하면
$12+3x+5x=60$, $8x=48$, ∴ $x=6$

58 거리, 속력, 시간에 관한 문제

예제 1 15분

유제 1 $\frac{14}{3}$시간 후

예제 2 108km

유제 2-1 6km

유제 2-2 420km

유제 2-3 15km

예제 1 동생은 10분 동안 $80\times10=800(m)$를 미리 갔다.
형은 1분마다 160m씩 따라잡게 되므로
$800\div160=5$(분)이면 형이 동생을 만나게 된다.
∴ $10+5=15$(분)

유제 1 영수가 시속 $8km$로 2시간 달린 후 옥희가 시속 $14km$로 따라 갔으므로 x시간 후에는 $2\times8+8x=14x$가 성립한다.
$6x=16$, ∴ $x=\frac{8}{3}$ 따라서 영수가 출발한 후 2(시간)$+\frac{8}{3}$(시간)뒤에 만난다.

예제 2 A와 B사이의 거리를 $x$km라 놓으면
$\frac{x}{90}+\frac{x}{60}=3$, $2x+3x=540$, $5x=540$, ∴ $x=108$

59 농도에 관한 문제, 일에 관한 문제

예제 1 50g   유제 1 100g

예제 2 180g   유제 2 200g

예제 3 100g   유제 3 800g

예제 4 9일   유제 4 12일

예제 1 $\frac{12}{100}\times100=\frac{8}{100}\times(100+x)$, $1200=800+8x$, $8x=400$
∴ $x=50$

예제 2 $\frac{4}{100}\times300=\frac{10}{100}(300-x)$, $1200=3000-10x$, $10x=18$
∴ $x=180$

예제 3 $\frac{15}{100}\times400=\frac{12}{100}\times(400+x)$, $6000=4800+12x$,
$12x=1200$ ∴ $x=100$

예제 4 전체 일의 양을 1이라 하면 A가 하루 일하는 양은
$\frac{1}{10}$, B가 일하는 양은 $\frac{1}{15}$이다.

B가 일한 일 수를 x일이라 하면 $\frac{1}{10} \times 4 + \frac{1}{15} \times x = 1$

양변에 30을 곱하면 $3 \times 4 + 2 \times x = 30$, $12 + 2x = 30$,

$2x = 18$ ∴ $x = 9$(일)

유제 4 전체 일의 양을 1로 놓으면 A, B가 일하는 양은

$\frac{1}{15}, \frac{1}{20}$이 된다. 또, 완성하는데 걸린 날 수를 x라 하며, A는 x일 B는 $(x-8)$일을 일했으므로 주어진 조건에 따라 식을 세우면 $\frac{1}{15}x + \frac{1}{20}(x-8) = 1$,

양변에 60을 곱하면 $4x + 3(x-8) = 60$ ∴ $x = 12$(일)

개념 다지기

01 ①   02 ④   03 120g   04 ④   05 10일

01 오르막길을 x, 내리막길을 $16 - x$라 하면, 거리 = 속력 × 시간

→ 시간 = $\frac{거리}{속력}$ 이므로

$\frac{x}{4} + \frac{16-x}{6} = 3$, 양변에 12를 곱하면

$3x + 2(16 - x) = 36$

$3x + 32 - 2x = 36$, $x = 4$ ∴ $x = 4(km)$

03 5%의 식염수를 xg이라 하면,

$\frac{5}{100}x + \frac{10}{100}(300 - x) = \frac{8}{100} \times 300$

양변에 100을 곱하면

$5x + (3000 - 10x) = 2400$, $5x = 600$ ∴ $x = 120(g)$

04 $\frac{8}{100} \times 300 = \frac{15}{100}(300 - x)$

양변에 100을 곱하면

$2400 = 4500 - 15x$, $15x = 2100$

∴ $x = 140(g)$

05 전체 일의 양을 1이라 하면 A가 하는 하루 일의 양은 $\frac{1}{12}$,

B는 $\frac{1}{15}$이므로 B가 x일 동안 일을 했다고 하면

$\frac{4}{12} + \frac{x}{15} = 1$

양변에 60을 곱하면

$20 + 4x = 60$, ∴ $x = 10$(일)

소단원 종합 학습 (1)

01 ③	02 ④	03 ⑤	04 ④	05 ④
06 ④	07 ①	08 ①	09 ⑤	10 ⑤
11 ③	12 ③	13 ③	14 ⑤	15 ②
16 ⑤	17 ③	18 ②	19 ⑤	20 ②
21 $a = 10$	22 2022년	23 100km		24 240g

04 ④ $x = 3$을 대입하면 좌변 $= -3 - 4 = -7$, 우변 $= -9 + 2 = -7$

06 ① $x = 2$ ② $x = 0$ ③ $x = 1$ ④ $x = -4$ ⑤ $x = -1$

∴ $-4 \notin \{-2, -1, 0, 1, 2\}$

08 ① $(x-3) : x = 4 : 1$에서

(내항의 곱) = (외항의 곱)이므로

$4x = x - 3$, $4x - x = -3$, $3x = -3$, ∴ $x = -1$

09 ⑤ $x - 1 = 2$, $x = 3$,

두 방정식의 해가 같으므로

$x = 3$을 $2(a - x) = a + 8$에 대입하면

$2(a - 3) = a + 8$

$2a - a = 8 + 6$

∴ $a = 14$

10 ⑤ ① $x = 3$ ② $x = \frac{5}{3}$ ③ $x = 2$ ④ $x = \frac{2}{5}$ ⑤ $x = 4$

12 ③ $-2x + 6 = 4x - 12$

$6x = 18$ ∴ $x = 3$

$ax - 4 = -x + 8$에 x 대신 3을 대입하면

$3a - 4 = -3 + 8$, $3a = 9$, ∴ $a = 3$

13 ③

양변에 10을 곱하면

$10\left(\frac{3}{2}x - \frac{3}{5}\right) = 10 \times 0.7(x - 2)$

$15x - 6 = 7x - 14$

$15x - 7x = -14 + 6$

$8x = -8$

∴ $x = -1$

14 ⑤ ( )를 풀고 정리하면

$\frac{3}{2}x - 3 - 3x - 5 = \frac{3}{4}x + 2$

$\frac{3}{2}x - 3 - 3x - 5 = \frac{3}{4}x + 2$

$\frac{9}{4}x = -10$, $9x = -40$, ∴ $x = -\frac{40}{9}$

15 ②

$\frac{1}{2}x - \frac{3}{4}x = \frac{2}{6}x - \frac{7}{6}$

양변에 분모 2, 4, 6의 최소공배수 12를 곱하면

$12\left(\frac{1}{2}x - \frac{3}{4}x\right) = 12\left(\frac{2}{6}x - \frac{7}{6}\right)$

$6x - 9x = 4x - 14$

$-7x=-14$ ∴$x=2$

16 ⑤ 직사각형의 둘레의 길이는 120cm이므로 가로의 길이 + 세로의 길이는 60cm이다. 가로의 길이 : x, 세로의 길이 : $60-x$ ∴$x:(60-x)=3:2$ $3(60-x)=2x$
$180-3x=2x$, $5x=180$ $x=36$ 즉 가로의 길이는 36cm, 세로의 길이는 24cm ∴넓이 $=36\times 24=864(cm^2)$

17 ③ 다리의 개수 전부가 악어라고 놓으면 $25\times 4=100$(개) 그런데 실제 74개이므로 $(100-74)\div 2=13$(마리)
∴악어새는 13마리가 된다.

18 ⑤ 사려는 연필의 가격을 x로 놓으면, 가지고 있는 돈은
$10x-300=8x+60$, $2x=360$, ∴$x=180$
즉 1500원으로 연필 9자루를 사면 120원이 부족하다.

19 ⑤ $\frac{2}{100}\times 10=\frac{2}{1000}\times(10+x)$, ∴$x=90$

20 ② A와 B의 거리를 $x$km로 놓으면
$\frac{x}{30}=\frac{x}{10}-\frac{1}{2}$, $\frac{2}{30}x=\frac{1}{2}$, ∴$x=\frac{15}{2}(km)$

서술형

21 방정식에서 양변에 4를 곱하면
$4\left(\frac{3}{4}x-1\right)=4\left(\frac{1}{2}x+\frac{1}{4}\right)$
$3x-4=2x+1$, $3x-2x=1+4$
∴$x=5$
두 일차방정식의 해가 같으므로
$x=5$는 방정식 $x+2a=6x-5$의 해가 되므로
$5+2a=6\times 5-5$, $2a=20$, ∴$a=10$

22 x년 후에 어머니의 나이 $42+x$
x년 후에 나의 나이 $13+x$
방정식을 세우면 $42+x=(13+x)\times 2$ ∴$x=16$
∴$2006+16=2022$

23 우리집에서 공항까지의 거리를 $x$km라 하면
시속 50km로 달려서 걸리는 시간은 $\frac{x}{50}$(시간)
시속 60km로 달려서 걸리는 시간은 $\frac{x}{60}$(시간)
20분은 $\frac{20}{60}=\frac{1}{3}$(시간)이므로 $\frac{x}{50}-\frac{x}{60}=\frac{1}{3}$,
양변에 300을 곱하면 $6x-5x=100$
∴$x=100(km)$

24 8% 소금물을 xg으로 놓으면
$\frac{3}{100}\times(400-x)+\frac{8}{100}\times x=\frac{6}{100}\times 400$
양변에 100을 곱하면
$1200-3x+8x=2400$, $5x=1200$
∴$x=240(g)$

소단원 종합 학습 (2)

01 ③	02 ⑤	03 ④	04 ②	05 ③
06 ③	07 ②	08 ④	09 ②	10 ③,⑤
11 ④	12 ①	13 ②	14 ①	15 ③
16 ④	17 ③	18 ①	19 ⑤	20 ②
21 -18	22 2	23 200g	24 $a=-\frac{3}{29}$	

01 ③ $a=6$, $-b=3 \to b=-3$, ∴$a+b=6+(-3)=3$

02 ⑤ ①②③④ 의 해는 $x=4$ ⑤ 의 해는 $x=-4$

04 괄호를 풀어서 정리하면
$-2x+8=5x-3(-x+4+2x)$
$-2x+8=5x-3x-12$
$4x=20$, $x=5$

05 $-2x+5=-7x-15$에서 $5x=-20$ ∴$x=-4$
$x=-4$를 아래의 식에 대입하면
$-2-\frac{(-3-2a)}{3}=1$
$-6+3+2a=3$, $2a=6$, ∴$a=3$

06 ③ $x*2=x+2+2x=3x+2$
$(x*2)*\frac{1}{3}=(3x+2)*\frac{1}{3}=3x+2+\frac{1}{3}+\frac{1}{3}(3x+2)$
$3x+\frac{7}{3}+x+\frac{2}{3}=4x+\frac{9}{3}=4x+3$
∴$4x+3=4$, $4x=4-3$
$4x=1$, $x=\frac{1}{4}$

07 $12\times \frac{5}{6}x+12\times \frac{3}{4}-(x+5)=-5$
$10x+9-x-5=-5$
$9x=-9$ ∴$x=-1$

09 ② $2x-5=3x-1$ $2x-3x=-1+5$
$-x=4$, $x=-4$
두 방정식의 해가 같으므로
$x=-4$, $2(x+m)=3(x-4)$에 대입하면
$2(-4+m)=3(-4-4)$
$-8+2m=-24$
$2m=-24+8$
$2m=-16$, $m=-8$

11 양변에 분모의 최소공배수인 12를 곱한다.
$4(7x-12)-3(3x-1)=6(5-x)$
$28x-48-9x+3=30-6x$
$19x+6x=30+45$
$25x=75$, $x=3$

12 양변에 2를 곱한다.
$-2x+3x-1=2(5-4x)$
$x-1=10-8x$
$x+8x=10+1$

$9x=11,\ x=\dfrac{11}{9}$

$\therefore a=\dfrac{11}{9}$

준식에 대입하면 $(6-11)-(33+3)=-5-36=-41$

13 $2x-1=\dfrac{x+1}{2}+3$

양변에 2를 곱하면

$4x-2=x+1+6$

$3x=9\ \ \therefore x=3$

14 양변에 10을 곱해서 정리하면,

$2(x-3)=3(x+2)-10$

$2x-6=3x+6-10$

$x=-2,\ 0=a-(-1)$

$\therefore a=-1$

15 $3a+4b=5a-4b$

$3a-5a=-4b-4b$

$-2a=-8b,\ a=4b$

$\therefore \dfrac{3a-2b}{a+b}=\dfrac{3\times(4b)-2b}{4b+b}=\dfrac{12b-2b}{5b}=\dfrac{10b}{5b}=2$

$3(x-p)-1=6$의 해가 2이므로

$3(2-p)-1=6$

$6-3p-1=6$

$-3p+5=6$

$-3p=6-5=1$

$\therefore p=-\dfrac{1}{3}$

16 처음 사다리꼴 윗변의 길이를 x라 하면

(처음 사다리꼴의 넓이)$=\dfrac{1}{2}\times(x+4+x)\times 6$

(나중 사다리꼴의 넓이)$=\dfrac{1}{2}\times(x-1+x)\times 6$

처음 사다리꼴의 넓이 $=2\times$(나중 사다리꼴의 넓이)

$3(2x+4)=2\times 3(2x-1)\ \ \therefore x=3(cm)$

17 ③ 기차의 길이를 a라 하고, 속도를 x라 하면

거리=속력×시간에서 시간=$\dfrac{거리}{속도}$

기차가 300m다리를 완전히 통과하면 기차가 지난 길이는 다리의 길이+기차의 길이 만큼이다.

$\therefore \dfrac{300+a}{x}=1$

마찬가지로 $\dfrac{800+a}{x}=2$

$300+a=x \to a=x-300$

$800+a=2x \to a=2x-800$

$\therefore 2x-800=x-300$

$\therefore x=500(m/분)$

18 ① $\dfrac{x}{300}=\dfrac{x}{200}-\dfrac{1}{2},\ \dfrac{x}{600}=\dfrac{1}{2}$

$\therefore x=300$

19 ⑤ $\dfrac{5}{100}\times 800=\dfrac{10}{100}\times(800-x)$

$4000=8000-10x$

$10x=4000,\ \therefore x=400(g)$

20 9%의 설탕물을 xg이라 하면 3%의 설탕물을 $(300-x)$g

$(300-x)\times\dfrac{3}{100}+x\times\dfrac{9}{100}=300\times\dfrac{5}{100}$

양변에 100을 곱하면

$(300-x)\times 3+9x=300\times\dfrac{5}{100}$

$900-3x+9x=1500$

$6x=600\ \ \therefore x=100(g)$

21 $a=-18$

$x=-1$을 준식에 대입하면,

$\dfrac{a}{3}-\dfrac{2+a}{4}=-2$

12를 양변에 곱해주면

$4a-3(2+a)=-24,\ \therefore a=-18$

22 상우는 $\dfrac{1}{6}$/1일, 근영이는 $\dfrac{1}{12}$/1일

$\left(\dfrac{1}{6}+\dfrac{1}{12}\right)\times\square+\dfrac{6}{12}=1$

$\dfrac{3}{12}\times\square=\dfrac{6}{12}\ \ \therefore \square=2$

23 10%의 식염수를 xg이라고 하면 20%의 식염수를 $(500-x)$g이다.

$x\times\dfrac{10}{100}+(500-x)\times\dfrac{20}{100}=500\times\dfrac{16}{100}$

양변에 100을 곱하면

$10x+20(500-x)=8000$

$10x+10000-20x=8000$

$-10x=-2000$

$\therefore x=200g$

24 $3(x-2)=4(x+2)+15$

$3x-6=4x+8+15,\ x=-29$

두 일차방정식의 해가 같으므로

$x=-29$를 $ax-3=0$에 대입하면

$-29a-3=0\ \ \therefore a=-\dfrac{3}{29}$

60 가감법

예제 1 (1) $x=9,\ y=5$ (2) $x=6,\ y=-1$
(3) $x=15,\ y=-11$ (4) $x=3,\ y=-1$

유제 1 (1) $x=5,\ y=-1$ (2) $x=-1,\ y=6$
(3) $x=5,\ y=-1$ (4) $x=-2,\ y=1$

예제 2 (1) $x=5,\ y=-4$ (2) $x=-1,\ y=5$
(3) $x=2,\ y=2$ (4) $x=2,\ y=-3$

유제 2 (1) $x=-1, y=6$ (2) $x=3, y=-4$
        (3) $x=-1, y=8$ (4) $x=-2, y=3$

예제 3 (1) $6, -12$ (2) $-6, 6$ (3) $-6, -6, 1$ (4) 4

유제 3-1 (1) $x=3, y=-3$ (2) $x=-1, y=2$

유제 3-2 (1) $x=3, y=-1$ (2) $x=5, y=7$

예제 4 (1) $x=6, y=1$ (2) $x=\dfrac{5}{7}, y=-\dfrac{31}{7}$
        (3) $x=-\dfrac{3}{5}, y=-\dfrac{8}{5}$ (4) $x=1, y=2$

유제 4 (1) $x=-\dfrac{3}{2}, y=2$ (2) $x=4, y=3$
        (3) $x=5, y=5$ (4) $x=-1, y=2$

61 대입법

예제 1 (1) $-3x+12$ (2) $-3x+12, 3$ (3) 3

유제 1 (1) $x=3, y=2$ (2) $x=3, y=0$
        (3) $x=1, y=8$ (4) $x=2, y=0$
        (5) $x=-7, y=-\dfrac{5}{3}$ (6) $x=\dfrac{9}{2}, y=-\dfrac{1}{2}$

개념 다지기

01 (1) $x=-5, y=-1$ (2) $x=3, y=-5$ (3) $x=-3, y=-7$
   (4) $x=1, y=1$

02 ①   03 -1 04 4 05 $a=4$

02 $ax+by=1$에 $(1, 2)$, $(-2, -3)$을 대입하면
   $a+2b=1$ ……①, $-2a-3b=1$ ……②
   ①, ②를 연립하여 풀면 $a=-5$, $b=3$
   $\therefore a-b=-5-3=-8$

03 두 그래프의 교점의 좌표 $(-1, 2)$를 ㉠, ㉡에 대입하면
   $-a+2=4$ $\therefore a=-2$
   $-1-2b=1$ $\therefore b=-1$
   $\therefore a-b=-2-(-1)=-1$

04 $\begin{cases} 3x-2y=-5 \\ 2x-5y=4 \end{cases}$를 풀면
   $x=-3, y=-2$, 이를 ㉠, ㉡에 대입하면
   $-2-(-2)=-1=a$
   $-3+(-2)=-5=b$
   $\therefore a-b=-1-(-5)=4$

05 x의 계수가 같아지도록 ㉠×2를 하면
   $2x+4y=10\cdots$㉢
   ㉡과 ㉢의 x, y의 계수는 각각 같고 상수항은 달라야하므로
   $a=4$

62 복잡한 연립방정식의 풀이

예제 1 (1) $x=0, y=-5$ (2) $x=8, y=-7$

유제 1 (1) $x=-1, y=1$ (2) $x=\dfrac{7}{2}, y=1$

예제 2 (1) $x=1, y=1$ (2) $x=2, y=0$

유제 2 (1) $x=4, y=2$ (2) $x=7, y=-7$

예제 3 (1) $\begin{cases} 3x-5y=8 \\ 2x-3y=6 \end{cases} \to \begin{cases} x=6 \\ y=2 \end{cases}$

        (2) $\begin{cases} 5x-4y=12 \\ 2x-3y=6 \end{cases} \to \begin{cases} x=\dfrac{12}{7} \\ y=-\dfrac{6}{7} \end{cases}$

유제 3 (1) $\begin{cases} 10x-3y=57 \\ 2x-(y-5)=16 \end{cases} \to \begin{cases} x=6 \\ y=1 \end{cases}$

        (1) $\begin{cases} 8x+9y=-12 \\ 15x+8y=13 \end{cases} \to \begin{cases} x=3 \\ y=-4 \end{cases}$

개념 다지기

01 (1) $x=-1, y=2$ (2) $x=-2, y=6$ (3) $x=3, y=2$
   (4) $x=\dfrac{5}{2}, y=-1$

02 ⑤   03 ④   04 ①   05 -5

02 $\begin{cases} 2x-(x-y)=-6 \\ x+y+3y=9 \end{cases} \to \begin{cases} x+y=-6 \\ x+4y=9 \end{cases} \to \begin{cases} x=-11 \\ y=5 \end{cases}$

03 $\begin{cases} 2x+5y=-2 \\ 5x-4y=28 \end{cases}$

04 $\begin{cases} \dfrac{3}{9}x+\dfrac{4}{9}y=2 \\ (x-2)+3y=9 \end{cases} \to \begin{cases} 3x+4y=18 \\ x+3y=11 \end{cases}$

05 ㉠의 양변에 10을 곱하고 정리하면 $3x-10y=13 \cdots$㉢
   ㉡을 정리하면 $2x-y=-14 \cdots$㉣
   ㉣×10-㉢을 하면 $x=-9, y=-4, a-b=-5$

소단원 종합 학습

01 ④	02 ④	03 ①	04 ①	05 ②
06 ⑤	07 ④	08 ⑤	09 ③	10 ⑤
11 ②	12 ②	13 ④	14 ③	15 ①
16 ⑤	17 ②	18 ⑤	19 ②	20 ①
21 $a=5$	22 -4	23 -15	24 $x=3, y=1$	
25 토끼 : 11마리, 오리 : 15마리				

01 $x+2y=12$를 만족하는 x, y의 순서쌍 (x, y)를 구할 때에는 자연수라는 조건이 있으므로 x, y 중에서 계수가 큰 문자에 1, 2, 3, …을 대입하여 순서쌍을 구한다. 순서쌍을 구해보면 (10, 1), (8, 2), (6, 3), (4, 4), (2, 5)의 5개이다.

02 $(2, -1)$을 $ax-3y=7$에 대입 $a=2$
∴ $2x-3y=7$ 이 식에 $(1, b)$를 대입하면
$2 \times 1 - 3 \times b = 7$ ∴ $b = -\dfrac{5}{3}$

03 방정식 $2x-3y+5=0$에 A$(a, 1)$, B$(-2, b)$를 대입하면
$2 \times a - 3 \times 1 + 5 = 0$, $2a+2=0$
$2 \times (-2) - 3 \times b + 5 = 0$
$-4 - 3b + 5 = 0$, $-3b = -1$
∴ $b = \dfrac{1}{3}$

04 해가 $(2, b)$이므로 연립방정식의 두 식에 $x=2$, $y=b$를 대입하여 푼다. $2x+y=5$에 $(2, b)$를 대입하면
$2 \times 2 + b = 5$, ∴ $b=1$
$x+ay=-3$에 $(2, 1)$을 대입하면 $2+a \times 1 = -3$, ∴ $a=-5$
∴ $ab = 1 \times (-5) = -5$

05 $2x+y=7$의 x에 $x=2y+1$을 대입하면
$2(2y+1)+y=7$, $4y+2+y=7$, $5y=5$, $y=1$
$x=2y+1$의 y에 $y=1$을 대입하면
$x = 2 \times 1 + 1 = 3$ ∴ $x=3$
∴ $a=3$, $b=1$
∴ $a-b = 3-1 = 2$

06 y의 값이 x의 값보다 3만큼 크므로
$y = x+3$, $y=x+3$을 $5x-y=5$에 대입하면
$5x-(x+3)=5$, $5x-x-3=5$, $4x=8$, ∴ $x=2$
$x=2$를 $y=x+3$에 대입하면 $y=5$
$x=2$, $y=5$를 $3x-y=a-5$에 대입하면
$3 \times 2 - 5 = a-5$, $6-5 = a-5$
$1 = a-5$, ∴ $a=6$

07 $x-y=1$의 1을 a로 잘못 보았다고 하면 $x-y=a$
$y=-4$를 $2x+y=8$에 대입하면 $2x-4=8$ ∴ $x=6$
$x=6$, $y=-4$를 $x-y=a$에 대입하면 $6-(-4)=a$ ∴ $a=10$
따라서 1을 10으로 잘못 보고 푼 것이다.

08 연립방정식 $\begin{cases} x+ay=4 \\ bx+3y=5 \end{cases}$ 의 해가 $(-2, 3)$이므로 주어진 두 식에 $x=-2$, $y=3$을 대입하여 a, b를 구한다. $x+ay=4$에 $(-2, 3)$을 대입하면 $-2 + a \times 3 = 4$, $3a=6$, ∴ $a=2$
$bx+3y=5$에 $(-2, 3)$을 대입하면
$b \times (-2) + 3 \times 3 = 5$, $-2b = -4$ ∴ $b=2$
∴ $a^2 - b^2 = 2^2 - 2^2 = 0$

09 두 연립방정식이 같은 해를 가지므로 주어진 4개의 일차방정식의 해는 모두 같다. 먼저 $x-y=-1$과 $2x+y=7$의 해를 구하면 $x=2$, $y=3$이다. $x=2$, $y=3$을 $ax+y=15$에 대입하면 $a \times 2 + 3 = 15$, $2a=12$ ∴ $a=6$
$x=2$, $y=3$을 $x-3y=b$에 대입하면 $2-3 \times 3 = b$, ∴ $b=-7$
∴ $a+b = 6+(-7) = -1$

10 연립방정식의 x의 값이 y의 값의 3배이므로 $x=3y$ …㉠
$x=3y$를 $x-2y=a$에 대입하면 $3y-2y=a$, $y=a$ …㉡
$y=a$를 $2x+y=16$에 대입하면 $2x+a=16$, $2x=16-2a$
∴ $x=8-a$ …㉢

㉡, ㉢을 ㉠에 대입하면 $8-a=3a$, $4a=8$ ∴ $a=2$

11 연립방정식에서 a, b를 바꾸어 풀었으므로 a, b를 b를 a로 바꾸어 푼다. a와 b를 바꾸면 $bx+ay=2$, $ax-by=11$에 $x=2$, $y=-1$을 대입하면 $2b-a=2$ …㉠, $2a+b=11$ …㉡
㉠$\times 2 +$㉡을 하면 $5b=15$, $b=3$
$b=3$을 ㉡에 대입하면 $a=4$

12 $\begin{cases} ax = by+6 \\ ax+by=2 \end{cases}$ 의 해가 $(1, -2)$이므로 $x=1$, $y=-2$를 주어진 연립방정식에 대입하면
$\begin{cases} a = -2b+6 & \cdots ① \\ a - 2b = 2 & \cdots ② \end{cases}$
①을 ②에 대입하면 $-2b+6-2b=2$
$-4b=-4$, ∴ $b=1$
$b=1$을 ①에 대입하면 $a=4$
∴ $a+4b = 4+4 \times 1 = 8$

13 $\begin{cases} 6x+5(y+1) = -1 & \cdots ㉠ \\ 2(x-2y)+3y=6 & \cdots ㉡ \end{cases}$
㉠을 간단히 하면 $6x+5y=-6$
㉡을 간단히 하면 $2x-y=6$
㉠+㉡$\times 5$를 하면 $16x=24$ ∴ $x=\dfrac{3}{2}$
$x=\dfrac{3}{2}$을 $2x-y=6$에 대입하면 $2 \times \dfrac{3}{2} - y = 6$ ∴ $y=-3$

14 미지수가 x, y인 일차부등식을 그래프 위에 나타내면 직선이 되고 직선끼리 만나는 점은 연립방정식의 해가 된다. 세 일차방정식이 한 점에서 만나므로 두 직선의 교점을 먼저 구한 후 그 교점을 미지수가 있는 직선에 대입한다.
연립방정식 $x+2y=-4$, $3x+y=3$의 해는 $x=2$, $y=-3$이므로 이것을 $ax+3y=5$에 대입하면 $a \times 2 + 3 \times (-3) = 5$
$2a=14$ ∴ $a=7$

15 $\begin{cases} 0.4x - 0.3y = 1.1 & \cdots ㉠ \\ \dfrac{1}{3}x + \dfrac{1}{2}y = \dfrac{1}{6} & \cdots ㉡ \end{cases}$
㉠ 식의 양변에 10을 곱하면
$\quad 4x-3y=11$ …㉠'
㉡ 식의 양변에 6을 곱하면
$\quad 2x+3y=1$ …㉡'
㉠'+㉡'를 하면 $6x=12$, $x=2$
$x=2$를 ㉡'에 대입하면
$\quad 4+3y=1$, $3y=-3$, $y=-1$

16 연립방정식 $A=B=C$로 주어진 식은 $\begin{cases} A=B \\ B=C \end{cases}$, $\begin{cases} A=C \\ B=C \end{cases}$, $\begin{cases} A=B \\ A=C \end{cases}$
중 하나로 식을 분리하여 해를 구한다.
$\begin{cases} \dfrac{x-2y-3}{2} = \dfrac{2y+5}{3} & \cdots ㉠ \\ \dfrac{x-2y-3}{2} = \dfrac{2x+y-1}{4} & \cdots ㉡ \end{cases}$
㉠의 양변에 6을 곱하면 $3(x-2y-3)=2(2y+5)$
$3x-6y-9 = 4y+10$, $3x-10y=19$ …㉠'
㉡의 양변에 4를 곱하면
$2(x-2y-3)=2x+y-1$
$2x-4y-6 = 2x+y-1$, $5y=5$ ∴ $y=-1$
$y=-1$을 ㉠'에 대입하면
$3x-10 \times (-1) = 19$, $3x=9$ ∴ $x=3$
∴ $\alpha^2 - \alpha\beta + \beta^2 = 3^2 - 3 \times (-1) + (-1)^2 = 9+3+1 = 13$

17 x는 4와 12의 최대공약수이므로 $x=4$
y는 4와 12의 최소공배수이므로 $y=12$
연립방정식 $\begin{cases} 2ax+by=4 & \cdots ㉠ \\ ax-3by=8 & \cdots ㉡ \end{cases}$

정답과 해설 **49**

㉠에 $x=4, y=12$를 대입하면
$$8a+12b=4, \ 2a+3b=1 \ \cdots ㉠'$$
㉡에 $x=4, y=12$를 대입하면
$$4a-36b=8, \ a-9b=2 \ \cdots ㉡'$$
㉠'×3을 하면 $6a+9b=3 \ \cdots ㉠''$
㉡'+㉠''를 하면 $7a=5, \ a=\dfrac{5}{7}$

$a=\dfrac{5}{7}$를 ㉡'에 대입하면
$$\dfrac{5}{7}-9b=2, \ 9b=\dfrac{5}{7}-2=-\dfrac{9}{7}$$
$$\therefore b=-\dfrac{9}{7}\times\dfrac{1}{9}=-\dfrac{1}{7}$$
$$\therefore 14(a+b)=14\left\{\dfrac{5}{7}+\left(-\dfrac{1}{7}\right)\right\}=14\times\dfrac{4}{7}=8$$

18 $\begin{cases} 3ax-by=3x+2y \\ ax-0.5by=3x+2y \end{cases}$ 에 $x=2, y=-1$을 대입하면

$3ax-by=3x+2y$에 $x=2, y=-1$을 대입하면
$6a+b=6-2, \ 6a+b=4 \ \cdots ㉠$
$ax-0.5by=3x+2y$에 $x=2, y=-1$을 대입하면
$2a+0.5b=6-2, \ 2a+0.5b=4 \ \cdots ㉡$
㉠-㉡×2를 하면 $a=-2$
$a=-2$를 ㉠에 대입하면
$6\times(-2)+b=4, \ b=16$
$\therefore a+b=(-2)+16=14$

19 해는 $(4, 12)$이다.
$a=\dfrac{10}{14}, \ b=-\dfrac{2}{14}$
$\therefore 14\left(\dfrac{10}{14}-\dfrac{2}{14}\right)=8$

20 $\begin{cases} x:y=3:2 \ \cdots ㉠ \\ 2x+3y=-16 \ \cdots ㉡ \end{cases}$

㉠에서 $2x=3y$
㉡의 $3y$에 $2x$를 대입하면 $2x+2x=-16, \ 4x=-16, \ x=-4$
$x=-4$를 $2x=3y$에 대입하면
$2\times(-4)=3y, \ y=-\dfrac{8}{3}$

서술형

21 $x=y$이므로 연립방정식에서 y를 모두 x로 바꾸면
$$ax+x=24 \ \cdots ㉠$$
$$6x-ax=4 \ \cdots ㉡$$
㉠+㉡을 하면 $7x=28, \ x=4$
$x=4$를 ㉠식에 대입하면 $a\times 4+4=24, \ 4a=20$ $\therefore a=5$

22 $\begin{cases} 4x-3y+5=3x-4y+2 \\ 3x-4y+2=6x-5y-3 \end{cases}$ 을 푼다.

23 $\begin{cases} ax+y=4 \\ 9x-3y=b \end{cases}$에서 x, y의 계수와 상수가 같다.

$a=-3, \ b=-12$
$\therefore a+b=-15$

24 ㉠은 올바로 보았으므로 $x=1$을 ㉠에 대입하면
$2\times 1+3\times y=5 \ \ 2+3y=5$
$\therefore y=1$

잘못 본 방정식의 해는 $x=1, y=1$이다.
㉡의 상수항 13을 a로 잘못 보았다고 할 때 $x=1, y=1$을 $x+2y=a$에 대입하면 $1+2\times 1=a, \ a=3$
따라서 상수항 13을 3으로 잘못보고 풀었다.

25 토끼는 x마리, 오리는 y마리라고 하면 토끼와 오리는 모두 26마리이므로
$$x+y=26 \ \cdots ㉠$$
토끼의 다리는 4개, 오리의 다리는 2개이므로
$$4x+2y=74 \ \cdots ㉡$$
㉠의 양변에 2를 곱하면 $2x+2y=52 \ \cdots ㉠'$
㉡-㉠'를 하면 $2x=22, \ x=11$
$x=11$을 ㉠에 대입하면 $y=15$
따라서 토끼는 11마리이고 오리는 15마리이다.

63 연립방정식의 활용

예제 1 (1) $x, y, \ x, y$ (2) 42, 38 (3) 42, 38

유제 1-1 형 20살, 동생 14살

유제 1-2 아버지의 나이 : 30살, 아들의 나이 : 10살

예제 2 (1) $y, x, \ y+30000, \ x+18000$
(2) 14000, 34000 (3) 14000, 34000

유제 2 (1) 형: 70000원, 동생 : 35000원

예제 3 연필 1자루 : 300원, 공책 1권 : 800원

유제 3 사과 : 9개, 배 : 6개

예제 4 (1) $x, y, \ 10y+x, \ 10x+y$ (2) 9, 7 (3) 97

유제 4-1 65   **유제 4-2** 37

예제 5 255, 23, 255, 23

유제 5-1 321, 31   **유제 5-2** 30, 8

예제 6 (1) $x, y, \ 0.04x, \ 0.03y$ (2) 450, 400 (3) 450, 400

유제 6-1 184명   **유제 6-2** A: 540개, B: 220개

예제 7 (1) $0.2x, \ 0.3y, \ 0.3x, \ 0.2y$ (2) 20, 10

유제 7 ⑤

예제 8 (1) $x-3, y, \ x, y$ (2) 30, 108 (3) 30, 108

유제 8 사과 37개, 학생 9명

예제 9 (1) 5 (2) 5, −3, 8 (3) 4, −2

유제 9 (1) 2 (2) 2, 3, 7 (3) 1, 6

유제 1-2 현재 아버지의 나이를 x, 아들의 나이를 y라 하면
$$\begin{cases} x=3y \\ x+10=2(y+10) \end{cases}$$
$3y+10=2y+20$ $\therefore y=10, \ x=30$

유제 6-1 작년도 남학생 수를 x, 여학생 수를 y라 하면
$$\begin{cases} x+y=500 & \cdots \text{㉠} \\ 0.17x-0.08y=35 & \cdots \text{㉡} \end{cases}$$
㉠, ㉡을 연립하여 풀면 $x=300$, $y=200$
∴ (금년도 여학생 수)$=200-200\times 0.08=184$명

유제 7 $0.4A+0.5B=35 \quad 4A+5B=350$
$0.5A+0.4B=37 \quad 5A+4B=370$
∴ $A=50$, $B=30$

개념 다지기

01 ②   02 ④   03 225   04 55명, 13개
05 (1) $\begin{cases} x+y=600 \\ 1.2x+0.92y=622 \end{cases}$ (2) 300명, 322명

---

01 남자회원 수를 x, 여자회원 수를 y라 하면
$$\begin{cases} x+y=135 & \cdots ① \\ \dfrac{4}{9}x+\dfrac{1}{3}y=135\times\dfrac{2}{5} & \cdots ② \end{cases}$$
①, ②를 연립하면 $x=81$, $y=54$

02 진우의 한 달 용돈을 x, 혜원이의 한 달 용돈을 y라고 하고 식을 세우면
$$\begin{cases} \dfrac{1}{5}x+10000=\dfrac{1}{4}y & \cdots \text{㉠} \\ x+30000=y & \cdots \text{㉡} \end{cases}$$
㉠ $\times 20$: $4x+220000=5y \cdots$ ㉢
㉡을 ㉢에 대입하면
$4x+220000=5(x+30000)$
$4x+220000=5x+150000$
∴ $x=70000$(원), $y=100000$(원)

03 큰 수를 x, 작은 수를 y라 하면
$$\begin{cases} x+y=253 & \cdots \text{㉠} \\ x=7y+29 & \cdots \text{㉡} \end{cases}$$
㉠, ㉡을 연립하여 풀면 $x=225$, $y=28$
∴ 큰 수는 225

04 긴의자의 개수를 x, 학생수를 y라 하고 식을 세우면
$$\begin{cases} 5(x-2)=y \cdots \text{㉠} \\ y=4x+3 \cdots \text{㉡} \end{cases}$$
㉠을 ㉡에 대입하면
$5x-10=4x+3$ ∴ $x=13, y=55$
학생수는 55명 긴의자는 13개

05 (1) $\begin{cases} x+y=600 \\ 1.2x+0.92y=622 \end{cases}$
(2) 300명, 322명

64 시간, 속력, 거리에 관한 문제

예제 1 (1) x, y, $\dfrac{x}{3}$, $\dfrac{y}{4}$ (2) $x=9$, $y=8$ (3) 9, 8
유제 1 A에서 학교까지 3km, 학교에서 B까지 15km
예제 2 5km/시   **유제 2** 2.5m/분
예제 3 6일   **유제 3** 60분

예제 2 배의 속력을 x, 강물의 속력을 y라 놓고 식을 세우면
$$\begin{cases} 2(x+y)=40 & \cdots ① \\ 4(x-y)=40 & \cdots ② \end{cases}$$
①, ②를 연립하면 $x=15$, $y=5$

유제 2 배의 속력을 x, 강물의 속력을 y라 놓고 식을 세우면
$$\begin{cases} 20(x+y)=300 & \cdots ① \\ 30(x-y)=300 & \cdots ② \end{cases}$$
①, ②를 연립하면 $x=12.5$, $y=2.5$

예제 3 A, B가 하루에 할 수 있는 일의 양을 x, y라고 하면
$$\begin{cases} 4(x+y)=1 \\ 2x+8y=1 \end{cases}$$
이 두 식을 연립하여 풀면 $x=\dfrac{1}{6}$
∴ 6일 걸린다.

유제 3 동수가 x분, 영호가 y분 걸려 일을 마친다면
$$\begin{cases} 24\times\left(\dfrac{1}{x}+\dfrac{1}{y}\right)=1 & \cdots ① \\ 16\times\left(\dfrac{1}{x}+\dfrac{1}{y}\right)+\dfrac{20}{x}=1 & \cdots ② \end{cases}$$
①, ②를 연립하면 $x=60$, $y=40$

65 농도에 관한 문제

예제 1 (1) x, y, $\dfrac{5}{100}x$, $\dfrac{8}{100}y$ (2) 100, 50 (3) 100, 50
유제 1 (1) $30\times\dfrac{x}{100}$, $50\times\dfrac{y}{100}$, $50\times\dfrac{x}{100}$, $30\times\dfrac{y}{100}$
(2) 5, 13 (3) 5, 13

개념 다지기

01 ④   02 ③   03 ④   04 금 57g
05 배의 속력 40km/시, 물의 속력 8km/시

---

01 $\begin{cases} x+y=26 \\ \dfrac{x}{15}+\dfrac{y}{3}=\dfrac{10}{3} \end{cases}$

02 $\begin{cases} x+y=10 \\ \dfrac{x}{8}+\dfrac{y}{12}=1 \end{cases}$

03 A소금물의 농도를 $x\%$, B소금물의 농도를 $y\%$라고 하면
$$100 \times \dfrac{x}{100} + 100 \times \dfrac{y}{100} = 200 \times \dfrac{8}{100}$$
$$100 \times \dfrac{x}{100} + 200 \times \dfrac{y}{100} = 300 \times \dfrac{7}{100}$$

04 금을 xg, 은을 yg 섞여 있다고 한다면
$\begin{cases} x+y=246 \quad \cdots ① \\ \dfrac{1}{19}x+\dfrac{2}{21}y=21 \quad \cdots ② \end{cases}$

①, ②를 연립하여 풀면 $x=57$g, $y=189$g
∴ 금은 57g

05 배의 속력 40km/시, 물의 속력 8km/시
$\begin{cases} 2(x+y)=96 \\ 3(x-y)=96 \end{cases}$
∴ $x=40$, $y=8$

소단원 종합 학습

01 ③	02 ⑤	03 ②	04 ②	05 ②
06 ④	07 ④	08 ④	09 ③	10 ③
11 ②	12 ③	13 ⑤	14 ②	15 ③
16 ①	17 ①	18 ①	19 ②	20 ④
21 36	22 73	23 50	24 6일	25 9

01 작년 남학생 수를 x, 여학생 수를 y라 하면
$\begin{cases} x+y=600 \\ -\dfrac{8}{100}x+\dfrac{20}{100}y=22 \end{cases}$

02 복숭아의 가격을 x, 배의 가격을 y라 하면
$\begin{cases} 6x+3y=4500 \\ 3x+4y=4500 \end{cases}$

03 형의 나이를 a, 동생의 나이를 b라고 하면
$\begin{cases} a+b=15 \\ a=b+5 \end{cases}$

04 사과를 x, 배를 y개 샀다고 하면
$\begin{cases} x+y=15 \\ 900x+1200y=16200 \end{cases}$

05 $\begin{cases} \dfrac{x}{3}+\dfrac{y}{6}=3 \\ \dfrac{x}{6}+\dfrac{y}{3}=4 \end{cases}$

$x=4$, $y=10$ 왕복으로 걸은 거리는 $2(x+y)=28$(km)

06 쌀을 x, 보리를 y이라 놓으면
$\begin{cases} x+y=200 \\ \dfrac{10}{100}x-\dfrac{5}{100}y=200 \times \dfrac{4}{100} \end{cases}$

07 $\begin{cases} x+y=9 \\ \dfrac{x}{5}+\dfrac{y}{4}=2 \end{cases}$라 놓고 y를 구한다.

08 진수와 효진이가 하루에 할 수 있는 일의 양을 각각 x, y라 하면
$\begin{cases} 5(x+y)=1 \\ 4x+10y=1 \end{cases}$

09 $y=x-2$라 놓고 y를 소거하면
$\begin{cases} 2x+a=7 \\ x+2(x-2)+3a=8 \end{cases}$
이 두 식을 연립하여 풀면 $a=1$

10 $x:y=1:2 \rightarrow y=2x$를 두 식에 대입하여 y를 소거하면
$\begin{cases} 3x-2ax=2 \\ 2x+2x=8 \end{cases}$ 식에서
$x=2$, $a=1$

11 $\dfrac{x-2y}{4}+\dfrac{6x}{4}=x+y \rightarrow x=2y$
$\dfrac{2 \times 2y+y}{3 \times 2y-y}=\dfrac{5y}{5y}=1$

12 학생의 입장료를 x, 어른의 입장료를 y라고 하면
$\begin{cases} 4x+3y=3500 \\ 2x+y=1400 \end{cases}$
두 식을 연립하여 풀면
$x=350$, $y=700$

13 A, B 두 호스로 1분에 할 수 있는 일의 양을 각각 x, y라 하면
$\begin{cases} 3(x+y)+5x=1 \\ 4(x+y)+7y=1 \end{cases}$
두 식을 연립하여 y를 구하면 $y=\dfrac{1}{19}$

14 배의 속력을 x, 강물의 속력을 y라고 하면
$\begin{cases} 4.5(x-y)=36 \\ 3(x+y)=36 \end{cases}$
두 식을 연립하여 풀면 $x=10$, $y=2$

15 $\begin{cases} a=5b \\ (a+b) \times 10 \times \dfrac{1}{2}=60 \end{cases}$
두 식을 연립하여 풀면 $a=10$, $b=2$

16 $A+B=300$
$\dfrac{10}{100}A-\dfrac{5}{100}B=20$

17 $x+y=450$
$\dfrac{6}{100}x+\dfrac{15}{100}y=\dfrac{10}{100} \times 450$

19
	남	여
지원자	$3x$	$2x$
합격자	100	40

불합격자를 y라고 하면
$\begin{cases} 3x=100+y \\ 2x=40+y \end{cases}$

20 작년의 남학생수를 x, 여학생수를 y라고 하면
$\begin{cases} x+y=865+35 \\ 0.1x-0.15y=-35 \end{cases}$
두 식을 연립하면 $x=400$, $y=500$
∴ 금년도 남학생수는 $400 \times 1.1 = 440$(명)

서술형

21 아버지의 나이를 x, 아들의 나이를 y라고 하면
$$\begin{cases} x+y=46 \\ x+3=3(y+3) \end{cases}$$

22 처음수의 십의 자리를 x, 일의 자리의 수를 y라고 하면
$$\begin{cases} x+y=10 \\ 2(10y+x)=10x+y+1 \end{cases}$$

23 시속 60km로 간 거리를 x, 시속 90km로 간 거리를 y라고 하면
$$\begin{cases} x+y=140 \\ \dfrac{x}{60}+\dfrac{y}{90}=\dfrac{11}{6} \end{cases}$$

24 정화와 지현이가 1일 동안 할 수 있는 작업의 양을 x, y라 하면
$$\begin{cases} 4(x+y)=1 \\ 2x+8y=1 \end{cases}$$
두 식을 연립하면 $x=\dfrac{1}{6}$
즉 정화가 혼자서 이 일을 끝내려면 6일 걸린다.

25 A의 소금물의 농도를 $x\%$, B의 소금물의 농도를 $y\%$라고 하면
$$\begin{cases} \dfrac{x}{100}\times 200+\dfrac{y}{100}\times 100=\dfrac{7}{100}\times 300 \\ \dfrac{x}{100}\times 100+\dfrac{y}{100}\times 200=\dfrac{8}{100}\times 300 \end{cases}$$

66 사건과 경우의 수

예제 1 (1) 6가지 (2) 4가지

유제1-1 (1) 4가지 (2) 3가지 (3) 5가지 (4) 5가지

유제1-2 (1) 6가지 (2) 3가지

예제 1 (1) 20의 약수는 1, 2, 4, 5, 10, 20이므로 6가지
(2) 5의 배수는 5, 10, 15, 20이므로 4가지

유제1-2 (1) 눈의 수의 합이 7이 되는 경우는 (1,6), (2,5), (3,4), (4,3), (5,2), (6,1)의 6가지이다.
(2) $x+2y=8$이 되는 (x, y)는 (2,3), (4,2), (6,1)의 3가지

67 합의 법칙

예제 1 3가지

유제 1 (1) 6가지 (2) 5가지 (3) 8가지

예제 2 9가지

유제 2 (1) 10가지

예제 1 눈의 수의 합이 10보다 큰 경우는 11, 12이므로 눈의 수의 합이 11이 되는 경우는 (5, 6), (6, 5)의 2가지, 눈의 수의 합이 12가 되는 경우는 (6, 6)의 1가지이다.
따라서 경우의 수는 2+1=3가지

예제 2 눈의 수의 합이 5인 경우는 (1, 4), (2, 3), (3, 2), (4, 1)의 4가지이고, 눈의 수의 합이 8인 경우는 (2, 6), (3, 5), (4, 4), (5, 3), (6, 2)의 5가지이다.
따라서, 구하는 경우의 수는 4+5=9가지

유제 2 눈의 수의 차가 3인 경우는 (1, 4), (2, 5), (3, 6), (4, 1), (5, 2), (6, 3)의 6가지이고 눈의 수의 차가 4인 경우는 (1, 5), (2, 6), (5, 1), (6, 2)의 4가지이다.
따라서, 구하는 경우의 수는 6+4=10가지

68 곱의 법칙

예제 1 해설참조

유제 1 (1) 12가지 (2) 8가지 (3) 24가지

예제 2 6가지

유제 2 35가지

예제 1 서울에서 여수까지 고속버스를 타고 가는 방법은 6가지, 여수에서 서울까지 기차를 타고 돌아오는 방법은 4가지이므로 구하는 방법의 수는 $6\times 4=24$가지

유제 1 (1) 동전 1개가 나올수 있는 경우 : 앞, 뒤 2가지
주사위 1개가 나올수 있는 경우 : 6가지
∴ $2\times 6=12$가지
(2) 동전 1개가 나올수 있는 경우 : 2가지
∴ $2\times 2\times 2=8$가지
(3) 동전 2개가 나올 수 있는 경우 : $2\times 2=4$가지
주사위 1개가 나올수 있는 경우 : 6가지

예제 2 객석에서 나오는 문이 3개, 매점으로 가는 문이 2개이므로 객석을 나와서 매점으로 가는 경우의 수는 $3\times 2=6$가지

유제 2
A→C⇔(A→B) 그리고 (B→C) : $a\times b=7\times 5=35$가지
    a가지 b가지

개념 다지기

01 12가지 02 36가지 03 16가지
04 8가지   05 6가지

01 일간지를 구독하는 경우는 4가지이고, 주간지를 구독하는 경우는 3가지이다. 일간지와 주간지는 동시에 구독할 수 있으므로 구하는 경우의 수는 $4 \times 3 = 12$가지

02 짝수는 2, 4, 6, 8, 10, 12의 6가지
    12의 약수는 1, 2, 3, 4, 6, 12의 6가지
    ∴ $6 \times 6 = 36$가지

03 윷짝 하나가 나올 수 있는 경우의 수는 2개이므로
    $2 \times 2 \times 2 \times 2 = 16$가지

04 $A \to C$: 2가지
    $A \to B \to C$: $3 \times 2 = 6$가지
    그러므로 구하는 경우의 수는 $2+6=8$가지

69 일렬로 세우는 경우의 수

예제 1 6가지

유제 1 (1) 6가지 (2) 24가지 (3) 6가지

예제 2 12가지

유제 2 (1) 12가지 (2) 24가지

예제 1

첫 번째	두 번째	세 번째	서는순서
A	B	C	ABC
	C	B	ACB
B	A	C	BAC
	C	A	BCA
C	A	B	CAB
	B	A	CBA

∴ $3 \times 2 \times 1 = 6$가지

유제 1 (1) $3 \times 2 \times 1 = 6$가지
    (2) $4 \times 3 \times 2 \times 1 = 24$가지
    (3) A가 맨앞, B가 맨 뒤에서 있으므로 가운데 들어갈 수 있는 경우의 수는 A, B를 제외한 C, D, E이므로 C, D, E가 일렬로 서는 모든 경우의 수를 구한다.
    ∴ $3 \times 2 \times 1 = 6$가지

예제 2 아빠, 나, 동생 3명이 한 줄로 서는 경우의 수는
    $3 \times 2 \times 1 = 6$가지
    그런데 각각의 경우에 대하여 엄마가 가장 아나 에 서는

경우의 수는 2가지
따라서 구하는 경우의 수는 $6 \times 2 = 12$가지

유제 2 (1) $2 \times (3 \times 2 \times 1) = 12$가지
    (2) (A, B)와 C, D, E 4권이 꽂히는 경우의 수를 구하면 $4 \times 3 \times 2 \times 1 = 24$가지

70 일렬로 세울 때, 이웃하여 서는 경우의 수

예제 1 12가지

유제1-1 48가지

유제1-2 36가지

유제1-3 (1) 48가지 (2) 36가지

유제1-4 (1) 12가지 (2) 4가지

예제 1 $(3 \times 2 \times 1) \times 2 = 12$가지

유제1-1 $(4 \times 3 \times 2 \times 1) \times 2 = 48$가지

유제1-2 $(3 \times 2 \times 1) \times (3 \times 2 \times 1) = 36$가지

유제1-3 (1) 자음 M, V를 한 묶음으로 생각하여 (M, V), O, I, E의 4장의 카드를 일렬로 나열하는 경우의 수를 구한 다음, M과 V의 위치를 바꾸어 본다.
    $(4 \times 3 \times 2 \times 1) \times (2 \times 1) = 48$가지

유제1-4 (1) 부모님을 묶어서 생각하여 3명을 일렬 세우는 경우의 수를 구한 다음 부모님끼리 자리를 바꾸는 경우를 고려한다.
    $(3 \times 2 \times 1) \times (2 \times 1) = 12$가지
    (2) 할아버지와 부모님을 묶어서 생각하여 2명을 일렬로 서는 경우의 수를 구한 다음 부모님끼리 자리를 바꾸는 경우를 고려한다.
    $(2 \times 1) \times (2 \times 1) = 4$가지

개념 다지기

01 6가지 02 60가지 03 12가지
04 12가지 05 144가지

01 A가 맨 앞에 서 있으므로 ②의 자리에 들어갈 수 있는 경우의 수는 A를 제외한 3가지이며, ③, ④에 들어갈 수 있는 경우의 수는 차례로 2가지, 1가지이다. 따라서, 구하는 경우의 수는 $3 \times 2 \times 1 = 6$(가지)

02 ①의 자리에 서는 경우의 수가 5가지이며, ②의 자리에 서는

경우의 수가 4가지, ③의 자리에 서는 경우의 수가 3가지이므로 5×4×3=60(가지)

03 진범이가 맨 앞에 서는 경우는 나머지 3명을 일렬로 세우는 경우와 같으므로 3×2×1=6(가지)이고, 맨 뒤에 서는 경우도 마찬가지로 3×2×1=6(가지)이다. 그러므로 구하는 경우의 수는 6+6=12(가지)

04 할아버지와 할머니가 앞줄에 앉는 방법은 2가지이고, 나머지 3명의 가족이 일렬로 서는 방법은 3×2×1=6가지이다. 그러므로 구하는 경우의 수는 2×6=12(가지)

05 남학생 3명을 하나로 묶어 남남남,여,여,여 4조를 일렬로 세우는 방법은 4×3×2×1=24(가지) 남자 3명이 서로 자리를 바꿀 수 있으므로 일렬로 서는 방법은 3×2×1=6 (가지) 그러므로 구하는 경우의 수는 24×6=144(가지)

71 정수를 만드는 경우의 수

예제 1 (1) 6가지 (2) 24가지

유제1-1 (1) 15개 (2) 16개 (3) 10개

유제1-2 (1) 9개 (2) 18개

예제 1 십의 자리에 올 수 있는 숫자는 1, 2, 3의 3가지이다.
일의 자리에 올 수 있는 숫자는 십의 자리에 온 숫자를 제외한 수이다. 따라서 구하는 경우의 수는
3×2=6(가지)

유제1-1 (1) 일의 자리가 1 또는 3 또는 5인 정수의 개수가 각각 5개이므로 5×3=15(개)
(2) 521, 523, 524, 526, 531, 532, 534, 536, 541, 542, 543, 546, 561, 562, 563, 564이므로 16(개)
(3) 각 자리의 숫자의 합이 3의 배수인 경우이므로 12, 15, 21, 24, 36, 42, 45, 51, 54, 63이므로 10(개)

유제1-2 (1) 십의 자리에 올 수 있는 수 : 0을 제외한 3(가지)
일의 자리에 올 수 있는 수 : 0을 포함한 3(가지)
3×3=9(개)
(2) 백의 자리에 올 수 있는 수 : 0을 제외한 3(가지)
십의 자리에 올 수 있는 수 : 0을 포함한 3(가지)
일의 자리에 올 수 있는 수 : 0을 포함한 2(가지)
3×3×2=18(개)

개념 다지기

01 (1) 20개 (2) 60개
02 ②
03 ②
04 18개
05 30개

(1) 5×4=20(개)
(2) 5×4×3=60(개)

02

십의자리	일의자리
(0을 제외한 4가지)	(0을 포함하고 십의자리에 넣을 수를 제외한 4가지)

∴ 4×4=16(가지)

03 백 십 일
 5 × 5 × 4 = 100(가지)
 ↓   ↓
0제외 0포함, 백의 자리수 제외

04 백의 자리에 1이 오는 경우 십의 자리에는 1을 제외한 2, 3, 4, 5의 4가지 일의 자리에는 1과 십의 자리의 수를 제외한 3가지가 올 수 있으므로 4×3=12(개)
백의 자리에 2가 오는 경우 십의 자리에는 1, 3만 올 수 있고, 일의 자리에는 2와 십의 자리의 수를 제외한 3가지 수가 올 수 있으므로 2×3=6(개)
따라서, 구하는 정수의 개수는 12+6=18(개)

05 십의 자리에는 0이 올 수 없으므로 1, 2, 3, 4, 5의 5가지가 올 수 있다. 일의 자리에는 같은 수를 중복하여 써도 되므로 0, 1, 2, 3, 4, 5의 6가지가 올 수 있다.
그러므로 구하는 경우의 수는 5×6=30(개)

72 대표 뽑기(1)

예제 1 (1) 4가지 (2) 12가지 (3) 24가지

유제1-1 (1) 20개 (2) 60개 (3) 12가지

유제1-2 30가지

예제 1 (1) 회장을 뽑는 경우는 A, B, C, D 네 명 중 한 명을 뽑는 경우이므로 4가지이다.
(2) 회장을 뽑는 경우는 A, B, C, D 네 명 중 한 명이고, 부회장은 회장에 뽑힌 후보를 제외한 3명 중 한 명이다. ∴ 4×3=12(가지)
(3) (2)와 같은 방법으로 4×3×2=24(가지)

유제1-1 (1) 5×4=20(가지)
(2) 5×4×3=60(가지)
(3) B, C, D, E 네 명 중에서 부회장, 총무를 뽑는 경우의 수와 같으므로 4×3=12(가지)

유제1-2 $\overrightarrow{AB} \neq \overrightarrow{BA}$이므로 6개의 점 중에서 서로 다른 두 개의 선택 방법수와 같다.
∴ $6 \times 5 = 30$(가지)

73 대표 뽑기(2)

예제 1 (1) 20가지   (2) 10가지

유제1-1 (1) 10개   (2) 15개   (3) 4가지

유제1-2 (1) 6개   (2) 4개

예제 1 (1) 5명 중 2명을 뽑아 (의장)(부의장) 순으로 줄을 세우는 것과 같다.
∴ $5 \times 4 = 20$(가지)

(2) 대표 2명을 뽑는다는 것은 뽑아서 2명이 줄을 서는 것과는 무관하므로 2명이 줄서는 방법 수 2×1을 나누어 준다.
∴ $\dfrac{5 \times 4}{2 \times 1} = 10$(가지)

유제1-1 (1) $\dfrac{5 \times 4}{2} = 10$(가지)   (2) $\dfrac{6 \times 5}{2} = 15$(가지)

(3) 3명의 의원을 뽑는 것은 순서와 관계없이 선택만 한다.
4명 중 3명을 뽑아 순서를 세우는 방법에서 뽑힌 3명이 줄서는 방법 수 $3 \times 2 \times 1$로 나누어 준다.
∴ $\dfrac{4 \times 3 \times 2}{3 \times 2 \times 1} = 4$(가지)

|별해| A, B, C, D 네 명 중 3명을 뽑는 방법의 수는 1명을 뽑는 방법의 수와 같다. ∴ 4가지

유제1-2 (1) 4개의 점 중에서 2개의 점을 뽑는 수이므로
$\dfrac{4 \times 3}{2} = 6$(개)

(2) 4개의 점 중에서 3개의 점을 뽑는 수이므로
$\dfrac{4 \times 3 \times 2}{3 \times 2 \times 1} = 4$(개)

개념 다지기

01 24가지   02 15회
03 10가지   04 15가지
05 36가지

---

01 2명 중에서 회장을 뽑는 방법은 2가지이다. 4명 중에서 부회장을 뽑는 방법은 4가지이고, 4명 중 부회장을 제외한 3명 중에서 총무를 뽑아야 한다.
그러므로 구하는 경우의 수는 $2 \times 4 \times 3 = 24$(가지)

02 서로 한사람도 빠짐없이 악수를 한 경우의 수는 이들 6명 중 대표 2명을 뽑는 경우와 같으므로 $\dfrac{6 \times 5}{2} = 15$(회)

03 A와 G가 반드시 포함되므로 B, C, D, E, F중 2명을 뽑으면 된다. 5명 중 2명을 선택하는 경우의 수는 $\dfrac{5 \times 4}{2 \times 1} = 10$(가지)

04 6명 중에서 먼저 2인용 텐트에 들어갈 사람을 뽑으면 4인용 텐트에 들어갈 4명은 정해진다. 그러므로 6명 중 2명을 선택하는 경우의 수는 $\dfrac{6 \times 5}{2 \times 1} = 15$(가지)

05 가로 네 점에서 두 점을 택하고, 세로 네 점에서 두 점을 택하면 하나의 직사각형이 만들어진다. 그러므로 가로 두 점과 세로 두 점을 선택하는 경우를 생각한다. 구하는 경우의 수는
$\dfrac{4 \times 3}{2} \times \dfrac{4 \times 3}{2} = 6 \times 6 = 36$(개)

소단원 종합 학습

01 ③	02 ②	03 ④	04 ⑤	05 ③
06 ③	07 ④	08 ④	09 ④	10 ③
11 ②	12 ③	13 ②	14 ④	15 ①
16 ②	17 ①	18 ③	19 9가지	20 9가지
21 12가지	22 15가지	23 30개	24 9가지	

01 1에서 10까지의 숫자 중 20의 약수는 1, 2, 4, 5, 10이다. 따라서 5가지이다.

02 4의 배수가 되는 두 자리 정수는 $4 \times 3, 4 \times 4, 4 \times 5, \cdots, 4 \times 24$로 모두 22개인데 그 중에서
$(2, 0), (4, 0), (4, 4), (6, 0), (8, 0), (8, 8)$은 숫자 카드에서 나올 수 없는 수이므로 16가지가 생긴다.

03 $y < 2x - 3$이므로
(i) $x = 3$일 때, $y < 3$ ∴ $(3, 1), (3, 2)$
(ii) $x = 4$일 때, $y < 5$ ∴ $(4, 1), (4, 2), (4, 3), (4, 4)$
(iii) $x = 5$일 때, $y < 7$
∴ $(5, 1), (5, 2), (5, 3), (5, 4), (5, 5), (5, 6)$

(iv) $x=6$일 때, $y<9$
∴ $(6,1),(6,2),(6,3),(6,4),(6,5),(6,6)$
∴ $2+4+6+6=18$(가지)

04 산이가 낼 수 있는 경우의 수가 3이고, 송연이가 낼 수 있는 경우의 수가 3이므로, 일어날 수 있는 모든 경우의 수는 $3\times 3=9$(가지)이다.

05 (i) $a\square\square$: $2\times 1=2$
(ii) $\square\square a$: $2\times 1=2$ ∴ $2+2=4$(가지)

06 A가 B에게 건네야 하므로 A와 B를 한 사람으로 두는 경우의 수는 $3\times 2\times 1=6$(가지)이다.

07 금액이 큰 동전의 개수를 먼저 정리하여 보면 ∴6가지

동전	100원	50원	10원
개수	3	1	0
	3	0	5
	2	3	0
	2	2	5
	1	5	0
	1	4	5

08 여학생 3명이 이웃하므로 묶어서 총 3명이라고 생각하여 $3\times 2\times 1=6$(가지)에 여학생 3명이 자리를 바꾸는 6가지 경우가 있으므로 $6\times 6=36$(가지)

09 선은이는 맨 앞에 서게 되므로 나머지 4명을 일렬로 세우는 방법의 수와 같다. 따라서 $4\times 3\times 2\times 1=24$(가지) 이다.

10 1, 2의 두명의 학생이 자기 번호가 적힌 공을 꺼냈을 때 다른 학생들이 모두 자기 번호가 아닌 공을 꺼내는 경우는 3, 4, 5의 학생이 각각 4, 5, 3을 꺼내거나 5, 3, 4를 꺼내는 2가지이다. 2명의 학생을 선택하는 방법이 $\frac{5\times 4}{2}=10$(가지)이므로 구하는 경우의 수는 $10\times 2=20$(가지)

11 4장의 카드로 네 자리 정수를 만든 후 7이 두 장이므로 중복되는 경우를 생각한다.
$\frac{4\times 3\times 2\times 1}{2}=12$(개)

12 4명 중에서 직책이 다른 2명을 뽑는 경우의 수는 $4\times 3=12$(가지)이고, 직책이 같은 2명을 뽑는 경우의 수는 $\frac{4\times 3}{2}=6$(가지)이다. 따라서 $a-b=12-6=6$(가지)이다.

13 5명 중 2명의 대표를 뽑는 경우의 수와 같으므로
$\frac{5\times 4}{2\times 1}=10$(경기)

14 A→C : 1가지, A→B→C : $3\times 2=6$(가지)
∴ $1+6=7$(가지)

15 다섯 개의 점 중에 두 개의 점을 뽑는 경우의 수는 $5\times 4=20$가지인데 선분 AB와 선분 BA는 같은 선분이므로 $20\div 2=10$개

16 A점에서 P점으로 가는 최단거리 3가지 P점에서 B점으로 가는 최단거리 4가지 $3\times 4=12$가지

17 눈의 합이 5인 경우 : $(1,4),(2,3),(3,2),(4,1)$
눈의 합이 6인 경우 : $(1,5),(2,4),(3,3),(4,2),(5,1)$의 9가지

18 A와 B를 제외한 C, D, E를 일렬로 세우는 경우의 수는 $3\times 2\times 1=6$가지 그런데 A와 B 또한 서로 자리를 바꿀 수 있으므로 $6\times 2=12$가지이다

19 1~6 중 소수는 2, 3, 5로 3가지이다. $3\times 3=9$(가지)

20 ① 모두 같은 것을 내는 경우 : 3가지
② 모두 다른 것을 내는 경우 : $3\times 2\times 1=6$(가지)
∴ $3+6=9$(가지)

21 20이상인 수이므로 십의 자리에는 2, 3, 4 세 가지만 올 수 있다. ∴ $3\times 4=12$(가지)

22 6가지 중 타려는 2개를 선택하는 것과 같음
(타는 순서에 대하여는 고려하고 있지 않음)
$\frac{6\times 5}{2}=15$(가지)

23 30개 중복을 허락함에 유의!
십   일
↑   ↑
5가지 × 6가지 = 30(개)
0제외 0포함

24 편지 1통마다 3개의 우체통 A, B, C 중 하나를 선택하는 방법의 수이므로 $3\times 3=9$(가지)

74 확률의 뜻

예제 1 (1) $\frac{1}{2}$ (2) $\frac{2}{5}$

유제 1-1 (1) $\frac{1}{3}$ (2) $\frac{2}{3}$

유제 1-2 (1) $\frac{2}{15}$ (2) $\frac{1}{6}$ (3) $\frac{2}{15}$

예제 2 (1) $\frac{1}{9}$ (2) $\frac{1}{6}$

유제 2 (1) $\frac{2}{9}$ (2) $\frac{1}{12}$

예제 3 (1) $\frac{1}{18}$ (2) $\frac{1}{12}$ (3) $\frac{1}{9}$

유제 3 (1) $\frac{1}{12}$ (2) $\frac{1}{4}$

예제 1 (1) 짝수의 카드가 나오는 경우의 수 : 2, 4, 6, 8, 10의 5(가지) $\frac{5}{10}=\frac{1}{2}$

(2) 8의 약수인 카드가 나오는 경우의 수 : 1, 2, 4, 8의 4(가지) $\frac{4}{10}=\frac{2}{5}$

유제1-1 각 카드가 뽑힐 가능성은 서로 같다. 이때, 일어날 수 있는 모든 경우의 수는 15이다.

(1) 3의 배수는 3, 6, 9, 12, 15이므로 경우의 수는 5이다.

따라서, 구하는 확률은 $\frac{5}{15}=\frac{1}{3}$ 이다.

(2) 2 또는 3의 배수는 2, 3, 4, 6, 8, 9, 10, 12, 14, 15 이므로 경우의 수는 10이다.

따라서, 구하는 확률은 $\frac{10}{15}=\frac{2}{3}$ 이다.

유제1-2 모든 경우의 수 : 30(일)

(1) 목요일은 4, 11, 18, 25의 4일 ∴ $\frac{4}{30}=\frac{2}{15}$

(2) 월요일은 1, 8, 15, 22, 29의 5일 ∴ $\frac{5}{30}=\frac{1}{6}$

(3) 3이 포함된 날짜는 3, 13, 23, 30의 4일

∴ $\frac{4}{30}=\frac{2}{15}$

예제 2 모든 경우의 수 : $6\times6=36$(가지)

(1) 두 눈의 곱이 6인 경우의 수 : (1, 6), (2, 3), (3, 2), (6, 1)의 4(가지) ∴ $\frac{4}{36}=\frac{1}{9}$

(2) 두 눈의 차가 0인 경우의 수 : (1, 1), (2, 2), (3, 3), (4, 4), (5, 5), (6, 6)의 6(가지)

∴ $\frac{6}{36}=\frac{1}{6}$

유제 2 (1) 눈의 차가 2인 경우의 수 : (1, 3), (2, 4), (3, 5), (4, 6), (3, 1), (4, 2), (5, 3), (6, 4)의 8가지 ∴ $P=\frac{8}{36}=\frac{2}{9}$

(2) 최대공약수가 3인 경우 : (3, 3), (3, 6), (6, 3)

∴ $P=\frac{3}{36}=\frac{1}{12}$

예제 3 주사위 2개를 던질 때의 총 경우의 수는 $6\times6=36$(가지)

(1) $x+2y=5 \Leftrightarrow x=5-2y$,

$y=1$일 때

$x=3, y=2$일 때 $x=1$

∴ (3, 1), (1, 2)   ∴ $P=\frac{2}{36}=\frac{1}{18}$

(2) (4, 1), (5, 2), (6, 3) ∴ $P=\frac{3}{36}=\frac{1}{12}$

(3) $2x-y>8 \Leftrightarrow y<2x-8$

$x=5$일 때 $y<2 \rightarrow (5, 1)$,

$x=6$일 때 $y<4 \rightarrow (6, 1), (6, 2), (6, 3)$

∴ $P=\frac{4}{36}=\frac{1}{9}$

유제 3 (1) $a-2b=0 \Leftrightarrow a=2b$ (2, 1), (4, 2), (6, 3)

∴ 3가지

∴ $P=\frac{3}{36}=\frac{1}{12}$

(2) $x+2y<8 \Leftrightarrow x<8-2y$

(ⅰ) $y=1$일 때 $x<6$, (1, 1)~(5, 1) ∴ 5가지
(ⅱ) $y=2$일 때 $x<4$, (1, 2)~(3, 2) ∴ 3가지
(ⅲ) $y=3$일 때 $x<2$, (1, 3) ∴ 1가지

∴ $P=\frac{5+3+1}{36}=\frac{1}{4}$

75 확률의 성질

예제 1 (1) $\frac{1}{2}$ (2) 0   (3) 1

유제1-1 (1) $\frac{3}{8}$ (2) 1   (3) 0

유제1-2 (1) $\frac{3}{10}$ (2) 1   (3) 0

예제 1 (1) 4의 약수의 눈이 나오는 경우는 1, 2, 4의 3가지이므로 구하는 확률은 $\frac{3}{6}=\frac{1}{2}$

(2) 음수의 눈은 절대로 나올 수 없다. (구하는 확률)=0

(3) 주사위의 모든 눈은 10 미만이므로 반드시 일어날 사건이다.   ∴ (구하는 확률)=1

유제1-1 모든 경우의 수: $3+5=8$(가지)

(1) 푸른 구슬이 나오는 경우의 수 : 3(가지)

∴ $\frac{3}{8}$

(2) 푸른 구슬 또는 검은 구슬이 나오는 경우의 수 : $3+5=8$(가지)   ∴ $\frac{8}{8}=1$

(3) 노란 구슬이 나오는 경우의 수 : 0(가지)

∴ $\frac{0}{8}=0$

유제1-2 (1) 모든 경우의 수는 10가지이고, 3 이하의 숫자는 1, 2, 3이므로 (확률)=$\frac{3}{10}$

(2) 반드시 10이하의 숫자가 나온다.
∴ (확률)=1
(3) 절대로 10보다 큰 숫자는 나올 수 없다.
∴ (확률)=0

76 여사건의 확률

예제 1 (1) $\dfrac{2}{5}$ (2) $\dfrac{3}{5}$ (3) $\dfrac{3}{10}$ (4) $\dfrac{7}{10}$

유제1-1 (1) $\dfrac{1}{6}$ (2) $\dfrac{5}{6}$

유제1-2 $\dfrac{7}{8}$

예제 1 (1) 1에서 10까지의 소수는 2, 3, 5, 7이므로
(소수일 확률)=$\dfrac{4}{10}=\dfrac{2}{5}$

(2) (소수가 아닐 확률)=1-(소수일 확률)
$=1-\dfrac{4}{10}=\dfrac{6}{10}=\dfrac{3}{5}$

(3) 1에서 10까지의 3의 배수는 3, 6, 9이므로
(3의 배수일 확률)=$\dfrac{3}{10}$

(4) (3의 배수가 아닐 확률)=1-(3의 배수일 확률)
$=1-\dfrac{3}{10}=\dfrac{7}{10}$

유제1-1 (1) 모든 경우의 수는 6×6=36(가지)이고, 같은 수의 눈이 나올 경우는 (1, 1), (2, 2), (3, 3), (4, 4), (5, 5), (6, 6)의 6가지이므로, 구하는 확률은
$\dfrac{6}{36}=\dfrac{1}{6}$

(2) (확률)=1-(같은 수의 눈이 나올 확률)
$=1-\dfrac{1}{6}=\dfrac{5}{6}$

유제1-2 모든 경우의 수는 2×2×2=8(가지)이고, 모두 앞면이 나올 경우의 수는 1가지이므로 모두 앞면이 나올 확률은 $\dfrac{1}{8}$이다. 따라서
(적어도 한 개는 뒷면이 나올 확률)
=1-(모두 앞면이 나올 확률)
$=1-\dfrac{1}{8}=\dfrac{7}{8}$

개념 다지기

01 $\dfrac{2}{5}$ 02 ③

03 ⑤   04 ⑤

05 ⑤

---

01 일렬로 놓는 경우의 수는 5×4×3×2×1=120(가지)
사과와 배를 이웃하게 놓는 경우의 수는
(4×3×2×1)×2=48(가지)   ∴ $\dfrac{48}{120}=\dfrac{2}{5}$

02 전체 경우의 수 : 15가지,
남학생만 대표가 되는 경우의 수 : 6가지
남학생만 대표가 될 확률 : $\dfrac{6}{15}=\dfrac{2}{5}$
적어도 한 명은 여자가 대표가 될 확률 : $1-\dfrac{2}{5}=\dfrac{3}{5}$
<다른 풀이> 1-(처음 남자×두 번째도 남자)
$=1-\dfrac{4}{6}\times\dfrac{3}{5}=1-\dfrac{12}{30}=\dfrac{18}{30}=\dfrac{3}{5}$

03 전체 경우의 수 : 45가지
재학생만 임원으로 뽑히는 경우의 수 : 15가지
졸업생 중 적어도 한 명이 뽑힐 확률 :
$1-\dfrac{15}{45}=1-\dfrac{1}{3}=\dfrac{2}{3}$

04 눈의 합이 5가 아닐 확률=$1-\dfrac{4}{36}=\dfrac{32}{36}=\dfrac{8}{9}$

05 3개의 동전을 던질 때 나올 수 있는 경우의 수 : 8가지
뒷면이 1개도 나오지 않을 경우의 수 : 1가지
1-(뒷면이 1개도 나오지 않을 확률)=뒷면이 적어도 1개
나올 확률   ∴ $1-\dfrac{1}{8}=\dfrac{7}{8}$

77 확률의 덧셈

예제 1 (1) $\dfrac{7}{20}$ (2) $\dfrac{11}{20}$

유제1-1 $\dfrac{7}{10}$

유제1-2 $\dfrac{5}{12}$

유제1-3 ①

예제 1 (1) 5의 배수가 나올 확률 : $\dfrac{4}{20}$,
6의 배수가 나올 확률 : $\dfrac{3}{20}$

두 사건이 동시에 일어나지 않으므로
$\dfrac{4}{20}+\dfrac{3}{20}=\dfrac{7}{20}$

(2) 소수가 나올 확률 : $\dfrac{8}{20}$,

6의 배수가 나올 확률 : $\dfrac{3}{20}$

두 사건이 동시에 일어나지 않으므로 $\dfrac{8}{20}+\dfrac{3}{20}=\dfrac{11}{20}$

유제1-1 흰 구슬이 나올 확률은 $\dfrac{5}{10}$, 검은 구슬이 나올 확률을 $\dfrac{2}{10}$이고 두 사건이 동시에 일어나지 않으므로 구하는 확률은 $\dfrac{5}{10}+\dfrac{2}{10}=\dfrac{7}{10}$

유제1-2 4의 배수가 나올 확률은 $\dfrac{3}{12}$, 5의 배수가 나올 확률은 $\dfrac{2}{12}$이고, 두 사건이 동시에 일어나지 않으므로 구하는 확률은
$\dfrac{3}{12}+\dfrac{2}{12}=\dfrac{5}{12}$

유제1-3 카드의 숫자가 3보다 작을 확률 : $\dfrac{2}{10}$

카드의 숫자가 7보다 클 확률 : $\dfrac{3}{10}$

두 사건이 동시에 일어나지 않으므로 $\dfrac{2}{10}+\dfrac{3}{10}=\dfrac{5}{10}$
$=\dfrac{1}{2}$

개념 다지기

01 $\dfrac{5}{12}$ 02 8가지

03 ④   04 ②

05 ④

---

01 빨간공 또는 파란공일 확률= 빨간공일 확률+파란공일 확률
$=\dfrac{3}{12}+\dfrac{2}{12}=\dfrac{5}{12}$

02 두 눈의 수의 차가 3이 되는 경우의 수
(1, 4), (2, 5), (3, 6), (4, 1), (5, 2), (6, 3)의 6가지
두 눈의 수의 차가 5가 되는 경우의 수
(1, 6), (6, 1)의 2가지
∴ $6+2=8$(가지)

03 눈의 합이 5가 되는 경우 : (1, 4), (2, 3), (3, 2), (4, 1) 4가지
눈의 합이 7이 되는 경우 : (1, 6), (2, 5), (3, 4), (4, 3), (5, 2), (6, 1) 6가지
∴ 눈의 합이 5 또는 7이 될 확률=5가 될 확률+7이 될 확

률$=\dfrac{4}{36}+\dfrac{6}{36}=\dfrac{10}{36}=\dfrac{5}{18}$

04 135 cm이상이고 150 cm 미만일 확률
$=\dfrac{135\sim150\text{cm인 학생의 수}}{\text{전체의 학생 수}}=\dfrac{30}{40}=\dfrac{3}{4}$

05 6의 배수 또는 7의 배수가 뽑힐 확률=6의 배수일 확률+7의 배수일 확률− 6과 7의 공배수일 확률
$=\dfrac{7}{45}+\dfrac{6}{45}-\dfrac{1}{45}=\dfrac{12}{45}=\dfrac{4}{15}$

6의 배수 : 6, 12, 18, 24, 30, 36, 42
7의 배수 : 7, 14, 21, 28, 35, 42
6과 7의 공배수 : 42

78 확률의 곱셈

예제 1 $\dfrac{1}{3}$ **유제 1** $\dfrac{1}{6}$

예제 2 $\dfrac{9}{16}$ **유제 2** $\dfrac{9}{20}$

예제 1 A 주사위에서 짝수의 눈이 나올 확률은 $\dfrac{3}{6}=\dfrac{1}{2}$

B 주사위에서 6의 약수의 눈이 나올 확률은 $\dfrac{4}{6}=\dfrac{2}{3}$

따라서, 구하는 확률은 $\dfrac{1}{2}\times\dfrac{2}{3}=\dfrac{1}{3}$

유제 1 동전 2개가 모두 앞면이 나올 확률은 $\dfrac{1}{2}\times\dfrac{1}{2}=\dfrac{1}{4}$

주사위가 3이상의 눈이 나올 확률은 $\dfrac{4}{6}=\dfrac{2}{3}$

따라서, 구하는 확률은 $\dfrac{1}{4}\times\dfrac{2}{3}=\dfrac{1}{6}$

예제 2 골을 넣을 수 있는 확률이 $\dfrac{3}{4}$이고, 두 골을 모두 넣어야 승리하므로 구하는 확률은 $\dfrac{3}{4}\times\dfrac{3}{4}=\dfrac{9}{16}$

유제 2 (혜린이 합격할 확률)$=1-\dfrac{1}{4}=\dfrac{3}{4}$

∴ $P=\dfrac{3}{5}\times\dfrac{3}{4}=\dfrac{9}{20}$

개념 다지기

01 ②   02 ④   03 $\dfrac{4}{5}$

04 ⑤   05 $\dfrac{3}{25}$

01 주말 내내 비가 올 확률=토요일 비올 확률×일요일 비올 확률=$0.3 \times 0.6 = 0.18$ ∴ 18%

02 전구에 불이 들어오지 않을 확률=$1-$(A, B 스위치 모두 닫힐 확률)=$1-\dfrac{1}{2}=\dfrac{1}{2}$

03 (구하는 확률)=(A가 뽑지 못할 확률)×(B가 뽑지 못할 확률)=$\left(1-\dfrac{1}{10}\right) \times \left(1-\dfrac{1}{9}\right) = \dfrac{9}{10} \times \dfrac{8}{9} = \dfrac{4}{5}$

04 2발 모두 명중시킬 확률=$\dfrac{6}{10} \times \dfrac{6}{10} = \dfrac{9}{25}$

05 A가 발아할 확률은 $0.6 = \dfrac{3}{5}$, B가 발아하지 않을 확률은 $1-0.8 = 0.2 = \dfrac{1}{5}$ 따라서, A는 발아하고, B는 발아하지 않을 확률은 $\dfrac{3}{5} \times \dfrac{1}{5} = \dfrac{3}{25}$

79 연속하여 뽑는 경우의 확률

예제 1 (1) $\dfrac{1}{9}$ (2) $\dfrac{1}{12}$

유제1-1 (1) $\dfrac{9}{100}$ (2) $\dfrac{1}{15}$

유제1-2 $\dfrac{9}{16}$

예제 1 (1) 첫 번째 꺼내는 사건이 두 번째 꺼내는 사건에 영향을 주지 않으므로 $\dfrac{3}{9} \times \dfrac{3}{9} = \dfrac{1}{9}$

(2) 첫 번째 꺼낸 구슬이 흰 구슬일 확률 : $\dfrac{3}{9}$
첫 번째 꺼낸 구슬이 흰 구슬이므로 두 번째 꺼낸 구슬이 흰 구슬일 확률 : $\dfrac{2}{8}$ ∴ $\dfrac{3}{9} \times \dfrac{2}{8} = \dfrac{1}{12}$

유제1-1 (1) $\dfrac{3}{10} \times \dfrac{3}{10} = \dfrac{9}{100}$

(2) 처음에 당첨 제비를 뽑으면 남은 제비는 9개이고, 그 중 당첨제비는 2개이다. ∴ $\dfrac{3}{10} \times \dfrac{2}{9} = \dfrac{1}{15}$

유제1-2 A, B 모두 당첨 제비를 뽑지 못할 확률은 $\left(1-\dfrac{5}{20}\right) \times \left(1-\dfrac{5}{20}\right) = \dfrac{3}{4} \times \dfrac{3}{4} = \dfrac{9}{16}$

개념 다지기

01 $\dfrac{4}{25}$ 02 $\dfrac{1}{4}$ 03 $\dfrac{91}{400}$

04 $\dfrac{1}{5}$ 05 $\dfrac{2}{33}$

01 꺼낸 것을 다시 넣으면 처음 사건이 나중 사건에 영향을 주지 않는다. 따라서, 구하는 확률은 $\dfrac{4}{10} \times \dfrac{4}{10} = \dfrac{4}{25}$ 이다. 꺼낸 것을 다시 넣으면 (처음 뽑을 때 전체 개수)=(나중에 뽑을 때 전체 개수)

02 C가 뽑을 때 당첨될 확률 : $\dfrac{2}{8} = \dfrac{1}{4}$, 남은 제비의 수 : 8개, 남은 당첨제비의 수 : 2개

03 유진이가 당첨 제비를 뽑을 확률은 $\dfrac{7}{20}$이고, 승훈이가 당첨 제비를 뽑지 못할 확률은 $\dfrac{13}{20}$이므로 구하는 확률은 $\dfrac{7}{20} \times \dfrac{13}{20} = \dfrac{91}{400}$

04 첫 번째 붉은 구슬을 꺼낼 확률은 $\dfrac{7}{15}$, 두 번째 붉은 구슬을 꺼낼 확률은 $\dfrac{6}{14}$ ∴ 구하는 확률 = $\dfrac{7}{15} \times \dfrac{6}{14} = \dfrac{1}{5}$

05 첫 번째에 파란 공을 꺼낼 확률은 $\dfrac{5}{12}$, 두 번째에 파란 공을 꺼낼 확률은 $\dfrac{4}{11}$, 세 번째에 빨간 공을 꺼낼 확률은 $\dfrac{4}{10} = \dfrac{2}{5}$

따라서 구하는 확률은 $\dfrac{5}{12} \times \dfrac{4}{11} \times \dfrac{4}{10} = \dfrac{2}{33}$

소단원 종합 학습

01 ④	02 ②	03 ②	04 ③	05 ⑤
06 ②	07 ②	08 ⑤	09 ③	10 ②
11 ③	12 ③	13 ④	14 ②	15 ③
16 ③	17 ③	18 ②	19 $\frac{3}{5}$	20 $\frac{19}{30}$
21 $\frac{5}{12}$	22 $\frac{8}{9}$	23 $\frac{3}{4}$	24 7개	

01 6명 중 2명을 선택하는 경우는 $\frac{6\times 5}{2}=15$(가지)이고, 3명의 여학생 중에서 2명을 택하는 경우는 $\frac{3\times 2}{2}=3$(가지)이다.

그러므로 구하는 확률은 $\frac{3}{15}=\frac{1}{5}$

02 (i) $x+y=3$일 확률 : (1, 2), (2, 1)이므로 $\frac{2}{36}$

(ii) $x-y=2$일 확률 : (3, 1), (4, 2), (5, 3), (6, 4)

이므로 $\frac{4}{36}$ ∴ $P=\frac{2}{36}+\frac{4}{36}=\frac{1}{6}$

03 두 개의 주사위이므로 $6\times 6=36$(가지)이고 제곱의 꼴이 되는 경우는 같은 눈이 나오는 6가지와 (4, 1), (1, 4)의 경우

∴ $P=\frac{6}{36}+\frac{2}{36}=\frac{8}{36}=\frac{2}{9}$

04 1−(모두 맞추지 못할 확률)이므로 (모두 맞추지 못할 확률)=$\frac{2}{3}\times\frac{1}{2}\times\frac{1}{4}=\frac{1}{12}$ ∴ $P=1-\frac{1}{12}=\frac{11}{12}$

05 일어날 수 있는 모두 경우의 수는 $2\times 2\times 2\times 2=16$(가지) 네 번 중에서 뒷면이 한 번도 안 나올 경우는 모두 앞면이 나오는 경우이므로 1가지이다. 그러므로 구하는 확률은

1−(모두 앞면이 나올 확률)=$1-\frac{1}{16}=\frac{15}{16}$

06 A 주머니에서 흰 공 꺼낼 확률은 $\frac{3}{8}$이고, B 주머니에서 흰 공 꺼낼 확률은 $\frac{4}{8}$이다.

따라서, 확률은 $\frac{3}{8}\times\frac{4}{8}=\frac{3}{16}$이다.

07 처음 흰 바둑돌을 꺼낼 확률은 $\frac{4}{6}$이고, 그 다음 흰 바둑돌을 꺼낼 확률은 $\frac{3}{5}$이다. 따라서 확률은 $\frac{4}{6}\times\frac{3}{5}=\frac{2}{5}$

08 A 주머니에서 흰 구슬, B 주머니에서 검은 구슬을 뽑을 확률은 $\frac{3}{8}\times\frac{3}{9}=\frac{1}{8}$이다.

A 주머니에서 검은 구슬, B 주머니에서 흰 구슬을 뽑을 확률은 $\frac{5}{8}\times\frac{6}{9}=\frac{5}{12}$이다. 따라서, 확률은 $\frac{1}{8}+\frac{5}{12}=\frac{13}{24}$이다.

09 두 개 모두 불량품이 아닐 확률은 $\frac{8}{10}\times\frac{7}{9}=\frac{28}{45}$

따라서 적어도 하나는 불량품일 확률은 $1-\frac{28}{45}=\frac{17}{45}$

10 5보다 작은 수의 눈이 나올 확률은 $\frac{4}{6}=\frac{2}{3}$이다.

A가 5회에서 이길 확률은

$(1-\frac{2}{3})\times(1-\frac{2}{3})\times(1-\frac{2}{3})\times(1-\frac{2}{3})\times\frac{2}{3}$

$=\frac{1}{3}\times\frac{1}{3}\times\frac{1}{3}\times\frac{1}{3}\times\frac{2}{3}=\frac{2}{243}$

11 두 명을 선출할 경우의 수 $\frac{6\times 5}{2}=15$가지

남학생이 한명도 선출되지 않을 경우의 수 : $\frac{3\times 2}{2}=3$가지

∴ 1−남학생이 한명도 선출되지 않을 경우의 수

$=1-\frac{3}{15}=\frac{12}{15}=\frac{4}{5}$

12 O에서 B까지 가는 모든 경우의 수 : 20가지
O에서 A를 거쳐 B에 도달하는 경우의 수 : $6\times 2=12$
O에서 A를 가는 경우의 수 : 6가지
A에서 B를 가는 경우의 수 : 2가지

∴ 구하는 확률 : $\frac{12}{20}=\frac{3}{5}$

13 (두 사람이 약속 장소에서 만나지 못할 확률)

$=1-$(둘 다 나갈 확률)$=1-(\frac{7}{10}\times\frac{9}{10})=\frac{37}{100}$

14 가위 바위 보 결과의 경우의 수는 $3\times 3=9$

무승부가 나올 경우의 수는 3가지 ∴ $1-\frac{3}{9}=\frac{2}{3}$

15 전체 경우의 수 : $4\times 4=16$, 30이상인 경우의 수 : 8가지
십의 자리가 3인 경우 : 4가지 (30, 31, 32, 34)
십의 자리가 4인 경우 : 4가지 (40, 41, 42, 43)

∴ 구하는 확률 $\frac{8}{16}=\frac{1}{2}$

16 $\frac{2}{10}\times\frac{8}{9}=\frac{8}{45}$

17 네 번 던졌을 때, −1의 위치에 있기 위해서는 앞면이 한번 뒷면이 세 번 나와야 한다. 전체 경우의 수 : $2^4=16$가지
앞면 1, 뒷면 3, 나오는 경우의 수 : 4가지 (앞, 뒤, 뒤, 뒤)
(뒤, 앞 뒤, 뒤), (뒤, 뒤, 앞, 뒤), (뒤, 뒤, 뒤, 앞)

∴ 구하는 확률 : $\frac{4}{16}=\frac{1}{4}$

18 두 사람이 모두 표적을 맞히지 못할 확률은

$(1-\frac{1}{3})\times(1-\frac{2}{5})=\frac{2}{3}\times\frac{3}{5}=\frac{2}{5}$ ∴ $1-\frac{2}{5}=\frac{3}{5}$

19 1−(두 개의 색깔이 같을 확률)이므로

두 개 모두 흰 공일 확률 : $\frac{3}{5} \times \frac{2}{4} = \frac{3}{10}$

두 개 모두 붉은 공일 확률 : $\frac{2}{5} \times \frac{1}{4} = \frac{1}{10}$

∴ $P = 1 - (\frac{3}{10} + \frac{1}{10}) = \frac{3}{5}$

20 1−(한 명만 합격+세 사람 모두 불합격)이므로
(한 명만 합격할 확률)
$= \frac{1}{2} \times \frac{2}{5} \times \frac{1}{3} + \frac{1}{2} \times \frac{3}{5} \times \frac{1}{3} + \frac{1}{2} \times \frac{2}{5} \times \frac{2}{3} = \frac{3}{10}$

(모두 불합격할 확률)$= \frac{1}{2} \times \frac{2}{5} \times \frac{1}{3} = \frac{1}{15}$

∴ $P = 1 - (\frac{3}{10} + \frac{1}{15}) = \frac{19}{30}$

21 $a+b$가 짝수이려면 a, b 모두 홀수이거나 짝수이어야 한다.

(i) a, b 모두 짝수일 확률 : $\frac{3}{4} \times \frac{1}{3} = \frac{1}{4}$

(ii) a, b 모두 홀수일 확률 : $\frac{1}{4} \times \frac{2}{3} = \frac{1}{6}$

∴ $P = \frac{1}{4} + \frac{1}{6} = \frac{5}{12}$

22 모든 경우의 수는 $9 \times 9 = 81$(가지)
같은 층에서 내리는 경우의 수는 9가지이므로

그 확률은 $\frac{9}{81} = \frac{1}{9}$

서로 다른 층에서 내릴 확률은 $1 - \frac{1}{9} = \frac{8}{9}$

23 둘 다 풍선을 맞히지 못할 확률 : $(1 - \frac{1}{4}) \times (1 - \frac{2}{3}) = \frac{1}{4}$

(풍선이 터질 확률)=1−(둘 다 풍선을 맞히지 못할 확률)

∴ $1 - \frac{1}{4} = \frac{3}{4}$

24 붉은구슬의 개수를 x라 할 때
(두 번 중 적어도 한 번은 흰구슬이 나올 확률)=1−(두 번 모두 붉은 구슬이 나올 확률)

$= 1 - \frac{x}{10} \times \frac{x}{10} = 1 - \frac{x^2}{100}$ 즉 $1 - \frac{x^2}{100} = \frac{51}{100}$ 이므로

$\frac{x^2}{100} = \frac{49}{100}$, $x^2 = 49$

∴ $x = 7$

따라서 붉은 구슬은 7개

80 등차수열의 일반항

예제 1 ④

유제 1 (1) ① (2) ②

예제 2 (1) 28 (2) −47 (3) 41 (4) 8

유제 2 (1) 32 (2) −25 (3) 43 (4) $\frac{14}{3}$

예제 1 공차가 3인 등차수열이므로 첫째항이 2, 공차가 3인 등차수열의 47번째 항은 첫째항에 공차를 46번 더한 수이다. $2 + 3 \times 46 = 140$이다.

유제 1 (1) 공차가 4인 등차수열이므로 첫째항이 1, 공차가 4인 등차수열의 50번째 항은 첫째항에 공차를 49번 더한 수이다. $1 + 4 \times 49 = 197$이다.

(2) 공차가 7인 등차수열이므로 첫째항이 6, 공차가 7인 등차수열의 30번째 항은 첫째항에 공차를 29번 더한 수이다. $6 + 7 \times 29 = 209$이다.

예제 2 (1) 뒤에 항과 앞의 항의 차를 구하면 3이고 첫째항은 1이므로 10번째 항은 $1 + 3 \times 9 = 28$이다.

(2) 뒤에 항과 앞의 항의 차를 구하면 −6이고 첫째항은 7이므로 10번째 항은 $7 + (-6) \times 9 = -47$이다.

(3) 뒤에 항과 앞의 항의 차를 구하면 4이고 첫째항은 5이므로 10번째 항은 $5 + 4 \times 9 = 41$이다.

(4) 뒤에 항과 앞의 항의 차를 구하면 $\frac{1}{2}$이고 첫째항은 $\frac{7}{2}$이므로 10번째 항은 $\frac{7}{2} + \frac{1}{2} \times 9 = 8$이다.

유제 2 (1) 뒤에 항과 앞의 항의 차를 구하면 3이고 첫째항은 5이므로 10번째 항은 $5 + 3 \times 9 = 32$이다.

(2) 뒤에 항과 앞의 항의 차를 구하면 −4이고 첫째항은 11이므로 10번째 항은 $11 + (-4) \times 9 = -25$이다.

(3) 뒤에 항과 앞의 항의 차를 구하면 4이고 첫째항은 7이므로 10번째 항은 $7 + 4 \times 9 = 43$이다.

(4) 뒤에 항과 앞의 항의 차를 구하면 $\frac{1}{3}$이고 첫째항은 $\frac{5}{3}$이므로 10번째 항은 $\frac{5}{3} + \frac{1}{3} \times 9 = \frac{14}{3}$이다.

81 등비수열의 일반항

예제 1 ③

유제 1 ②

예제 1 첫째항이 a, 공비가 r인 등비수열이므로 두 번째 항은 $ar = 3 \cdots$ ①,
5번째 항은 첫번째항에 공비 r을 4번 곱한 수이므로 $ar^4 = 24 \cdots$ ②이다.
②÷①을 하면 $r^3 = 8$, ∴ $r = 2$,

따라서 10번째 항은
$ar^9 = ar \times r^8 = 3 \times 2^8 = 3 \times 256 = 768$이다.

유제 1 뒤에 항과 앞의 항을 나누면 값이 $\frac{1}{2}$이므로

공비가 $\frac{1}{2}$이고, 첫째항이 448이므로 10번째항은

$448 \times \left(\frac{1}{2}\right)^9 = \frac{7}{8}$ 이다.

82 원리합계의 계산

예제 1 1323만 원

유제 1 (1) 279416원 (2) 1758000원

예제 2 매년 초 100만 원씩 적립한 금액의 원리합계는 다음과 같다.

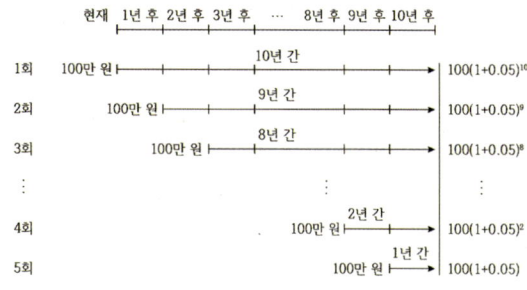

따라서 10년 후의 적립금의 원리합계를 S라 하면
$S = 100(1+0.05) + 100(1+0.5)^2 + \cdots$
$\qquad + 100(1+0.5)^9 + 100(1+0.5)^{10}$

이것은 첫째항이 $100(1+0.05)$, 공비가 $1+0.05$인 등비수열의 첫째항부터 제10항까지의 합이므로

$S = \frac{100(1+0.05)\{(1+0.05)^{10}-1\}}{(1+0.05)-1}$

$\quad \fallingdotseq \frac{100 \times 1.05(1.63-1)}{0.05} = 1323$(만 원)

유제 1 (1) 첫해부터 10년 동안 20000원씩 적립한 적립금액의 원리 합계는 다음과 같다.

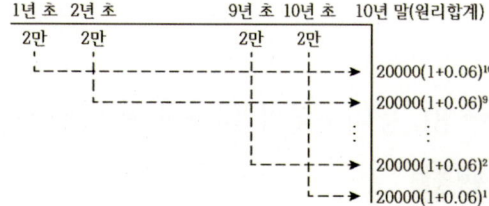

10년 동안 20000원씩 적립한 적립금을 역순으로 나열한 원리합계의 금액을 S라 하면
$S = 20000(1+0.06) + 20000(1+0.06)^2 + \cdots$
$\qquad + 20000(1+0.06)^9 + 20000(1+0.06)^{10}$

이것은 첫째항이 $20000(1+0.06)$이고, 공비가 $1+0.06$인 등비수열의 첫째항부터 제10항까지의 합

이다.

$\therefore S = \frac{20000(1+0.06)\{(1+0.06)^{10}-1\}}{(1+0.06)-1}$

$\quad \fallingdotseq \frac{20000 \times 1.06(1.7908-1)}{0.06}$

$\quad = 279416$(원)

(2) 구하는 적립금의 원리합계는
$S = 10^5 + 10^5(1+0.12) + 10^5(1+0.12)^2 + \cdots$
$\qquad + 10^5(1+0.12)^9$

이므로 첫째항이 10^5, 공비가 $1+0.12$인 등비수열의 첫째항부터 제10항까지의 합이다.

$\therefore S = \frac{10^5\{(1+0.12)^{10}-1\}}{(1+0.12)-1} \fallingdotseq \frac{10^5(3.11-1)}{0.12}$

$\quad \fallingdotseq 1758000$(원)

개념 다지기

01 ④ 02 ② 03 ④
04 ③ 05 ④

01 첫째항이 a이고 공차가 d인 등차수열의 일반항은
$a_n = a + (n-1)d$이므로
첫째항이 -3이고 공차가 6이므로
$111 = -3 + (n-1)6$, $111 = 6n - 9$, $6n = 120$
$\therefore n = 20$
따라서 111은 20번째 나타난다.

02 첫째항이 -88이고 공차가 3인 등차수열의 일반항을 a_n이라 하면 $a_n = -88 + (n-1) \times 3 = 3n - 91$
이때 $a_n > 0$인 n을 구하면
$3n - 91 > 0$, $3n > 91$
$\therefore n > \frac{91}{3} = 30.333\cdots$
따라서 처음으로 양수가 되는 항은 제31항이다.

03 앞의 항에 $\sqrt{2}$를 곱하면 다음 항이 나타난다.
첫째 항을 a, 두 번째 항을 a_2, $\cdots$, n번째 항을 a_n이라 하면
$a_n = (\sqrt{2})^n = \sqrt{2^{20}} = \{(\sqrt{2})^2\}^{10} = 2^{10} = 1024$

04 매년 초에 50만 원씩 6년간 적립한 적립총액은
$\frac{5 \times 10^5 \times 10.05 \times (1.05^6 - 1)}{1.05 - 1} = \frac{5 \times 10^5 \times 1.05 \times 0.34}{0.05}$
$\qquad = 3570000$(원)

05 매년 초 10만 원씩 연이율 10%로 20년 동안 적립한 금액 S는

$$S = \frac{10^5 \times 1.1 \times (1.1^{20}-1)}{1.1-1} = \frac{10^5 \times 1.1 \times 6.73}{0.1}$$
$$= 7403000$$

∴ 약 740만 원

83 줄기와 잎그림

예제 1 해설 참조

유제 1 해설 참조

예제 1

줄기	잎
0	7 8 8
1	0 4 6 8 8 9 9
2	2 2 3 4 4 6 8 9 9
3	0 0 1 1 2

유제 1

줄기	잎
5	2 6 8
6	0 0 4 6 6
7	0 2 6 8 8
8	0 4 8 8
9	0 2 6

개념 다지기

01 (1) 자료값의 상대적인 위치를 쉽게 파악할 수 있다.
   (2) (잎의 개수의 총합) = (자료의 개수)
       4+7+5+3+1=20(명)
   (3) 독서량이 많은 순서대로 나열하면
       40, 38, 32, 30, 28, …
       ∴ 30권

02 (1) 80점   (2) $(90+94+98) \div 3 = 94$(점)   (3) 7명

03 (1)

줄기	잎
1	8 9 9 9
2	0 0 1 3 3 4 4 5 5 7
3	0 0 1 1 2 7

(2) 37인치   (3) 25%

04 (1)

줄기	잎
1	1 5 7 8 8
2	0 1 3 8 9
3	3 6
4	0 2 4 5 8
5	8
6	0 4

(2) 5번째로 좋은 기록은 45개로, 줄기는 4가 된다.
(3) 5

84 도수분포표

예제 1 (1)

운동시간(분)	학생 수(명)
0이상~20미만	3
20 ~ 40	2
40 ~ 60	6
60 ~ 80	4
80 ~ 100	3
100 ~ 120	2
계	20

(2) 20(분)   (3) 40분 이상~60분 미만
(4) 70(분)   (5) 45(%)

유제 1-1 (1) 가장 큰 변량 : 64kg, 가장 작은 변량 : 40kg
(2) 해설 참조

유제 1-2 (1) 가장 큰 변량 : 100점, 가장 작은 변량 : 55점 (2) 해설참조

예제 2 (1) 6
(2) 12시간 이상 16시간 미만
(3) 해설참조

유제 2 (1) 32.5세 (2) 10명 (3) 해설참조

유제 1-1 (2) 몸무게가 53kg인 학생이 속한 계급은 50kg 이상 55kg 미만이고, 이 계급의 도수는 6명

몸무게(kg)	학생 수(명)
40이상~45미만	1
45 ~ 50	4
50 ~ 55	6
55 ~ 60	5
60 ~ 65	4
계	20

유제 1-2 (2) 수학 성적이 50점 이상 80점 미만인 학생 수는
2+4+5=11(명)이다.

수학성적(점)	학생 수(명)
$50^{이상} \sim 60^{미만}$	2
60 ~ 70	4
70 ~ 80	5
80 ~ 90	4
90 ~ 100	5
계	20

예제 2 (2) 봉사활동 시간이 많은 계급부터 차례로 도수를 더하여 5와 같거나 5보다 커지는 때의 계급이므로 12시간 이상 16시간 미만이다.

(3) 4시간 이상 12시간 미만의 도수는 $6+10=16$ (명)이므로 $\dfrac{16}{25} \times 100 = 64(\%)$ 이다.

유제 2 (1) 나이가 32세인 주민이 속한 계급은 30세 이상 35세 미만이고, 계급값은 $\dfrac{30+35}{2} = 32.5(세)$ 이다.

(3) 30세 이상 40세 미만의 도수는 $14+20=24(명)$ 이므로 $\dfrac{24}{50} \times 100 = 48(\%)$ 이다.

개념 다지기

01 ② 02 ⑤ 03 ④
04 7   05 3
06 $A=38, B=42$

01 70점 이상 80점 미만의 도수가 5명이므로 □ 안에 적당한 수는 ② 77이다.

02 계급의 크기가 10분이므로 $A : 25 \sim 35$, $B : 35 \sim 45$이고 $C : 50-38=12$이다.

03 ① 5개 ② 10분 ③ 10분, 20분, 30분, 40분, 50분
④ 통학 시간이 가장 긴 학생이 속한 계급은 알 수 있지만 정확한 시간은 알 수 없다. ⑤ 50명

04 계급의 개수는 5개이므로 $X=5$, 계급의 크기는 2초이므로 $Y=2$ 이다.

05 17초 이상인 학생 수는 $40 \times \dfrac{45}{100} = 18(명)$ 이므로
$B+4 = 18$
$\therefore B = 14$ 따라서, $A+37=40$ $\therefore A = 3$

06 계급값이 4이고 계급의 크기가 4이므로
$40-2 \leq (계급의 변량)$
$< 40+2$

따라서, 계급은 38이상 42미만 이므로
$A=38, B=42$

85 히스토그램

예제 1 해설 참조

유제 1 (1) 1만원, 5개   (2) 64.7(%)

예제 1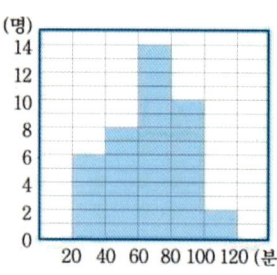

유제 1 (2) 전기요금이 3만원 이상 5만원 미만인 계급의 가구수는 22가구이고 전체 가구수는 34가구이므로
$\dfrac{22}{34} \times 100 = 64.7(\%)$ 이다.

86 도수분포다각형

예제 1 해설 참조

유제 1 (1) 20분, 5개   (2) 42명
(3) 30분   (4) 80분 이상 100분 미만

예제 2 ③

유제 2 ④

예제 1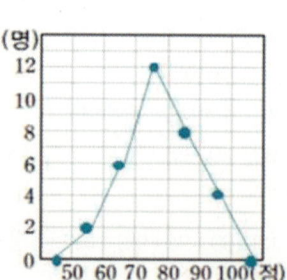

유제 1 (2) $4+6+12+14+6=42(명)$
(3) 도수가 가장 작은 계급이므로 $\dfrac{20+40}{2} = 30(분)$
(4) TV시청 시간이 많은 계급부터 차례로 도수를 더하여 10과 같거나 10보다 커지는 때의

계급을 찾는다. 그러므로 80분 이상 100분 미만이다.

예제 2 ㉠ 키가 160cm 이상인 남학생은 12명, 여학생은 8명이 므로 남학생이 더 많다.
㉡ 남학생이 더 넓게 분포되어 있다.
㉢, ㉣ 남학생은 38명, 여학생은 33명이므로 두 도 수분 포다각형의 넓이는 다르다.
㉤ 계급값이 162.5cm인 계급은 160cm 이상 165cm 미만이므로 남학생은 5명, 여학생은 8명이다. 따라서, 여학생이 3명 더 많다.

유제 2 ④ 남학생 수와 여학생 수가 각각 20명으로 같으므로 두 도수분포다각형의 넓이는 같다.
⑤ 점수가 80점 이상인 여학생 수는 7명이고 반 전체 학생 수는 40명이므로 $\frac{7}{40} \times 100 = 17.5(\%)$

개념 다지기

01 ⑤ 02 ⑤ 03 ④
04 ④ 05 ⑤

01 ⑤ 히스토그램의 직사각형의 넓이의 합과 도수분포다각형으로 둘러싸인 부분의 넓이는 같다.

02 ⑤ 도수가 가장 큰 계급은 20℃이상 24℃미만이고, 계급값은 $\frac{20+24}{2} = 22(℃)$

03 ④도수분포다각형의 내부의 넓이와 히스토그램의 직사각형의 넓이의 합은 같으므로 (구하는 넓이) = (계급의 크기) × (도수의 총합) = 10 × 56 = 560

04 ④ 10회 이상 20회 미만 : 2명,
20회 이상 30회 미만 : 6명,
30회 이상 40회 미만 : 14명,
40회 이상 50회 미만 : 16명,
50회 이상 60회 미만 : 8명,
60회 이상 70회 미만 : 4명
따라서 도수가 가장 큰 계급은 40회 이상 50회 미만이므로 계급값은 $\frac{40+50}{2} = 45(회)$

05 전체 학생수가 2+6+14+16+8+4=50(명)이므로(도수분포다각형) = (계급의 크기) × (도수의 총합) = 10 × 50 = 500

87 도수분포에서의 평균

예제 1 56(분), 해설참조
유제 1 58kg

예제 1

인터넷 이용시간(분)	학생 수(명)	(계급값)×(도수)
0이상~20미만	2	20
20 ~ 40	6	180
40 ~ 60	7	350
60 ~ 80	11	770
80 ~ 100	4	360
합계	30	1,680

∴ 1680 ÷ 30 = 56(분)

유제 1 (몸무게의 평균) = $\frac{(45\times4)+(55\times8)+(65\times6)+(75\times2)}{20}$
$= \frac{180+440+390+150}{20} = \frac{1160}{20} = 58(kg)$

개념 다지기

01 ④ 02 25분 03 ①
04 $A=1, B=4, C=2$ 05 80점

01 평균 = $\frac{(55\times1)+(65\times3)+(75\times4)+(85\times2)}{10} = 72$점

02 통학시간 평균은
$= \frac{(5\times8)+(15\times2)+(25\times9)+(35\times6)+(45\times3)+(55\times2)}{30}$
$= 25(분)$

03 □ = 10 - (2+3+4) = 1
평균은 $\frac{(65\times2)+(75\times3)+(85\times1)+(95\times4)}{10} = 82(점)$

04 $A=1(60), B=4(89,80,85,88), C=2(91,90)$

05 평균은 $= \frac{(55\times1)+(65\times1)+(75\times2)+(85\times4)+(95\times2)}{10}$
$= 80(점)$

88 히스토그램과 도수분포다각형에서의 평균

예제 1 (1) 해설 참조 (2) $150.4(cm)$
유제 1 $7.5(회)$
예제 2 15.7점. 해설 참조
유제 2 $50kg$

예제 1 (1)

계급값(cm)	도수(명)	(계급값)×(도수)
137.5	4	137.5×4=550
142.5	5	142.5×5=712.5
147.5	9	147.5×9=1327.5
152.5	11	152.5×11=1677.5
157.5	8	157.5×8=1260
162.5	3	162.5×3=487.5
계	40	6015

(2) (평균)$=\dfrac{6015}{40}=150.375$ ∴ $150.4(cm)$

유제 1 (평균)$=\dfrac{3\times2+5\times4+7\times10+9\times2+11\times6}{24}$
$=\dfrac{180}{24}=7.5(회)$

예제 2

계급값(점)	도수(명)	(계급값)×(도수)
11	2	11×2=22
13	3	13×3=39
15	4	15×4=60
17	8	17×8=136
19	3	19×3=57
합계	20	314

유제 2

계급값(점)	도수(명)	(계급값)×(도수)
47.5	16	47.5×16=760
52.5	10	52.5×10=525
57.5	2	57.5×2=115
합계	28	1400

∴ 평균$=\dfrac{1400}{28}=50(kg)$

개념 다지기

01 ② 02 ③
03 ④ 04 81점

01 평균$=\dfrac{45\times5+55\times4+65\times15+75\times7+85\times6+95\times3}{40}$
$=\dfrac{2740}{40}=68.5(점)$

02 평균
$=\dfrac{42.5\times2+47.5\times3+52.5\times8+57.5\times4+62.5\times2+67.5\times1}{20}$
$=\dfrac{1070}{20}=53.5(kg)$

03 평균$=\dfrac{15\times5+25\times9+35\times8+45\times6+55\times2}{30}=\dfrac{960}{30}=32(분)$

04 80점 이상 90점 미만의 계급의 도수를 x라 하면
$x=25-(2+3+4+6)=10$
평균$=\dfrac{55\times2+65\times3+75\times4+85\times10+95\times6}{25}$
$=\dfrac{2025}{25}=81(점)$

89 상대도수

예제 1 1반
예제 2 $A=\dfrac{12}{50}=0.24, B=\dfrac{14}{50}=0.28, C=1$
유제 2 (1) 50명 (2) 1
(3) $\dfrac{A}{50}=0.1$ ∴ $A=5$ 160cm이상인 학생 9명

예제 1 1반 전체 학생 수는 30명, 3반 전체 학생 수는 42명이므로 휴대폰을 가진 학생의 비율을 각각 $\dfrac{12}{30}=0.4$, $\dfrac{15}{42}=0.36$ 따라서, 휴대폰을 가진 학생이 상대적으로 많은 반은 1반이다.

유제 2 (1) (도수의 총합)$=\dfrac{(그\ 계급의\ 도수)}{(어떤\ 계급의\ 상대도수)}=\dfrac{6}{0.12}=50(명)$

개념 다지기

01 ② 02 ⑤ 03 ② 04 ①

01 $\dfrac{3}{B}=0.1$, $B=30$, $\dfrac{A}{30}=0.2$, $A=6$
$C=1$ (상대도수의 합은 항상 1이다.)
∴ $A+B+C=30+6+1=37$

02 80 이상 100 미만의 학생은 6명. 이 계급의 상대도수가 0.12이므로 $\dfrac{6}{0.12}=50$, 전체 학생 수는 50명이다.

03 $\dfrac{B}{50}=0.18$이므로, $B=50\times 0.18$ $B=9$이다.

04 $A=1-(0.2+0.18+0.26+0.12+0.08)=0.16$

90 상대도수의 그래프

예제 1 해설 참조

유제 1 (1) $22.5(m)$ (2) 14(명) (3) $54(\%)$ (4) 5

예제 1

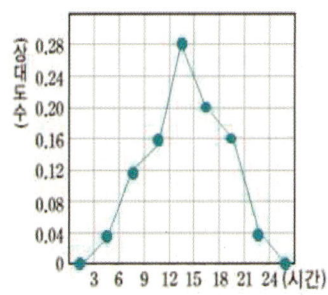

유제 1 도수와 상대도수는 정비례하므로 도수가 가장 큰 계급이 상대도수가 가장 큰 계급이다.

(1) 상대도수가 가장 큰 계급은 20m이상 25m 미만으로 계급은 $\dfrac{20+25}{2}=22.5(m)$이다.

(2) 30m 이상을 던진 학생의 상대도수는
$0.14+0.08+0.06=0.28$이므로
$50\times 0.28=14$(명)이다.

(3) 던지기 기록이 25m 미만인 학생의 상대도수는
$0.06+0.20+0.28=0.54$이므로 (백분율)
$=0.54\times 100=54(\%)$이다.

(4) (다각형의 넓이)=(계급의 크기)$\times 1$이므로 $5\times 1=5$이다.

91 두 상대도수의 그래프의 비교

예제 1 (1) 40kg이상 45kg미만
(2) 갑 중학교 : 32명, 을 중학교 : 17명

유제 1 (1) ③ (2) 36명 (3) ②, ⑤

예제 1 (2) (각 계급의 도수) = (상대도수) × (도수의 총합)에서
갑 중학교 : $0.32\times 100=32$(명)
을 중학교 : $0.34\times 50=17$(명)

유제 1 (1) 40점 이상 50점 미만, 50점 이상 60점 미만, 60점 이상 70점 미만으로 3개이다.

(2) $(0.18+0.14)\times 50+(0.20+0.20)\times 50$
$=16+20=36$(명)

(3) ① 두 학급의 계급의 개수와 계급의 크기는 서로 같다.
② B 학급의 그래프가 A학급의 그래프보다 오른쪽으로 더 치우쳐져 있으므로 B학급의 성적이 더 높다.
③ 상대 도수는 그 계급의 도수에 정비례하므로 A학급의 도수가 더 많다.
④ $0.10\times 40=4$(명)이다.
⑤ 상대도수의 합은 항상 1이고 두 그래프의 계급의 크기가 같으므로 그래프와 가로축으로 둘러싸인 부분의 넓이는 같다.

개념 다지기

01 ④   02 ③
03 ③   04 ⑤

01 19m 미만인 학생의 상대도수는 $0.08+0.16=0.24$이므로,
$\dfrac{12}{\text{전체 학생의 수}}=0.24$, 전체 학생 수 $=50$명

02 200권 이상 250권 미만의 계급의 상대도수는 0.26이므로
$0.26\times 100=26\%$ 전체 학생의 26%를 차지한다.

03 150권 미만의 책을 가지고 있는 학생의 상대도수는 $0.1+0.2=0.3$이므로 학생 수 K는 $\dfrac{K}{500}=0.3$, $K=150$, 150명이다.

04 60점 이상 70점 미만인 계급의 상대도수
$1-(0.2+0.15+0.2+0.15+0.05)=0.25$

소단원 종합 학습

01 ②	02 ①	03 ③	04 ③	05 ⑤
06 ①	07 ③	08 ④	09 ③	10 ⑤
11 ①	12 ②,④	13 ②	14 ④	15 ①
16 ⑤	17 ④	18 ②	19 해설참조	20 $42kg$
21 16.2초	22 16.9초	23 50명	24 16명	

03 ① 전체 학생 수는 $3+5+7+10+8+4+2+1=40$명이다.
② 계급의 크기는 $10-5=5$시간이다.
③ 10이 되는 가장 큰 도수이므로, 이 때의 계급값은

$\dfrac{20+25}{2}=22.5$ 이다.

④ 30시간 이상 봉사활동을 한 학생 수=4+2+1=7명이다.

⑤ 30시간 이상 35시간 미만인 학생은 4명이므로 $\dfrac{4}{40}\times100=10\%$이다.

05 ① 계급의 크기는 140-130=10cm이다.
② $A=50-(15+16+5+2)=12$
③ 16이 가장 큰 도수이므로, 140이상 150미만의 계급값은
$\dfrac{140+150}{2}=145$이다.
④ 계급의 개수는 5개이다.
⑤ 160cm 이상인 학생은 5+2=7명이다.

06 수학평균점수
$=\dfrac{(55\times2)+(65\times2)+(75\times10)+(85\times4)+(95\times2)}{20}$
$=76(점)$

07 ③ 90점 이상인 학생은 2명, 전체 학생은 25명이므로,
$\dfrac{25}{2}\times100=8\%$이다.
⑤ 80점 이상인 학생은 3+2=5명이다.

08 6이 가장 큰 도수이므로 $\dfrac{6}{25}\times100=24\%$ 전체 학생 24%를 차지한다.

09 70점 이상 학생들의 평균
$=\dfrac{(75\times5)+(85\times3)+(95\times2)}{10}=82(점)$

10 $\dfrac{A}{25}\times100=24$ $A=6$
$B=25-(3+6+8+2+1)=5$

11 1이 가장 작은 도수이므로 이 때의 계급값은 $\dfrac{20+24}{2}=22(회)$이다.

12 ① 8이 가장 큰 도수이며 이 때의 계급은 8회 이상 12회 미만이다.
③ 턱걸이 평균은
$\dfrac{(2\times3)+(6\times6)+(10\times8)+(14\times5)+(18\times2)+(22\times1)}{25}$
9.2이다.
④ $\dfrac{8}{25}\times100=3.2\%$ ⑤ $\dfrac{6}{25}=0.24$이다.

13 ① 히스토그램의 넓이와 도수분포다각형의 넓이는 항상 같다.
② 80점 이상인 학생=12명
전체 학생 수=6+10+20+8+4=48명 $\dfrac{12}{48}\times100=25\%$이다.
③ 20이 가장 큰 도수이며, 이 때의 계급값은 $\dfrac{70+80}{2}=75$이다.
④ 수학성적의 평균
$=\dfrac{(55\times6)+(65\times10)+(75\times20)+(85\times8)+(95\times4)}{48}=73.75$

이다
⑤ 전체 학생의 수는 48명이다.

14 높은 쪽에서부터 10번째 학생이 속하는 계급은 80점 이상 90점 미만이다.

15 전체 학생의 수=2+4+5+8+13+9+5+3+1=50, 14초 이상 15초 미만으로 달린 학생의 수=5명이다.
$\dfrac{5}{50}\times100=10\%$ 기록이 14초 이상 15초 미만으로 달린 학생은 전체의 10%이다.

16 TV시청시간이 12시간 이상인 학생의 상대도수는
0.25+0.1=0.35이므로, 0.35×100=35%, 전체학생의 35%를 차지한다.

17 9~12계급의 상대도수가 0.45로 가장 크며, 이 계급의 학생 수를 K라 하면, $\dfrac{K}{40}=0.45$ $K=40\times0.45=18$, 18명 이다.

17 9~12계급의 상대도수가 0.45로 가장 크며, 이 계급의 학생 수를 K라 하면, $\dfrac{k}{40}=0.45$, $K=40\times0.45=18$

18 ② 50점 이상 60점 미만인 계급의 도수 K는 20×0.2=4명이다.
③ $0.1\times100=10(\%)$
④ 70점 이상 80점 미만인 계급의 학생 수 K는 $\dfrac{K}{20}=0.3$
K=6명이다.
⑤ 80점 이상 90점 미만인 계급의 상대도수는 $\dfrac{5}{20}=0.25$이다.

19

줄기	잎
6	0 4 8 8
7	2 2 6 6 6
8	0 0 4 4 8 8
9	2 2 6

20 몸무게의 평균=$\dfrac{(35\times5)+(45\times3)+(55\times2)}{10}=42(kg)$이다.

21 평균=$\dfrac{(14\times6)+(16\times8)+(18\times4)+(20\times2)}{20}$
$=\dfrac{324}{20}=16.2(초)$

22 평균=$\dfrac{(14\times4)+(16\times6)+(18\times7)+(20\times3)}{20}=16.9(초)$이다.

23 텔레비전을 2시간 미만 보는 학생은 20명이므로,
전체 학생의 수
K는 $\dfrac{20}{K}\times100=40$, K=50(명)이다.

24 2시간 이상 2.5시간 미만의 학생을 $2x$,
2.5시간 이상 3시간 미만의 학생을 x라 하면,
$(2x+x)=50-(4+7+9+4+2)$, $3x=24$, $x=8$이므로
2시간 이상 2.5시간 미만으로 텔레비전을 보는 학생은
2×8, 즉, 16명이다.

92 대푯값과 평균

예제 1 9 **유제 1** 74

예제 2 84(점) **유제 2** 78(점)

예제 1 $m=\dfrac{4+6+8+10+12+14}{6}=9$

유제 1 $\dfrac{86+88+x+71+81}{5}=80$, $x=74$

예제 2

계급	계급값	도수	(계급값)×(도수)
70이상 ~80미만	75	3	$75\times 3=225$
80~90	85	5	$85\times 5=425$
80~100	95	2	$95\times 2=190$
합계		10	840

(평균)$=\dfrac{840}{10}=84$(점)

유제 2 평균$=\dfrac{65\times 4+75\times 8+85\times 6+95\times 2}{20}$
$=\dfrac{1560}{20}=78$(점)

개념 다지기

01 ④   02 ④   03 ①
04 ④   05 ①

01 a, b의 평균이 10이므로 $\dfrac{a+b}{2}=10$
∴ $a+b=20$
$2a-1$, $2b-1$의 평균은
$\dfrac{(2a-1)+(2b-1)}{2}=\dfrac{2(a+b-1)}{2}$
$=(a+b)-1=20-1=19$

02 남학생의 평균을 x라 하면
$74=\dfrac{15\times 76+25\times x}{15+25}$, $2960=1140+25x$
∴ $x=72.8$(점)
따라서 남학생들의 성적의 평균은 72.8점이다.

03 $M=\dfrac{l+m+n}{3}$이므로
$\dfrac{(l+a)+(m+a)+(n+a)}{3}=\dfrac{l+m+n}{3}+a=M+a$

04 $m=\dfrac{15\times 5+18\times 2+21\times a+24\times 2+27\times 1}{5+2+a+2+1}=20$
∴ $a=14$

05 평균$=\dfrac{(\text{계급값})\times(\text{도수})\text{의 총합}}{(\text{도수})\text{의 총합}}$
$=\dfrac{15\times 2+45\times 13+75\times 4+105\times 1}{2+13+4+1}$
$=\dfrac{30+585+300+105}{20}=51$(분)

93 중앙값과 최빈값

예제 1 중앙값 : 3, 최빈값 : 3

유제 1 (1) 중앙값 : $\dfrac{2+3}{2}=2.5$, 최빈값 : 3
(2) 중앙값 : 2, 최빈값 : 2
(3) 중앙값 : 15, 최빈값 : 10
(4) 중앙값 : 3.5, 최빈값 : 없다.

개념 다지기

01 50점   02 7   03 11.5
04 ②   05 56

01 최빈값은 가장 빈번이 나오는 값이므로 1번 학생부터 6번 학생에서 가장 많이 나온 점수는 50점이 3번 나오므로 최빈값은 50점이다.

02 최빈값이 8이므로
$(7+8+8+x+9+8+9)\div 7=8$ ∴ $x=7$

03 평균$=\dfrac{2+3+3+3+4+4+5+6+7+8}{10}=\dfrac{45}{10}=4.5$
중앙값은 n의 개수가 짝수이므로 5번째와 6번째의 평균을 구하면 $\dfrac{4+4}{2}=4$
최빈값은 3이 3번이므로 가장 빈번하므로 최빈값은 3이다.
따라서 (평균)+(중앙값)+(최빈값)의 합은 11.5이다.

04 다음 수들의 평균을 구해보면
$\frac{0+1+2+3+4+4+5+5}{8}=3$이므로 평균은 3이다.
중앙값을 구하기 위해 수들을 크기 순서대로 나열하면 0, 1, 2, 3, 4, 4, 5, 5이고 n은 짝수이므로 4번째와 5번째의 수의 평균을 구하면 $\frac{3+4}{2}=3.5$
마지막으로 4가 2개, 5개 2개이므로 최빈값은 4, 5가 된다.

05 계급값은 47, 52, 57, 62이므로
(평균)$=\frac{47\times3+52\times6+57\times7+62\times4}{20}$
$=\frac{1100}{20}=55=a$
중앙값은 자료의 개수가 짝수이므로 10번째와 11번째로 자료의 평균이므로 $b=57$
또한 최빈값은 자료의 개수가 가장 많이 나타나는 값이므로 $c=57$
따라서 $a+\frac{c}{b}$의 값은 $55+\frac{57}{57}=55+1=56$

94 산포도

예제 1 15

유제 1 (1) $x=-11$ (2) 90점

예제 1 A는 C보다 5회가 적으므로 A=3,
E는 C보다 4회가 많으므로 E=12
∴ A+E=3+12=15

유제 1 (1) 편차의 합은 0이므로 $x=-11$
(2) (D의 변량)$-75=15$
∴ D의 점수는 90점

개념 다지기

01 ②   02 ③   03 ⑤
04 84점   05 ③

01 편차의 절댓값이 클수록 그 변량은 평균에서 멀리 떨어져 있다.
02 편차의 합은 항상 0이다.
03 편차의 총합은 0이므로
$10+(-30)+0+x+(-20)+20=0$, $x=20$
따라서 (6월 성적)$=70+20=90$

04 편차의 총합은 0이므로
$2+(-8)+2x+x=0$ ∴ $x=2$
∴ (수학점수)$=80+2x=84$점

05 변량들이 대푯값(평균)으로부터 멀리 떨어져 있으면 산포도가 크고, 대푯값(평균) 가까이 집중되어 있으면 산포도가 작다.

95 분산과 표준편차

예제 1 분산 : 2,   표준편차 : $\sqrt{2}$

유제 1 10   **유제 2** $\sqrt{6.8}$ 분

예제 1 변량의 평균을 m, 분산을 V, 표준편차를 σ라 하면
$m=\frac{1+2+3+4+5}{5}=\frac{15}{5}=3$
$V=\frac{(1-3)^2+(2-3)^2+(3-3)^2+(4-3)^2+(5-3)^2}{5}$
$=\frac{4+1+0+1+4}{5}=\frac{10}{5}=2$
$\sigma=\sqrt{2}$

유제 1 평균 $m=\frac{5+7+11+9+8}{5}=8$
분산 $V=\frac{(-3)^2+(-1)^2+3^2+1^2}{5}=4$
표준편차 $s=\sqrt{4}=2$
$m+s=8+2=10$

유제 2 평균은 $\frac{3+4+5+a+10}{5}=6$(분)이므로
$22+a=30$에서 $a=8$
이들 자료의 분산은
$\frac{1}{5}\{(3-6)^2+(4-6)^2+(5-6)^2+(8-6)^2+(10-6)^2\}=\frac{34}{5}=6.8$
따라서 구하는 표준편차는
$\sqrt{6.8}$ (분)이다.

개념 다지기

01 ②   02 $\sqrt{5.2}$ 03 ③
04 21   05 ②

01 평균을 M이라 하면
$M=\frac{1}{5}(2+3+5+1+4)=3$

따라서 표준편차를 S라 하면
$$S = \sqrt{\frac{(2-3)^2+(5-3)^2+(1-3)^2+(4-3)^2}{5}}$$
$$= \sqrt{\frac{1+4+4+1}{5}} = \sqrt{2}$$

02 평균이 6이므로 $\frac{3+8+6+4+x}{5}=6$ ∴ $x=9$

따라서 평균이 6인 5개의 변량 3, 8, 6, 4, 9의 분산은
$$\frac{(3-6)^2+(8-6)^2+(6-6)^2+(4-6)^2+(9-6)^2}{5}$$
$$= \frac{26}{5}=5.2 \quad ∴ (표준편차)=\sqrt{5.2}$$

03 $\frac{a+b+c}{3}=8$, $\frac{(a-8)^2+(b-8)^2+(c-8)^2}{3}=14$

$m = \frac{(a-2)+(b-2)+(c-2)}{3} = \frac{a+b+c}{3}-2$
$= 8-2=6$

또, $a-2$, $b-2$, $c-2$의 각각의 편차가
$a-8$, $b-8$, $c-8$이므로
$s^2 = \frac{(a-8)^2+(b-8)^2+(c-8)^2}{3}=14$
∴ $m+s^2 = 6+14 = 20$

04 1, 5, 9, a, b의 평균이 5이므로
$\frac{1+5+9+a+b}{5}=5$ ∴ $a+b=10$
표준편차가 $2\sqrt{2}$이므로
$\frac{(-4)^2+0^2+4^2+(a-5)^2+(b-5)^2}{5}=(2\sqrt{2})^2$
$(a-5)^2+(b-5)^2=8$,
$a^2+b^2-10(a+b)+50=8$
$a^2+b^2-10\times10+50=8$
∴ $a^2+b^2=58$
$(a+b)^2=a^2+2ab+b^2$이므로 $10^2=58+2ab$
$2ab=42$
∴ $ab=21$

05 편차의 합은 0이므로 $a-4-3+1+4=0$
∴ $a=2$
또, 편차의 제곱의 합을 구하면
$2^2+(-4)^2+(-3)^2+1^2+4^2=4+16+9+1+16=46$
따라서 표준편차를 구하면
$(표준편차)=\sqrt{분산}=\sqrt{\frac{46}{5}}=\sqrt{9.2}$

96 도수분포표에서의 분산과 표준편차

예제 1 $\sqrt{12.8}$ 시간   **유제 1** $\frac{5}{6}$

예제 1 각 계급의 계급값은 2, 6, 10, 14, 18이므로
$(평균) = \frac{1}{20}(2\times1+6\times4+10\times10+14\times4$
$+18\times1) = \frac{200}{20}=10$(시간)

각 변량의 편차는 -8, -4, 0, 4, 8이므로
$(분산) = \frac{1}{20}\{(-8)^2\times1+(-4)^2\times4+0^2\times10$
$+4^2\times4+8^2\times1\} = \frac{256}{20}=12.8$

∴ $(표준편차) = \sqrt{12.8}$ 시간

유제 1 평균 $= \frac{6\times2+7\times15+8\times28+9\times11+10\times4}{60}=8$

분산 $= \frac{(-2)^2\times2+(-1)^2\times15+1^2\times11+2^2\times4}{60}$
$= \frac{5}{6}$

개념 다지기

01 4   02 ④   03 ②
04 7.6   05 9

01 평균 $= \frac{3\times1+4\times1+5\times3+6\times2+8\times2+10\times1}{10}$
$= \frac{60}{10}=6$(회)

분산 $=\{(-3)^2\times1+(-2)^2\times1+(-1)^2\times3+$
$0^2\times2+2^2\times2+4^2\times1\}\times\frac{1}{10}=\frac{40}{10}=4$

02 평균 $= \frac{6\times1+7\times2+8\times4+9\times2+10\times1}{10}=\frac{80}{10}=8$

각각의 편차는 -2, -1, 0, 1, 2이다.

분산 $= \frac{(-2)^2\times1+(-1)^2\times2+1^2\times2+2^2\times1}{10}$
$= \frac{12}{10}=1.2$

∴ $(표준편차)=\sqrt{1.2}$

03 평균 $= \frac{5\times1+6\times2+7\times4+8\times2+9\times1}{10}=7$(점)

분산 $=\{(5-7)^2\times1+(6-7)^2\times2+(7-7)^2\times4$
$+(8-7)^2\times2+(9-7)^2\times1\}\div10=1.2$

04 먼저 A, B조를 합친 20명에 대한 평균을 구하면
$\frac{8\times5+12\times5}{8+12}=\frac{100}{20}=5$

따라서 A, B 두 조 (편차)=(변량)-5이다.
{(편차)^{2}의 총합}=(분산)$\times$(총 도수)이므로

A조(편차)^{2}의 합 $4 \times 8 = 32$
B조(편차)^{2}의 합 $10 \times 12 = 120$
따라서 A, B조를 합친 20명에 대한 (편차)^{2}의 합은
$32+120=152$이므로 분산을 구하면
(분산) $= \dfrac{(편차)^2의 합}{총 도수} = \dfrac{152}{20} = 7.6$

05

계급값	도수	계급값×도수	계급값×평균×도수
65	4	260	$(65-78)^2 \times 4 = 676$
75	8	600	$(75-78)^2 \times 8 = 72$
85	6	510	$(85-78)^2 \times 6 = 294$
95	2	190	$(95-78)^2 \times 2 = 578$
합계	20	1560	1620

∴ (평균) $= \dfrac{1560}{20} = 78$(점)

따라서 표준편차를 구하면

(표준편차) $= \sqrt{\dfrac{(편차)^2 \times (도수)의 총합}{(도수의 총합)}}$

$= \sqrt{\dfrac{1620}{20}} = \sqrt{81} = 9$

소단원 종합 학습

01 ③	02 ④	03 ④	04 ⑤	05 ①
06 ①	07 ④	08 ②	09 ③	10 ③
11 ③	12 ②	13 ⑤	14 ⑤	15 ①
16 ④	17 ②	18 ①	19 ⑤	20 ①
21 ④	22 ①	23 ④	24 ①	

01 5회째에서 받을 점수를 x점이라 하면,
평균은 $\dfrac{70+80+75+85+x}{5} = 80$이다. 따라서 위 식을 계산하면 $x=90$이므로 90점을 받아야 평균 80점이 된다.

02 x, y를 제외한 변량을 작은 값부터 크기 순으로 나열하면
8, 10, 13, 15, 16, 17, 19
이때 x, y가 $x < y < 14$인 자연수이므로 모든 변량을 작은 값부터 크기순으로 나열할 때 5번째에 오는 값은 13이다. 따라서 중앙값은 13이다.

03 중앙값은 다음과 같다.
① 3.5 ② 4 ③ 4 ④ 5 ⑤ 3
따라서 중앙값이 가장 큰 것은 ④이다.

04 ㄱ. 평균은
$\dfrac{3+6+7+5+10+7+2+7+8+15}{10} = \dfrac{70}{10} = 7$이므로
추가되는 한 개의 변량이 7이면 평균은 변하지 않지만 7이 아니면 평균은 변한다.

ㄴ. 변량을 작은 값부터 크기순으로 나열하면 2, 3, 5, 6, 7, 7, 7, 8, 10, 15이므로 중앙값은 $\dfrac{7+7}{2}=7$
이때 한 개의 변량이 추가되면 변량의 개수가 11이고, 11개의 변량을 작은 값부터 크기순으로 나열할 때, 6번째에 오는 값은 추가된 변량의 값에 관계없이 항상 7이므로 중앙값은 변하지 않는다.

ㄷ. 변량 중 7이 3개이고 나머지는 모두 1개씩이므로 최빈값은 7이다. 이때 한 개의 변량이 추가되어도 7이 가장 많으므로 최빈값은 변하지 않는다.
따라서 옳은 것은 ㄴ, ㄷ이다.

05 지혜의 점수를 작은 값부터 크기순으로 나열하면 6, 7, 8, 9, 9이므로 평균은 $\dfrac{6+7+8+9+9}{5} = \dfrac{39}{5} = 7.8$(점)
이고 중앙값은 8점, 최빈값은 9점이다.
은정이의 점수를 작은 값부터 크기순으로 나열하면 5, 8, 9, 9, 10이므로 평균은 $\dfrac{5+8+9+9+10}{5} = \dfrac{41}{5} = 8.2$(점)
이고 중앙값은 9점, 최빈값은 9점이다.
② 은정이의 점수의 평균은 최빈값보다 낮다.
③ 지혜의 점수의 평균과 은정이의 점수의 평균은 다르다.
④ 지혜의 점수의 중앙값과 은정이의 점수의 중앙값은 다르다.
⑤ 지혜의 점수의 최빈값은 은정이의 점수의 평균보다 높다.
따라서 옳은 것은 ①이다.

06 A, B 두 연극을 관람한 학생 수가 같으므로
$3+x+7+10+8 = 5+10+4+8+3$
$28+x=30$, ∴ $x=2$
따라서 A연극의 최빈값은 4점, B 연극의 최빈값은 2점이므로 $a=4, b=2$ ∴ $a+b=6$

07
(평균) $= \dfrac{1 \times 3 + 2 \times 5 + 3 \times 4 + 4 \times 1 + 5 \times 2}{15}$

$= \dfrac{39}{15} = 2.6$ ∴ $a=2.6$

중앙값은 변량을 작은 값부터 크기순으로 나열할 때 8번째 값이므로 $b=2$
최빈값은 가장 많이 나타나는 값이므로 $c=2$
∴ $a+b+c = 2.6+2+2 = 6.6$

08 중앙값은 18번째 수인 44, 최빈값은 47
$M_e - M_o = -3$

09
a를 제외한 변량을 작은 값부터 크기순으로 나열하면
   37, 43, 69
이때 중앙값이 47이므로 $43 < a < 69$
4개의 변량을 작은 값부터 크기순으로 나열하면
   $37, 43, a, 69$
중앙값은 2번째와 3번째 값의 평균이므로
$\dfrac{43+a}{2} = 47$, $43+a=94$ ∴ $a=51$

∴ $m = \dfrac{37+43+51+69}{4} = \dfrac{200}{4} = 50$

∴ $a-m = 51-50 = 1$

10 a를 제외한 자료를 작은 값부터 크기 순서대로 나열하면 다음과 같다.
1, 3, 4, 5, 8, 9
최빈값이 존재하기 위해서 a는 1, 3, 4, 5, 8, 9중에 하나가 되어야 한다.
이때 중앙값이 될 수 있는 수는 4, 5 중 하나이므로
$a=4$ 또는 $a=5$
$a=4$이면 중앙값이 4가 되는데, 평균이 $\frac{34}{7}(\neq 4)$이므로
$a \neq 4$
$a=5$이면 중앙값이 5가 되고 평균 역시 5가 되어 모든 조건을 만족한다.
따라서 a의 값은 5이다.

11 월요일부터 토요일까지 줄넘기를 한 횟수가 모두 다르므로 x는 최빈값이고 우려요일에서 토요일까지 한 줄넘기 횟수 중 하나와 같다.

(평균) $= \frac{x+21+28+25+40+41+31}{7}$
$= \frac{x+186}{7} = x$
$x+186 = 7x, 6x = 186, \therefore x = 31,$

12
ㄱ. 점수가 가장 높은 학생은 편차가 가장 큰 호진이다.
ㄴ. 영우와 예지의 점수의 차는 편차의 차와 같으므로
$(-1)-(-2)=1$(점)
ㄷ. 지현이의 점수의 편차가 0점이므로 지현이의 점수는 평균과 같다.
ㄹ. (분산) $= \frac{3^2+(-2)^2+0^2+(-1)^2}{4} = \frac{14}{4} = \frac{7}{2}$
$\therefore$ (표준편차) $= \sqrt{\frac{7}{2}}$
따라서 옳은 것은 ㄱ, ㄷ이다.

13 편차의 합은 0이므로
$-2+3+x+1-4=0, x-2=0 \therefore x=2$
따라서 분산은
$\frac{(-2)^2+3^2+2^2+1^2+(-4)^2}{5} = \frac{34}{5} = 6.8$

14 산포도는 변량이 대표값을 중심으로 흩어져 있는 정도를 하나의 수로 나타낸 값이다.
따라서 두 학급의 키의 산포도를 비교하면 키가 더 고르게 분포한 학급을 알 수 있다.

15
변량 a, b, c, d의 합이 16이므로 평균은
$\frac{a+b+c+d}{4} = \frac{16}{4} = 4$
또한, 각 변량의 제곱의 합이 72이므로
$a^2+b^2+c^2+d^2 = 72$
이때 분산을 구하면

$\frac{(a-4)^2+(b-4)^2+(c-4)^2+(d-4)^2}{4}$
$= \frac{a^2+b^2+c^2+d^2-8(a+b+c+d)+64}{4}$
$= \frac{72-8 \times 16+64}{4} = \frac{8}{4} = 2$
따라서 변량 a, b, c, d의 표준편차는 $\sqrt{2}$이다.

16
중간고사 5개 과목의 성적을 각각 a점, b점, c점, d점, e점이라 하면 기말고사 성적은 각각 $(a+3)$점, $(b+3)$점, $(c+3)$점, $(d+3)$점, $(e+3)$점이므로 기말고사 5개 과목의 평균은
$\frac{(a+3)+(b+3)+\cdots+(e+3)}{5}$
$= \frac{a+b+c+d+e+15}{5} = \frac{a+b+c+d+e}{5}+3$
$= 85+3 = 88$(점)
또, 분산은
$\frac{(a+3-88)^2+(b+3-88)^2+\cdots+(e+3-88)^2}{5}$
$= \frac{(a-85)^2+(b-85)^2+\cdots+(e-85)^2}{5}$
$= 4^2 = 16$

17 처음 6명의 팔굽혀펴기 기록의 편차의 제곱의 총합은
$6 \times (\sqrt{5})^2 = 30$
기록이 24회인 학생 한명이 다른 모둠으로 갔을 때,
남은 5명의 평균은 변하지 않으므로 편차도 변하지 않는다.
또한, 기록이 24회인 학생은 편차가 0회이므로
남은 5명의 편차의 제곱의 총합은 변하지않는다.
따라서 5명의 팔굽혀펴기 기록의 분산은 $\frac{30}{5} = 6$이므로 표준편차는 $\sqrt{6}$ 회이다.

18 학생들의 국어성적 평균은
{(계급값×도수)의 총합}÷도수의 총합 $= \frac{560}{8} = 70$점
따라서 분산은
$\frac{1}{8}\{(-10)^2 \times 3+0^2 \times 3+10^2 \times 1+20^2 \times 1\} = 100$이다. 또한 표준편차는 $\sqrt{100} = 10$이 된다.

19 (평균)
$= \frac{3 \times 1+5 \times 2+7 \times 4+9 \times 2+11 \times 1}{10} = \frac{70}{10} = 7$
(분산) $= \frac{(-4)^2 \times 1+(-2)^2 \times 2+2^2 \times 2+4^2 \times 1}{10}$
$= 4.8$

20 A분단의 평균이 80점이므로
$\frac{70+90+x+85+90+65}{6} = 80$
$\frac{400+x}{6} = 80, 400+x = 480$
$\therefore x = 80$

또한 A, B 두분단의 전체평균이 75점이므로
$\frac{(A분단의\ 점수의\ 총합)+(B분단의\ 점수의\ 총합)}{(전체학생수)}$
$= \frac{480+(70+70+85+70+y+50)}{12}$
$= \frac{480+345+y}{12} = 75$
$825 + y = 900$
∴ $y = 75$
∴ $x - y = 80 - 75 = 5$

21

A, B 두 반의 (편차)²의 총합은 각각
$(\sqrt{3})^2 \times 10 = 30$, $3^2 \times 20 = 180$
이때 A, B 두 반의 평균이 같으므로
전체 학생의 (편차)²의 총합은
$30 + 180 = 210$
∴ (분산) $= \frac{210}{30} = 7$
∴ (표준편차) $= \sqrt{7}$ (점)

22 각 선택지를 그래프로 나타내서 변화가 큰 것을 찾는다.

①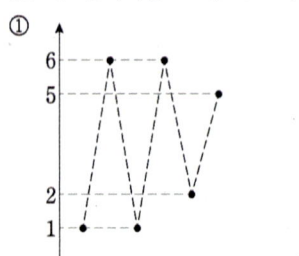
②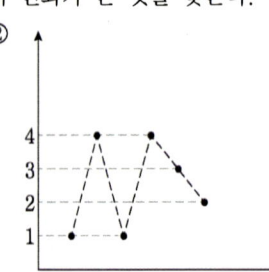
③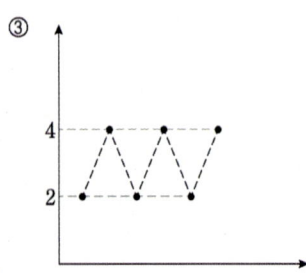
④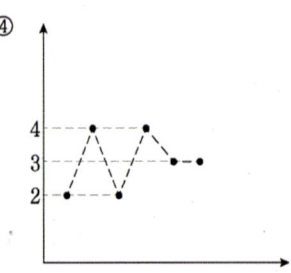
⑤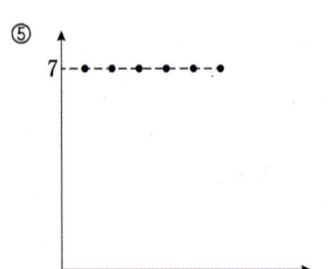

선택지 중 변화가 ①번의 표준편차가 가장 크다.

23
① 수학 점수가 60점 이상인 학생 수는 다음 산점도에서 직선 l 위의 점의 개수와 직선 l의 오른쪽에 있는 점의 개수의 합과 같으므로 11이다.

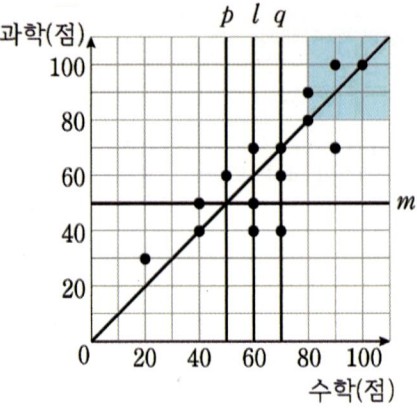

② 과학 점수가 50점 미만인 학생 수는 위의 산점도에서 직선 m의 아래쪽에 있는 점의 개수와 같으므로 4이다.
③ 수학 점수가 70점 이상 70점 이하인 학생 수는 위의 산점도에서 두 직선 p, q 위의 점의 개수와 두 직선 p, q 사이의 점의 개수의 합과 같으므로 7이다.
④ 수학 점수와 과학 점수가 모두 80점 이상인 학생 수는 위의 산점도에서 색칠한 부분에 속하는 점의 개수와 그 경계선 위의 점의 개수의 합과 같으므로 5이다.
⑤ 과학 점수보다 수학 점수가 높은 학생 수는 위의 산점도에서 오른쪽 위로 향하는 직선보다 아래쪽에 있는 점의 개수와 같으므로 5이다.
따라서 옳지 않은 것은 ④이다.

24

① A 영역에 있는 학생들은 턱걸이를 못하는 편이다. 따라서 옳지 않은 것은 ①이다.

memo

NCS 4U

NCS 4U

이 책에 실린 모든 내용의 저작권은 (주) 큐앤에이에 있으며 무단 복제와 복사를 금합니다.
파본 또는 인쇄가 잘못된 경우는 구입하신 곳에서 교환해드립니다.

발 행 처   (주) 큐앤에이
           MATHYOU 인공지능 수학연구소 제공
등록번호   110111-8805818
주   소   서울시 금천구 가산디지털 1로 212. 1405호
전   화   1544-6766